“区域轨道交通协同运输与服务”丛书

U0790246

区域轨道交通协同运输组织理论创新与发展

彭其渊　鲁工圆　文　超　赵　军　何必胜　等　著

科学出版社

北　京

内 容 简 介

在干线铁路、城际铁路、市域（郊）铁路、城市轨道交通等共同服务区域经济与社会发展情况下，如何在更大范围内整合资源、充分发挥各种制式轨道交通的优势，提升轨道交通网络化水平和运输服务质量，成为轨道交通未来发展的战略级问题，也是我国由“交通大国”向“交通强国”迈进需要解决的重要课题之一。本书以典型区域的多制式轨道交通复合网络为研究对象，以协同运输组织需求为出发点，探索安全、畅通、便捷、合理的区域轨道交通协同运输与服务发展模式，构建普适于我国不同城市群的区域轨道交通协同运输组织理论与方法，支撑国家区域发展战略的稳步实施，推动经济社会持续快速发展。

本书可供轨道交通从业者、交通运输相关专业硕博研究生参考阅读。

图书在版编目（CIP）数据

区域轨道交通协同运输组织理论创新与发展/彭其渊等著. —北京：科学出版社，2021.12

（“区域轨道交通协同运输与服务”丛书）

ISBN 978-7-03-069240-5

Ⅰ. ①区… Ⅱ. ①彭… Ⅲ. ①城市铁路-轨道交通-运输组织-研究-中国 Ⅳ. ①U239.5

中国版本图书馆 CIP 数据核字（2021）第 117050 号

责任编辑：华宗琪 朱小刚 / 责任校对：杨 赛

责任印制：罗 科 / 封面设计：义和文创

科学出版社 出版

北京东黄城根北街 16 号

邮政编码：100717

http://www.sciencep.com

成都锦瑞印刷有限责任公司 印刷

科学出版社发行 各地新华书店经销

*

2021 年 12 月第 一 版 开本：787×1092 1/16

2021 年 12 月第一次印刷 印张：19 3/4

字数：468 000

定价：188.00 元

（如有印装质量问题，我社负责调换）

序

我国轨道交通发展取得了举世瞩目的成就，高速铁路与城市轨道交通运营里程均居世界首位，大批技术装备达到世界先进水平，交通运输规模总量进入世界前列。轨道交通作为国民经济大动脉、关键基础设施、大众化交通工具和现代综合交通运输体系骨干，无论是在居民出行方面还是社会经济活动方面均将扮演越来越重要的角色。

早在20世纪80年代初，中国就已开始编制城市群的发展规划。2006年，中华人民共和国国民经济和社会发展第十一个五年规划纲要(简称国家“十一五”规划)首次提出“把城市群作为推进城镇化的主体形态”，到2016年中华人民共和国国民经济和社会发展第十三个五年规划纲要(简称国家“十三五”规划)要求优化城镇化布局和形态，加快城市群建设发展，明确提出建设19个城市群，轨道上的京津冀、轨道上的长三角等逐渐进入人们的视野。中华人民共和国国民经济和社会发展第十四个五年规划纲要(简称国家“十四五”规划)中更是明确要求加快城市群和都市圈轨道交通网络化。这里的城市群、都市圈等都是典型的区域。区域通常定义为由一个及以上的中心城市与周边城市(镇)组成的地理范围，其内部存在频繁的、密切的经济社会联系，通常形成一小时交通圈。区域轨道交通的不同线路因运营主体、信号技术等不同带来运输组织和管控方式方面的差异，称为多制式轨道交通线路，因此需要通过协同运营来提高总体运输能力和服务水平。

当前，区域轨道交通呈制式多样化和网络化发展趋势，逐步形成多层次、多主体共同存在的轨道交通网络，而不同主体的运营相对独立，跨主体、跨线路的网络化水平还不高，各制式间缺乏实际意义上的协同运营，不同轨道交通制式的组合效益难以充分显现，对城市群空间布局优化和功能拓展的引导作用发挥得还不够充分。2019年《交通强国建设纲要》提出了“建设城市群一体化交通网，推进干线铁路、城际铁路、市域(郊)铁路、城市轨道交通融合发展”要求。2021年《国家综合立体交通网规划纲要》进一步强调加快建设交通强国，构建现代化高质量国家综合立体交通网，支撑现代化经济体系和社会主义现代化强国建设。面对区域轨道交通协同发展的需要和国家建设交通强国的要求，构建区域内覆盖多种轨道交通制式的综合立体交通网络、充分发挥轨道交通总体运输能力并提高服务质量、满足区域经济发展和人民出行需要成为迫切需要解决的问题。

2017年，北京全路通信信号研究设计院集团有限公司联合西南交通大学、北京大学、清华大学、重庆市轨道交通(集团)有限公司、成渝铁路客运专线有限责任公司、成都市交通发展研究院、北京航天测控技术有限公司、通号城市轨道交通技术有限公司等产学研用单位共同承接了国家重点研发计划先进轨道交通专项“区域轨道交通协同运输与服务系统”项目。同时，在中国城市轨道交通协会的大力支持下，与重庆市铁路(集团)有限公司、重庆交通开投科技发展有限公司等单位开展协同运输与服务应用体系研究；在中国交通运输协会、中国铁道学会等的支持下开展了轨道交通大数据、协同运输相关标准规范研究；依托雄安新区轨道交通系统创新项目开展了综合智能轨道运输动态运行控制系统及服务生态模式研究。项目团队以多制式轨道交通出行需求为出发点，运用系统论、协同论及先进信息技术，研究协同机理并首次建立了“多网-四域-多功能”区域轨道交通协同运输与服务理论体系。项目团队不仅研究了区域运输总体效能提升路径并攻克协同运输组织、综合安全保障、智能信息服务关键技术，还研制了区域轨道交通协同运输与服务系统装备，已经在重庆都市圈进行了应用示范。通过研究工作，形成需求引领、理论指导、技术支持、装备承载、示范验证的完整研究与实践链条。项目研究成果使多层次、多制式的轨道交通系统复合形成一个有机整体，既提高了旅客完整出行链的出行效率，又提升了区域总体运输能力，同时增强了区域路网安全保障水平，也拓宽了区域轨道交通复合网络的服务时空范围。

项目在研制过程中得到了国家重点研发计划“先进轨道交通”重点专项科技部总体专家组和本项目咨询指导专家组的悉心指导，并得到了中国城市轨道交通协会、中国交通运输协会、中国铁道学会、相关轨道交通业主单位、设计研发单位以及项目参研单位的大力支持。这些指导和支持极大地帮助了项目研究成果产出和项目团队成长，在此一并表示衷心的感谢。

为了更好地推动区域多制式轨道交通协同运输，满足综合立体交通发展要求，并支撑交通强国建设落地，项目团队将研究成果进行归纳总结，形成“区域轨道交通协同运输与服务”丛书。丛书围绕多制式轨道交通运输，从理论、技术、系统及装备等多个角度进行深入浅出的阐述，形成《区域轨道交通协同运输组织理论创新与发展》《区域轨道交通运输组织决策理论及关键技术》《区域轨道交通协同运输关键技术及系统装备》等系列专著。后续，项目团队还将结合项目在规划设计、仿真测试和工程示范等方面的成果，进一步丰富丛书内容，以飨读者。

国家重点研发计划
“区域轨道交通协同运输与服务系统”项目组
2021 年 5 月

前　言

伴随着经济社会的快速发展和技术水平的不断提升，我国轨道交通呈多制式、网络化发展趋势，既有传统的国铁干线、市域(郊)铁路、地铁等轮轨制式，也有单轨、现代有轨电车、磁悬浮、智轨等其他新兴制式。截至 2021 年底，全国铁路营业里程达到 15 万 km，51 个城市开通城市轨道交通，我国成为名副其实的轨道交通大国。

在我国人口集聚、发展水平较高的区域，尤其是京津冀、长三角、珠三角、成渝等城市群区域，已形成国铁干线、城际铁路、市域(郊)铁路、城市轨道交通等多层次、多主体轨道交通网络同步运营的局面，但各制式间缺乏实际意义上的协同运营，不同轨道交通方式的组合效益难以充分显现，各种轨道制式独立运营的局限性日益凸显。如何在更大范围内整合资源，充分发挥各种制式轨道交通的优势，提升轨道交通网络化水平和运输服务质量，促进与沿线城镇、产业、经济的深度融合，成为轨道交通未来发展的战略级问题，也是我国由“交通大国”向“交通强国”迈进需要解决的重要课题之一。许多地方政府和轨道交通运营单位已认识到跨制式协同运输与服务的重要性并开始致力于解决该问题。

西南交通大学轨道交通组织指挥智能化研究团队近 10 年承担了科学技术部(科技部)、国家自然科学基金委员会、中国国家铁路集团有限公司(原称中国铁路总公司、铁道部)关于轨道交通运输组织的相关课题近 20 项，取得了丰富的研究成果。团队自 2016 年以来，依托科技部国家重点研发计划项目“区域轨道交通协同运输与服务系统”(2017YFB200700)，基于不同城市群多样化的发展基础和发展条件，以典型区域的多制式轨道交通复合网络为研究对象，进行了区域轨道交通协同运输组织理论相关研究。团队成员先后赴日本东京、德国莱茵—鲁尔区、法国巴黎、美国纽约，以及我国京津冀、长三角、粤港澳、成渝等多个典型区域，通过座谈交流、问卷调查、现场走访、文献搜集等形式，充分掌握国内外典型区域轨道交通协同运输与服务现状。从线网布局、运营服务、换乘衔接、枢纽结构功能、安全保障与应急处置等方面深入分析，总结各区域轨道交通协同运输与服务的特点、问题及经验；基于不同城市群多样化的发展基础和发展条件，以典型区域的多制式轨道交通复合网络为研究对象，以协同运输与服务需求为出发点，面向更密集、层次更多样、增长更强劲、品质更高端的区域交通发展需求新特征，探索协同、安全、畅通、便捷、合理的区域轨道交通发展模式，构建普适于我国不同城市群的区域轨道交通协同运输与服务理论及技术体系；提出多制式轨道交通旅客出行链特征、多制式轨道交通协同机理、协同布局规划理论、复合网络总体运能评估与提升理论、跨制式运营管理理论等系列理论与方法，支撑国家区域发展和新型城镇化战略的稳步实施，推动经济社会的持续快速发展。

研究团队梳理和凝练了上述成果，最终形成了本书。本书共 9 章，参加撰写工作的有西南交通大学彭其渊、鲁工圆、文超、赵军、何必胜等。其中第 1～4 章由彭其渊、鲁工圆、何必胜、李力、闫旭、朱绪斐撰写；第 5 章由文超、彭其渊、李登辉、罗洁撰写；第 6 章由赵军、李岸隽、陈昕梅、文雯撰写；第 7 章由文超、刘杰、李文新、庞子帅撰写；第 8 章由何必胜、彭其渊、鲁工圆、李岸隽撰写；第 9 章由彭其渊、赵军、殷勇、陶思宇撰写；全书由彭其渊、刘岭统稿。

在课题研究、资料收集、调研和写作过程中，得到了北京全路通信信号研究设计院集团有限公司、重庆市轨道交通(集团)有限公司、重庆市铁路(集团)有限公司、中铁二院工程集团有限责任公司重庆分公司、成渝铁路客运专线有限责任公司、成都轨道交通集团有限公司、京津冀城际铁路投资有限公司、北京地铁运营有限公司、上海申通地铁股份有限公司、广东珠三角城际轨道交通有限公司、广州地铁集团有限公司、深圳市地铁集团有限公司、陕西城际铁路有限公司、温州市铁路与轨道交通投资集团有限公司等单位有关领导和专家的大力支持和热忱帮助。在此，谨向他们表示诚挚的谢意。

特别感谢中国城市轨道交通协会仲建华、中国中车股份有限公司孙帮成、国家铁路局王启铭、中国交通运输协会宋朝义、中铁第一勘察设计院集团有限公司王争鸣、中国铁路通信信号股份有限公司张苑、京津冀城际铁路投资有限公司王宝杰、中国铁路设计集团有限公司聂英杰、重庆市铁路(集团)有限公司官波、成都轨道交通集团有限公司于波、广州地铁集团有限公司欧阳长城、广东珠三角城际轨道交通有限公司杨晚华、中南大学史峰、东南大学李文权、北京交通大学毛保华等在课题研究和书稿撰写过程中给予的大力支持和帮助。

感谢项目团队在本书撰写过程中的通力协作与配合，尤其感谢项目组组长刘岭研究员的组织协调与全程指导。感谢项目团队成员刘军、张波、韦伟、王莹、李擎、石晶、杨宇翔、李洁、王典、钟庆伟、汤轶雄、冯予莛、宁佳、张博健、刘宇轩、钱寒燕、童凌鸿、周子朝、赵华铭、彭慧、陈鹏等在数据收集、课题研究和文稿整理过程中所做的大量工作。

书中参阅了大量国内外文献资料，在此谨向这些文献的作者表示深深的谢意。

由于本书涵盖内容较多，加之我国区域轨道交通运输组织相关理论和技术的快速发展，同时限于作者的水平，在全书内容的组织与撰写方面，难免存在诸多不足或疏漏之处，恳请国内外同行、专家批评指正。

目　　录

第1章 绪　　论

1.1 研究背景

近年来，我国轨道交通发展取得了举世瞩目的成就，高速铁路与城市轨道交通运营里程均居世界第一，一大批技术装备达到世界先进水平，交通运输规模总量进入世界前列。截至 2020 年底，全国铁路运营里程达到 14.63 万 km，其中高速铁路 3.79 万 km，国家铁路(国铁)旅客发送量 21.67 亿人次、货物发送量 35.81 亿 t；同时中国(不包含港澳台)共有 45 个城市开通城市轨道交通，运营里程达 7978.19km，全年累计完成客运量 175.9 亿人次，我国成为名副其实的交通大国。伴随着经济社会的快速发展和技术水平的不断提升，轨道交通呈多制式、网络化发展趋势，既有传统的国铁干线、市域(郊)铁路、地铁等轮轨制式，也有单轨、磁悬浮、有轨电车等其他新兴制式。轨道交通作为国民经济大动脉、关键基础设施、大众化交通工具和现代综合交通运输体系骨干，不论是在居民出行还是社会经济活动方面均将扮演越来越重要的角色，而且在新型城镇化建设中已成为引导城市群空间形态布局的重要力量和促进城市群形成、发展的基础条件。

城市群是我国人口和经济的主要聚集地，已成为推进我国城镇化格局的主体形态。党的十九大报告中做出了建设交通强国的战略部署，提出加强铁路等基础设施网络建设，对推动轨道交通高质量发展提出新的、更高的要求；同时还明确提出以城市群为主体构建大中小城市和小城镇协调发展的城镇布局，标志着城市群进入高质量发展的新阶段，同时为城市群交通发展带来新的需求、提供新的载体。交通基础设施作为区域经济联系的纽带和城市群空间建构的重要载体，如果没能系统解决好区域内外联系的综合交通发展问题，将极大地制约城市群整体效能的发挥，并将对城市群的生态环境、空间结构、土地形态以及城市居民的生活质量等方面产生重大影响。轨道交通是密切区域内外联系的骨干运输方式，具有运力大、效率高、能耗低、排放少、污染小等绿色交通比较优势，快速发展的轨道交通加速了新型城镇化进程，深刻影响城市群培育发展，有力推动城市群发展壮大，同时也促进多层次、多制式轨道交通网络不断完善。目前一些人口集聚、发展水平较高的区域已形成国铁干线、城际铁路、市域(郊)铁路、城市轨道交通等多层次、多主体轨道交通网络同步运营的局面，但网络化水平还不高，各制式间缺乏实际意义上的协同运营，不同轨道交通方式的组合效益难以充分显现，对城市群空间布局优化和功能拓展的引导作用发挥还不够充分。

因此，在路网达到一定规模、多种轨道交通方式并存的发展态势下，如何在更大范围内整合资源、充分发挥各种制式轨道交通的优势，提升轨道交通网络化水平和运输服务质量，促进与沿线城镇、产业、经济的深度融合，成为轨道交通未来发展的战略级问题，也是我国由“交通大国”向“交通强国”迈进需要解决的重要课题之一。随着城市群(都市圈)的发展，各种轨道制式独立运营的局限性日益凸显，许多地方政府和轨道交通运营单位已经认识到跨制式协同运输与服务的重要性并显露出向该方向发展的意愿。此外，大数据、人工智能、“互联网+”等新技术的发展也为打破多制式轨道交通间的物理分隔提供了技术支撑。

城市群交通一体化和区域协同发展需要区域轨道交通高效能一体化运输和协同安全保障与综合信息服务作为支撑，充分利用轨道交通复合网络资源，提升轨道交通网络总体运能和运营效率，实现资源协同配置和设施设备互联互通。区域轨道交通协同运输与服务系统旨在突破协同运输与综合服务的关键技术，构建基于系统多制式复合网络特性和各组分系统互操作协同机制的成套理论和技术体系，实现区域跨制式轨道交通总体运能、正点率、应急响应及运维效率、系统可用性、即时信息服务旅程覆盖率、智能终端覆盖率等指标的提升，以及旅行时间、技术导致的安全事故率等指标的降低。

区域轨道交通协同运输需求分析从服务质量、安全、总体效能与成本等角度研究多制式复合网络中旅客出行需求特征与出行链分析方法，明确区域轨道交通出行涉及的各方协同运输需求，为建立区域轨道交通协同运输总体架构、明确各系统的协同关系、指导各具体子系统的构建和交互奠定基础并提供支撑。这对提升区域轨道交通总体运能和旅客全出行链各环节的便捷度具有重要意义，有助于构建完整、通用的“国铁干线-市域(郊)铁路-城市轨道交通”多网、“时间-空间-资源-信息”四域、“运输组织-安全保障-智能服务”多功能技术体系，实现区域轨道交通协同运输，有效缩短旅客出行旅程时间、简化旅客出行流程，使多层次、多制式的轨道交通系统复合形成一个有机整体，从而有效提升轨道交通完整出行链的出行效率，拓宽区域轨道交通复合网络的服务时空范围。

基于不同城市群多样化的发展基础和发展条件，本书以典型区域的多制式轨道交通复合网络为研究对象，以协同运输组织需求为出发点，面向需求更密集、层次更多样、增长更强劲、品质更高端的区域交通发展需求新特征，探索安全、畅通、便捷、合理的区域轨道交通发展模式，构建普适于我国不同城市群的区域轨道交通协同运输组织理论与方法，支撑国家区域发展战略的稳步实施，推动经济社会的持续快速发展。

1.2 区域轨道交通的内涵及功能定位

1.2.1 区域轨道交通的内涵

随着轨道交通的快速发展和同城化程度的加大，城市群内经济社会结构、城镇空间结构、人民生活方式及思想观念正在发生一系列深刻变革，特别是人们逐渐开始接受跨城市居住工作和生活休闲的出行方式，出现越来越多跨城市的通勤族，城际间的旅游客流和探亲客流也随之增加，城市群内客运需求多样、人们出行频繁、公交化特征明显。我国的轨道交通也从单一制式、独立线路逐渐发展为多层次多制式的复合网络，一次跨城市出行通常涉及区域内多种制式的轨道交通系统。

本书所关注的区域轨道交通系统是指在一个城市群或都市圈区域范围内，由多种制式轨道交通组合而成的复合网络系统。从系统构成上看，包含国铁干线、城际铁路、市域(郊)铁路、城市轨道交通等多种制式的轨道交通子系统，各子系统功能互补，构成多元化的复合网络结构。从服务范围上看，城市轨道交通、市域(郊)铁路覆盖区域内中心城市主城区及周边，城际铁路、国铁干线覆盖区域城市间的客流走廊及区域对外通道，共同服务区域对内、对外交流，大致可分为三个具有明显同城效应的服务圈层：第一圈层是特大城市内城区与城区间形成以城市轨道交通为主导的半小时城区生活圈；第二圈层是城市群(都市圈)内中心城市与周边城市、卫星城镇及小城镇间形成以市域(郊)铁路为主导的半小时到一小时城郊通勤圈；第三圈层是城市群内部中心城市与群内其他主要城市间形成以高速铁路、城际铁路为主导的 1～2 个小时的城际交通圈。从网络形态上看，区域内中心城市间轨道交通成网并向外辐射，客流走廊上的城市以轨道交通相互连通，部分城镇间辅以轨道交通支线作为补充，共同形成一个层次分明、相互衔接的开放型轨道交通复合网络。

本书的目的旨在通过研究区域内各制式轨道交通系统协同运输组织理论与方法，有效缩减跨城市、跨制式轨道交通出行的时间和环节，提升区域轨道交通复合网络的整体运能和服务水平，满足轨道交通全出行链旅客出行需求。区域轨道交通复合网络的服务时空范围因不同城市群的发展水平及形态不同、修建运营的轨道交通线路技术标准不同也存在差异。但在多制式轨道交通实现协同运输组织的背景下，出行流程简化和旅行时间压缩，势必吸引更多、更大范围、更长距离的旅客出行，从而更有效地发挥轨道交通在运量、时效方面的优势，以规模化的网络运营为乘客提供更高质量的运输服务。

1.2.2 区域多制式轨道交通的功能定位及服务范围

区域轨道交通系统的制式(表 1-1)通常有：国铁干线、市域(郊)铁路、城市轨道交通。根据线路制式和技术标准，又可细分为国铁、城际铁路、市域(郊)铁路、市域快轨地铁、轻轨、单轨、有轨电车等。不同制式的轨道交通根据各自的技术经济特征，有不同的功能定位，并提供服务的业务领域。

表 1-1 多制式轨道交通的功能定位表

层次划分	构成	功能定位	服务范围	运输服务特点
国铁干线	国铁	承担跨区域、跨城市的“站到站”中长途客货运输	全国	覆盖全国； 重要节点设站； 多种停站方案； 考虑旅客中长途旅行需要
	城际铁路		城市群内	
市域(郊)铁路	市域铁路、市郊铁路、市域快轨等	承担特大城市郊区和周边新城、城镇与中心城区的“站到站”旅客运输	特大城市市域(都市圈)范围内	全面覆盖沿线城镇； 公交化运行； 多种停站方案； 早晚高峰明显； 快速乘降
城市轨道交通	地铁、轻轨、单轨、有轨电车等	承担中心城区内部的“门到门”旅客运输，衔接多种类城市功能中心，为区域、市域线路提供客流集散服务	中心城区及外围组团	覆盖全城； 高密度发车； 高密度设站； 快速乘降

国铁干线主要服务于跨区域、跨城市中长途客流，组织开行有多种停站方案的列车，为旅客提供“站到站”运输服务。通常采取预售车票的售票模式，提供退改签服务，同时需要考虑旅客长途旅行需求，设有餐吧车、卫生间等设施。表 1-2 为典型区域(城际)线路。

表 1-2 典型区域(城际)线路

线路名称	主要服务城市	运营里程/km	设计速度/(km/h)
京沪高铁	北京、济南、徐州、南京、上海	1318	380
哈大高铁	哈尔滨、长春、沈阳、大连	921	350
武广高铁	武汉、岳阳、长沙、衡阳、广州	1069	350
郑西高铁	郑州、洛阳、渭南、西安	523	350
成渝高铁	成都、内江、重庆	302	350
西成高铁	西安、汉中、广元、绵阳、成都	658	250
京津城际	北京、武清、天津、塘沽	165	350
沪宁城际	上海、苏州、无锡、常州、南京	301	350
宁杭城际	南京、湖州、杭州	256	350
长吉城际	长春、吉林	111	250
广珠城际	广州、中山、珠海	116	250
莞惠城际	东莞、惠州	97	200
昌九城际	南昌、九江	142	250

市域(郊)铁路(含市域铁路、市郊铁路、市域快轨等，不同地方的称谓有所不同)主要服务于城市郊区和周边新城(镇)与中心城区联系，并具有通勤客运服务功能，介于城市轨道交通与国铁干线之间，全面覆盖沿线城镇，是城市轨道交通的延伸、国铁干线网络的补充。表 1-3 为典型市域轨道交通线路。

表 1-3 典型市域轨道交通线路

<table>
<tr><th colspan="2">线路名称</th><th>服务城市</th><th>运营里程/km</th><th>设计速度/(km/h)</th></tr>
<tr><td colspan="2">北京城市副中心线</td><td>北京、通州</td><td>38.8</td><td>200</td></tr>
<tr><td colspan="2">北京市郊铁路 S2 线</td><td>北京、延庆、沙城</td><td>67(延庆线)
95(沙城线)</td><td>平原 160
山地 45</td></tr>
<tr><td colspan="2">上海金山线</td><td>上海、金山</td><td>56.4</td><td>160</td></tr>
<tr><td rowspan="3">成灌线</td><td>正线</td><td rowspan="3">成都、郫都、都江堰、彭州</td><td>67</td><td>200</td></tr>
<tr><td>离堆支线</td><td>6</td><td>120</td></tr>
<tr><td>彭州支线</td><td>20</td><td>200</td></tr>
</table>

城市轨道交通衔接多种类型的城市功能中心，主要服务于中心城区内部居民日常生

活出行，同时为国铁干线、市域(郊)铁路提供客流集散服务，通常是全城覆盖、高密度发车、高密度设站，旅客可实现“门到门”乘车。

为最大限度地发挥区域轨道交通的优势，国铁干线、市域(郊)铁路通常经过城市、车站深入城市，所以各制式轨道交通系统中的服务范围都是向下兼容的，即国铁干线还能承担部分市域(郊)甚至城市内部的客流运输，轨道交通的制式越高，兼容性越大。在铁路枢纽城市，还可利用枢纽内线路的富余能力开行为城市交通服务的公交化列车，如重庆北至重庆西间开行有旅客列车。同时，不同制式轨道交通之间的功能又相互补充，共同延伸旅客出行链，提供多元化的运输供给。旅客乘坐国铁干线到达区域中心城市国铁车站后，可换乘市域(郊)铁路前往国铁干线没有通达的城镇，或者换乘城市轨道交通前往目的地。同理，市域(郊)铁路和城市轨道交通可以将国铁干线的旅客输送至目的地。此外，市域(郊)铁路在城市外围作为城市轨道交通的延伸，也可以深入城市中心提供客流大站间的快速直达运输服务。

区域轨道交通的制式越多，也意味着轨道交通服务中有越高的弹性，各制式轨道交通在完成主要职能的基础上，运输服务范围将愈加多元化并互为补充。为充分利用资源，避免重复建设、重复投资，在兼容性较大的轨道交通系统运能尚未饱和的前提下，遵循向下兼容的原则，跨区域的国铁列车也可以带流输送的模式为部分市域(郊)甚至城市内部客流运输服务，或铁路部门利用国铁干线的富余能力开行城际列车，抑或改建既有线、盘活闲置资源组织开行公交化的、多种停站方案的市域(郊)列车。

1.3　区域轨道交通协同运输组织的内涵

区域轨道交通协同运输组织主要包含以下三方面内容：

(1) 基于旅客全出行链规划构建区域轨道交通复合网络，提升换乘衔接设计水平，优化网络线网和设施设备资源配置，充分调用、整合区域轨道交通网络资源，促进运输和旅客服务设施设备交互共享，满足区域轨道交通旅客全出行链多样化、差异化的出行需求。

(2) 通过技术手段在运输组织、安全保障、信息共享、旅客服务等方面实现协同，推进多制式轨道交通运输计划编制和调度指挥协同、安全保障与应急处置联动、旅程服务信息全方位覆盖、全出行链路径智能规划、多制式票制互通及安检互信等工作，以提升系统整体效能，创造更加便捷舒适、安全可靠的轨道交通运输环境。

(3) 构建贯穿轨道交通规划建设、跨制式运营与管理协调等阶段的适应区域轨道交通协同发展的体制机制，加大政府宏观层面对区域轨道交通协同发展的调控力度，发挥政府部门的监管和协调能力，为区域轨道交通总体运能和服务质量的提升提供政策制度支撑。

区域轨道交通协同运输组织的实施涉及政府部门、运营单位、旅客三个参与主体，只有在其三者的协同配合下才能最终形成“多网-四域-多功能”的区域轨道交通协同运输组织体系。

区域轨道交通协同运输组织中参与主体间的关系如图 1-1 所示。

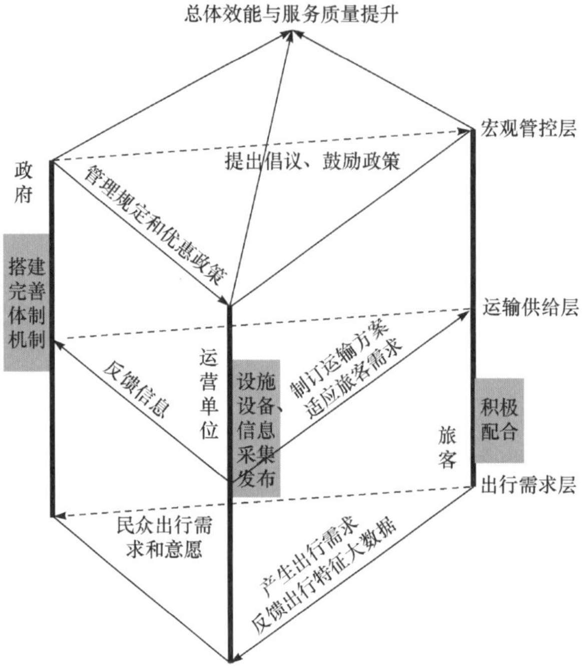

图 1-1　区域轨道交通协同运输组织中参与主体间的关系

旅客是区域轨道交通出行的提出者和感受者，而新型城镇化的核心也是人，实现高质量发展首先要紧扣旅客的需求及其呈现出的新特征。随着城镇化率和城乡居民生活水平的不断提高，旅客出行需求更加突出，客流层次多样、向心性强，呈放射形、潮汐明显，要求提供大运量、高密度、网络化的运输服务供给。且在今后较长一段时期内我国城镇化仍处于快速发展阶段，以城市群为主体形态的城际客流仍将保持快速增长。随着同城化程度的加大，以及城市群内经济社会结构、城镇空间结构、人民生活方式及思想观念一系列深刻变革，将出现越来越多跨城市的通勤族，旅客一次完整出行将会涉及区域内多种制式的轨道交通系统。

围绕总体效能和服务质量提升，运营单位作为运输供给方，直接为旅客提供运输服务，要通过提升设施设备的跨制式协同运输能力和多制式之间的信息交互支撑协同需求的实现，适应旅客的协同运输服务需求，并运用大数据手段采集旅客出行行为习惯和特征，制订精细、准确的运输组织方案，促进轨道交通物理网络与信息网、服务网的深度融合，为旅客提供智慧便捷、实时响应的指尖上的服务。同时，要加强与地方政府的协调沟通，增强项目规划和实施的科学性、经济性、实用性，实现路网效益的最大化，并协调多种交通方式推出更加便捷贴心的运输服务，最大限度地便民利民。

政府作为宏观调控方，为区域轨道交通协同工作的推进提供政策和制度保障，应当着眼全局和长远发展，适度超前和经济适用地引导推进综合交通运输体系构建以及轨道交通网络、枢纽节点的规划建设，合理把握不同制式类别的轨道交通线路的功能定位、建设标准和建设规模，统筹规划利用各类轨道交通资源。同时，积极采纳民众的出行需求和出行意愿，并制定相关鼓励政策，向运营单位提出公共服务需求，制定相关管理规定，接纳运营单位的反馈信息，多方协同建立区域跨制式轨道交通复合网络协同运输与服务体系，通过优质的旅客出行服务方案和稳定的运输组织管理措施为旅客提供安全、经济、舒适、便捷的运输服务。

第 2 章　典型区域多制式轨道交通发展现状

2.1　国 外 现 状

2.1.1　日本东京圈区域轨道交通协同运输与服务现状

1. 日本东京圈区域轨道交通线网布局

1) 日本东京圈区域轨道交通线网布局概述

日本东京圈是以东京都区部为中心，半径约为 50km 的都市圈。依据日本国土交通省每年向国会递交的首都圈整备年度报告，这里所指的东京圈的范围为东京都、埼玉县、千叶县、神奈川县，面积约 1.356 万 km^2。

东京圈内的地铁、国有铁路(JR)、民营铁路等构成了完备的轨道交通网络。东京圈轨道交通按系统制式可以划分为市郊铁路、地铁、单轨交通、有轨电车、无人驾驶轨道交通系统(AGT)、旅客自动捷运系统(APM)等几种形式。

其中，市郊铁路较为复杂，按照功能特征可以分为如下四类：一是通过城市中心，以五大放射形通道为代表的线路；二是不通过城市中心，以位于山手线上的车站为起点的 15 条放射线；三是连接放射线的 2 条环线；四是为成田和羽田机场服务的 5 条机场专用线路。

此外，在东京圈内还有 3 条南北方向贯穿城市中心的线路，即京滨东北线、湘南新宿线和埼京线，它们是东京圈发车最密集、线路最繁忙、乘车最拥挤的线路，但它们并不代表某条具体的线路，而是利用多条既有线路开行直通列车而命名的运行系统。

2) 日本东京圈区域轨道交通线网布局特征

(1) 轨道交通网规模总量较大。

东京圈轨网规模为 3521km，其中区部轨网规模约 807km，轨道分布总体上呈现核心区域相对密集、向外逐渐稀疏的特征，且站点分布核心区域密集现象更为显著。都市圈轨网按面积计算密度为 0.21km/km^2，不同区域轨网密度相差较大。都心三区轨网密度极高，按面积计算高达 3.58km/km^2，其中中央区甚至高达 4.5km/km^2；外围主要城市横滨市—川崎市、千叶和埼玉的轨网密度分别为 0.60km/km^2、0.33km/km^2 和 0.44km/km^2。

(2) 具有多主体、多层次、多制式的特点。

东京圈在长期的发展过程中，逐渐形成了由东日本 JR、地铁、私营铁路(私铁)、有轨电车、单轨铁路、AGT 以及以第三部门形式存在的多种铁路事业共同构成的轨道交通系统。其中东京都区部的 JR 山手环线内侧区域主要以地铁线路、单轨线路、AGT 等城市轨道交通为主，外侧区域私铁、地铁、JR 线路并重，郊区则以私铁和 JR 线路等放射形轨道线路为主，线路功能及经营主体极其复杂。

(3) 环形+放射形的网络结构。

东京圈的轨道交通网络整体为环形+放射形网络结构，并背靠东京湾呈扇形展开。市郊铁路的放射线主要服务于半径为 50km 的东京圈地区及更远地区，地铁主要服务于半径为 15km 的中心城地区。环线具有连接放射线和解决到发、换乘、直通的作用，还可以起到均衡客流和减少迂回客流的作用。东京圈轨道交通的环形+放射形网络通过直通运营、组合运营、双复线及联络线和无缝化衔接等措施，真正实现了以使用者为导向的网络化运营，使得市郊铁路与地铁、市郊铁路与市郊铁路之间形成了直通通道，减少了换乘时间和换乘次数，提高了线路的运营效率。

(4) 分区域别的线路长度和站间距布设。

分区域别的线路长度和站间距布设见表 2-1。

表 2-1　各主体线路服务范围

线路主体	服务范围	线路长度	平均站距
JR 山手环线、地铁、部分私铁	城市内部轨道交通	20～30km	1km
JR 放射形线路	区部与外围城市的中短距离城际旅客运输	40～90km	3～5km
私铁放射骨干线路	区部与外围区域的客流运输，弥补 JR 线路的空缺	40km 以上，都市圈以内	1.2～2km
私铁和第三部门轨道线路	都市圈外围交通薄弱片区的轨道线路	线路长度较短	视周边开发情况而定

(5) 走廊多线多用。

东京铁路通道布置，同一走廊多条线路并线使用，在节约土地的基础上融合城市、汇聚人口，最终形成社会及经济价值。走廊内多条线路立体化布局，通常为上建新干线及市域铁路、下建东京地铁模式。

2. 日本东京圈轨道交通枢纽现状分析

东京圈铁路枢纽往往是多种交通功能和城市功能的综合体。根据人流规律、地面布局、各种运输方式自身特点和综合开发要求，强调城际铁路与城市轨道、地面公交、出租车、道路客运等多种运输方式以及商业等综合开发的一体设计，在实现便捷换乘的同时促进城市和交通融合。

东京主要的综合交通枢纽都分布在半径 5km 的山手环线上，如图 2-1 中环带就是山手线，其全长 34.5km，30 个车站中只有 2 个不是换乘站，与 51 条轨道交通线路实现换乘，成为整个东京的纽带。根据东日本铁路公司的统计，全日本旅客发送量最大的 20 个车站中 13 个位于山手线。正是这些大型的综合交通枢纽，支撑着东京大都市圈 357.5km 地铁、超 2000km 市郊铁路交织而成，且每日运送旅客近 4000 万人次的庞大的轨道交通网络系统。

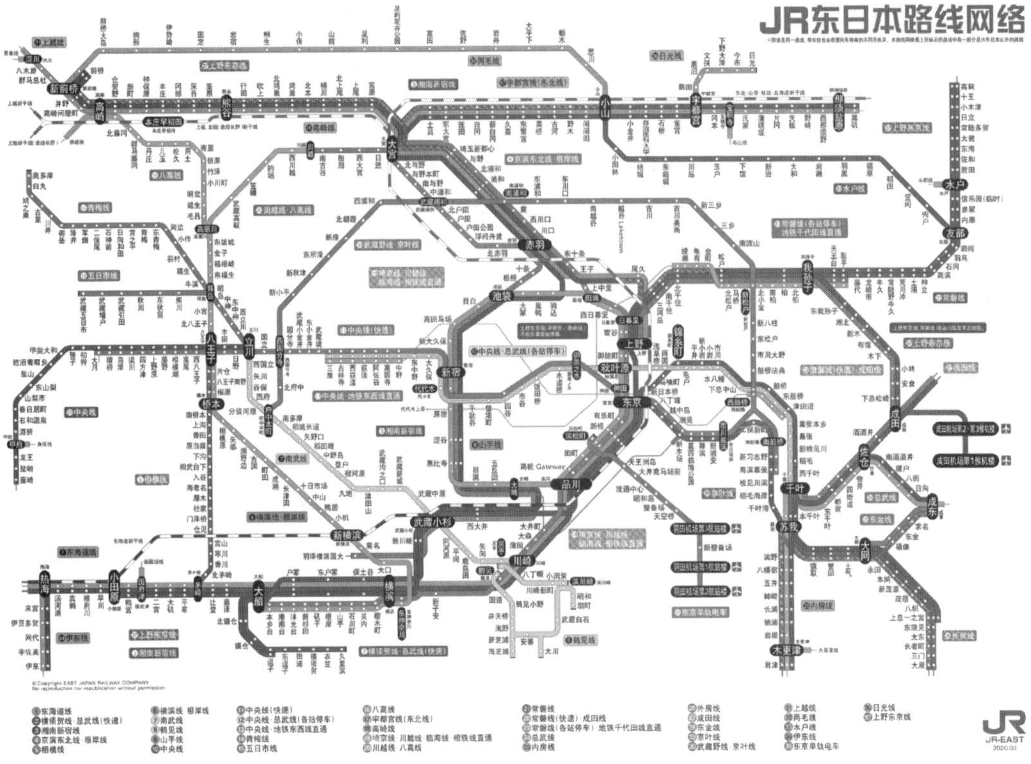

图 2-1　山手环线枢纽带示意图

图片来源：https://yamanote-sen.com/

以新宿站为代表的综合交通枢纽日均进出站量达到 364 万人次，成为世界上最高使用人次的铁路车站。本节选取新宿站作为典型枢纽站进行分析。

新宿站有五条 JR 线路：山手线、琦京线、中央本线、湘南新宿线、中央线·总武线；三条私营铁路线路：京王线、小田急线、西武新宿线，以及三条地铁线路都营新宿线、丸之内线、都营大江户线。这些线路穿过新宿站或者以新宿站为终点。接入新宿站的各条线路的分布情况如图 2-2 所示。

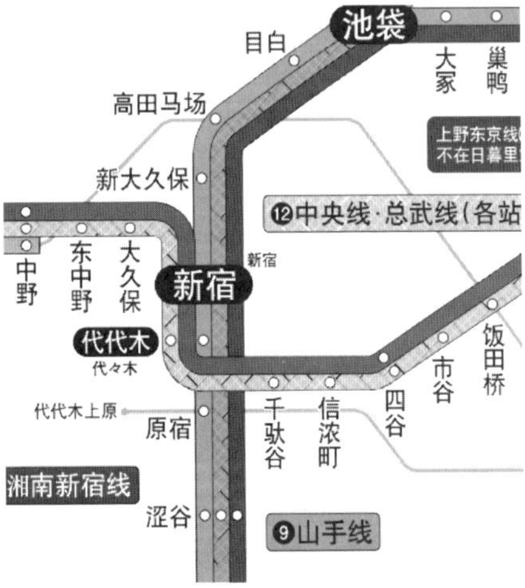

图 2-2　新宿站线路及车站位置示意图

新宿站有 178 个出口，是世界上出口数量最多的车站。图 2-3 为新宿站的站内结构示意图，通过车站分层设计、站内换乘流线组织以及站台共用等方式，实现了各线路的互联互通。

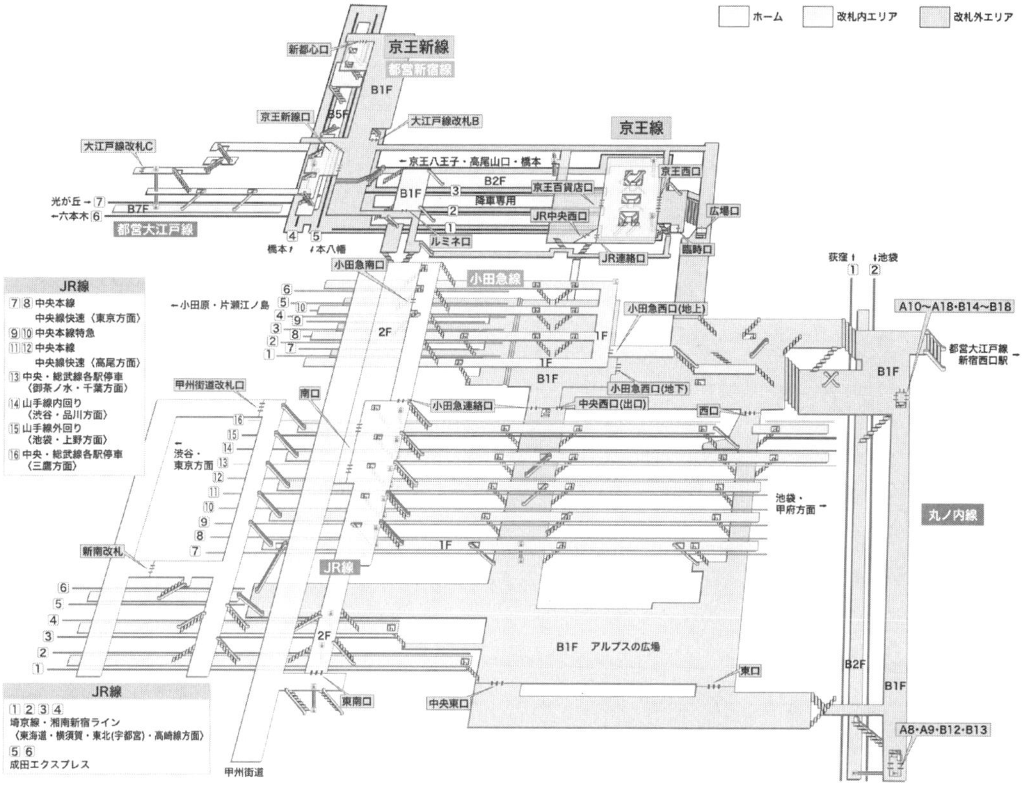

图 2-3　新宿站站内结构示意图

图片来源：https://www.shinjukustation.com/shinjuku-station-map-finding-your-way/

3. 日本东京圈区域轨道交通的互联互通运营现状分析

目前东京圈区域的地铁、民营铁路、国有铁路形成了一个有机衔接的发达的轨道交通网络，通过枢纽站换乘，以及组织部分列车跨制式、跨线直通运营等方式，实现了全面的互联互通。

自从 1960 年东京圈开通运营第一条地铁与私铁的直通运营线路后，其他地铁线路也相继建成并实现了和郊区私铁线路等放射形线路间的直通运营，线网规模不断扩大。目前，东京圈内共有 45 条铁路线路实现了直通运营，线网规模达 880km左右，占东京圈轨道交通线路总规模的 36%，几乎覆盖了东京站 30km 范围以内的主要通勤圈，如表 2-2 所示。其中，东京都区部地铁系统除了东京地铁银座线、丸之内线和都营地铁大江户线由于制式原因没有实现直通运营，其余 10 条地铁线路在修建时均采用了放射形线路的线路制式，实现了与 JR 线路、私铁线路以及其他由第三部门经营的线路等放射形线路之间的相互直通运营。此外，JR 线路及私铁线路等放射形线路之间也实现了相互之间的直通运营。由于直通运营的实施主要是为了连接东京都区部的地铁线路和郊区放射形线路，实现市中心与郊区的一体化轨道交通，故这里以地铁为主要对象介绍东京圈轨道交通直通运营的线网情况。

表 2-2 东京地铁及其直通运营的协作线路

地铁线路		运营里程/km	直通运营的协作线路长/km	协作线路的详细状况
运营主体	线路名称			
东京地铁股份有限公司	银座线	14.3	0	
	丸之内线	27.4	0	
	日比谷线	20.3	50.5	东武(北千住—东武动物园)33.9km 东急(中目黑—菊名)16.6km
	东西线	30.8	31.7	JR(中野—三鹰)9.4km JR(西船桥—津田沼)6.1km 东叶高速(西船桥—东叶胜天台)16.2km
	南北线	21.3	26.5	东急(目黑—日急)11.9km 埼玉高速铁路(赤羽岩渊—浦和美园)14.6km
	有乐町线	28.3	80.4	西武(小竹向原—饭能)40.3km 东武(和光市—森林公园)40.1km
	副都心线	11.9	80.4	西武(小竹向原—饭能)40.3km 东武(和光市—森林公园)40.1km
	千代田线	24	82.2	小田急(代代木上原—本厚木、唐木田)52.5km JR(凌濑—取手)29.7km
	半藏门线	16.8	88.4	东急(涩谷—中央林间)31.5km 东武(押上—久喜)46.5km 东武(动物园—南栗桥)10.4km
	小计	195.1	440.1	
东京都营地铁有限公司	浅草线	18.3	178.5	京成(押上—成田机场、东成田)72.8km 北总(押上—印期日本医大)32.3km 京急(泉岳寺—三崎口、新逗子)73.4km
	三田线	26.5	9.1	东急(目黑—武藏小衫)9.1km
	新宿线	23.5	67.3	京王(新宿—桥本、高尾山口)67.3km
	大江户线	40.7	0	
合计		304.1	695	地铁可直通运营线路里程为 221.7km
		999.1		可直通运营线路里程为 916.7km

注：表中未含横滨地铁 1 号线和 3 号线共 40.4km 线路。

1) 地铁线路与 JR 线路直通运营

东京地铁东西线和千代田线分别与 JR 快慢分轨运营型线路——JR 中央线、JR 总武线及 JR 常磐线的缓行线进行了直通运营。

2) 地铁线路与私铁及其他线路直通运营

目前，包括上述两条地铁线路在内的 10 条直通地铁线路均实现了与郊区私铁线路或其他由第三部门经营的放射形线路的直通运营。

3) 其他线路间的直通运营

在东京圈内，除了上述地铁线路与放射形线路间的直通运营，还存在 JR 线路、私铁线路及第三部门经营的线路等放射形线路间的直通运营。

经过多年实践，东京圈轨道交通直通运营的实现效果显著，不仅在很大程度上消除了换乘的不便，缩短了旅客的旅行时间，极大地提高了旅客使用铁路线路的便利性；同时，从铁路从业者的角度来看，直通运营缓和了直通连接站的拥堵，缩小了车站施工的范围，并提高了车辆运用的效率。但是，直通运营在某种程度上也给旅客和相关铁路部门带来了一定的不便。下面从旅客、铁路部门及城市的角度，对东京圈轨道交通直通运营带来的效果及影响进行说明。

(1) 从旅客的角度：

① 减少了换乘次数、缩短了旅行时间，为旅客提供了更加人性化的出行选择。

② 直通运营使旅客可以选择的列车种类增多，在一定程度上也增加了旅客乘车的复杂性。

(2) 从铁路部门的角度：

① 有效缓解了山手环线沿线中转站点的换乘压力，提高了旅客输送能力，降低了线路拥挤率，使运营商在为旅客提供更好服务的同时能更有序地管理线路。

② 节省了轨道交通资源，吸引了大量客流，减轻了建设和运营线路的资金负担，带来了共享路网的整体效益。

③ 增大了行车组织的复杂程度和协调管理难度。

(3) 从城市的角度：

推动了东京圈城市一体化发展，带来了一定的社会经济效益，但也增加了道口事故发生率和波及范围。

4. 日本东京圈区域轨道交通旅客出行服务现状

1) 日本东京圈区域轨道交通跨制式出行

日本东京圈内以山手线为界，地铁主要在山手线内发展，JR 以及民营铁路多以山手线上的点为起点向外放射。同时，东京圈内民营铁路的发展以 JR 的四大干线为界分别在各自的区域内发展。由于历史原因，所形成的发展格局导致跨片区的出行势必要产生多次的换乘。为了避免给市民出行带来的不便以及减少主要换乘站的拥堵，东京圈的轨道交通行业积极探索直通运行的方式，最典型的跨制式的直通运行当属东京地铁副都心线。

(1) 副都心线线路走向。

东京地铁副都心线是东京地铁运营的一条地铁线路，于 2008 年 6 月 14 日开通。线路自埼玉县和光市的和光市站至东京都涩谷区的涩谷站，其中和光市站至小竹向原站与东京地铁有乐町线共线，小竹向原站至池袋站并线。线路连接池袋、新宿和涩谷三大副都心。

副都心线与相连各线实现直通运营后，黄金周的旅客乘降人数相较前一年有较大变化。新宿三丁目站、元町中华街站、川越站、明治神宫站、池袋站、港未来站分别增加63%、31%、17%、16%、15%、11%。作为重要枢纽的涩谷站乘降人数较前一年黄金周下降 10%，有效缓解了大型枢纽的拥挤。

(2) 副都心线的特色服务。

为了减少犯罪率，副都心线上，工作日从始发开始至 9:30，所有列车的 1 号车厢全部设定为女性专用车厢，同时，小学生、残障人士及其陪同人员无论男女均可乘坐女性专用车厢。

2) 日本东京圈区域轨道交通客票种类现状

客票的种类繁多，以东日本 JR 为例，JR《旅客营业规则》第二篇第二章第一节第 18 条中对客票的种类进行了详细的介绍。车票分为普通乘车票、快速票、特种车辆车票、卧铺票、包间票、指定席票六大类，每一大类又细分为若干项。

在东京圈内轨道交通中，市民出行较常采用的为一卡通，俗称西瓜卡。对于通勤通学人员，办理月票是比较经济实惠的一种方式。距离东京都心较远地区的市民，往返东京可以购买回数券的套票，除了在元旦和盂兰盆节期间不可使用，其他时间段均可使用，相较于单次购票有较大的优惠，但套票使用有一定的有效期。对于前往东京出差或观光的旅客，购买一日票或两日票是最经济的办法，各个运营公司均推出了各自公司的一日票。除此以外，各大公司还联合推出了东京一日券。乘客只需支付 1590 日元即可使用东京一日券乘坐各大公司的列车，而不用支付额外的费用，给乘客带来了极大的便利，当然这对各个公司的清算来说是一个不小的挑战。

2.1.2　法国法兰西岛区域轨道交通协同运输与服务现状

1. 法兰西岛区域轨道交通路网布局

1) 法兰西岛交通线网布局

法兰西岛(Île-de-France)是法国本土 13 个大区之一，也是法国首都巴黎的都市圈。其以巴黎为中心，包括巴黎省、上塞纳省、塞纳-圣但尼省、瓦勒德马恩省、塞纳-马恩省、伊夫林省、埃松省和瓦勒德瓦兹省，总面积 12012km^2。法兰西岛是法国的同时也是欧洲的第一经济大区。其中大巴黎(La métropole du Grand Paris，MGP)是法兰西岛以巴黎市为中心，与其周边 130 个市镇，其中包括上塞纳省、塞纳-圣但尼省和瓦勒德马恩省所有市政府与七大皇冠市镇所组成的大都会。

法兰西岛运输联合会官网所发布的公共交通线网布局如图 2-4 所示。

2) 法兰西岛交通运输体系

法兰西岛的公共交通设施主要由巴黎地铁(Metro)、区域快铁(RER)、有轨电车(Tramway)与公共汽车(Autobus)组成。法兰西岛公共交通设施由法兰西岛运输联合会负责运营管理。法兰西岛各交通制式如表 2-3 所示。

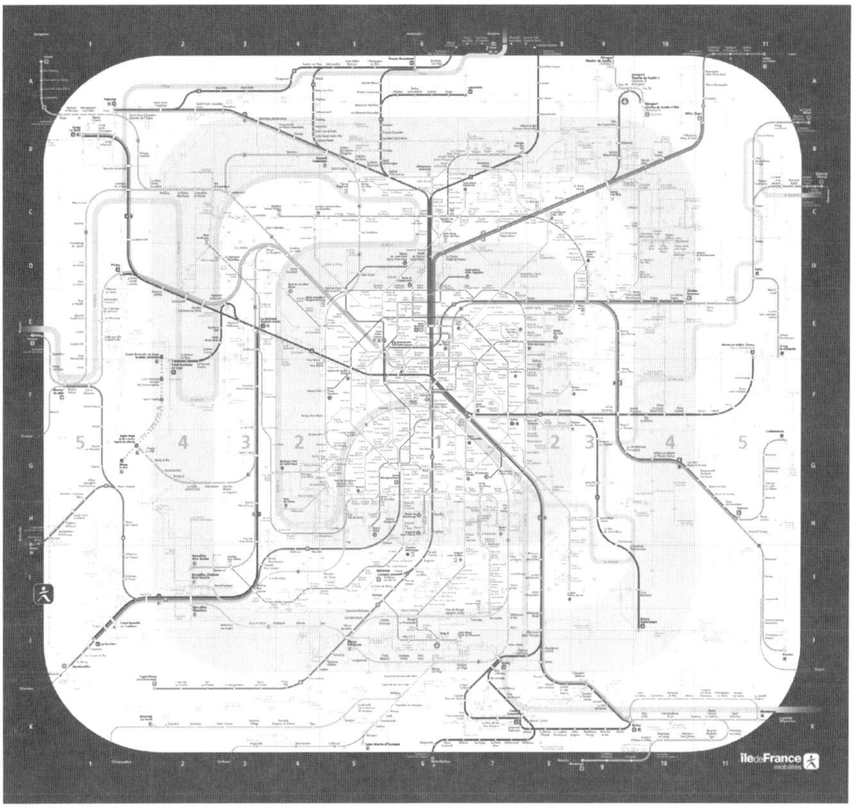

图 2-4　法兰西岛公共交通线网示意图

图片来源：https://www.transilien.com/fr/page-deplacements/plan-reseau-ile-de-france

表 2-3　法兰西岛各交通制式列表

<table>
<tr><th>运输方式</th><th>运营公司</th><th>客运量/百万人次</th><th>里程/km</th><th>车站数量</th><th>服务区域</th></tr>
<tr><td>巴黎地铁</td><td>RATP</td><td>1350</td><td>2199</td><td>302</td><td>巴黎及近郊</td></tr>
<tr><td rowspan="2">区域快铁(RER)</td><td>RATP</td><td>440</td><td>115</td><td>65</td><td>巴黎和郊区</td></tr>
<tr><td>SNCF</td><td rowspan="2">614</td><td rowspan="2">1296</td><td rowspan="2">443</td><td>巴黎和郊区</td></tr>
<tr><td>法兰西岛区域铁路(非 RER)</td><td>SNCF</td><td>巴黎和郊区</td></tr>
<tr><td rowspan="2">有轨电车</td><td>RATP</td><td>341</td><td>1038</td><td>181</td><td>巴黎和郊区</td></tr>
<tr><td>SNCF</td><td></td><td>8</td><td>11</td><td>郊区</td></tr>
<tr><td rowspan="2">公共汽车</td><td>RATP</td><td>940</td><td>2816</td><td>1274</td><td>巴黎和郊区</td></tr>
<tr><td>Optile</td><td>250</td><td>20133</td><td>24500</td><td>远郊</td></tr>
</table>

注：巴黎地区的公共交通数据统计(2004 年)。

2. 法兰西岛区域轨道交通枢纽现状

法兰西岛的主要交通方式包括路面交通与轨道交通两大类，其中在运营的路面交通方式主要为公共汽车，轨道交通方式有巴黎地铁、区域快铁、有轨电车和远郊铁路等，各种交通方式之间衔接错综复杂，两大运营公司 SNCF(法国国营铁路公司)与 RATP(巴黎大众运输公司)有各自独立运营的区域，也有协作运营的线路。各制式交通之间的衔接转换在各大交通运输枢纽实现。法兰西岛的主要交通枢纽集中在以巴黎市为中心、与其周边省所组成的大巴黎圈内。

法兰西岛内有巴黎北站、巴黎圣拉扎尔车站、巴黎里昂火车站、巴黎蒙帕纳斯火车站、巴黎贝尔西站、巴黎东站，巴黎奥斯特里茨站位于巴黎市内，作为巴黎通往法国不同方向各个城市的铁路网起点，同时也提供巴黎市内及远近郊外的运输服务。

除了各大火车站作为衔接各制式交通，巴黎市中心内也有多个站点提供各类轨道与道路交通服务，如市内各个地铁公交换乘站。其中位于巴黎一区的沙特雷-大堂站建成于 1977 年，位于城市最核心位置，共有 A、B、D 三条区域快铁线，以及地铁 1、4、7、11、14 共 5 条线以及多条由 Bus RATP 与 Noctilen 负责经营管理的多个公共汽车线路在此处提供换乘服务，是名副其实的巴黎市中心地铁最大换乘站。

此外还有法兰西岛各省内的中小型火车站、区域快铁站，也作为小型运输枢纽为法兰西岛的交通运输服务。

巴黎北站是 SNCF 在巴黎的七大列车始发站之一，位于巴黎市区北部的第十区，包含多种铁路运输服务和城市轨道交通服务，如巴黎地铁、区域快铁、远郊铁路、省际列车、高速列车、欧洲之星等。就旅客人数而言(每年约有 1.8 亿人次)，目前巴黎北站是欧洲最繁忙的铁路车站，也是世界上第二十四繁忙的铁路车站，也是除日本的铁路车站以外，全世界最繁忙的火车站。

巴黎北站是区域快铁 B 线和 D 线的中转站，也是巴黎北部远郊路网的起点，乘客可以乘坐各班列车来往巴黎北郊、西北郊、东北郊、东南郊、南郊各地，以及戴高乐机场和奥利机场这两个巴黎大区的主要机场。其中，区域快铁 B 线和 D 线停靠于地下月台。西边的岛式月台为北行列车停靠，一般来说，B 线使用 43 号轨道(靠东)，D 线使用 41 号轨道(靠西)；东边的岛式月台为南行列车停靠，一般来说，B 线使用 42 号轨道(靠东)，D 线使用 44 号轨道(靠西)。远郊车的发车点在地面月台东侧，即 30~36 号轨道。巴黎北站各层布局如图 2-5 所示。

巴黎北站还有国际高铁服务，方便乘客前往英国、荷兰、比利时等国。

3. 法兰西岛区域轨道交通互联互通运营现状

以法国乃至欧洲核心的巴黎大区为中心，法兰西的交通系统规模宏大，制式繁多，不同交通制式与不同的运行范围都由不同的运营公司负责。在法兰西岛运输联盟的监督管理下，各大运营公司各司其职，分工协作，负责法兰西岛的交通运输，其中以 RATP、SNCF 与 Optile(法兰西岛运输专业组织)三家运营公司规模最为宏大，服务系统最为完善。它们分别负责大巴黎圈、巴黎近郊与远郊、省际乃至国际运输。

1) 现有各交通制式运营范围

法兰西岛的交通制式主要分为道路交通与轨道交通。道路交通方式主要为公共汽车，公共汽车中根据经营模式、服务范围及运营商的不同主要分为 RATP 公共汽车、夜

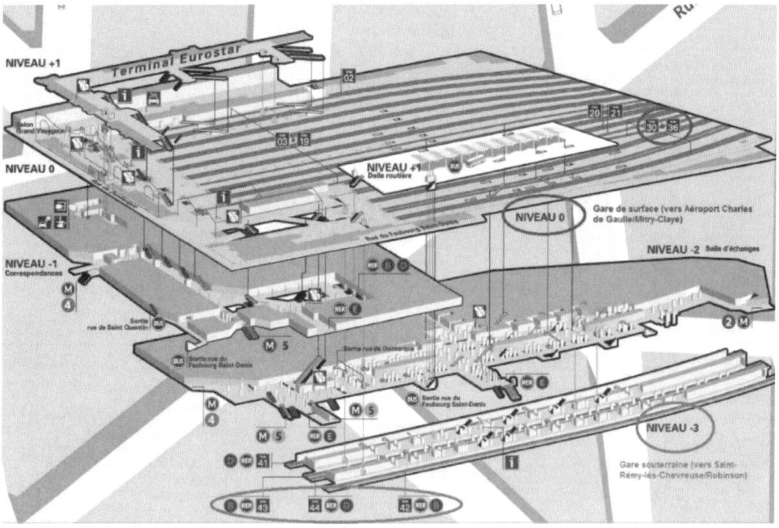

图 2-5　巴黎北站布局示意图

图片来源：https://help.g2rail.com/zh-cn/stations/paris-nord

间公共汽车、Optile 公共汽车、快速公交、T Zen 等，轨道交通制式则有巴黎地铁、SNCF 远郊铁路、省际列车、高速列车、城际列车等。从运营范围来划分，服务于巴黎市内及近郊的交通制式有 RATP 公共汽车、巴黎地铁、远郊铁路区域快铁(部分 A 线与 B 线)；服务于巴黎远郊及整个法兰西岛的有夜间公共汽车、快速公交、远郊铁路(非区域快铁部分)、省际列车等。

法兰西岛的轨道交通主要由 SNCF 区域铁路负责运营，但其中大多经由巴黎市内的部分线路仍由 RATP 负责运营。服务于巴黎市内与巴黎近郊的公共轨道交通设施如巴黎地铁、区域快铁与有轨电车等轨道交通制式服务范围如图 2-6 所示。

2) 小巴黎内有轨电车、巴黎地铁、区域快铁、公共汽车的转换与衔接

(1) 区域快铁与巴黎地铁换乘。

有轨电车、巴黎地铁、区域快铁与 RATP 公共汽车是巴黎市内最主要的公共交通工具。其中区域快铁的 A 线、B 线，经过巴黎市内部分路段的经营管理权才属于 RATP，即便如此，区域快铁作为隶属于 SNCF 的运营商标，其轨道交通制式只是能与远郊铁路、省际列车等轨道交通制式共用轨道，即使轨距相同，在巴黎市内并不能实现与巴黎地铁的互联互通。以小型运输枢纽丹佛—罗什洛为例，此处是区域快铁 B 线，巴黎地铁 4 号线与 6 号线的交汇处。换乘实际是从丹佛(Denfert-Rochereau 火车站)到达罗什洛(Denfert-Rochereau 地铁站)来实现的。若从 4 号线换乘至 6 号线则更为方便，因为都是在 Denfert-Rochereau 地铁站内完成。

(2) 有轨电车与区域快铁、巴黎地铁换乘。

由于有轨电车属于路面交通，其构建方式与巴黎地铁和区域快铁相去甚远，所以并不能实现广义上的互联互通。对比 Denfert-Rochereau 站点，虽然区域快铁与巴黎地铁站点的换乘并非真正意义上的互联互通，但是三条线路的交汇点是作为一个运输枢纽存在的。

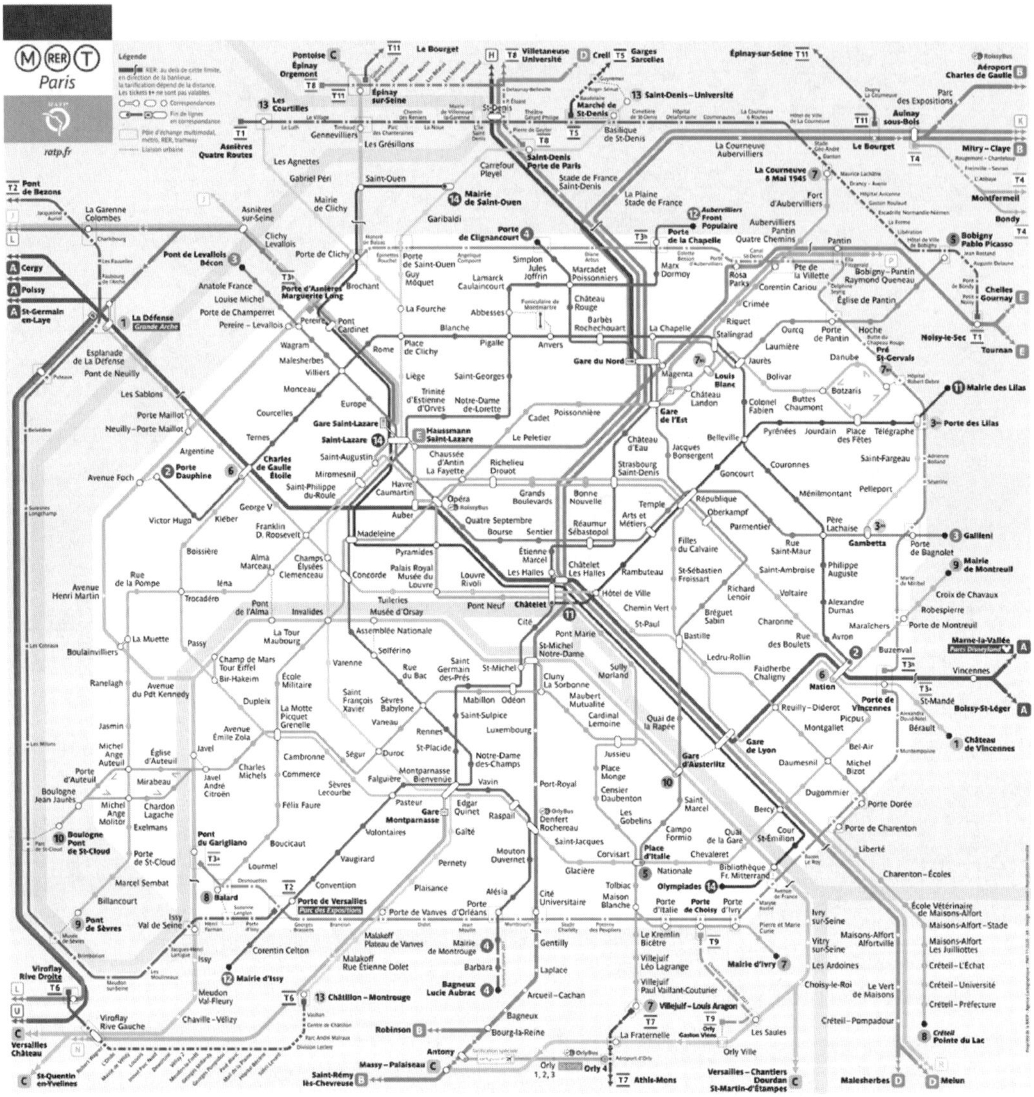

图 2-6　RATP 运营巴黎地铁、区域快铁与有轨电车线路图

图片来源：https://www.ratp.fr/plan-metro

巴黎市内公共汽车系统相对独立，但各站点遍布巴黎市内与近郊，与轨道交通系统相辅相成，完善了巴黎的公共交通系统。

3) 法兰西岛有轨电车、区域快铁、远郊铁路(非区域快铁部分)、省际列车、城际列车、高速列车、公共汽车的转换与衔接

法兰西岛内，远郊铁路(非区域快铁部分)、高速列车、城际列车与省际列车都由 SNCF 负责运营管理，各种规格的统一，使其实现了真正意义上的互联互通。

以巴黎市内轨道运输枢纽火车站巴黎蒙帕纳斯站为例，站内有通往巴黎西北方向布列塔尼大区中心城市雷恩的高速列车，有通往诺曼底大区各重要城市的城际列车，沿线直达沿海城市格兰维尔以及通往巴黎市以西的位于法兰西岛的凡尔赛等重要城市的区域

铁路，以及通往位于中央-卢瓦尔河谷大区沙特尔等重要城市的省际列车。其中省际列车与远郊铁路的运营范围有互相重叠的部分，但是省际列车是用来连接法兰西岛及其周边大区的主要轨道交通制式，远郊铁路的范围更多在法兰西岛内。

此外，法兰西岛的公交系统主要有夜间公共汽车与快速公交，与巴黎市内公共汽车系统相似，与轨道交通系统相辅相成，其服务方式也更加灵活。

4. 法兰西岛区域轨道交通旅客出行服务现状

客运服务是轨道交通运输的重要部分，客运服务质量是旅客可直观感受和体验的。本节分别对法兰西岛区域的城市轨道交通、市郊铁路、城际铁路和跨制式出行的旅客服务水平现状进行分析。针对每种制式轨道交通的出行服务，又从出行过程、客票情况、安检服务、换乘衔接和舒适度等方面进行详细分析。

1) 巴黎大区城市轨道交通出行服务现状

巴黎市内跨制式出行常常会使用到巴黎地铁、区域快铁、有轨电车等轨道交通制式。市内出行以 RATP 官网从 La Croix de Berny 到 Porte D’Italie 查询结果如图 2-7 所示。

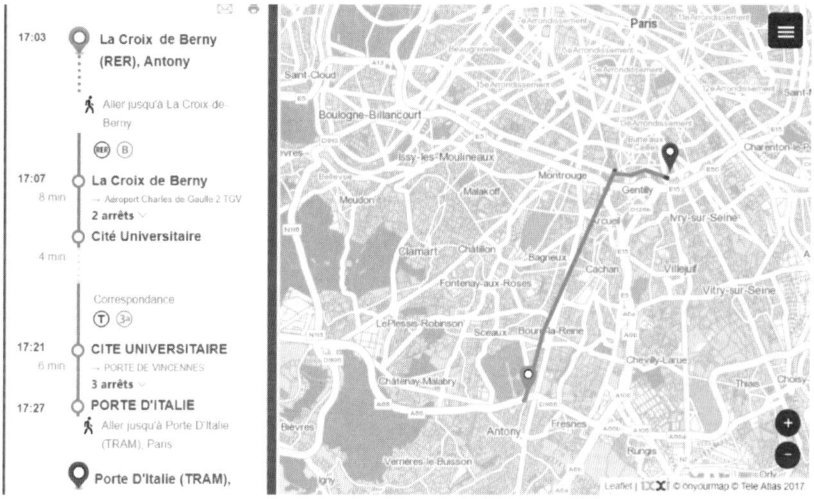

图 2-7　从 La Croix de Berny 到 Porte D’Italie 出行路线

从巴黎南边近郊 La Croix de Berny 至巴黎市内十三区 Porte D’Italie，需在 CITE UNIVERSITAIRE 站完成换乘。换乘方式属于跨制式换乘，且 T3a 为有轨电车线路，属于地面轨道交通，其所设站点离 CITE UNIVERSITAIRE 站较远，需出站完成换乘。

2) 法兰西岛轨道交通出行服务现状

从巴黎市至市郊的出行经常会使用到区域快铁与远郊铁路，其中区域快铁服务于巴黎近郊与市内的交通运输，远郊铁路服务于巴黎远郊与市内的交通运输。以 RATP 官网从 Versailles 到 Opéra national de Paris 查询结果如图 2-8 所示。

Versailles 是巴黎郊外的重要城市，市内火车站有区域快铁 C 线，远郊铁路 N 线与 U 线，Opéra 是巴黎市内重要的中转枢纽，有地铁 3、7、8 号三条线路经过此处。从 SNCF 远郊铁路出行网站上获得从 Versailles 到 Opéra 的出行方式，可从远郊铁路 U 线转区域快铁 A

线到达，历时 44min。或是从区域快铁 C 线转地铁 10 号线再转 8 号线，如图 2-9 所示。

第一种换乘方式因 U 线与 A 线虽需换乘，但因同属 SNCF 远郊铁路，所以换乘不用出站，换乘时间更短。第二种属于跨制式换乘。

3) 城际铁路出行服务现状

法兰西岛作为法国的核心省份，SNCF 负责运营的区域快铁、城际列车、省际列车等是连接法兰西岛与全国各地的主要轨道交通方式。以从谷歌地图里昂(Lyon)到巴黎市内 Denfert-Rochereau 出行查询结果为例，如图 2-10 所示。

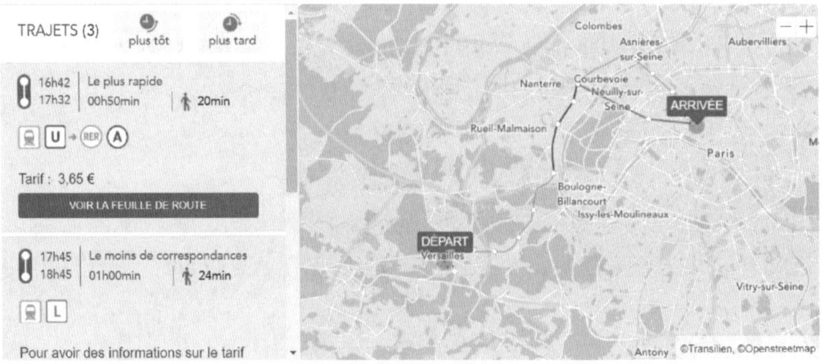

图 2-8　从 Versailles 到 Opéra national de Paris 出行线路 1

图 2-9　从 Versailles 到 Opéra national de Paris 出行线路 2

图 2-10　从里昂到巴黎市内 Denfert-Rochereau 站出行线路

法国境内从西南部城市里昂到巴黎市内 Denfert-Rochereau 站，需经过法国高铁区域快铁到达巴黎市内火车站 Gare de Lyon，再转至 B 线 Massy-Palaiseau 站乘坐区域快铁到达。

4) 法兰西岛轨道交通客票种类现状

法兰西岛各制式轨道交通票的种类繁多。法兰西岛运输联合会根据旅行范围、出行时间、不同制式的交通，以及不同的使用者制定了各式各样的交通票，如按照出行区域划分的各种类型的天票、适用于巴黎市内的一次性票 Ticket T+，也有适用于巴黎地区 1 至 3 圈的 Mobilis、适用于巴黎地区 1 至 5 圈的 Paris Visite。根据客户的出行需求，除了天票，还可以向运营商申请 Navigo 法兰西岛范围内周卡、月卡和年卡，同时还针对不同客户提供儿童卡、青年卡、老年卡、军人卡、残疾卡、失业卡等各种不同类型的出行卡。此外，各运营商在不同时期也会为法兰西岛游客推出各种打折卡。另外还有机场单程直达专线票 Billet aéroport。

各制式轨道交通票价灵活多样，使用方便，为乘客提供诸多优惠，吸引了大量客流，促进了城市公共交通的发展，同时票价的制定也兼顾了交通对巴黎市区的影响，起到了调节客流的作用。

5. 法兰西岛区域轨道交通智能信息服务现状

1) 移动端(App/Web)

(1) 网站。

法兰西岛运输联合会会在官网公布法兰西岛整体交通运营情况。SNCF、RATP、Optile 都有自己的官网。其中 SNCF 官网可以查询购买远郊铁路、省际列车、城际列车与高速列车票。SNCF 远郊铁路上还会提供法兰西岛近郊、远郊及市内每条线的实时运营情况。路线查询时也会提供巴黎市内由 RATP 负责运营的巴黎地铁的实时运营情况。RATP 网站上会有地图、经营情况等信息，也同时提供交通路线查询，帮助旅客计划出行。Optile 则因覆盖范围较广，且分布相对并不集中，官网上只有 Optile 公司运营状况和为数不多的特定校车路线，并没有提供覆盖全网的交通路线查询。

(2) 手机应用程序。

SNCF 移动端拥有更全面与快捷的服务，且可提供电子购票凭证，同时在临近发车时会在手机端显示与火车站信息牌同步的登车信息，包括列车所在区域的编号，但与网页不同，SNCF 移动端并不提供巴黎市内区域快铁与巴黎地铁的信息，更多的是服务于从法兰西岛出发的中长途旅客。RATP 移动端则是在巴黎必不可少的手机应用程序，其涵盖了巴黎市内及郊外所有制式的交通方式，包括巴黎地铁、区域快铁、有轨电车、公共汽车(包括不属于 RATP 负责经营的部分公共汽车)。旅客可自行选择出行时间，设定出行线路，并按照应用程序上显示的各交通方式到达时间合理安排行程。

2) 站台信息

各制式轨道交通的站台任何地方，都会有指示性标记引导乘客正确前往所搭乘交通工具的地点。巴黎作为国际大都市，大多数站台都翻译成各国语言标志指导乘客，市内站台语音播报也有多种语言，常为法语、英语、西班牙语、阿拉伯语、德语、日语和中文，且语言的选择会根据站台所处地理位置所聚集的主要外籍人士做出适当改变。且几乎每个站点附近都有 SNCF 或者 RATP 提供的信息咨询台，咨询台内提供免费的巴黎站台信息与地图手册，工作人员也可以随时解答各类问题。

6. 多制式交通运营与管理衔接模式

1) 运营商联合经营

法兰西岛各交通制式(轨道与路面交通)所属运营商如图 2-11 所示。

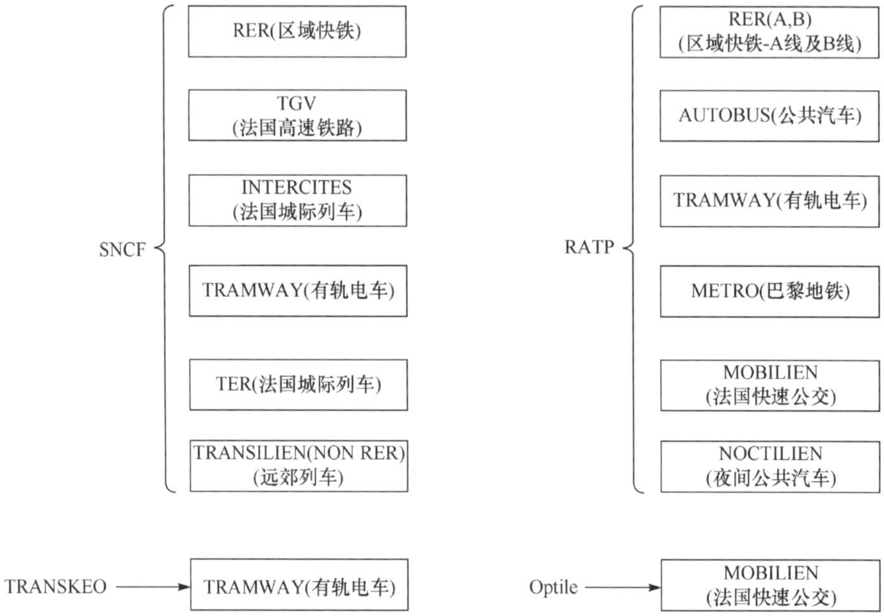

图 2-11 各交通制式所属运营商

SNCF 与 RATP 是法兰西岛最主要的交通运营商，其余如 Optile、TRANSKEO 都只负责经营范围较小、分布较为零散的部分。

2) 运营商衔接管理

法兰西岛最重要的公共轨道交通方式之一——区域快铁穿越巴黎市内，连接巴黎远郊。因其服务里程远、服务形式多样的特点，RATP 和 SNCF 对区域快铁实行联合经营、分段管理的经营模式。因区域快铁是运营服务范围跨度较大的轨道交通线路，其中跨越巴黎市内的部分由 RATP 负责，其余的由 SNCF 负责经营。法兰西岛区域快铁 A 线所经站点如图 2-12 所示。从 Nanterre-Préfecture 站到 Cergy-le-Haut 站与 Poissy 站由 SNCF 负责运营，从 Saint-Germain-en-Laye 站到 Boissy-Saint-Léger 站与 Marne-la-Vallée-Chessy 站则由 RATP 负责运营。

2.1.3 美国纽约轨道交通协同运输与服务现状

1. 纽约市区域轨道交通线网布局现状

纽约市位于纽约州东南哈德逊河口，濒临大西洋。全市总面积 1214.4km^2，是美国人口密度最大的城市之一。它由五个区组成：布朗克斯区(The Bronx)、布鲁克林区

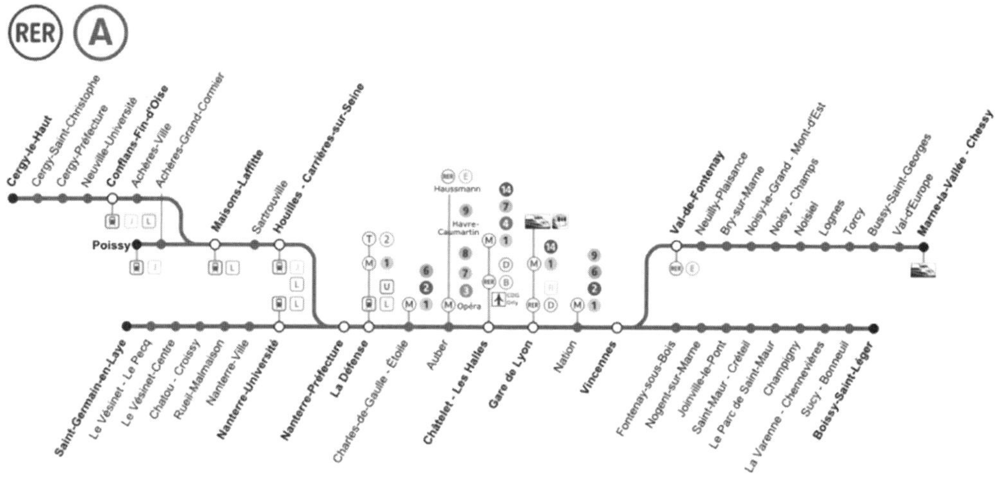

图 2-12　法兰西岛区域快铁 A 线站点分布图

(Brooklyn)、曼哈顿区(Manhattan)、皇后区(Queens)、斯塔滕岛(Staten Island)。

纽约市与其周边地区的交通需求庞大。纽约州、新泽西州与康涅狄格州有大量的通勤上班族，每天对纽约地区有非常大的运输需要，因此其公共运输系统逐步发展成为全美国最发达的运输系统之一。相较于美国其他大部分都市(尤其是洛杉矶)以车代步的交通方式，纽约市民出行主要是搭乘公共汽车、地铁、通勤铁路及渡轮上下班。

纽约都市圈的轨道交通系统可以分为通勤铁路和地铁两个层级。通勤铁路主要包括北方通勤铁路、长岛铁路与新泽西通勤铁路。纽约地铁是纽约地区的公共运输骨干系统，连接纽约市区的各个地区。

1) 通勤铁路

北方通勤铁路(Metro-North Railroad，MNR)，是由纽约大都会运输署(Metropolitan Transportation Authority，MTA)管理营运的，是一个提供纽约州与康涅狄格州的居民往返纽约市的通勤铁路线路。北方通勤铁路网共有 6 条通勤铁路线路，如图 2-13 所示，线路总长约 618km，共有 120 个车站。线路朝北呈现放射形通过大型枢纽站连接纽约市区和它北面的七个郡，线路十分繁忙，2010 年运客量达到 8100 万人。

长岛铁路(Long Island Railroad，LIRR)由纽约大都会运输署运营维护，共有 124 个车站，11 条线路，线路长度超过 1100km，线网结构为树枝形，如图 2-14 所示，如今是北美最繁忙的线路，日均运量为 26.5 万人，全年每天 24 小时不间断营业，绝大部分列车从曼哈顿宾夕法尼亚(Pennsylvania)车站出发，该车站通过地铁与纽约市中心连接，旅客需要出地铁站通过火车站大厅换乘通勤铁路。

美国纽约新泽西通勤铁路是由新泽西公共交通公司运营的通勤铁路系统，新泽西通勤铁路共有 11 条线路，162 个车站，线路长度约 1530km，线网结构为放射形，如图 2-15 所示。新泽西的通勤铁路路线主要集中在靠近纽约市的北部，另外也有服务于费城的线路。新泽西的通勤铁路还与大都会北方铁路订立合同，负责运营其中两条经过新泽西但终于纽约州的线路。

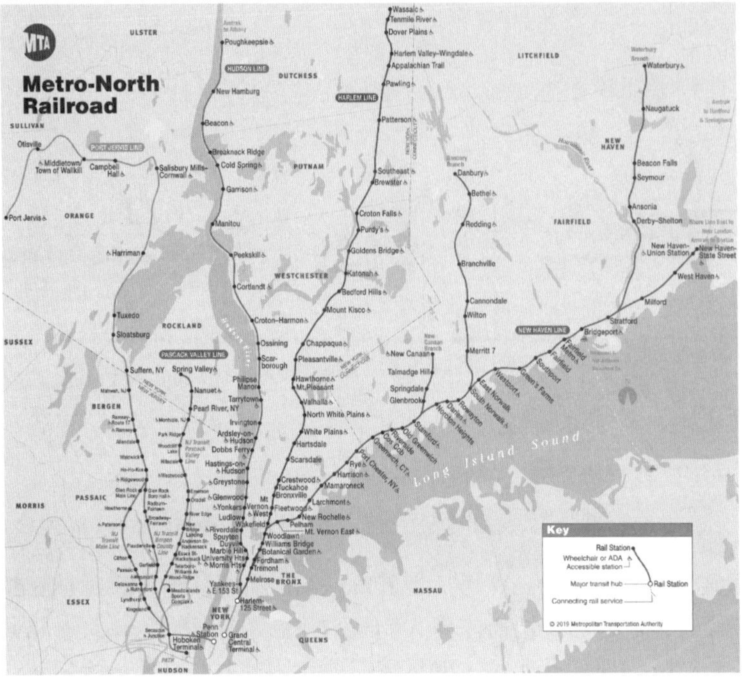

图 2-13　美国纽约北方通勤铁路线网分布示意图

图片来源：http://web.mta.info/mta/planning/psas/pdf/CT-presentation.pdf

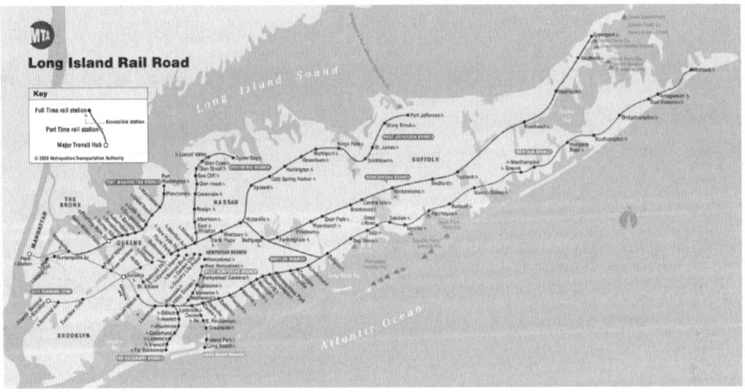

图 2-14　美国纽约长岛铁路线网分布图

图片来源：http://web.mta.info/lirr/Timetable/lirrmap.htm

2) 地铁

纽约地铁现由纽约大都会运输署管理，纽约市捷运局负责营运。纽约地铁有 468 座车站已投入使用(此数据将换乘站重复计算)，22 条线，商业营运路线长度为 369km，用以营运的轨道长度约为 1056km。纽约地铁约 40%的路轨形式为地面或高架，以曼哈顿区为中心呈放射形结构，大部分线路采用穿越曼哈顿区的径向线形式，如图 2-16 所示。纽约地铁在同一运行区间设置了快慢线。快速线的设置有两种方式，第一种是服务于双向流量较均衡的市中心的 4 轨式(两条供快车行驶、两条供慢车行驶)。第二种是服务于早晚高峰客流的 3 轨式，这种快线在高峰时期为客流主方向同时提供快慢线服务。

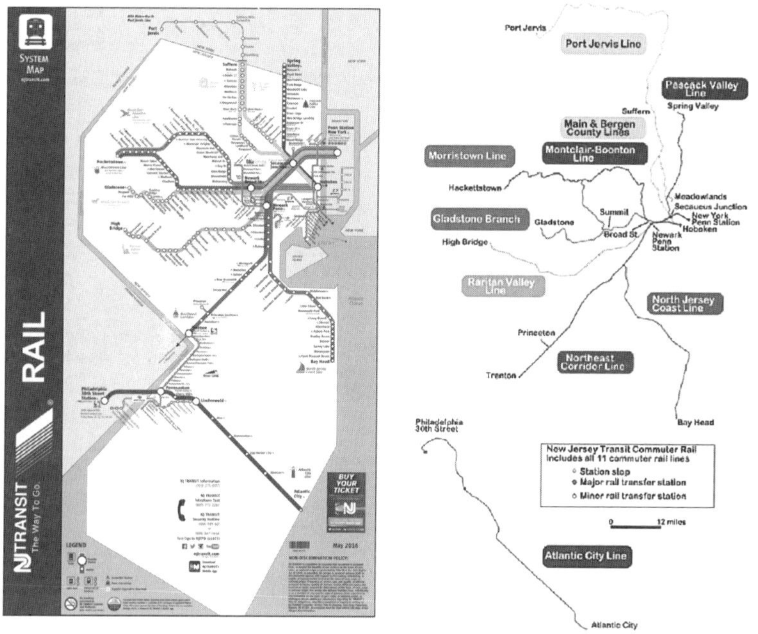

(a)　(b)

图 2-15　美国纽约新泽西通勤铁路线网分布图

图片(a)来源：https://transitmap.net/nj-transit

2. 纽约市区域轨道交通枢纽现状

1) 世界贸易中心车站

世界贸易中心车站为纽新航港局过哈德逊河捷运(Port Authority Trans-Hudson，PATH)的东端总站，也是 PATH 系统中纽华克宾州车站——世贸中心与霍伯肯——世贸中心两个运行系统的端点站。

纽约贸易中心车站结构分为 G 地面层、B1 上层大堂、B2 下层大堂、B3/B4 月台。从纽约贸易中心车站结构发现车站通过分层设置的方式方便地将城市轨道交通与 PATH 系统连接成一个整体。车站采用通道换乘、自动扶梯、升降梯等方式实现站内换乘，换乘至 1、2、3、4、5、N、R、W、A、C、E、J、Z 等城市轨道交通线路，在 B4 层设置不同形式的月台，方便旅客乘坐轨道交通列车。

2) 中央总站

中央总站位于美国纽约市曼哈顿中城，为大都会北方铁路、纽约地铁 7 号线、莱辛顿大道线(4 号、5 号、6 号线)及 S 线交会的地下铁路车站。在大中央火车站，乘客可不出站直接换乘纽约地铁 4～7 号线。纽约长岛铁路在其重要的 Jamaica 枢纽站也可实现与地铁或其他铁路线(含机场线)的换乘。

3) 宾夕法尼亚车站

宾夕法尼亚车站是位于美国纽约市曼哈顿中城的铁路车站，服务于纽约市全部美国国铁的长途城际列车及众多通勤铁路。车站月台区全部位于地下，该站服务于纽约地铁第七大道线(1 号、2 号、3 号线)及第八大道线(A、C、E 线)的列车，数条公车线路也可抵达车站，在车站内能便捷地实现各站间迅速换乘，同时公交与轨道交通衔接良好，两种制式公共交通客流交换便捷。

图 2-16　美国纽约地铁线网分布示意图

图片来源：http://www.urbanrail.net/am/nyrk/new-york.htm

宾夕法尼亚车站还有一个重要的特点，即不同运营单位可以共用车站列车轨道，实现资源的合理利用与分配，对提高运输效率、方便旅客出行也具有重要意义。

3. 纽约市区域轨道交通互联互通运营现状

1) 通勤铁路

通勤铁路不仅运行通勤列车，还与铁路郊线以及货运列车共线运输。在运输组织上，通勤列车实现跨站停车运营和站站停车运营的快慢车制度，但每趟车停站又有区别，实现大小站均有列车分次停靠。在运营安排上，每天最早发出的列车在凌晨四点，最晚的列车为翌日凌晨 3 点，几乎达到 24 小时不间断运营。高峰时段发车间隔为 15min，平峰时段发车间隔为 30min，运营周末或者节假日发车频率为一小时一趟车。在旅客运输组织上，所有车站均不设检票口，乘客购票后直接上车。个别车站与地铁线路直通连接，乘客无须出站就可以直接换乘。

2) 地铁

纽约地铁同路线上会有 3～4 条轨道，快车(express service)行驶于中间轨道，左右两侧留给慢车(local service)使用。快车原则上只停转乘站及终点站，慢车每站皆停。布鲁克林-曼哈顿运输股份公司(Brooklyn-Manhattan Transit Corporation，BMT)牙买加线开行列车于高峰时刻时，部分路线开行的列车会采取隔站停靠的方式行驶。深夜时分需要进行维修保养时，轨道进行局部封闭，列车无须停止服务，使纽约地铁成为全世界少数 24 小时全年无休的公共运输系统之一。

纽约地铁的运输组织特点不仅包括“快慢车”的运输组织模式，同时纽约地铁实现了不同线路间的互联互通。纽约地铁按子系统分类，可以分为 A 系统和 B 系统。A 系统为区域间快速公交系统(interborough rapid transit，IRT)，B 系统为 BMT 独立地铁系统(independent subway system，IND)，所有的 BMT/IND 设备与 IRT 的设计参数不同。A、B 系统由于系统设备设施不同，A、B 系统间不能实现列车运行的互联互通。但 A、B 系统内部可以实现列车的跨线运营服务，列车在运输设备能实现联通运输时往往在多线之间运行(子系统相同)，可以发现数条“轨道线”共同组成一条“行车径路”的情形。因此，在纽约地铁内部，轨道线并非独立的路线，有时只是行车路径的一部分。在 A 系统内部，隧道较为短急、月台长度短，车辆数较 B 系统少。虽然 A、B 系统内的列车不能互通行驶。但考虑到维修便利性，维修车辆皆以 A 系统作为标准，并可于 B 系统中行驶。A、B 系统内设有两个独立的机车，一种机车服务于 IRT，另一种服务于 BMT/IND 线。

现今多数地铁系统的运输组织模式均为本线运行，列车跨线运营的模式十分少见，但纽约地铁多数列车在 A、B 系统内均为跨线列车。

4. 旅客服务水平现状

1) 客票服务现状

(1) 客票设置多样化。

在票价设置方面，纽约地铁实行月票、10 次票、往还票和单程票。单程票又分为高峰票和平峰票，灵活的定价方式，抑制了高峰时段的拥堵，满足了不同的旅客运输需求，同时还针对老年人、残疾人以及中小学生等群体制定贴心服务。

(2) 购票方式多样化。

乘坐纽约地铁不仅可以通过购买纽约地铁车票 MetroCard 获取乘车服务，也可以采用 EasyPay 来乘坐纽约地铁。

纽约通勤铁路购票方式多样，包括手机应用程序购票、售票处和售票机购买长岛铁路票，以及在车上购票。多种购票方式集合为旅客出行提供了便捷的购票服务。

(3) 一票到底。

纽约市公共交通部门还规定，一张车票在规定时间内，可以在同一方向转乘车时使用。乘客在下车前向司机要一张“转车票”(transfer)，在两小时之内均可以转乘同一方向的公共汽车。如果使用捷运磁卡(metro card)坐地铁还可以在同一方向转乘公共汽车。

2) 乘车服务现状

(1) 人性化乘车服务。

纽约市的公共交通车辆以及地铁、通勤铁路均针对残疾人、老人、妇女等群体设置无障碍服务、保护措施等。

(2) 地铁客车环境调查指标(passenger environment survey-key performance indicator，PES-KPI)。

PES-KPI 是对纽约地铁客车环境的性能调查指标，该指标通过调查大量的乘客及地铁车辆获取，主要包括列车环境、列车设备以及提示信息三个部分。

3) 旅客信息服务现状

虽然对于运输管理者，纽约的信息服务严重不足，但是对于旅客出行，纽约建立了纽约出行信息门户网站(https://www.nysdot.gov/portal/page/portal/index)。该网站提供的交通相关信息能改善旅客的交通出行，同时该网站整合了所有部门的交通信息资源，提供整个纽约州区域内所有交通方式的信息查询服务。

纽约大都会运输署还在官方网站上发布了最新的应用程序，旨在帮助所有旅客方便快捷地抵达出行目的地。

除了纽约大都会运输署发布的应用程序，纽约大都会运输署长岛铁路公司推出了“TrainTime®”移动应用程序，能使长岛铁路客户轻松地获得最新的列车信息。

5. 管理体制

纽约的公共交通由政府垄断运营，并由当地政府下属企业纽约大都会运输署主管直接运营管理。政府负责审议、协调轨道交通发展规划、票制票价，以及财政等重要决策，监督轨道交通日常运营。纽约无竞争的国有国营模式是指由政府负责轨道交通的投资建设，建设完成后委托给政府部门或国有企业负责运营，纽约的城市轨道交通是典型的国有国营模式。纽约城市轨道交通的建设资金全部来源于政府，项目建设完成后交由纽约市运输局进行运营管理。纽约市运输局的董事会成员绝大部分由纽约州政府任命，其余少数由纽约市长和郊区各县官员指定，运营资金补助来源于政府拨款。政府对票价等进行监管，充分保证轨道交通的公益性。这种国有国营模式缺乏市场竞争参与，运营收益长期处于较低的水平。

纽约的轨道交通由纽约大都会运输署主管，其拥有并管理纽约地铁、公共汽车、渡轮及纽约地区的通勤铁路与桥梁隧道。该机构是纽约市公共交通运输的全权管理机构，实现该区域交通的统一管理与协调运营。其下辖单位包括纽约市捷运局、大都会北方铁路、长岛铁路、长岛公共汽车公司、桥梁暨隧道管理局，以及大都会运输署公共汽车公司。

纽约大都会运输署董事会由 17 名成员组成，经参议员认可后由州长任命，其中 4 人由纽约市长提名，罗克兰德等所辖 7 县各推荐 1 人。此外，还有 6 名轮值成员，3 名反映乘客利益、3 名为劳工组织代表。纽约大都会运输署不仅管理地铁，而且还管理路面交通和水上轮渡。其运营经费由以下部分组成：票款收入的 50%；市政府财政补贴的 24%；州政府财政补贴的 23%；联邦政府财政补贴的 2%；其他收入的 1%。其中，纽约市捷运局具体负责营运管理纽约市的地铁及公共汽车服务，是美国纽约州设立的纽约大都会运输署的下辖机构。

2.1.4　国外典型区域轨道交通协同运输与服务现状总结

多种制式轨道交通在同一区域内同时存在的现象在世界范围内普遍存在，虽不同城市区域在轨道交通发展历程、装备选型、社会特征等方面有所不同，但均对多制式轨道交通网络的协调发展和运用有着充分重视，并在长期研究与实践中得到了多类成功经验，主要包括在路网规划、旅客服务、互联互通、协同运输政策等方面。

(1) 通过路网及枢纽的协同规划布局，构造多层次、多制式、便捷换乘的轨道交通复合网络，实现城市功能和交通功能的高度融合。

随着轨道交通线网规模的不断扩大、区域一体化理念的不断深入，国外典型的区域轨道交通主要通过路网和枢纽的协同规划布局来引导区域轨道交通的建设和发展。各制式轨道交通根据其运输距离和服务范围，形成了多层次、多制式的轨道交通复合路网，同时通过枢纽的合理布局创造良好的换乘条件。如德国的莱茵—鲁尔区的轨道交通网络三层架构，不同制式的轨道交通承担着不同层级的主要运输任务，同时又互为补充、多种轨道交通制式协同发展，并通过兼容制式互通运营、换乘站的合理设置等将不同层级轨道交通网络高效、紧密地结合起来，实现复合网络的互联互通。

在轨道交通路网和枢纽的规划建设中，各都市区还紧密结合城市的发展以及功能定位，通过优化轨道交通网络结构支撑、引导城市的发展形态，借助轨道交通枢纽的多功能一体化设计促进城市功能和交通功能的高度融合。例如，日本东京圈区域轨道交通形成了环形+放射形的路网结构，促进了东京都市区多中心格局的形成；东京圈的轨道交通枢纽也根据客流走行规律、地面设施和环境、不同运输方式的特性以及商业需求等进行一体化综合开发，节约城市空间的同时满足了旅客便捷换乘、购物用餐等需求。

(2) 为旅客提供多样化、人性化、便捷优质的出行服务，尽可能缩短旅客中转换乘时间，实行票制一体化，旅客信息服务覆盖出行全过程。

国外典型的区域轨道交通系统十分注重为旅客提供运输服务的质量，即便部分轨道交通设备设施因投入使用年代较早而未实现智能化，如纽约都市圈轨道交通系统，但依然保持良好的使用性能，故障率低且旅客的可获得性强，列车车厢干净整洁，不同人群可以享受到不同的个性化服务。

在旅客换乘方面，换乘枢纽的规划设计充分考虑了多种制式轨道交通在枢纽内的高效衔接，合理引导旅客换乘走行路线，缩短旅客中转换乘时间，如东京都市区轨道交通换乘枢纽综合多种交通方式进行一体化设计，莱茵—鲁尔区域轨道交通实现同站台或跨站台换乘，旅客无须出站，从而避免了进出站等环节的重复走行。

在票务方面，多数区域实现了票制的一体化，旅客通常只需购买一张车票或使用各制式轨道交通联合发行的票卡，即可完成全部旅程。客票的种类也较为多样，根据不同的出行周期、不同种类的出行人群、不同的运营时间推出了多种常规及优惠票卡，以满足旅客多样化的出行需求，吸引旅客选择轨道交通方式出行。

在信息服务方面，旅客可以随时通过站内标识、信息显示设备以及智能终端获取大量运输服务信息，包括行程规划、列车时刻表、车站及列车实时运营状况、换乘指引、晚点及故障情况等，基本贯穿着旅客出行的全过程。信息标识及显示清晰、准确，信息服务的智能终端覆盖率较高。

(3) 通过直通运营、快慢车运营、组合运营等灵活的运输组织手段提高旅客运输效率和服务质量，实现综合性枢纽运力资源的合理分配与运用，以旅客需求为导向逐步实现不同层级、不同制式轨道交通系统间的互联互通。

国外典型的区域轨道交通系统大多在中长运输距离的线路上实现贯通运营，对于较短运输距离的城市轨道交通，一般仍使用自身的独立线路。随着轨道交通服务范围、线路数量和线网密度的不断增大，跨制式出行客流以及同制式内部不同线路之间的换乘客流急剧增加，在高峰期易产生换乘组织困难、换乘枢纽极度拥挤的情况。

早期的东京圈轨道交通就面临着换乘客流大的难题，市郊通勤旅客要进入市中心商业圈，必须要在山手环线上的大量中转站点进行换乘，多条线路拥挤率高达200%以上。迫于换乘压力，东京圈轨道交通采取了灵活多变的运输组织模式，通过线路改造实现了市郊铁路与城市地铁间的跨制式直通运营，大大减少了旅客的候车时间和换乘时间，降低了综合性枢纽的换乘压力，为区域轨道交通系统的互联互通打下良好的基础，基于旅客需求提升区域轨道交通系统网络化运营水平。

为了更加合理地分配和使用运力资源，纽约都市圈轨道交通对列车运行技术条件相同的轨道交通制式同样组织开行了跨线列车，同时采用停站方案不同、同向不共线的快慢车运输组织模式，延长服务时间几乎达到全日不间断，部分大型的综合性枢纽如宾夕法尼亚车站还实现了不同运营单位对车站列车轨道的共用，极大地提高了旅客运输效率、方便了旅客的出行和跨制式的换乘，体现了“互联互通”“以人为本”的理念。

(4) 运营主体构成多样、各司其职，并由统一的机构对参与运营的各主体进行监督管理和协调运营，通过政策措施的制订和协调管理机制的建立，促进区域轨道交通的互联互通和一体化协同运输。

国外典型的区域轨道交通按制式或运行范围的不同进行划分各自经营，但各运营主体都由统一的机构进行监督管理和协调运营，例如，巴黎都市圈的法兰西岛运输联合会和纽约都市圈的纽约大都会运输署，通过协同管理机制，加强行车调度、信息共享、换乘衔接等方面的运营组织效率，使得各运营主体通过良好的分工与协作为旅客提供更加优质的一体化出行服务。

除协同管理机制，相关政策措施的制定对运输组织的开展、各主体的经营以及区域轨道交通的互联互通也尤为重要。例如，在解决东京圈轨道交通换乘压力难题的过程中，日本政府通过颁布《增进都市铁道等利便法施行规则》构建了实现直通运营的相关补助制度，协调涉及直通运营各主体间的关系，同时对路网整备风险的承担做了明确划分，极大地促进了直通运营的开展。

2.2 国内现状

2.2.1 京津冀区域轨道交通协同运输与服务现状

1. 京津冀轨道交通路网布局现状

1) 京津冀区域范围及空间格局

《京津冀协同发展交通一体化规划》中明确提出了京津冀交通一体化发展的指导思想，即着眼于京津冀“一核、双城、三轴、四区、多节点”的总体空间布局，其中“一核”为北京，“双城”为北京、天津，“三轴”为京津发展轴、京保石发展轴、京唐秦发展轴，四区为中部核心功能区、东部滨海发展区、南部功能拓展区和西北部生态涵养区；“多节点”包括石家庄、保定、唐山、邯郸等区域中心城市和张家口、承德、廊坊、秦皇岛、沧州、邢台、衡水等节点城市。

2) 京津冀区域轨道交通体系

京津冀区域多制式轨道交通复合网络由国铁干线、城际铁路、市域(郊)铁路、城市轨道交通(包括地铁、轻轨、有轨电车、磁悬浮列车)四层网络构成，各层网络服务范围如表 2-4 所示，下面分别针对上述四层网络的线网布局进行介绍。

表 2-4　京津冀区域轨道交通体系属性

名称	服务范围	示例
国铁干线	主要承担 150km 及以上的出行需求	三大高铁干线：京沪、京哈、京广。 四大普速干线：京广、京沪、京哈、京九
城际铁路	快速连通京津冀主要城市群，最佳运行距离是 70～150km	京石邯城际铁路、京霸衡城际铁路、津承沧城际铁路、环渤海城际铁路、京津塘城际铁路、京唐城际铁路、津保城际铁路、石沧黄城际铁路、环北京城际铁路
市域(郊)铁路	主要承担 30～70km 范围内的出行需求	北京市郊铁路 S2 线、北京市郊铁路 S5 线、北京市郊铁路城市副中心线
城市轨道交通	主要解决城市内部的短途运输需求，并为其他轨道交通提供客流集散服务	北京市城市轨道交通(地铁、自动旅客捷动系统有轨电车、磁悬浮列车)；天津市城市轨道交通(地铁、轻轨)； 石家庄地铁

3) 京津冀区域典型枢纽站

京津冀区域内典型的铁路综合客运枢纽站有北京站、北京西站、北京南站、天津西站、天津站等。这里以北京南站为例进行简要介绍。

北京南站位于北京丰台区，为中国铁路北京局集团有限公司直属特等站，隶属中国铁路北京局集团有限公司管辖，是北京的第三大火车站，也是北京面积最大、接发车次最多的火车站。

2008 年 8 月 1 日，新北京南站正式开通运营。新的北京南站东端接京津城际铁路和北京站，西端接京沪高速铁路、京哈线和北京动车客车段，北京地铁线由地下穿站而过，成为集高速铁路、普通铁路、城市轨道交通与公交出租等交通设施于一体的大型综合交通枢纽站。

截至 2017 年 8 月，北京南站建筑面积 32 万 m^2，有 24 条股道、13 座站台，其中从北往南依次为：普速场设到发线 5 条、3 座站台；高速场设到发线 12 条、6 座站台；城际场设到发线 7 条、4 座站台。

北京南站主体共有 5 层，依次为高架候车厅、站台轨道层、换乘大厅、地铁 4 号线和地铁 14 号线。地上 2 层，地下 3 层，站台位于地面层。高架候车厅在地上二层，中央为独立的候车室，四个角设有售票办公楼，东西两侧是进站大厅，自北向南依次为各候车区，可容纳 1.05 万人同时候车。车站共设置了 84 台窗口售票机和 39 台自动售票机。检票进站全部由自动检票系统控制。

北京南站作为北京第三大火车站，2017 年元旦假期运输期间，发送旅客 51.6 万人次，日均发送旅客 12.9 万人；暑运期间，发送旅客 68 万人，日均客流 14 万人次。

2. 京津冀区域轨道交通运输组织现状

1) 京津冀区域城际铁路运输组织现状

目前，已开通运营的京津冀区域城际铁路仅有 3 条，以京津城际铁路为例，线路相关运营参数见表 2-5。

表 2-5 京津城际铁路线路相关运营参数

线路名称	开通时间	设计速度	运营单位	起讫点	车站数目	线路里程	车型	编组
京津城际	2008	350km/h	中国铁路北京局集团有限公司	北京南站 于家堡站	5	165km	CRH3C 型 CR400BF 型	4 动 4 拖

2018 年 8 月 8 日，京津城际铁路开始实施新的列车运行图，复兴号动车组在京津城际铁路按照速度 350km/h 运行。运行图调整后，京津城际铁路开行列车数量由 108.5 对增加至 136 对，北京南站至天津站列车运行时间将由 35min 压缩至 30min，票价不变。京津城际铁路全线共计投入 17 组 CR400BF 型复兴号动车组。

2) 京津冀区域市郊铁路运输组织现状

已开通运营的京津冀区域市郊铁路仅有 3 条，分别为北京市郊铁路 S2 线、北京市郊铁路 S5 线、北京市郊铁路城市副中心线。

S2 线使用现有京包铁路和康延支线运行，全程约需 80min，开行的列车为 NDJ3 “和谐长城号”内燃动车组，平原速度 160km/h，山地速度 45km/h，其中经过由詹天佑修建的“人字形”铁路。运营组织车辆共分 7 节车厢，分一等座、二等座和餐车。

市郊铁路怀柔—密云线(S5 线)起自昌平区黄土店站，经怀柔北站至密云区古北口站，全长 135.6km，共设 6 座车站。2017 年底先期开通运营黄土店站、昌平北站和怀柔北 3 站，全程运行时间最短 82min。S5 线使用新购的与北京市郊铁路 S2 线相同的 NDJ3 型内燃动车组组织运营。相比于 S2 线，新购动车组加装了车厢端门自动补偿器，提高了快速乘降速度；且新版动车组经过技术改造，车载运营能力也得到了提升，最大载客量可达 900 人。S5 线每日开行黄土店站至怀柔北站市郊列车 2 列，开行怀柔北站至黄土店站市郊列车 2 列。

北京市郊铁路城市副中心线利用既有铁路改造建设，西起石景山衙门口站，东至通州站，全长 38.8km，共设 5 座车站，运行时间约 60min；其中北京站至通州站运行时间约 25min，北京西站至通州站运行时间约 42min，衙门口站建成后至通州站运行时间约 60min。运营车型为 CRH6A 型城际动车组，该车型是我国自主研制、具有自有知识产权的新车型。早高峰时段，北京西站至通州站开行 2 列，北京站至通州站开行 1 列，通州站至北京西站开行 1 列；晚高峰时段，北京西站至通州站开行 1 列，通州站至北京西站开行 2 列，通州站至北京站开行 1 列。

3) 京津冀区域城市轨道交通运输组织现状

目前，京津冀区域内已开通城市轨道交通的城市仅有北京市、天津市和石家庄市，其中北京市城市轨道交通涉及地铁、自动旅客捷运系统(automated people mover system，APM)、磁悬浮列车、有轨电车 4 种制式，天津市轨道交通涉及地铁和轻轨 2 种制式，石家庄市轨道交通目前仅有地铁 1 种制式。以北京市城市轨道交通为例介绍分析如下。

北京市城市轨道交通目前已开通运营 22 条线路，其中，S1 线为磁悬浮线路，西郊线是有轨电车线路，燕房线是全自动运行地铁线路。

在列车交路方面，北京市城市轨道交通中绝大多数线路采用单一交路运行，部分线路采用大小交路、环线等方式运行。在车辆选型方面，14 号线、16 号线采用 A 型车，西郊线采用 C 型车，机场线采用 L 型车，除此之外，其他线路均采用 B 型车。

在运行速度方面，大部分线路最高运行速度为 80km/h，部分线路最高运行速度达 100km/h，如 6 号线、昌平线、房山线、S1 线。

在首末班车方面，各线大致在 5 点至 23 点，少部分线路差别较大。

在运行系统方面，北京地铁信号系统原为铁路自动闭塞人工驾驶模式，后引进改造为列车自动控制(automatic train control，ATC)系统，环线采用自行设计安装的分散自律调度集中(centralized traffic control，CTC)系统+移频轨道电路+列车自动保护(automatic train protection，ATP)系统。

在客流量方面，从 2010 年至 2016 年，年客运量由 15.95 亿人次升至 36.6 亿人次，日均客运量由 500 万人次升至 824.7 万人次。

在发车间隔方面，北京市西郊线(有轨电车线路)发车间隔为 6min，北京市地铁 S1 线(磁悬浮线路)发车间隔大约为 15min，其余线路发车间隔根据各时段客流量大小、与衔接线路的换乘客流量大小等因素有所差异。

4) 京津冀区域轨道交通枢纽组织现状

京津冀区域拥有多个典型的综合客运枢纽，如北京南站、北京西站、天津西站、天津站等。综合客运枢纽衔接多种交通方式，旅客无须出站即可实现跨制式换乘。其中，部分客运枢纽车站实现了铁路换乘城市轨道交通的安检互信，简化了旅客换乘流程，便捷了旅客出行。

以天津西站为例，天津西站是集高速、城际高铁、普速铁路、公路长途、轨道交通、公交、出租和停车为一体的综合交通枢纽。天津西站接入京沪线、南仓联络线、京津城际高铁、京沪高速铁路、天津地下直径线、京津联络线、津秦客运专线、津保铁路，联系东北、华北和华东地区。天津西站采用高架层、地面层、地下层及站房四角配合设置辅楼的布局方式，上进下出的进出站模式。地下一层为出站厅、换乘大厅。地下2、3层是地铁4号线、6号线站台层。

5) 跨制式轨道交通协同运输组织现状

目前，京津冀区域内各制式轨道交通间尚未存在互联互通的情况，各制式轨道交通间均通过换乘站的换乘衔接实现协同运输。以北京南站为例，其为国铁与城市轨道交通的换乘站，分别从换乘流线组织、不同制式列车首末班车时刻表衔接情况等方面进行分析。

(1) 换乘流线组织。

北京南站是由地下3层、地上2层及高架环形车道组成的大型立体化车站。地上的高架层主要通行社会车辆，包括出租车和私家车等；地上平面层主要通行公交车辆，以及旅客进站；地下区域主要为换乘大厅和地铁换乘站台，地下一层是换乘大厅、停车场以及旅客出站系统，地下2、3层是地铁4号线、14号线的换乘站台。

其中，北京南站的地铁换乘区在地下一层，高铁到达口与地铁换乘区无缝接驳，分布于地铁换乘区的两侧，使得旅客可在视线可及范围内轻松换乘地铁4号线和14号线。4号线运行区段从海淀区安河桥北站至大兴区天宫院站，14号线运行区段从北京南站到善各庄站，旅客可较为方便地去往市内。北京南站城市轨道交通换乘高铁进站以及高铁出站换乘城市轨道交通示意图详见图2-17。

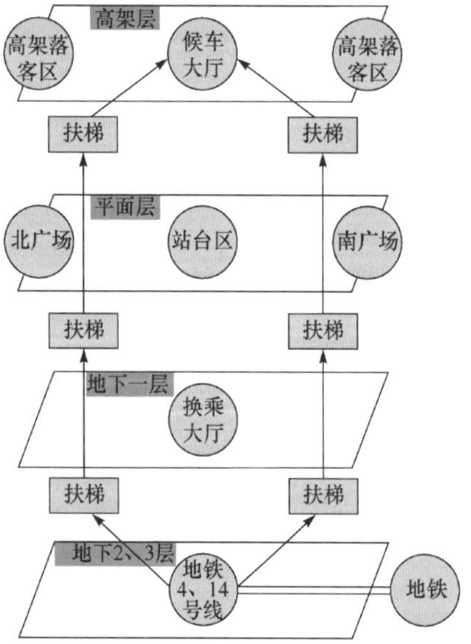

(a) 城市轨道交通换乘高铁进站

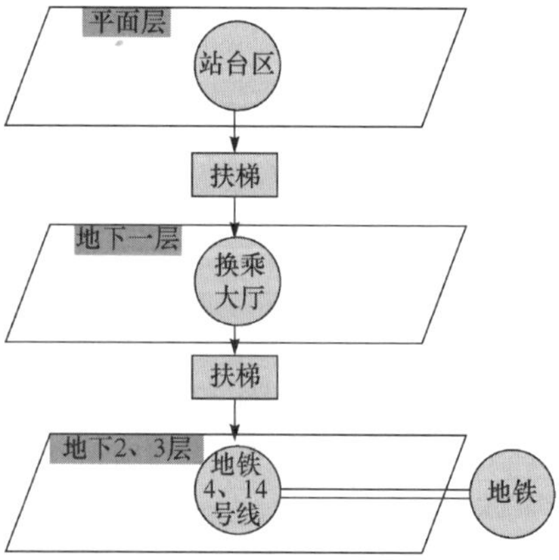

(b) 高铁出站换乘城市轨道交通

图2-17　北京南站高铁与城市轨道交通换乘示意图

(2) 不同制式列车首末班车时刻表衔接情况。

这里以 2018 年 7 月 26 日北京南站接发列车情况为例，分析不同制式列车首末班车时刻表衔接情况。

北京南站衔接的城市轨道交通线路有地铁 4 号线和 14 号线，其首末班车运行至北京南站的运行时刻信息详见表 2-6。

表 2-6　地铁 4、14 号线首末班车运行至北京南站的时刻信息

名称	运行方向	首车时间	末车时间
地铁 4 号线	安河桥北站→公益西桥(半程)	5:43	23:28
	安河桥北站→天宫院站(全程)		23:03
	天宫院站→安河桥北站	5:15	23:15
地铁 14 号线	北京南站→善各庄站	5:30	22:40
	善各庄站→北京南站	—	—

高速铁路列车/城际铁路列车，最早到达北京南站的列车为 G9016，其始发站为天津西站，终到站为北京南站，到达北京南站的时间为 06:41；最早从北京南站出发的列车为 C2001，其始发站为北京南站，终到站为天津站，从北京南站的出发时刻为 06:03。结合表 2-6 可以看出，在上述两列列车从北京南站出发或者到达北京南站时，地铁 4 号线和地铁 14 号线已开始运营，因此目前高速铁路/城际铁路与城市轨道交通列车的首班车在北京南站换乘站的衔接关系较好。

根据表 2-6，北京南站衔接城市轨道交通各运行方向列车的末班车最早收车时间为地铁 14 号线末班车到达北京南站的时间 22:40，晚于该时刻才从北京南站出发的高速铁路列车/城际铁路列车共计 3 列，其中最晚出发时刻为 23:15，从该方面来说，目前城市轨道交通末班车与高速铁路/城际铁路出发列车在北京南站的衔接关系较好。

另外，晚于 22:40(地铁 14 号线末班车到达北京南站时间)到达北京南站的高速铁路列车/城际铁路列车共计 13 列，晚于 23:03(地铁 4 号线安河桥北站→天宫院站方向末班车到达北京南站时间)到达北京南站的高速铁路列车/城际铁路列车共计 9 列，晚于 23:15(地铁 4 号线天宫院站→安河桥北站方向末班车到达北京南站时间)到达北京南站的高速铁路列车/城际铁路列车共计 8 列，晚于 23:28(地铁 4 号线安河桥北站→公益西桥方向末班车到达北京南站时间)到达北京南站的高速铁路列车/城际铁路列车共计 4 列，该部分列车的到达客流到达北京南站后，由于没有接驳的城市轨道交通，只能选择其他接驳交通方式前往最终目的地，从该方面来说，目前城市轨道交通末班车与高速铁路/城际铁路到达列车在北京南站的衔接关系有待改善。

为保障北京南站铁路到发旅客夜间交通接驳，在确保轨道交通运营安全的基础上，自 2018 年 8 月 3 日起，地铁 4 号线延长运营时间，每周五、周日以及重大活动、突发应急运输保障期间，4 号线北京南站至安河桥北站上行方向列车在原有延长运营时间 30min 的基础上，再延长 25min，共计运营时间延长 55min(即自 23:15 延长至次日 00:10)，下行列车运营时间不变，延长运营期间，4 号线上行方向加开 4 列临客，运行间隔 10～15min。

地铁 4 号线通过延长运营时间、加开列车等方式，进一步保障了北京南站夜间交通接驳，此次调整后，使得北京南站的所有高速铁路列车/城际铁路列车均可以在地铁 4 号线收车时间前完成到发，末班车运营时间衔接关系较好。

3. 旅客出行服务水平现状

客运服务是轨道交通运输的重要组成部分，客运服务质量是旅客可直观感受和体验的。在经过对京津冀区域的城市轨道交通、市郊铁路、城际铁路/国铁干线和跨制式出行的旅客服务水平现状进行分析，针对每种制式轨道交通的出行服务，从出行过程、客票情况、安检服务、换乘衔接和舒适度等方面进行归纳总结。

通过选取了几个典型图表展示调查问卷的统计结果，如图 2-18～图 2-20 所示。

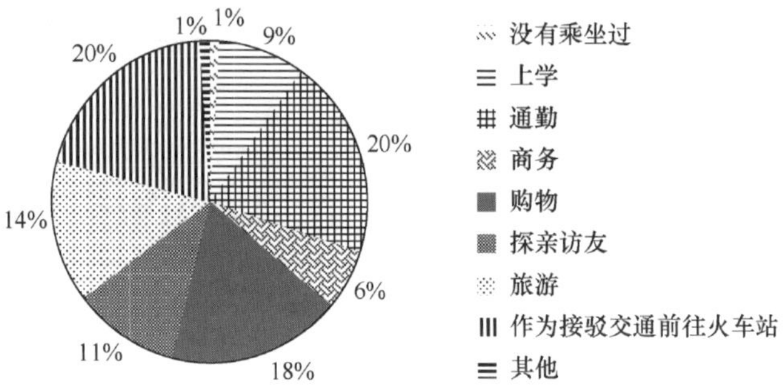

图 2-18 被调查者采用城市轨道交通出行的目的

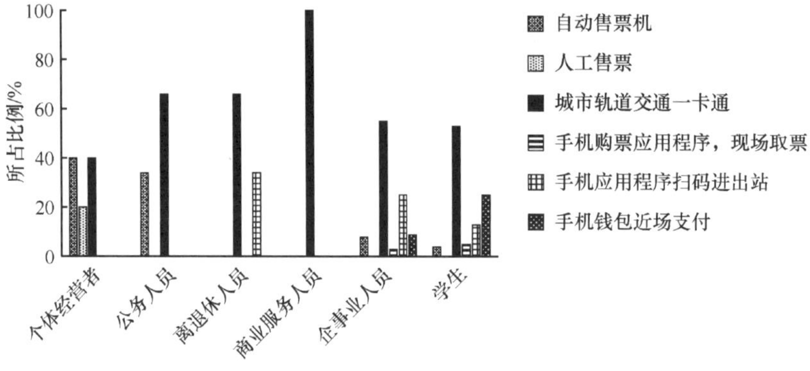

图 2-19 不同职业旅客采用城市轨道交通出行的购票方式

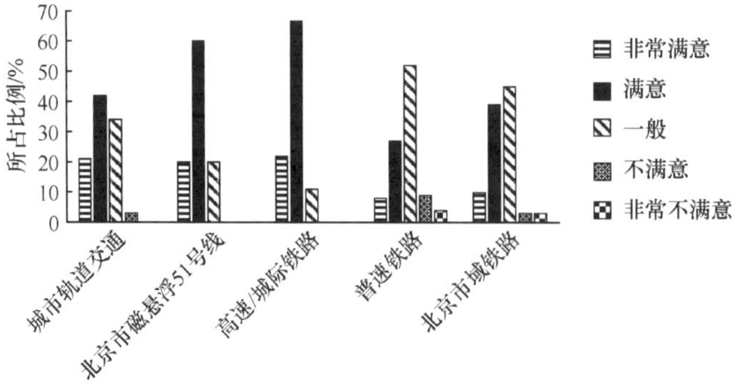

图 2-20 旅客对不同制式轨道交通的满意度

对于跨制式轨道交通出行方面，由于京津冀区域的轨道交通方式有城市轨道交通(地铁、有轨电车)、市郊铁路(S2 线、S5 线和城市副中心线)、城际铁路以及对外的国铁(高速铁路和普速铁路)。在跨制式出行方面，目前主要以节点换乘为主，为旅客提供跨制式的换乘出行服务。无论是统一制式内，还是不同制式之间，均存在相应的换乘节点，有专用的设备设施以及换乘流线满足旅客的出行需求，尤其是枢纽节点能够满足多种交通方式的快捷换乘。

4. 管理体制现状

目前，京津冀区域轨道交通管理体制涉及相关单位数量较多，如图 2-21 所示，包括交通运输部、国家铁路局等国家层面的政府部门，同时也包括北京市交通委员会、天津市交通运输委员会、河北省交通运输厅等市(省)级层面的政府部门；此外，还包括中国国家铁路集团有限公司、京津冀城际铁路投资有限公司等企业单位，涉及各类交通设施的各个环节，包括投融资、规划、建设、运营、管理服务等。

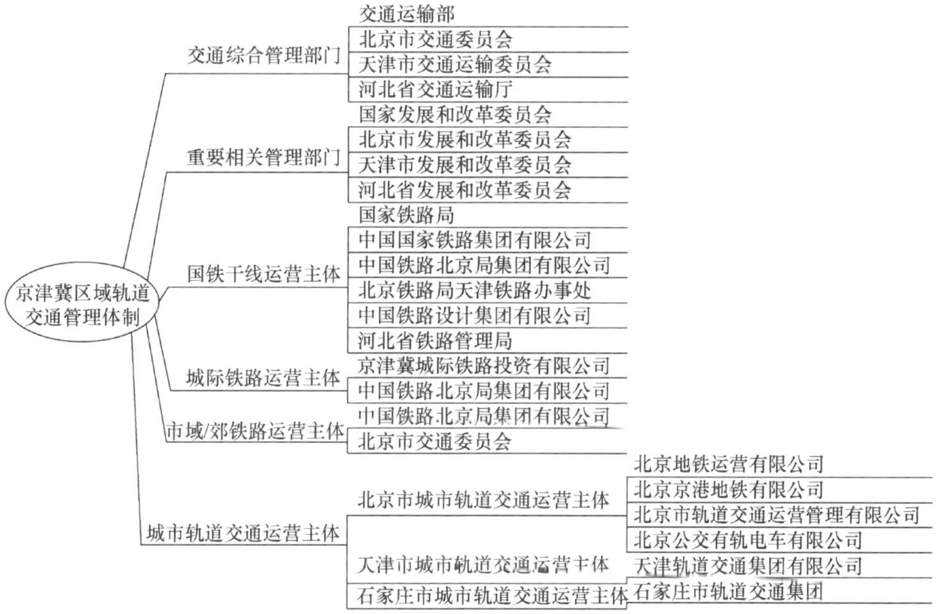

图 2-21　京津冀区域轨道交通管理体制

2.2.2　长三角区域轨道交通协同运输与服务现状

1. 长三角区域轨道交通路网布局现状

长江三角洲城市群(简称长三角城市群)位于长江入海之前的冲积平原，根据 2016 年 5 月国务院批准的《长江三角洲城市群发展规划》，长三角城市群包括上海，江苏省的南京、无锡、常州、苏州、南通、盐城、扬州、镇江、泰州，浙江省的杭州、宁波、嘉兴、湖州、绍兴、金华、舟山、台州，安徽省的合肥、芜湖、马鞍山、铜陵、安庆、滁州、池州、宣城等 26 市，面积 21.17 万 km^2。

长三角城际铁路网主要由江苏省的沿江城市群城际轨道交通网，浙江省的都市圈城际铁路网，安徽省的皖江城际铁路网、皖北城际铁路网组成。“十三五”期间，长三角地区铁路总里程达 12846km，其中高铁 6008km。

长三角城市群中开通地铁运营的城市有 7 个，分别为上海、南京、杭州、无锡、苏州、宁波及合肥。

下面以上海市为例介绍长三角区域轨道交通体系，如表 2-7 所示。

表 2-7　上海区域轨道交通体系

名称	服务范围	示例
国铁干线	主要承担 150km 及以上的出行需求	三大高铁干线：京沪、沪昆、沿江铁路(沪汉蓉*)。三大普速干线：京沪、沪昆、沿海铁路(沪通*)
城际铁路	快速连通长三角主要城市群，最佳运行距离是 70～150km	沪宁城际铁路、沪甬跨海城际铁路*、沪乍杭城际铁路*、沪苏湖城际铁路*、南沿江城际铁路*、北沿江城际铁路*
市域铁路	主要承担 30～70km 范围内的出行需求	金山铁路、机场联络线*、嘉闵线*、嘉青松(金)线*、宝嘉线*、南枫线*
城市轨道交通	主要解决城市内部的短途运输需求，并为其他轨道交通提供客流集散服务	上海市城市轨道交通(地铁、有轨电车、磁悬浮列车)

*表示线路处于在建状态或规划阶段。

2. 长三角区域轨道交通运输组织现状

1) 城际铁路运输组织现状

全国铁路于 2019 年 1 月 5 日零时起实施新列车运行图，长三角新图共编制旅客列车运行线 1007 对，客运运力创历史新高。

本次调图中，长三角铁路计划增开旅客列车 60 对，调整运行区段 35.5 对、调整运行经由 18 对，共编制旅客列车运行线 1007 对，客运运力创历史新高。铁路部门对客运专线实行动车组列车市场化运营方案，按需开车，有效供给；在上海虹桥、杭州东、南京南、南京等车站站内进行动车组解编作业，组织单列或重联列车解编后开行重联或单列列车，提高动车组列车开行效率。新图中周末图比日常图多开动车组列车 25 对，高峰图比周末图多开动车组列车 64.5 对，努力实现运力投放与客流需求精准匹配，满足日常、周末、小长假、春运、暑运及突发客流需求。

2) 市域铁路运输组织现状

金山铁路使用铁路 CRH2A 型动车组列车，采取一站直达、大站停和站站停三种运行模式，最高速度达 160km/h，平日平均发车间隔约 27min，高峰时最小发车间隔为 5min。

据统计，上海南站及金山卫站，两端站的旅客发送量占全线的 84%。每周五晚上和周一早上，客流高峰现象明显。自 2012 年金山铁路开通运营以来，至 2017 年底，金山铁路日均客流从开行初期的 1.3 万人，增至 3 万人以上，累计发送旅客超过 4000 万人。金山铁路列车的平均上座率为 40%～50%。一般双休日客流较工作日日均客流多。

3) 城市轨道交通运输组织现状

目前，长三角区域已开通城市轨道交通的城市有上海、南京、杭州、无锡、苏州、宁波、合肥等 7 个城市，其中上海市和南京市的城市轨道交通网络目前已基本成形，其他城市仍处于初级发展阶段，已开通运营的线路较少。

4) 城市轨道交通枢纽组织现状

长三角作为我国发达的城市群，城市轨道交通里程多，交通便利，旅客满意度较高。其综合客运枢纽衔接多制式轨道交通，使旅客站内换乘较为便捷。长三角区域内的典型综合客运枢纽有上海虹桥枢纽、南京南站、杭州东站等。这些枢纽均引入了国铁和城市轨道交通，便利旅客城际出行和市内出行的换乘衔接。

以上海虹桥枢纽为例，上海虹桥综合交通枢纽东起外环线(环西一大道)，西至现状铁路外环线，北起北翟路、北青公路，南至沪渝高速公路，总用地约 26.26km^2，距离市中心约 12km。虹桥综合交通枢纽具有高速铁路、磁悬浮列车、城际铁路、高速公路客运、城市轨道交通、公共交通、民用航空等各种运输方式，按照构建功能性、网络化、枢纽型的交通基础设施的思路规划建设。上海虹桥枢纽是城市交通建设的一大创新，它的建成极大改善了上海市对外交通水平，并利用枢纽综合优势提高服务长江流域乃至全国的能力。

特别地，上海虹桥枢纽还与机场枢纽衔接，并规划了磁悬浮线接入枢纽。旅客在车站内部就能实现换乘。但是，由于不同交通方式场站布置位置的限制等，旅客在枢纽内换乘某些交通方式时步行时间较长，并需要重复安检进站，换乘流程较为复杂，影响了出行体验。

5) 跨制式轨道交通协同运输组织现状

目前，长三角区域内各制式轨道交通间尚未存在互联互通的情况，各制式轨道交通间均通过换乘站的换乘衔接实现协同运输。

在运输计划方面，上海地铁在进行运行图编制与调整时，并不会考虑铁路运行计划的变更，如某火车站到发列车的数目增多或者密度增大，即上海地铁运行计划的编制与国铁干线运行计划的编制尚未实现协同，跨制式之间的运行时刻表尚未进行衔接。而且以上海虹桥站为例，城市轨道交通末班车与高速铁路/城际铁路到达列车的衔接关系也有待改善。

3. 旅客出行服务水平现状

在通过对长三角区域的调查研究后，本节着重分析旅客出行服务感知特征。

1) 高铁出行制约因素分析

制约旅客跨城市出行选择高速铁路的因素主要有票价过高、车站远离市区、城市内其他交通方式与高铁车站衔接不便、高铁车次少、到发时间不理想等，如图 2-22 所示。根据调查结果，票价过高和到发时间不理想对旅客选择高速铁路出行的制约影响最大，其次是车站远离市区或城市内其他交通方式与高铁车站衔接不便，只有约 25%的旅客认为高铁车次少是制约选择高速铁路出行的不利因素。

2) 跨制式衔接服务分析

跨制式衔接服务分析调研结果如图 2-23 所示，其中有超过 60%的乘客都希望能够实现推行安检互信、实现联程票优惠、国铁与城市轨道跨线运行，同时也有不少旅客希望能够便捷托运大件行李。

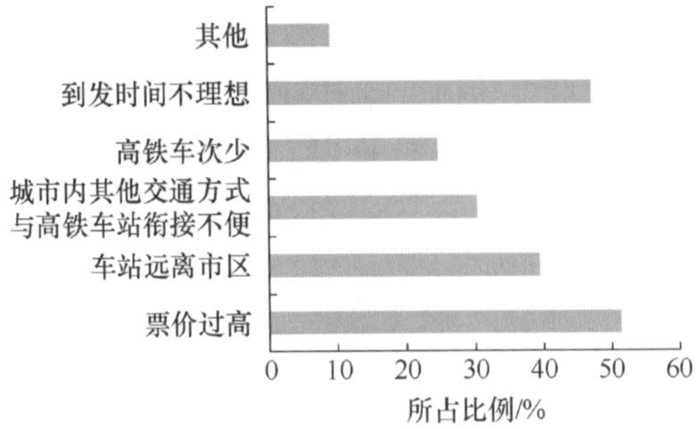

图 2-22　制约旅客选择高铁出行的因素

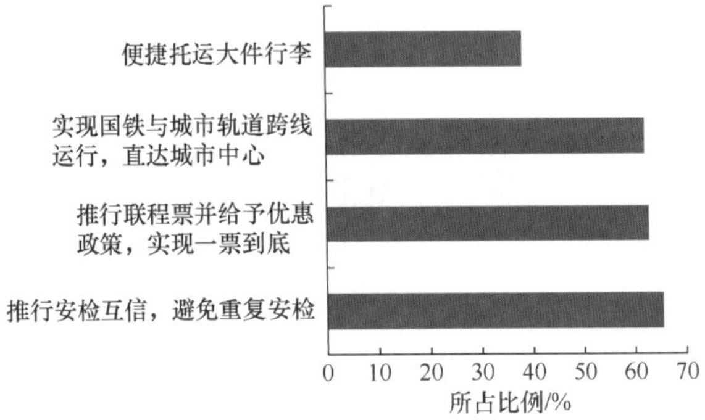

图 2-23　旅客对跨制式轨道交通协同运输的需求情况

3) 旅客舒适度分析

根据调查结果，60%的旅客表示对当前上海城市轨道交通的整体舒适度满意，只有约 4%的旅客表示不满意。通过对表现出不满意的旅客数据进行分析，发现换乘次数是影响其舒适度的主要原因，在这 4%的旅客中，有约 20%的乘客表示需要换乘三次以上才能到达自己的目的地。

4. 管理体制现状

长三角区域轨道交通运输管理体制在结构上与京津冀区域大同小异，后面章节不再赘述。

长三角在城市群合作发展方面，自 2009 年起，建立了“三级运作、统分结合、务实高效”的区域合作机制。三级运作机制由决策层、协调层和执行层组成，有效增强了区域合作的针对性、协调性和有效性。其中决策层为三省一市主要领导座谈会，每年召开一次，审议、决定和决策关系区域发展重大事项，是最高层次的联合协调机制。协调层是以常务副省(市)长参加的长三角地区合作与发展联席会议，主要任务是做好主要领导座谈会筹备工作，落实领导座谈会部署，协调推进区域重大合作事项。执行层是在主要党政领导座谈会和联席会议领导的指导下，实行重点合作专题协调推进制度，通过召开办公会议和各专题组会议来运作。

目前，长三角城市群的轨道交通还分属不同城市不同制式轨道交通相关部门负责管理和运营。其中长三角铁路由上海铁路局运营管理，城市轨道交通由各城市轨道交通公司负责。

以上海市城市轨道交通管理体制为例，它实行政府部门负责监管，申通地铁集团负责投资、建设、运营一体化管理的“两分开”体制。上海市发展改革、建设、规划国土资源、交通、公安、安全生产监管等有关行政管理部门，按照各自的职责实施轨道交通的规划、建设、运营及其相关的监管工作。申通地铁集团下设建设事业部、总体规划部、投资策划部、机电事业部、工程合约部以及 11 个项目公司，负责规划、投资、建设和大部分营运工作。

2.2.3　粤港澳大湾区轨道交通协同运输与服务现状

1. 粤港澳大湾区轨道交通线网布局现状

粤港澳大湾区是指由广州、深圳、珠海、佛山、惠州、东莞、中山、江门、肇庆 9 市和香港、澳门 2 个特别行政区形成的城市群。区域内城市多、面积广、人口稠密，是我国综合实力最强、开放程度最高、经济最具活力的地区之一，也是我国城际出行最集中、地方联系最紧密的区域之一。

根据 2019 年《粤港澳大湾区发展规划纲要》，广东省将打造粤港澳大湾区立体、有机的交通体系，加快国铁、城际铁路、地铁、轻轨建设，更好地促进珠三角一体化的形成。为此，广州地铁已于 2019 年 3 月宣布将承接四条城际铁路的运营管理，分别为广清城际铁路(广州北—清远)、新白广城际铁路(新塘—广州北)、珠机城际铁路(拱北—横琴)、广佛环线(广州南—佛山西)。

粤港澳大湾区现有轨道交通网络包括国铁干线、珠三角城际铁路、市域(郊)铁路以及城市轨道交通四层网络。其中，国铁干线(包括建成和在建高铁、普铁)和珠三角城际铁路已覆盖除澳门外的所有区域；广州、深圳正在研究推进市域(郊)铁路建设，并考虑利用既有铁路开行市郊列车；广州、深圳、香港的城市轨道交通已经成网运营，并仍在加密中心城区线网，佛山、东莞、中山正在积极推进城市轨道交通建设，珠海、汕头、江门、惠州、湛江等符合条件的城市正在有序发展适宜的城市轨道交通。

粤港澳大湾区轨道交通网络分工大体如下：

(1) 国铁干线主要承担跨区域中长距离客货运输任务，加强粤港澳大湾区与全国各主要城市之间的联系。

(2) 珠三角城际轨道交通主要承担珠三角区域内部中短距离旅客运输任务，加强珠三角区域内部联系，增强广州、深圳的辐射带动能力，引导城镇集群发展和产业布局。

(3) 市域(郊)铁路主要承担广佛肇、深莞惠、珠中江三大都市圈内部短距离通勤旅客运输任务，疏解城市中心区人口、交通压力，促进都市圈健康可持续发展。

(4) 城市轨道交通主要服务于广州、深圳、香港等大城市中心城区内部出行，提供快速、大运量的旅客运输供给，缓解道路交通压力，引领城市发展。

2. 粤港澳大湾区轨道交通运输组织现状

1) 跨制式轨道交通运输组织现状

香港、广州、深圳、佛山、东莞等粤港澳大湾区内的城市已开通的轨道交通线路除涉及线网内部同方式轨道交通换乘，还涉及与国铁干线及区域内其他轨道交通系统的跨制式换乘衔接。

旅客跨制式出行时需要考虑不同制式列车的首末班车衔接情况。广州作为粤港澳大湾区轨道交通系统中的重要枢纽，衔接了四通八达、多制式的轨道交通线网，本书选取涉及城际出行量和跨制式换乘量较大的广州南站作为典型代表分析粤港澳大湾区跨制式轨道交通首末班车衔接情况。通过 12306 App 或官网查询列车时刻表发现，距首班地铁到站 10min(考虑换乘时间)之前，有 8 列动车组列车发车，去往湛江、珠海、天津、深圳等方向；在末班地铁发车前 10min(考虑换乘时间)以后，有 19 列动车组列车到站，来自深圳、上海、天津、潮汕、重庆、珠海等方向。总结来说，国铁与城市轨道交通普遍存在运输计划编制不协同的问题，并未考虑对方的列车时刻表，这就导致出现末班国铁动车组列车到站后没有地铁接驳以及首班地铁到站前已有国铁动车组列车发车的问题。

2) 同制式轨道交通运输组织现状

目前，除各轨道交通系统内部同制式换乘衔接，粤港澳大湾区内采用相同制式的轨道交通还有部分国铁线路与珠三角城际轨道交通线路、部分港铁线路与国铁线路、广佛线与广州地铁。同制式轨道交通线网布局的物理结构衔接为多样化的旅客输送模式创造了条件，不同运营主体、不同服务层次的轨道交通线路可以在衔接站点实现便捷换乘，也可以组织开行互联互通的直通列车。

粤港澳大湾区中广州南站已实现京广、广珠、广深、江湛方向客流的便捷换乘；深圳北站已实现广深港、厦深方向客流的便捷换乘；佛山西站已实现南广、贵广、江湛方向客流的便捷换乘；小榄站已实现中山、珠海与湛江方向客流的便捷换乘。此外，广佛线与广州地铁在西朗站和沙园站也实现了同制式、不同运营主体间的便捷换乘，旅客无须出站、无须重新购票及安检即可实现换乘。各城市地铁网络内部也实现了不同线路在节点车站的换乘衔接。

中国铁路广州局集团有限公司在广州、深圳、佛山等地组织开行有大量跨线、跨局旅客列车，可直达北京、上海、成都等全国主要区域中心城市。由于运营管理和调度指挥权的集中统一，以及国铁与城际轨道网络的物理结构衔接，国铁与广深、广珠城际轨道交通实现了列车运行计划编制的协同和运输设施设备的互通共享(如共用樟木头等车站)，旅客无须换乘即可从珠海、深圳等地到达国内其他城市。

此外，国铁与港铁也实现了不同运营主体间列车的互联互通，开行有京九、沪九、广九跨境直通车，旅客可从北京、上海、广州、佛山、常平等地乘车直抵香港。广州东至红磡每日开行旅客列车 12 对，其中经停常平 10 对；佛山至红磡每日开行旅客列车 1 对，经停广州东、常平；北京西至红磡的 Z97/Z98 次旅客列车和上海至红磡的 Z99/Z100 次旅客列车均是隔日开行。

随着 2018 年 9 月 23 日广深港高铁香港段正式投入运营，香港全面融入了国家高铁网络。通车初期，香港可直达 44 座内地城市，从香港西九龙站出发，至广州南站最快 47min，至上海虹桥站最快 8h17min，至北京西站最快 8h56min。

3) 轨道交通枢纽组织现状

目前，粤港澳大湾区内已经建成有广州南站、深圳北站、福田站等一批大型综合客运枢纽，实现了多种运输方式和轨道制式在枢纽内的换乘衔接。同时，广州、深圳、香港三个特大城市的地铁系统内部已实现了地铁线路间通道换乘、站厅换乘、叠层同台换乘等多种换乘衔接方式，同时在常平东等车站站前广场还配套建有避雨遮阴的设施，方便旅客在站外换乘行走。

以广州南站为例，该综合客运枢纽位于广东省广州市番禺区，隶属于中国铁路广州局集团有限公司，于 2004 年 12 月动工建设、2010 年 1 月投入使用。广州南站是一个大型现代化铁路客运站，是粤港澳大湾区、泛珠江三角洲地区的铁路核心车站，是连接京广高速铁路、广深港高速铁路、广珠城轨、贵广高速铁路和南广铁路，以及北京、上海、武汉、深圳和香港的世界级综合交通枢纽。

在枢纽换乘组织方面，目前广州南站已实现高速铁路、城际铁路、快速铁路、地铁、公路的无缝衔接，配套有公交车、轨道交通、长途汽车、社会车辆等交通接驳设施。其中：常规公交线路 33 条，分布在车站东西广场，其中西广场西南区设有广州火车南站总站公交站，东广场东北区设有广州南汽车客运站公交站；轨道交通线路 2 条，分别为广州地铁 2 号线(广州南站—嘉禾望岗站)、广州地铁 7 号线(广州南站—大学城南站)；长途汽车站设于东广场，开行深圳、东莞、中山、珠海等广州周边多地的班线。

虽然建成了一系列大型综合客运枢纽，但粤港澳大湾区轨道交通运输组织的总体换乘衔接水平仍旧不高，特别是跨制式换乘方面存在规划建设不协调、布局不合理、衔接不畅等问题，给旅客换乘带来不便。

由于运营主体不同和行政管理分割，广州南站等大型客运枢纽的设计过程中，铁路与城市地铁在枢纽车站规划设计上相对独立，未充分考虑跨制式换乘旅客的出行过程，造成旅客换乘步行距离较长，也未能为轨道交通安检互信、票制互通等工作开展留下充足的空间。另外，在规划设计之初铁路系统内部仅仅实现了进出站流线的顺畅，缺乏考虑铁路线路间的换乘，目前仅是利用站台及进站通道推出了可供旅客便捷换乘的流线，随着衔接线路较多的大型客运枢纽换乘客流的增大，没有规划专用换乘通道的弊端日益凸显。

在下一阶段综合客运枢纽的规划建设中，要充分发挥粤港澳大湾区轨道交通的良好基础，从安检互信、票制互通等角度设计枢纽内旅客换乘流线，实现轨道交通出行一次安检，简化旅客换乘环节，缩短旅客换乘时间和步行距离，不断增强大型客运枢纽功能结构的一体化设计。

3. 旅客出行服务水平现状

粤港澳大湾区轨道交通旅客服务现状以问卷调查的方式进行调研分析，以调查粤港澳大湾区目前城市轨道交通与国铁服务现状，明确旅客出行需求，暴露出目前轨道交通存在的问题。问题设置涵盖旅客属性、旅客需求和旅客出行习惯、服务现状，问题内容包括旅客属性、城市轨道交通出行购票方式、出行时间、换乘、高铁出行候车时间、理想出发和到达时刻、国铁和地铁换乘存在的问题等，从多方面、多角度调查城市轨道和国铁的服务现状。

部分调研统计结果如图 2-24 和图 2-25 所示。

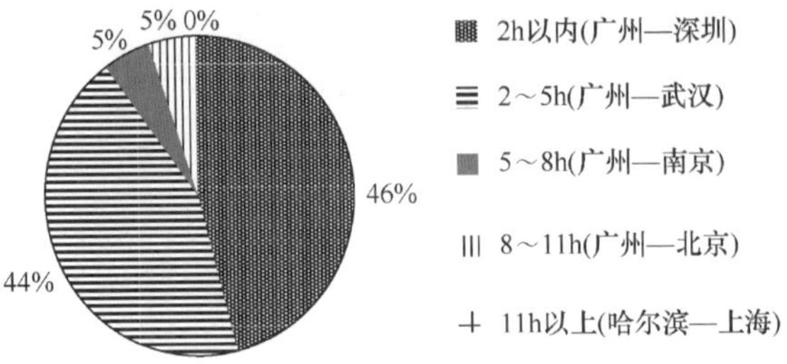

图 2-24　倾向选择高铁出行的乘车时间分布

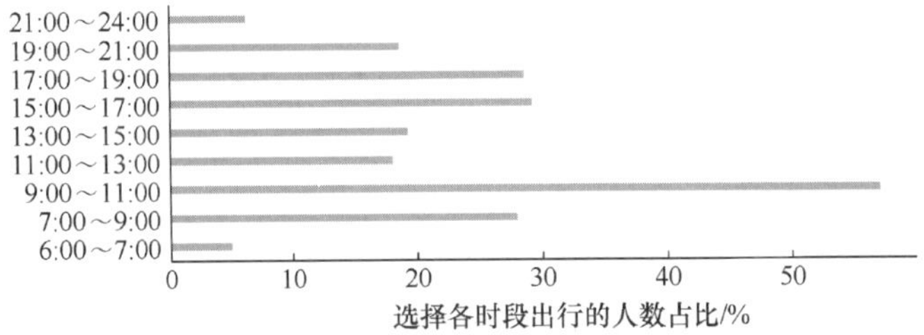

图 2-25　选择各时段出行的人数占比

另外，调查结果显示跨制式换乘中存在的主要问题是换乘走行距离过长，不便于携带大件行李等旅客的出行。其他问题如换乘通道拥挤、与地铁换乘环节过于复杂、出火车站时已经过了地铁的运营时间、不知何处换乘地铁等问题也很普遍。对于铁路与地铁衔接，乘客最希望改善的是推行安检互信，避免重复安检。

粤港澳大湾区轨道交通也提供了包括头等车厢/商务车厢、女性优先车厢、地铁 WiFi 等个性化服务。

4. 管理体制现状

目前，粤港澳大湾区已开通运营的轨道交通线路涉及多种制式、多个运营主体。其中，国铁干线由中国铁路广州局集团有限公司负责运营管理和调度指挥，珠三角城际轨道交通由广东珠三角城际轨道交通有限公司委托中国铁路广州局集团有限公司负责运营管理和调度指挥，各城市轨道交通线路由各城市的轨道交通运营企业负责运营管理和调度指挥，具体情况如表 2-8 所示。

表 2-8　粤港澳大湾区轨道交通制式及运营主体现状

轨道交通类型		制式	运营主体
国铁干线		铁路	中国铁路广州局集团有限公司
珠三角城际轨道交通		铁路	中国铁路广州局集团有限公司
城市轨道交通	香港	铁路、地铁、轻铁	香港铁路有限公司
	广州	地铁、自动旅客捷运系统、有轨电车	广州市地下铁道总公司
	佛山	地铁	佛山市铁路投资建设集团有限公司
	深圳	地铁、有轨电车	深圳市地铁集团有限公司(负责运营除 4 号线以外的其他地铁线路及龙华有轨电车)、港铁轨道交通(深圳)有限公司(负责运营 4 号线)

续表

轨道交通类型		制式	运营主体
城市轨道交通	东莞	地铁	东莞市轨道交通有限公司
	珠海	有轨电车	珠海城建现代交通有限公司

2.2.4　成渝区域轨道交通协同运输与服务现状

1. 成渝区域轨道交通线网布局

根据国务院批复，国家发展和改革委员会印发《成渝城市群发展规划》，文件中明确了成渝城市群具体范围，包括重庆市的渝中、万州、黔江、涪陵、大渡口、江北、沙坪坝、九龙坡、南岸、北碚、綦江、大足、渝北、巴南、长寿、江津、合川、永川、南川、潼南、铜梁、荣昌、璧山、梁平、丰都、垫江、忠县等 27 个区(县)以及开县、云阳的部分地区，四川省的成都、自贡、泸州、德阳、绵阳(除北川县、平武县)、遂宁、内江、乐山、南充、眉山、宜宾、广安、达州(除万源市)、雅安(除天全县、宝兴县)、资阳等 15 个市，总面积 18.5 万 km^2。规划期为 2016～2020 年，远期展望到 2030 年。

成渝区域轨道交通网络由多种制式组成，可划分为国铁干线/高速铁路、城际铁路、市域(郊)铁路、城市轨道交通(包含地铁、轻轨、有轨电车)、都市快轨。本节分别按照轨道交通类型对成渝地区轨道交通现状及未来规划进行介绍和总结。各层网络服务范围如表 2-9 所示。

表 2-9　成渝区域轨道交通体系属性

名称	服务范围	示例
国铁干线/高速铁路	主要承担 150km 及以上的出行需求	成渝高铁、西成高铁、渝万高铁
城际铁路	快速连通成渝区域内各城市，最佳运行距离是 70～150km	成绵乐城际铁路、绵遂内宜城际铁路、川南城际铁路、达渝城际铁路、雅眉乐自城际铁路
市域(郊)铁路	主要承担 30～70km 范围内的出行需求	成灌线、成蒲线、璧铜线、合大线、渝合线
城市轨道交通	主要解决城市内部的短途运输需求，并为其他轨道交通提供客流集散服务	成都城市轨道交通(地铁、有轨电车)、重庆城市轨道交通(地铁、轻轨)
都市快轨	在城市行政管辖区域内，为主城区及主城区与各功能组团之间提供快速、大容量、公交化公共交通服务的客运专线交通系统	重庆都市快轨“两纵一横”线

2. 成渝区域轨道交通运输组织现状

目前，成渝地区各轨道交通制式在运输组织过程中偏向于各自编制运输计划，在日常运输组织和运行计划调整中几乎不会考虑单制式运行计划的变更对其他制式的影响。但是，由于成都市域铁路服务对象主要是成都市域范围内中长距离的旅客出行，重点解决中心城区与外围各组团城市间的旅客联系以及为沿途城市组团之间的客流提供快速、大容量、公交化的公共交通服务。因此，目前成都市域铁路采用国铁制式。在目前的列车运行组织中，成灌市域铁路已经和国铁连通，南充的旅客可直接坐动车到达成灌线的离堆公园站，无须从成都换乘。此外，在旅客运输组织过程中，多采用车站换乘的形式实现区域跨制式(特别是国铁与城市轨道交通跨制式出行)旅客正常出行。

1) 各制式轨道交通组织现状

对于干线铁路/客运专线，成渝高速铁路，又称“成渝客专”，是沪蓉快速客运通道及沿江高铁的重要组成部分，全线采用双线无砟轨道，起于成都东站，途经成华区、锦江区、龙泉驿区、简阳市、雁江区、资中县、东兴区、隆昌市、荣昌区、大足区、永川区、璧山区、九龙坡区、沙坪坝区、渝中区，止于重庆北站，运营里程 308km，设计速度 350km/h，在成渝地区之间构建了 1h 快速交通圈。

对于城际铁路，成绵乐城际铁路为双线电气化铁路，采用 8 辆编组的 CRH380A 型电力动车组，基本实现公交化运营，是西南地区首条高速铁路客运专线。

对于市域铁路，目前成灌市域铁路已经开通运营，包括成灌正线、离堆支线以及成彭支线。成灌市域铁路每天开行动车达到 36 对，其中图定 32 对、预备线 4 对。重庆地区规划的市域铁路(合大线、渝合线、江津线)和都市快轨(两纵一横三射)正在规划或建设，暂无正式开通运营的市域铁路和都市快轨。

对于城市轨道交通，成都地铁和重庆城市轨道交通在开展列车运行调度指挥时，并不会考虑铁路列车运行情况，反之亦然。因此，目前成都地铁、重庆城市轨道交通与中国成都铁路局集团有限公司管辖的国铁干线和市域铁路在跨制式调度指挥方面尚未实现协同和有效衔接。但是，由于成灌市域铁路委托中国成都铁路局集团有限公司代为管理运营，在成都北站与其他国铁线路共用车站，其日常调度指挥工作与中国成都铁路局集团有限公司管辖的其他国铁线路同时开展。因此，若将成灌市域铁路视作区别于国铁线路的市域铁路制式，其成都地区已实现市域铁路与国铁干线之间的调度指挥协同。

2) 轨道交通枢纽组织现状

轨道交通枢纽组织现状如下：

(1) 区域轨道交通枢纽规划建设稳步开展。目前成都枢纽和重庆枢纽内线路及衔接干线均形成复线，提高了枢纽的通过能力及机动灵活性，点线能力协调一致，枢纽内规划了较多的环线、联络线、迂回线，列车可便捷地沟通与联系各条衔接的干线。重庆枢纽东环线规划及建设稳步开展，届时基于枢纽已形成环线并沟通市区与郊区的有利条件，利用铁路富余能力，成都枢纽和重庆枢纽具备开行市域列车的可能性，以缓解城市交通压力。

(2) 铁路枢纽与其他方式统筹规划建设良好。目前成都枢纽环线高效衔接 7 条放射形铁路干线，共同构成贯通运行、快速换乘、便捷通达的铁路运输网络，铁路枢纽的到发和疏解能力显著提升；重庆枢纽规划形成四主两辅客运站布局，形成环形及放射形布局，为成都城市圈和重庆城市圈开展列车公交化运营提供支撑，同时与地铁、城市公交系统形成有效衔接，确保铁路公交化运营与城市公交体系便捷换乘。

(3) 跨制式换乘车站协同规划及设施布局有待进一步提升。目前成都和重庆地区国铁线路和城市轨道交通多已实现节点换乘，但目前仅成都东站实现国铁线路至地铁的同厅换乘和单向安检互信，犀浦站实现市域铁路与地铁同站台换乘和双向安检互信，其他跨制式换乘车站多采用站外换乘的方式，换乘车站协同规划与车站换乘设施协同布局水平有待加强，为后续推行跨制式安检互信预留车站设施布局条件。

3. 成渝区域旅客出行服务水平现状

根据相关问卷调查和调研分析，对成渝地区轨道交通服务现状进行分析，涉及指标包括城市轨道交通平均出行时间、城市轨道交通换乘次数、舒适度、出行交通方式选择、购票方式、出行需求、成渝地区典型跨制式出行各环节作业时间等。在本节仅总结部分有代表性的方面描述旅客出行服务水平。

对于愿意采用高铁出行的旅客，影响高铁服务质量的因素主要包括票价、车站与市区距离、其他交通方式与高铁车站衔接程度、高铁开行数量等。统计各因素分布比例如图 2-26 所示。

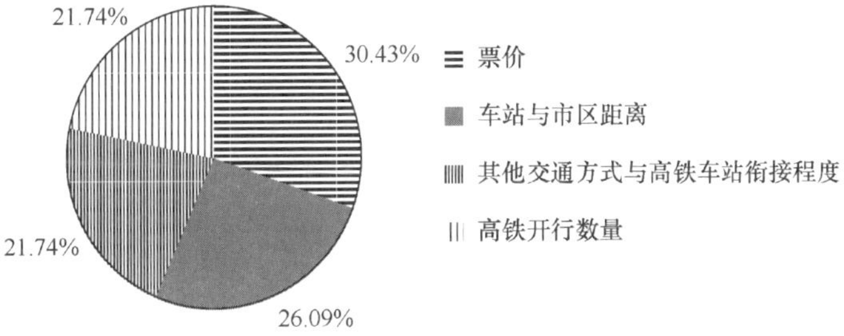

图 2-26　影响旅客采用高铁出行的因素分布

国铁客运车站是承担旅客跨区域、跨城市出行的重要到达和发送场所，城市轨道交通等其他方式与国铁车站的有效衔接是旅客采用区域轨道交通协同运输复合网络出行的重要保障。同时旅客在采用国铁出行前后对其他轨道交通方式的选择意愿也是开展区域轨道交通协同运输组织的重要客流支撑。因此，本书对采用国铁出行的旅客所采用的衔接出行方式进行了调查，统计结果如图 2-27 所示。

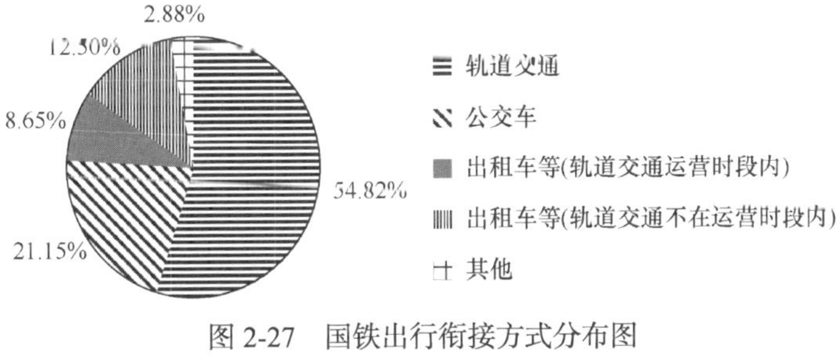

图 2-27　国铁出行衔接方式分布图

目前成渝地区旅客通过换乘的方式实现跨制式出行，其中，根据换乘方式的不同，又可分为出站换乘(如成都南站、成都站、沙坪坝站、成都东站地铁换乘国铁，重庆北站地铁换乘国铁)、同台换乘(如犀浦站)和同厅换乘(如成都东站国铁换乘地铁、重庆北站北广场国铁换乘地铁)等。出站换乘的主要出行过程如图 2-28 所示，同台换乘和同厅换乘可根据各轨道交通制式间的安检互信程度，简化相应的出站、进站安检等作业环节。

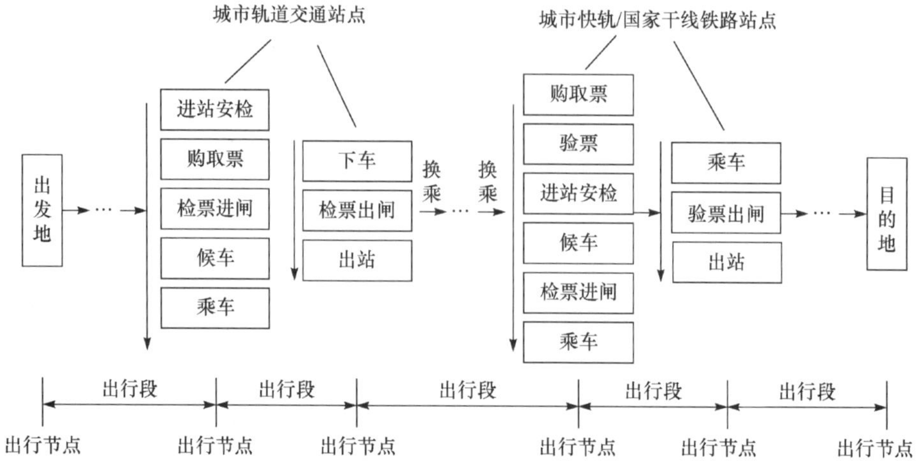

图 2-28　成渝地区轨道交通跨制式出行过程现状(以出站换乘为例)

4. 管理体制现状

本节以成灌市域铁路和成都市轨道交通为例介绍管理体制。

1) 成灌市域铁路管理体制

成灌市域铁路是中国第一条建成运营的市域铁路，根据原铁道部《关于新建成都至都江堰铁路项目建议书的批复》，该项目由成都市政府和成都铁路局共同出资建设，由成都铁路局和成都市政府按《公司法》组建成都市域铁路公司，负责项目建设，委托成都铁路局开展日常运营管理。目前成都至都江堰铁路的票价较低，成灌铁路在运营期内均处于亏损状态，但基于成都至都江堰铁路定位的特殊性，政府在其基本运价率的基础上采取了“补贴制度”，以保证成都至都江堰铁路的正常运营及维护。

2) 成都市轨道交通管理体制

成都市轨道交通管理遵循政府主导、统筹规划、安全运营、规范服务、综合开发的原则，城市轨道交通沿线区(市)县人民政府协助城市轨道交通建设、运营、设施设备保护和应急事件处置等有关工作，并负责本行政区域内独立建设或者运营的城市轨道交通管理工作。

目前，成都市建设主管部门负责城市轨道交通建设的监督管理；市交通运输主管部门负责城市轨道交通运营的监督管理；市规划主管部门负责城市轨道交通的规划管理；市发展改革、公安、财政、国土资源、环境保护、城市管理、安全生产等有关部门依据各自职责做好城市轨道交通的监督管理工作。成都轨道交通集团有限公司则为成都地铁的投资、建设、运营、综合开发单位。

2.2.5　国内典型区域轨道交通协同运输与服务现状总结

我国主要城市区域已形成高铁(城际铁路)、地铁、有轨电车等多种轨道交通制式共存的交通运输格局，多制式轨道交通协同运输的观念得到了普遍认可，并且在多个城市进行了不同程度的尝试，但协同运输与服务的质量仍有很大提升空间，跨制式轨道交通规划、运输、客服、信息的理论与技术，以及协同运输政策支持等，均有利于区域轨道交通协同运输与服务的发展。

(1) 在线网布局与规划方面，各层级、多制式轨道交通线网逐步完善，便利城市内部、跨城市以及跨区域的旅客出行，出行方式的选择多样化。不同轨道交通线路之间通过换乘节点衔接，换乘组织水平有待提高，各层级轨道线路的规划和建设尚未考虑技术层面的互联互通，且规划与建设分离、协同程度较低。

目前我国国铁干线铁路网已基本形成，高速铁路网也初具规模。截至 2020 年 12 月 31 日，44 个城市的轨道交通已开通运营，2020 年新增运营里程 1240.3km。我国长三角、京津冀、粤港澳大湾区等城市群已开通运营多种制式的轨道交通(包含地铁、轻轨、有轨电车、市域铁路、国铁干线等)，各层级轨道交通线网也在不断规划和完善。

此外，各层级、各制式轨道线路功能定位明确。其中，国铁干线主要承担跨区域中长距离客货运输任务，加强城市群与全国各主体功能区之间的联系；城际轨道交通主要承担区域内部中短距离旅客运输任务，增进城市群内部联系，引导城镇集群发展和产业布局；市域(郊)铁路主要承担中心城区与卫星城市的短距离通勤旅客运输任务，疏解城市中心交通压力，促进城市群可持续发展；而城市轨道交通主要承担城市内部出行，提供高效、快速、大运量的旅客运输供给，缓解道路交通压力。

在区域多制式轨道交通迅猛发展的同时，不同层级、制式间的轨道交通规划与建设仅仅初步考虑了换乘节点的合理选择，以及在相同服务范围内避免线路功能的重复，仍未从根本的技术条件层面上考虑多制式系统间的互联互通，各运行线路相互独立，在枢纽节点通过车站设施进行衔接，旅客需要下车后进行站内或站外换乘，无法组织跨线以及直通运营。各层级轨道线路规划与建设也相互分离，建设时序不一致，未能实现区域跨制式轨道交通的一体化协同发展。

(2) 在旅客出行服务方面，我国区域轨道交通的票制日益多样化，旅客进站方式智能化，且新增多项人性化服务，换乘标识清晰多样，枢纽车站、轨道交通车辆内部环境干净明亮，旅客乘车舒适度大幅提升。但旅客出行全过程中信息获取分散，缺乏智能化行程规划与引导，跨制式出行旅客出行环节重复度高，换乘时间较长，跨制式旅客协同运输服务仍处于初级水平。

目前我国典型的城市群或都市圈(如长三角、粤港澳、京津冀等)的轨道交通制式多样，涵盖国铁干线、城际铁路、市域铁路和城市轨道交通。其中上海、北京等中心城市的轨道交通客运服务相对较好。例如，在票制方面，上海铁路轨道交通开发有限公司推出了多种票制，涵盖单程票、一日票和多日票等。在购票和进出站的方式上也日益多样化和智能化，旅客可在手机终端购票而后现场取票进站，也可直接刷手机二维码或使用近场通信功能直接进站，省去了排队购票的时间，例如，广州和深圳的城市轨道交通出行乘客可以直接通过智能手机官方应用程序或腾讯乘车码扫码过闸乘车。铁路出行的旅客在部分线路乘车也不必取票，直接刷身份证或中铁银通卡便能乘车，在很大程度上方便了旅客出行。铁路公司在区域内也推出多种优惠票卡，为多次往返两地的旅客简化出行流程，节省出行时间，如市域一卡通、京津城际同城优惠卡等。

随着科技的进步，更多的人性化设计融入了轨道交通，车站换乘导向标识清晰，并新增多种服务信息发布设施，如北京部分地铁车辆可实时发布车厢拥挤程度，上海在换乘车站屏幕显示实时换乘所需时间等，帮助旅客合理进行乘车规划、选择出行路线，实现便捷出行。此外，随着车辆和车站设施设备的完善和性能的提升，旅客的出行舒适度也逐渐提高。

但同时，区域各制式轨道交通旅客出行服务相互协同程度不高，仍处于探索阶段。在轨道交通跨制式出行时，旅客需要分段购买不同轨道交通方式的车票，也缺乏实时、准确的信息引导旅客合理规划衔接换乘方案、预估换乘时间，未实现跨制式的票制一体化和出行全过程的智能规划。在跨制式出行过程中，旅客乘坐每一种制式轨道交通都需要经历购票、取票、安检等环节，出行环节重复度高，换乘时间较长。目前，仅有少数车站实现了跨制式换乘的安检互信，典型代表如成都犀浦站铁路与地铁出行乘客的无缝同台换乘；部分车站可以实现单向跨制式换乘安检互信，如成都东站铁路出行旅客出站后可直接换乘地铁(无须安检)，但乘坐地铁到达成都东站换乘铁路的旅客仍需从地面站厅层检票、安检进站乘车。总体来说，跨制式旅客协同运输服务仍处于初级阶段，有待进一步发展。

(3) 在协同运输组织方面，旅客跨制式换乘已体现出协同运输组织的理念，但管理水平仍需提高，已有城市在快慢车运输组织、直通运营组织等方面开展尝试。从整体上来说，我国区域内城市轨道交通与其他制式系统间普遍未实现运输计划的协同编制，运营调度指挥独立进行，跨制式系统间缺乏运输组织信息的共享以及应急运输协调组织。

一方面，我国区域轨道交通体系中市域铁路大多采用国铁制式，利用既有国铁线路开行公交化市域列车，政府购买服务后委托铁路局代为管理运营，因此市域铁路与高速、城际铁路在运输计划的编制和调整、调度指挥、信息共享等方面协同程度较高。例如，国内首条公交化运营的市域铁路上海金山线，会根据全国铁路列车运行图的变更对日常方案运行图进行协同调整，取消或增开车次、调整停站方案等。

另一方面，区域内部的城市轨道交通运输组织相对独立，与市域、高速铁路等制式在运输计划、运行图的编制和调整等环节协同程度较低，调度指挥、应急保障等信息交流与共享匮乏，少有的协同组织大多体现在首末班车时刻的编制上。例如，成渝地区的成灌市域铁路末班车到达成都犀浦站时，与其换乘的城市轨道交通地铁 2 号线已停止运营 6min，为此地铁 2 号线从犀浦站出发的末班车常态化延迟运营 15min 以满足该部分旅客的换乘接驳需求。

随着我国区域轨道交通跨制式出行需求的增多，不同制式间运输组织的协同与衔接极大地影响着跨制式出行效率与运输服务质量。目前我国区域轨道交通跨制式出行基本都通过路网节点、综合枢纽来组织换乘，快慢车运输、直通运营等组织模式尚在起步研究阶段。在跨制式出行旅客换乘组织、综合枢纽设备设施布局中已体现出协同运输组织的理念，“三铁融合”、站城融合等区域轨道交通一体化趋势也逐步显现，但总体来说协同运输组织和运营管理水平仍有待加强。

(4) 在安全保障与应急管理方面，我国区域轨道交通已初步建立了安全保障和应急响应流程，在相关部门指导下实现应急联动，但缺乏统一完善的应急管理联动机制，应急响应中心仅在部分大型综合枢纽内设立，响应效率有待提高。

随着运营里程的逐年增加、线网规模的不断扩大，区域轨道交通安全保障的体制正在不断完善，各制式轨道交通的运营主体都设有独立的应急指挥中心，同相关的应急联动单位共同建立了监测预警—事件分级—应急启动—应急响应—应急联动—后期处置的管理流程，为保障区域轨道交通安全运行、保护人民群众生命财产安全、维持社会安全稳定初步建立起了衔接高效、运行顺畅的管理体制和运行机制。例如，上海市轨道交通站点在应对大客流时，通过市应急办的协调与指导，建立了“四长联动”的应急处置机制，各街道、派出所和属地轨道交通站点紧密合作，对各项应急资源进行有效整合，以轨道交通站点为单位合力提升应急处置能力，实现突发事件、应急疏散、综治难点的共同处置和有序联动。

尽管如此，我国区域多制式轨道交通“信息互通、会商决策、资源调度”的应急联动管理机制还有待进一步发展。跨制式轨道交通出行的应急管理缺乏高效、统一的联动机制，在应对各类突发事件如大客流情况时，区域复合路网的替代效用也难以得到发挥。目前已建有跨制式的应急响应中心，例如，上海虹桥枢纽的应急响应中心可以实时监控枢纽内各交通方式的运行状态，一旦发生突发事件，应急响应中心就开始汇总各方信息及时采取联动应对措施，但此类机构仅设立在部分大型的综合交通枢纽中，应急响应与管理的范围较为局限。

(5) 在智能化信息服务方面，我国区域轨道交通各制式系统内部已得到了较大的提升，跨制式间的智能化信息服务亟待开展，未能实时、高效地为旅客集中提供信息服务，综合性轨道交通信息共享平台尚未建立。

智能化信息服务是区域轨道交通旅客出行服务中的重要一环，便捷地为旅客提供及时、准确的运营信息才能保证旅客出行的服务质量。我国区域轨道交通各制式的运营主体已充分认识到了智能信息服务的重要性，并在智能化信息服务的建设上取得了一定的成就。我国区域轨道交通为旅客提供智能化信息服务主要体现在以下两个方面。

首先，针对城市轨道交通出行的旅客，在获取运营信息方面，旅客可以通过地铁官网、官方应用程序、微博等多个渠道实时获取列车运行时刻、晚点情况、突发事件等信息。在购票方面，大部分城市轨道交通都支持应用程序购买车票、多卡支付、多平台支付等多种购买方式，部分城市在进站过程中支持手机二维码乘车功能。在候车及乘车过程中，城市轨道交通运营主体均通过车站站台、列车上的显示屏等智能信息服务终端为乘客提供列车到达、运行状态、前方到站、换乘通道等信息。在换乘过程中，为乘客提供了清晰的换乘引导标识。

其次，针对市郊和国铁线路出行的旅客，在获取运营信息方面，旅客可通过铁路官网 12306 获取相关列车时刻表、票价等信息。在购票过程中，旅客可通过 12306 或其他网上平台购取车票。在进站过程中，部分车站已经实现了免取票、直接刷身份证进站，并逐步在全路范围内进行推广。在候车过程中，乘客可通过车站显示屏实时获取列车到站信息。在乘车过程中，普速铁路旅客只能通过列车广播获取列车运行信息，乘坐高铁、动车组的旅客可以通过列车上的车载显示屏获取列车运行状态信息。

虽然我国区域轨道交通各制式系统内部的智能化信息服务已经得到了较大提升，但跨制式间的综合智能信息服务还亟待开展，尚未建立区域轨道交通信息共享平台，从而导致了区域轨道交通旅客获取跨制式出行信息分散、不及时、难以辅助出行决策等问题。具体来说主要在以下几个方面还亟待完善。

在综合服务信息发布方面，不同轨道交通制式所对应的运营主体均有各自独立的信息发布平台，使得多类信息发布分散、难以综合，旅客需要从不同平台获取信息，再辅助规划自己的行程，过程烦琐而复杂。在信息共享方面，各制式轨道交通运营主体相互独立，与运营相关的信息基本不能实现共享和协同，使得旅客无法集中获取针对全出行链的智能化出行信息服务，运营单位也难以实现多制式间的协同运输和应急联动。在智能换乘引导方面，旅客跨制式换乘需要下车后通过标识牌等指示步行进行站内或站外换乘，旅客往往对于较为复杂的换乘系统难以理清头绪而大大增加了换乘难度和走行时间，缺少智能化的换乘指引系统，一方面根据旅客所在区位提前预告换乘走行流线，另一方面根据旅客需求为旅客提供多路径选择以及清晰的换乘流线指示。在完整出行路径规划方面，区域轨道交通尚未能实现为旅客完整规划出行路径的功能，旅客在规划出行路径时，需通过查询不同交通方式的列车信息和换乘站的信息自行完成出行路径选择。由此可见，跨制式出行路径规划还处于初级发展阶段，智能化程度较低，缺少专业的出行路径规划平台。

(6) 在协同管理体制方面，我国区域轨道交通实现了部分层级之间规划建设、运营管理、应急保障的一体化运作，针对整体区域轨道交通系统尚未实现监督管理主体的统一，也缺乏权威性较强和约束力较大的政策保障措施以及协同管理机制。

区域轨道交通的协同管理体制不仅对区域轨道交通的规划建设、运营管理、应急保障具有重要意义，同时也是实现区域轨道交通一体化过程中的重要环节。目前我国区域轨道交通实现了部分层级、制式间的规划建设、运营管理、应急保障的一体化运作，但在整体层面尚未建立起权威性较强和约束力较大的跨制式统筹管理部门及相应管理体制机制，也未颁布相关政策措施促进或保障区域轨道交通的一体化协同发展。既有的各制式轨道交通大多各自为政、管理部门分散，导致区域轨道交通在规划、建设等方面难以形成高效的衔接配合。例如，上海市城市轨道交通由上海地铁运营有限公司管理，而上海金山铁路则由上海金山铁路有限责任公司管理，城际铁路/国铁干线则由中国铁路上海局集团有限公司管理，不同轨道交通制式的运营管理、计划编制等方面均相对独立，协同程度较低，需要联合三家运营管理机构协商构建统一的协同管理体制，实现跨制式信息的交互、共享，各部门之间的职能协作，促进和保障区域轨道交通一体化协同发展。

第 3 章　多制式轨道交通旅客出行行为分析

3.1　轨道交通旅客出行过程和出行链

3.1.1　轨道交通出行的概念和特点

1. 出行的定义

根据交通规划理论中对出行的定义，在城市交通系统中，交通源(人、车、货)从起点到终点移动的全过程为一次出行。居民出行完成一次目的活动称为一次出行，以上一次出行目的地为出发点进行活动则为第二次出行。因此，将区域轨道交通出行的旅客的一次出行定义为：为了实现某一生产或目的活动，出行者采用一种或者多种轨道交通方式，经由城市交通在城市内部从一出发地到目的地，或从区域内一个城市的出发点经由城市内轨道交通、城市间的轨道交通设施到达另外一个城市的目的地的单向移动全过程。

2. 多制式轨道交通出行的特点

多制式轨道交通出行的特点如下：

(1) 单向移动过程；

(2) 具有特定出行目的；

(3) 可以是同一城市内部出行，也可以是区域内跨城市出行；

(4) 采用的出行方式均为轨道交通方式；

(5) 旅客可能涉及采用多种轨道交通方式出行。

3.1.2　区域轨道交通旅客出行过程

1. 出行前

出行前为旅客出行的准备阶段，主要为行程规划和决策的过程。旅客会通过一些信息的辅助和经验来做出出行的决策，包括出行方式选择、出发时间确定和出行路径规划等。其中，旅客出行方式选择受旅客自身属性和习惯影响。采用轨道交通为主出行方式的旅客在出发前，会通过表 3-1 中的信息规划出行方案。

表 3-1　旅客出行前参考信息内容

信息类别	信息内容
基本信息	城市轨道交通线网、天气
活动信息	美食信息、商场活动信息、休闲娱乐信息
线路信息	接驳方案、城市轨道交通出行路线、换乘方案

续表

信息类别	信息内容
位置信息	目的地位置、轨道交通车站站点位置、接驳站位置
时间信息	行程时间估算、运行间隔
交通状态信息	交通管制信息、可选择的接驳交通方式的信息
费用信息	乘坐轨道交通的费用、接驳交通的费用

2. 出行中

出行中为在途阶段，是旅客执行计划的过程，旅客更多关注其出行计划能否顺利执行，并根据天气、路况、列车的运行状态等相关的实时信息确定实际出行路径。旅客在出行中会经历从目的地出发、辅助交通方式前往轨道交通站点、购票、安检、进站、候车、上车、换乘、下车、出站、换乘辅助交通方式、到达目的地的过程。

对于在站外换乘，或者从一种轨道交通制式换乘到另外一种交通制式，会增加下车，重新购票、安检和进站的过程。特别地，一些城市在铁路换乘地铁环节实现了安检互信，则旅客相应减少了重复安检的时间。出行过程中旅客通过关注表 3-2 所示信息，实时调整自己的出行方案。

表 3-2　出行中旅客关注信息内容

信息类别	信息内容
位置信息	与目的地的距离、换乘站点位置、接驳交通换乘位置
时刻信息	轨道交通实时到站信息
运行信息	剩余通行时间、出行线路上的突发事件、可选择的接驳交通方式、车辆拥挤程度
天气信息	天气变化

3. 出行后

出行后的阶段，主要为旅客对整个出行的感知和反馈，包括对自己本次出行路径选择、出行时间是否合理、出行舒适度的感受等。旅客会从整体和局部对完整的一次出行进行评价和总结。例如，在完成一次出行后，出行的时间和便捷程度与旅客所期望的一致，旅客在下次出行很大概率会选择相同的出行方案。相反，如果在出行过程中，遇到换乘、步行等部分环节影响出行整体的质量和效果，旅客会在下次出行时有所改进，如选择骑自行车前往地铁、更换换乘方案或者选择其他出行交通方式等。此外，旅客选乘轨道交通出行后，可得到相应的福利和政策的鼓励。例如，铁路部门实行的行程累积、城市轨道交通刷卡打折、市域铁路换乘城市公交刷卡打折等。政府和运营单位推出的相关政策支持，能够一定程度上鼓励和推动人们采用轨道交通出行、绿色出行。

4. 出行的全过程

综合单一制式和多制式出行全过程分析可知，区域轨道交通出行的出行全过程包括出行前、出行中和出行后。其中，出行前可能包括的出行环节有出行信息获取、出行方式选择、出行路径规划和购票。出行中可能包含的出行环节有非轨道交通接驳前往车站、购票、取票、安检、刷卡/检票进站、候车、上车、乘车、下车、出站、换乘步行、刷卡/检票出站等。而出行后可能的环节有出行过程检验评价和积分累积。因此，可将出行全过程总结为如图 3-1 所示的流程。

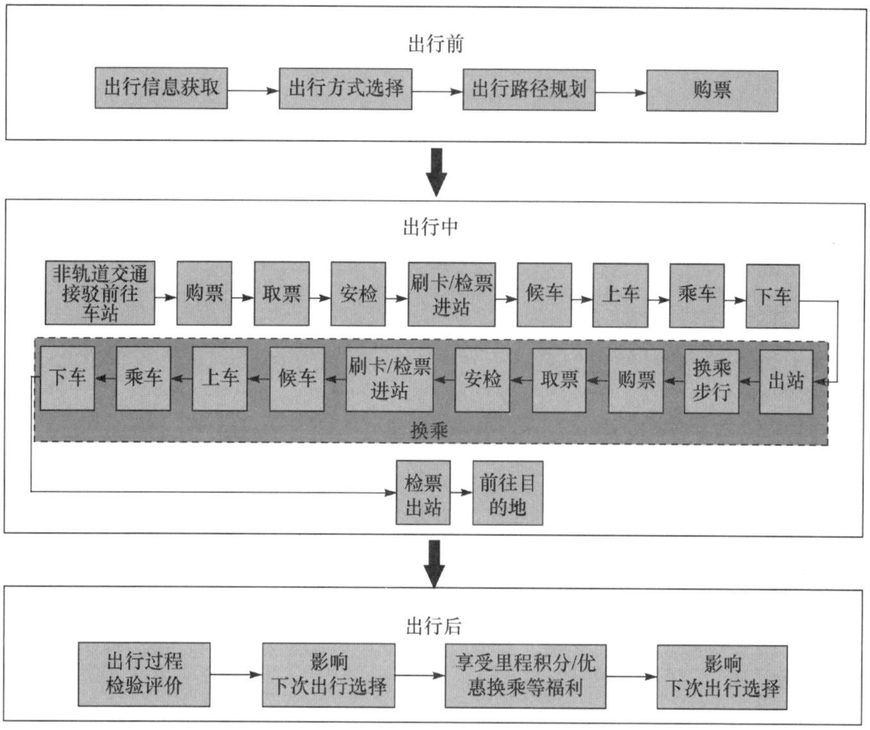

图 3-1　旅客出行全过程

对于旅客采用不同制式轨道交通出行或是否经历单一制式或跨制式轨道交通换乘的环节，以上出行过程涵盖所有可能经历的出行环节。但是，由于目前轨道交通服务质量的提升以及不同旅客出行选择和路径的不同，部分环节可能并不涉及。

3.1.3　区域轨道交通旅客出行链

1. 出行链的定义

出行链是指出行者为完成一项或多项活动，在一定时间顺序上的若干连续出行构成的链接形式。即一系列在时空上相互联系的出行形成了出行链，可见出行链中包含了若干个驻点和若干次出行。根据以上定义，将区域多制式轨道交通系统中的旅客出行链定义为：旅客以各轨道交通车站为驻点，从起始车站出发到达目的车站的活动组合。旅客出行链的不同之处在于：其起讫点为车站，不着重考虑前往出发车站之前和到达目的车站之后的外部活动。

可见，旅客出行链反映了其出行过程的时空信息。假设出行时间是连续的，那么上一次出行的结束时刻和位置影响着下一次出行的开始时刻和路径规划，即各次出行之间相互链接、息息相关。因此，基于出行链，可以更加微观地描述旅客出行全过程，挖掘影响旅客出行时间的环节，提出优化旅客跨制式出行的措施，可将旅客出行链表示如图 3-2 所示。

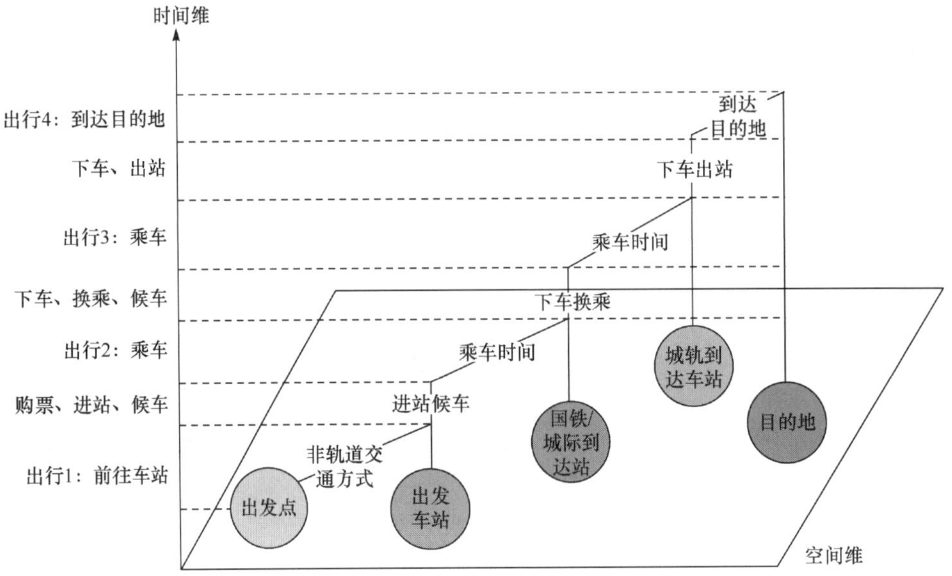

图 3-2　区域轨道交通旅客出行链

2. 出行链的特征

从时间、空间和结构三个方面分析出行链的特征，区域轨道交通系统中的旅客出行链具备的特征有：

(1) 通常包含多次出行；

(2) 包括多个停驻点，且驻点为各轨道交通车站；

(3) 可以是同一城市内部出行，也可以是区域内跨城市出行；

(4) 采用的交通方式为各制式轨道交通的组合。

3.2　区域轨道交通旅客出行影响因素

区域多制式轨道交通系统中的旅客出行全过程中，旅客会综合考虑其花费的时间、费用、便捷性、安全性等因素，以选择乘坐的轨道交通方式或者出行路径。可知，旅客出行行为受多种因素共同影响，下面从经济社会因素、旅客自身因素、出行服务因素以及其他因素四个方面进行分析。

3.2.1　经济社会因素

1. 经济发展因素

经济发展因素包括区域内的经济发展水平、居民消费水平等。随着经济发展水平的提高，轨道交通列车的舒适度、安全性可能会得到提升，票价也可能提升，而居民消费水平的提高则会使旅客对交通方式服务质量提出更高的要求，旅客会更加注重轨道交通出行方式的效率、舒适性等，如果不能提供高质量的运输服务，可能会对客流吸引带来不利影响。

2. 社会因素

社会因素包括各地区制定的政策等因素。例如，部分城市在某一天实行“无车日”活动、一些轨道交通乘车支付方式的优惠活动等，都会影响旅客对轨道交通出行方式的选择。

3.2.2 旅客自身因素

旅客作为出行行为的对象，其出行全过程中选择乘坐的轨道交通方式和出行路径，会因为个体差异而不同。旅客自身属性可分为旅客个体属性和出行特征属性两个方面分析。

1. 旅客个体属性

旅客个体属性是指性别、年龄、收入、职业、家庭结构、是否拥有私家车、是否有地铁卡/公交卡等。

2. 出行特征属性

出行特征属性是指出行距离、出行目的、出发时间范围、旅行时间范围等。例如，对于不同的出行目的，商务出行对于舒适性、快速性的要求较高，对经济性要求较低；务工和返学出行则主要考虑经济性，对快速性、舒适性要求低；旅游和探亲出行则看重舒适性和经济性，对快速性要求较低。

3.2.3 出行服务因素

出行服务因素是指轨道交通方式所具备的服务特征，主要包括安全性、经济性、快速性、准时性、方便性、舒适性、首末班车、发车间隔等。运输产品属性是影响旅客出行行为的重要因素，在出行全过程中，旅客往往基于对各轨道交通运输产品的认知，去选择乘坐的轨道交通制式。

1. 安全性

安全性是考虑其他一切影响因素的前提，作为衡量运输产品服务质量最重要的标准，是旅客出行首先考虑并希望得到保障的心理需求。通常来说，旅客认为轨道交通、航空的安全系数较高，道路交通的安全系数较低，旅客对于交通方式安全性的评价也会影响其出行行为。表 3-3 展示了不同交通方式的事故情况。

表 3-3　不同交通方式事故情况

交通方式	10^9次行程死亡人数	10^9h 死亡人数	10^9km 死亡人数
航空	117	30.8	0.05
公交	4.3	11.1	0.4
汽车	40	130	3.1
步行	40	220	54.2
摩托车	1640	4840	108.9
铁路	20	30	0.6
航运	90	50	2.6

对于轨道交通，无论是国铁还是城市轨道交通，旅客普遍认为其安全性较高。铁路方面，根据国家铁路局公布的铁路安全情况公告可知，2018 年全国铁路未发生特别重大、重大事故，发生较大事故 1 件，事故死亡人数 857 人，近年来铁路交通事故死亡人数逐年递减，如图 3-3 所示。城市轨道交通方面，以北京地铁为例，由于客流量日益增长，列车晚点、停运等运营事故所占比例较大，在 1732 起事故中，运营事故就占 510 起，事故原因主要有车辆、乘客、通信信号。

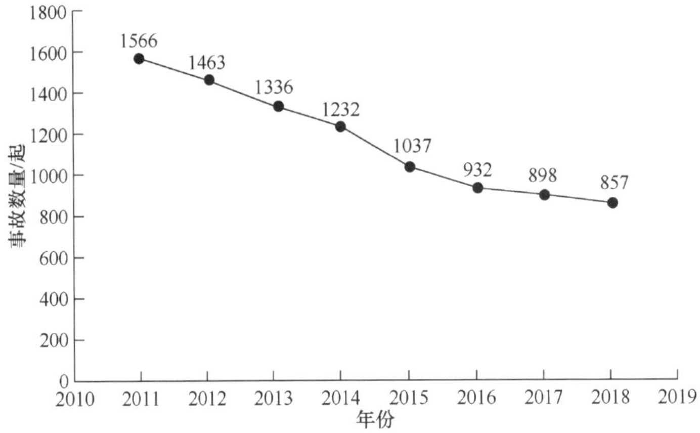

图 3-3　近年来铁路交通事故死亡人数情况

2. 准时性

准时性是指某种运输方式能否在计划时间内将旅客输送至目的地，通常旅客出行是带有特定目的的，故对到达时间有相应要求，特别是对于要换乘的旅客，更是注重准时性，这关系到后续出行安排能否继续。随着工作、生活节奏加快，人们的时间观念加强，对时间更为敏感和关注。轨道交通出行作为准点率较高的出行方式，不受道路交通拥堵影响，也较少受天气等其他因素的影响。我国各轨道交通制式的准点率大都在 95%

以上，其中高铁 99%，普铁 95%，地铁 99%，轻轨 98%～99%。

3. 快速性

快速性是指运输产品所带来的出行效率，衡量标准是旅客从出发地到最终目的地耗费的时间，其中不仅包括运输方式的在途时间，还包括候车时间、出发地到起始车站以及到达车站到最终目的地所花费的时间。快速性受旅客的出行目的以及时间价值影响，是旅客出行方式选择行为的重要影响因素之一。各制式轨道交通速度对比情况如表 3-4 所示。

表 3-4　各制式轨道交通速度对比情况

交通方式	速度
国铁干线	高速铁路：运营速度 200~350km/h 普速铁路：运营速度 60~160km/h
城际铁路	设计速度 200km/h
市域铁路	设计速度 160km/h
城市轨道交通	地铁：最高速度 80~100km/h 磁悬浮列车：300~430km/h 轻轨：60~80km/h 现代有轨电车、跨座式单轨：最高速度 80km/h

4. 便利性

便利性是指旅客出行过程中购票、安检、候车、乘车、换乘、出站等程序是否便捷，其中较为主要的是购票是否方便、换乘是否便捷。票务方面，旅客倾向于选择购票、取票手续简便、方式多样、退改灵活的运输工具。近年来网络、手机购票的比重越来越大。换乘方面，跨城市出行时，旅客倾向选择直达列车，换乘次数越少，旅客出行越便捷；城市内出行时，旅客可接受的换乘次数为 2 次以内。另外，目前我国轨道交通一体化趋势明显，旅客出行时越来越注重各轨道交通制式之间的衔接情况，能否进行同站换乘、是否有便捷换乘通道、能否避免二次安检、换乘走行距离、车站是否偏僻等方面，可见便利性也是影响旅客出行行为的重要因素。

5. 经济性

经济性主要是指旅客在出行过程中为运输服务所支付的费用。出行费用作为影响旅客出行行为的主要因素，在其他因素一样的情况下，旅客会倾向选择费用低的出行方案。对于跨城市出行，铁路票价与列车等级、座位席别、运输里程等相关。在座位席别、运输里程相同时，列车等级越高，其票价越高；同一列车上，一等座票价会高于二等座票价、卧铺票价会高于座位票价。以成都到重庆为例，G8541 次列车二等座 144.5 元、一等座 231 元、商务座 433.5 元；D2224 次列车二等座 96.5

元，一等座 155 元；K194 次列车硬座 46.5 元，硬卧 92.5 元，软卧 140.5 元。对于市内出行，城市轨道交通方面，地铁/轻轨票价主要与乘坐里程相关，通常单程在 10 元以内；磁悬浮列车票价相对高些，通常单程在 50 元以内。

6. 舒适性

舒适性表现在旅客出行过程中交通工具运行的平稳状态、噪声情况、拥挤程度、车厢空间大小、席位舒适程度、服务设施设备情况、食物供应等方面。随着社会经济的发展进步、人们消费水平的提高，在满足可达性的基础上，旅客越来越注重运输方式的舒适性。

3.2.4　其他因素

1. 天气因素

一般而言，降雨、降雪、强风、高温等恶劣天气会导致轨道交通出行方式吸引力的降低，旅客往往为了提高出行的舒适度而不选择公共交通出行，转而选择自行驾车或网约车、出租车等出行方式。尤其是当旅客出行的起始地或目的地距离轨道交通车站较远时，部分旅客为了防止淋湿、摔倒、中暑等意外情况的发生，不再选择轨道交通的出行方式。

2. 不可抗力因素

不可抗力因素包括地震、泥石流、龙卷风等自然灾害，路面塌陷、燃气泄漏、公共安全事件等社会事件等。当出现这些情况时，旅客的出行需求可能降低，选择轨道交通出行的比例也会降低。此外，当轨道交通设备发生故障时，也会影响旅客的出行选择。

3.3　区域轨道交通的出行链分析

3.3.1　出行链有关符号定义

根据前面对区域轨道交通系统中旅客出行全过程的描述以及出行链的定义，按照单制式和跨制式，针对出行过程中的各环节，分别构建旅客出行链。为研究影响旅客出行全过程的各环节，定义 $t_{购票/取票}$ 为旅客购票和取票花费的时间，$t_{检票}$ 为旅客进站前车票核对花费的时间，$t_{安检}$ 为旅客安全检查花费的时间，$t_{候车}$ 为旅客安检后走行至候车厅或站台等候上车花费的时间，$t_{上车}$ 为旅客经检票、走行到达相应乘坐车厢花费的时间，$t_{下车}$ 为到站后旅客下车至检票口花费的时间，$t_{检票/刷卡出站}$ 为旅客经检票至出站花费的时间，$t_{检票/刷卡进站}$ 为旅客经检票口至进站花费的时间。

3.3.2　多制式轨道交通出行链构建及分析

1. 铁路换乘城市轨道交通

图 3-4 构建了旅客跨城市出行过程中，乘坐国铁/城际铁路到达目的城市后再换乘城市轨道交通(城轨)到达目的地的出行链。其中，$t^{铁路}$ 是指采用国铁/城际铁路出行的总时

间，包含在出发车站、乘车和到达车站所花费时间之和；$t^{城轨}$是指采用城际铁路所花费的总时间；$t_{换乘}^{铁路城轨}$是指从国铁/城际铁路换乘到城轨的时间，即从铁路出站时起，至抵达城轨出发站时止的时间。

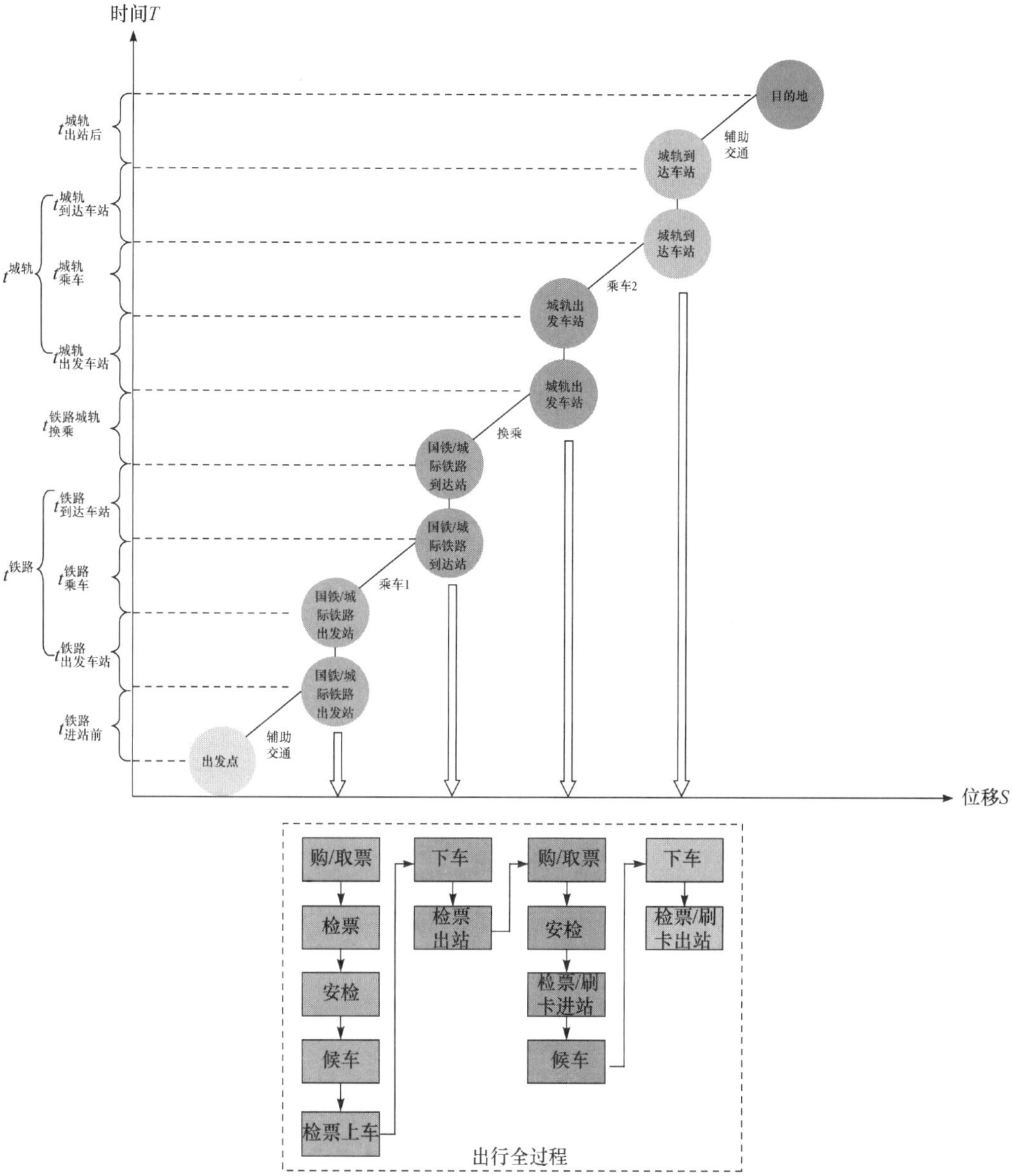

图 3-4　铁路换乘城市轨道交通旅客出行链

旅客在国铁/城际铁路系统花费时间$t^{铁路}$、城轨系统花费时间$t^{城轨}$，见式(3-1)和式(3-2)：

$$t^{铁路}=t_{出发车站}^{铁路}+t_{乘车}^{铁路}+t_{到达车站}^{铁路} \tag{3-1}$$

$$t^{城轨}=t_{出发车站}^{城轨}+t_{乘车}^{城轨}+t_{到达车站}^{城轨} \tag{3-2}$$

旅客总出行时间 t 见式(3-3)：

$$t = t^{\text{铁路}} + t^{\text{铁路城轨}}_{\text{换乘}} + t^{\text{城轨}} \tag{3-3}$$

2. 铁路内部换乘

图 3-5 展示了一次换乘情况下国铁/城际铁路系统中的旅客出行链，其中 $t^{\text{铁路}}_{\text{进站前}}$ 是指旅客采用某种非轨道交通的辅助交通方式，从出发地到达出发车站的时间；$t^{\text{铁路}}_{\text{出发车站}}$ 是指从旅客到达出发车站开始，经过进站候车/上车等环节，至列车驶离出发车站为止的时间；$t^{\text{铁路}}_{\text{到达车站}}$ 是指从列车停稳、旅客下车时开始，至检票口出站时止的时间；$t^{\text{铁路}}_{\text{出站后}}$ 是指从旅客在到达车站检票出站时起，采用某种辅助交通方式，至目的地止的时间。

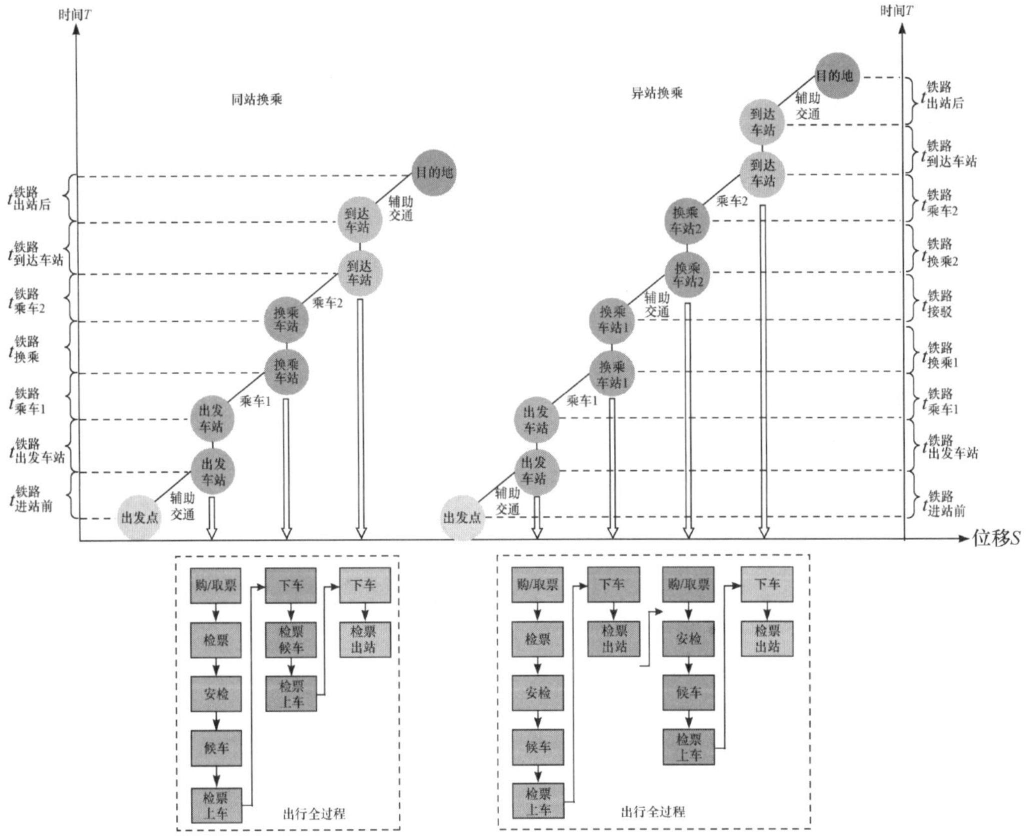

图 3-5　铁路内部换乘旅客出行链

针对左边同站换乘情况，$t^{\text{铁路}}_{\text{乘车}_1}$ 是指列车从出发车站驶离至到达换乘车站的时间；$t^{\text{铁路}}_{\text{换乘}}$ 是指从列车到达换乘车站、旅客下车开始，至旅客换乘候车再检票上车时止的时间；$t^{\text{铁路}}_{\text{乘车}_2}$ 是指列车从换乘车站驶离至停稳到达车站的时间。

针对右边异站换乘情况，其中 $t^{\text{铁路}}_{\text{乘车}_1}$、$t^{\text{铁路}}_{\text{乘车}_2}$ 定义与同站换乘情况一致。另外，$t^{\text{铁路}}_{\text{换乘}_1}$ 是指从乘坐第一列车到达换乘车站时起，至旅客下车、检票出站时止的时间；$t^{\text{铁路}}_{\text{接驳}}$ 是指旅客从换乘车站 1 出站后，采用某种辅助交通方式，至到达换乘车站 2 的时间；$t_{换乘2}^{铁路}$是指从旅客到达第二列车出发车站时起，至进站、候车、检票上车时止的时间。

同站换乘情况下，旅客在出发车站花费时间$t_{出发车站}^{铁路}$见式(3-4)：

$$t_{出发车站}^{铁路}=t_{购票/取票}^{铁路}+t_{检票}^{铁路}+t_{安检}^{铁路}+t_{候车}^{铁路}+t_{上车}^{铁路} \tag{3-4}$$

在到达车站花费时间$t_{到达车站}^{铁路}$见式(3-5)：

$$t_{到达车站}^{铁路}=t_{下车}^{铁路}+t_{检票/刷卡出站}^{铁路} \tag{3-5}$$

在换乘车站花费时间$t_{换乘}^{铁路}$见式(3-6)：

$$t_{换乘}^{铁路}=t_{下车}^{铁路}+t_{候车}^{铁路}+t_{上车}^{铁路} \tag{3-6}$$

旅客总出行时间 t 见式(3-7)：

$$t=t_{出发车站}^{铁路}+t_{乘车1}^{铁路}+t_{换乘}^{铁路}+t_{乘车2}^{铁路}+t_{到达车站}^{铁路} \tag{3-7}$$

异站换乘情况下，旅客在出发车站、到达车站花费时间$t_{出发车站}^{铁路}$、$t_{到达车站}^{铁路}$与同站换乘情况相同，如式(3-4)和式(3-5)所示。

在换乘车站 1、换乘车站 2 花费时间$t_{换乘1}^{铁路}$、$t_{换乘2}^{铁路}$见式(3-8)和式(3-9)：

$$t_{换乘1}^{铁路}=t_{下车}^{铁路}+t_{检票/刷卡出站}^{铁路} \tag{3-8}$$

$$t_{换乘2}^{铁路}=t_{检票}^{铁路}+t_{安检}^{铁路}+t_{候车}^{铁路}+t_{上车}^{铁路} \tag{3-9}$$

旅客总出行时间 t 见式(3-10)：

$$t=t_{出发车站}^{铁路}+t_{乘车1}^{铁路}+t_{换乘1}^{铁路}+t_{接驳}^{铁路}+t_{换乘2}^{铁路}+t_{乘车2}^{铁路}+t_{到达车站}^{铁路} \tag{3-10}$$

3. 城市轨道交通内部换乘

图 3-6 展示了一次换乘情况下城市轨道交通系统中的旅客出行链，其中$t_{进站前}^{城轨}$和$t_{出站后}^{城轨}$的定义与铁路系统的$t_{进站前}^{铁路}$和$t_{出站后}^{铁路}$类似。

此外，$t_{出发车站}^{城轨}$是指从旅客到达出发车站起，至旅客上车、列车驶离出发车站止的时间；$t_{乘车\ I}^{城轨}$ (i=1, 2)是指列车从出发车站驶离至停稳到达车站的时间；$t_{到达车站}^{城轨}$是指从列车停稳、旅客下车时开始，至检票/刷卡出站时止的时间。

针对左边站内换乘(通道、同站台换乘)情况，$t_{乘车1}^{城轨}$是指旅客上车、列车从出发车站驶离至到达换乘车站的时间；$t_{换乘}^{城轨}$是指从列车到达换乘车站、旅客下车开始，至旅客换乘候车再上车时止的时间；$t_{乘车2}^{城轨}$是指列车从换乘车站驶离至停稳到达车站的时间。

针对右边出站换乘情况，其中$t_{乘车1}^{城轨}$和$t_{乘车2}^{城轨}$的定义与站内换乘情况一致。另外，$t_{换乘1}^{城轨}$是指从乘坐第一列车到达换乘车站时起，至旅客下车、检票/刷卡出站时止的时间；$t_{接驳}^{城轨}$是指旅客从换乘车站 1 出站后，采用某种辅助交通方式，至到达换乘车站 2 时为止的时间；$t_{换乘2}^{城轨}$是指从旅客到达第二列车出发车站时起，至进站、候车、上车时止的时间。

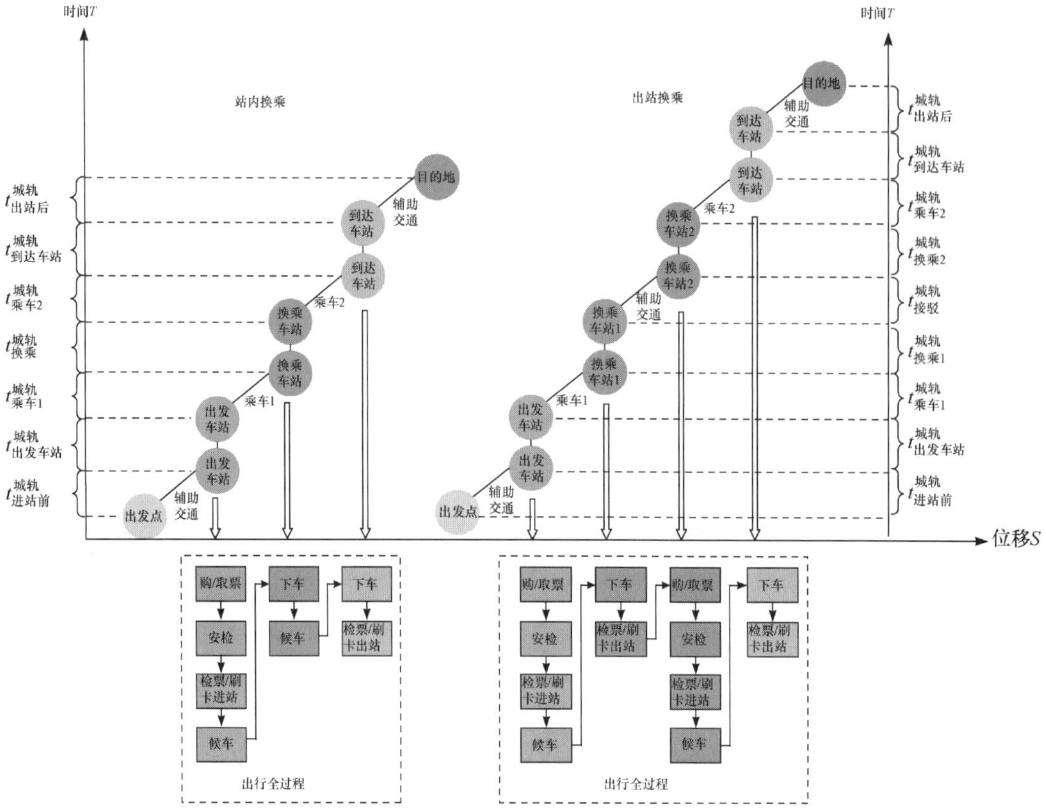

图 3-6　城市轨道交通内部换乘旅客出行链

站内换乘情况下，旅客在出发车站花费时间 $t_{出发车站}^{城轨}$ 见式(3-11)：

$$t_{出发车站}^{城轨}=t_{购票/取票}^{城轨}+t_{安检}^{城轨}+t_{检票/刷卡进站}^{城轨}+t_{候车}^{城轨} \tag{3-11}$$

旅客在到达车站花费时间 $t_{到达车站}^{城轨}$ 见式(3-12)：

$$t_{到达车站}^{城轨}=t_{下车}^{城轨}+t_{检票/刷卡出站}^{城轨} \tag{3-12}$$

在换乘站花费时间 $t_{换乘}^{城轨}$ 见式(3-13)：

$$t_{换乘}^{城轨}=t_{下车}^{城轨}+t_{候车}^{城轨} \tag{3-13}$$

旅客出行总时间 t 见式(3-14)：

$$t=t_{出发车站}^{城轨}+t_{乘车1}^{城轨}+t_{换乘}^{城轨}+t_{乘车2}^{城轨}+t_{到达车站}^{城轨} \tag{3-14}$$

出站换乘情况下，旅客在出发车站、到达车站花费时间 $t_{出发车站}^{城轨}$、$t_{到达车站}^{城轨}$ 与站内换乘情况相同，如式(3-11)和式(3-12)所示。

旅客在换乘站 1 和换乘站 2 花费时间 $t_{换乘1}^{城轨}$ 和 $t_{换乘2}^{城轨}$ 见式(3-15)及式(3-16)：

$$t_{换乘1}^{城轨}=t_{下车}^{城轨}+t_{检票/刷卡出站}^{城轨} \tag{3-15}$$

$$t_{换乘2}^{城轨}=t_{购票/取票}^{城轨}+t_{安检}^{城轨}+t_{检票/刷卡进站}^{城轨}+t_{候车}^{城轨} \tag{3-16}$$

旅客出行总时间 t 见式(3-17)：

$$t=t_{出发车站}^{城轨}+t_{乘车1}^{城轨}+t_{换乘1}^{城轨}+t_{接驳}^{城轨}+t_{换乘2}^{城轨}+t_{乘车2}^{城轨}+t_{到达车站}^{城轨} \tag{3-17}$$

3.4　基于旅客路径的多制式区域轨道交通旅客出行路径规划

3.4.1　区域轨道交通路径规划概述

1. 路径规划的概念

路径规划是指在确定采用的交通方式后，旅客需要结合出行目的、城市轨道交通线网、个人属性特征和出行习惯，选择适合自己的出行路径和换乘方案。

2. 区域轨道交通路径规划的现状

在完整出行路径规划方面，区域轨道交通尚未能实现为旅客完整规划出行路径的功能，旅客在规划出行路径时，需通过查询不同交通方式的列车信息和换乘站的信息自行完成出行路径选择。由此可见， 跨制式出行路径规划还处于初级发展阶段，智能化程度较低，缺少专业的出行路径规划平台。

3.4.2　区域多制式轨道交通网络构成

多制式轨道交通网络涉及多种轨道交通方式，是一种综合、集成系统的概念。根据前面对旅客在区域轨道交通系统中出行过程的描述以及出行链的构建，考虑到旅客可以是同一城市内部出行，也可以是区域内跨城市出行，当为跨城市出行时，旅客可能采用多种轨道交通方式。

多制式轨道交通网络包含普速铁路、高速铁路、城际铁路、市域铁路、城市轨道交通、有轨电车等交通方式，各制式轨道交通的符号表示如表 3-5 所示。

表 3-5　各制式轨道交通符号表示

城市内部出行	城市之间出行
市域铁路(municipal railway)：M	普速铁路(conventional railway)：EX
城市轨道交通(urban rail transit)：U	高速铁路(high-speed railway)：H
有轨电车(modern tram)：MT	城际铁路(intercity railway)：I

通常网络 G 由节点 N 和弧段 E 组成，定义节点代表各轨道交通车站，弧段代表车站之间的连接线路，由于车站和弧段均与轨道交通制式(mode)有关，用符号 Md 表示轨道交通方式的集合，则 $\mathrm{Md}=\{M,U,\mathrm{MT},\mathrm{EX},H,I\}$。故构建轨道交通网络时，用带有相应方式符号下标的节点和弧段进行描述，例如，N_M 表示市域铁路车站，E_M 表示市域铁路线路，则各层轨道交通网络可如图 3-7 所示(普速铁路、城际铁路与高速铁路类似，这里不再赘述)。

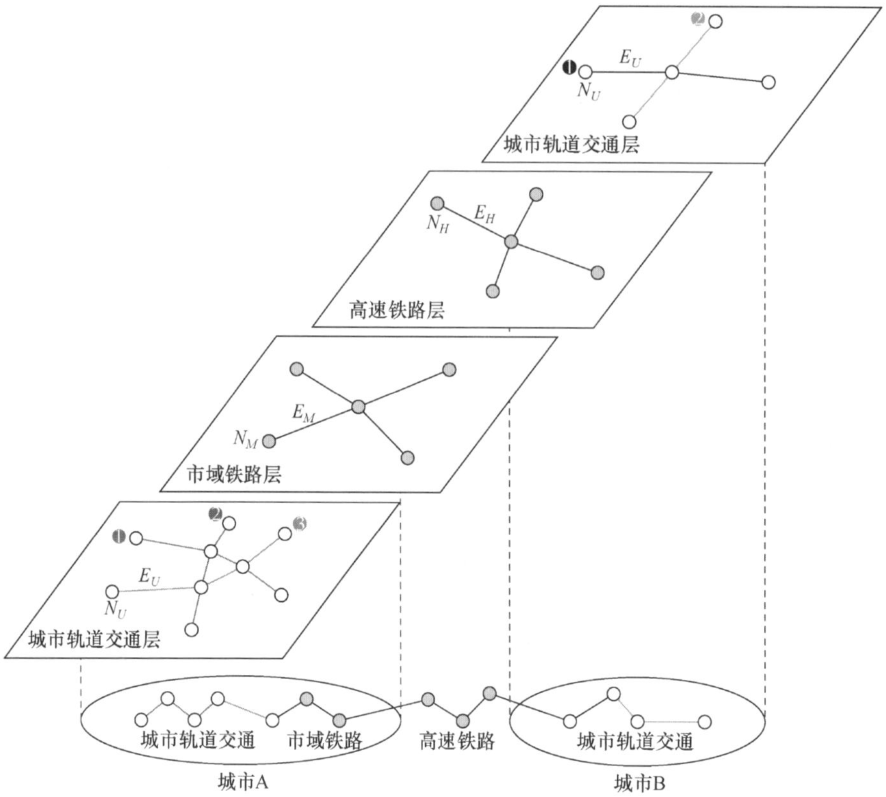

图 3-7 各层轨道交通网络示意图

3.4.3 多制式轨道交通网络间换乘关系描述

根据上面关于网络节点和弧段的基本定义，发现在描述单一轨道交通网络时问题不大，但将各层网络进行综合表达时，存在一些问题需要解决。例如，对于城市轨道交通，各条线路之间互相独立运营，需要将弧段进行区别，而且不同城市间的城轨线路也应进行区别；另外，如果某个车站是一个大型客运枢纽，同时连接多种轨道交通制式，应如何表达？下面针对复合各制式网络时存在的问题进行分析。

1. 城市轨道交通网络的城市及线路差异描述

由于城市轨道交通各条线路之间独立运营，不支持列车跨线运行，常用数字编号代表相应线路。为将各条线路进行区别，进一步引入符号 i 表示线路标号，i 取阿拉伯数字。另外，为将城市进行区别，引入符号 C 表示城市名称的集合，可用拼音首字母代表其城市名，例如，成都(CD)、重庆(CQ)等，则 $C=\{\mathrm{CD},\mathrm{CQ},\cdots\}$。以城市 CD 为例，$N_U^{\mathrm{CD}}$ 表示城市 CD 的城际铁路(U)车站，$E_{U_1}^{\mathrm{CD}}$ 表示城市 CD、城际铁路(U)1 号线的弧段，对应城轨网络可表示如图 3-8 所示。

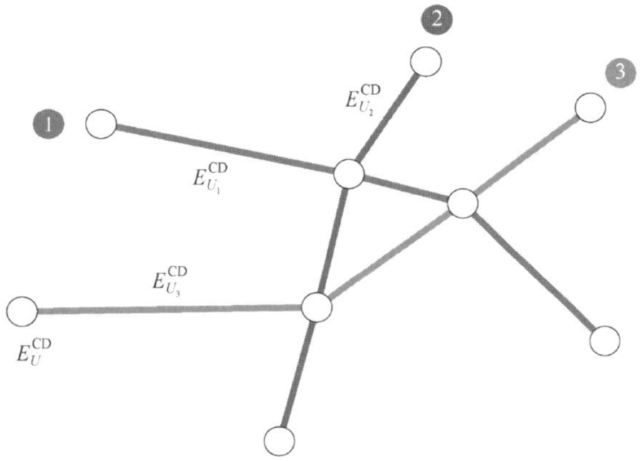

图 3-8　城市轨道交通网络示意图

2. 节点换乘关系描述

对于某个节点，可以通过途经其前后弧段的类型是否一致，判断是否在该节点进行换乘。具体来说，若途经节点的前后弧段一致，则说明未在该节点进行换乘；反之，则说明进行了换乘。

以图 3-9 为例，以节点 A 为例，如果其途经前后弧段均为 E_H ,则说明旅客并未在 A 节点进行换乘，而是继续乘坐高铁；如果其途经前后弧段依次为 E_H 、E_M ，则说明旅客在 A 节点进行了换乘，由高铁换乘市域铁路，相对应会增加换乘次数和换乘时间。在此，定义 $\text{transfer\_number}\left(n_i,n_j\right)$ 表示在当前路径中，从节点 n_i 到节点 n_j 的换乘次数；$T_{\text{transfer}}^{\text{md}_i,\text{md}_j}$ 表示从轨道交通制式 md_i 到轨道交通制式 md_j 的换乘时间。

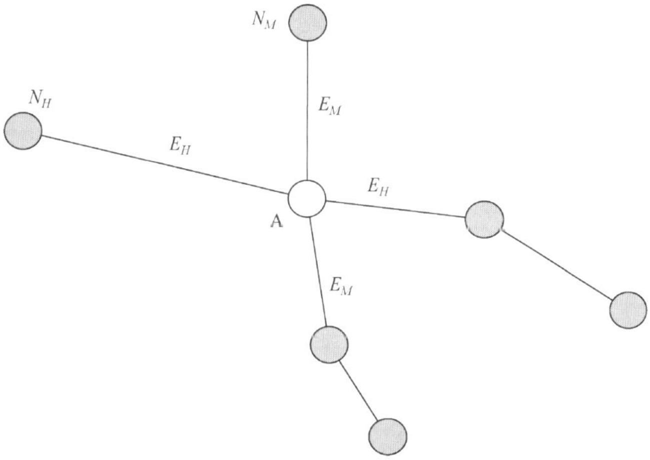

图 3-9　节点换乘关系描述示意图

3.4.4　区域轨道交通负荷拓扑网络的构建

根据前面分析，区域轨道交通复合网络 G 由市域铁路网 G_M、城市轨道交通网 G_U、有轨电车网 G_{MT}、普速铁路网 G_{EX}、高速铁路网 G_H、城际铁路网 G_I组合而成，包含的轨道

交通方式 $\mathrm{Md}=\left\{M,U,\mathrm{MT},\mathrm{EX},H,I\right\}$，复合网络节点为 $N=\left\{N_M,N_U^{c_j},N_{\mathrm{MT}},N_{\mathrm{EX}},N_H,N_I\right\}$，复合网络弧段为 $E=\{E_M,E_{U_i}^{c_j},E_{\mathrm{MT}},E_{\mathrm{EX}},E_H,E_I\}$，相应符号表示及集合说明如表 3-6 和表 3-7 所示。

表 3-6　复合轨道交通网络符号表示

节点 N	弧段 E
市域铁路：N_M	E_M
城市轨道交通：$N_U^{c_j}$	$E_{U_i}^{c_j}$
有轨电车：N_{MT}	E_{MT}
普速铁路：N_{EX}	E_{EX}
高速铁路：N_H	E_H
城际铁路：N_I	E_I

表 3-7　复合轨道交通网络集合索引表

符号	含义
N	网络各节点的集合，对应各轨道交通车站
E	网络的各弧段集合，对应轨道交通线路
Md	轨道交通方式集合，$\mathrm{Md}=\{M,U,\mathrm{MT},\mathrm{EX},H,I\}$
C	城市名称集合，用拼音首字母代表各城市
i,j	物理节点索引

根据定义及符号表示，以图 3-10 为例。一个区域轨道交通复合网络 G 描述为：G 包含城市轨道交通、有轨电车、市域铁路、高速铁路、普速铁路五种轨道交通方式，即 $\mathrm{Md}=\left\{M,U,\mathrm{MT},\mathrm{EX},H\right\}$。复合网络包含两个城市，分别为 CD 和 CQ，即 $C=\{\mathrm{CD},\mathrm{CQ}\}$，城市 CD 有 5 条城轨线路，城市 CQ 有 2 条城轨线路，则节点为 $N=\left\{N_M,N_U^{\mathrm{CD}},N_U^{\mathrm{CQ}},N_{\mathrm{MT}},N_{\mathrm{EX}},N_H\right\}$，弧段为 $E=\{E_M,E_{U_i}^{\mathrm{CD}},E_{U_j}^{\mathrm{CQ}},E_{\mathrm{MT}},E_{\mathrm{EX}},E_H\}$，其中 $i=1,2,3,4,7$，$j=1,2$。

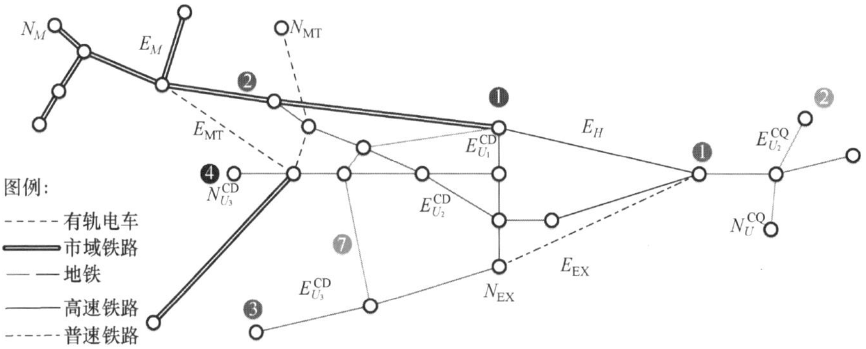

图 3-10　区域轨道交通复合网络描述

若旅客在上述区域轨道交通复合网络的出行过程为：在城市 CD 先由地铁 2 号线转 1 号线，到达高铁出发站，接着乘坐高铁前往城市 CQ，到达目的高铁站后，再乘坐 1 号线到达目的地，则对应的符号表示如图 3-11 所示。

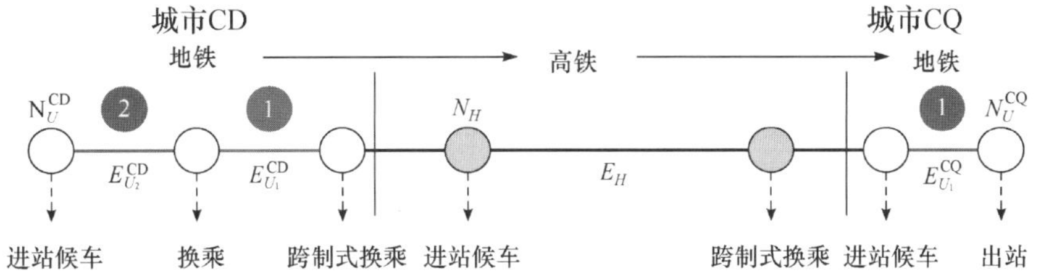

图 3-11　区域轨道交通网络出行过程

可以发现，虽然目前可以将旅客在复合网络中的出行路径及过程描述出来，但在关键节点处均对应有相应的出行流程，需要旅客花费相应时间完成，为更进一步描述旅客在系统内的出行全过程，引入时间相关定义。

3.4.5　多制式轨道交通系统旅客出行路径选择模型

基于区域轨道交通网络的出行链中，根据旅客不同的出行目的进行相应路径规划，以使其出行时间最短、换乘次数最少、出行费用最低，模型假设如下：

(1) 对于各轨道交通车站，由于其进站候车时间、出站时间、换乘走行时间相对随机，受车站规模、车站类型、换乘类型、设施设备、客流量等因素影响，根据调研情况、车站规模及类型确定其取值。

(2) 不考虑过早出发情况，假设旅客以紧接续状态出行，并且各出行环节间衔接紧密。

(3) 假设不考虑恶劣天气、列车长时间晚点、大客流等突发紧急情况，各出行环节时间取值，根据普遍情况确定。

(4) 假设旅客出行过程中每个车站只被选择一次，不考虑重复路径的情况。

(5) 目前根据客流量、节假日不同，地铁、铁路会灵活采用不同运行图，造成同一区间运行时间存在波动。假设不考虑上述情况，车站间运行时间以 12306 或官网公布的平日某天信息进行确定。各符号定义如表 3-8～表 3-10 所示。

表 3-8　集合索引表

符号	含义
N	网络各节点的集合，$N=\{N_M, N_U^{c_j}, N_{\mathrm{MT}}, N_{\mathrm{EX}}, N_H, N_I\}$，对应各轨道交通车站
E	网络的各弧段集合，$E=\{E_M, E_{U_i}^{c_j}, E_{\mathrm{MT}}, E_{\mathrm{EX}}, E_H, E_I\}$，对应轨道交通线路
Md	轨道交通方式集合，$\mathrm{Md}=\{M, U, \mathrm{MT}, \mathrm{EX}, H, I\}$
C	城市名称集合，用拼音开头代表各城市
i,j	物理节点索引
O、D	分别表示起点和终点

表 3-9　参数表

符号	含义
$T_{i,\text{transfer}}^{\text{md}_i,\text{md}_j}$	对于车站 i，从轨道交通制式 md_i 到轨道交通制式 md_j 的接驳时间
$T_i^{\text{md}_i}$	在轨道交通制式 md_i 车站 i 的花费时间
$T_{i,\text{departure}}^{\text{md}_i}$	在轨道交通制式 md_i 出发车站 i 的花费时间
$T_{i,\text{arrival}}^{\text{md}_i}$	在轨道交通制式 md_i 到达车站 i 的花费时间
$T_{i,\text{transfer}}^{\text{md}_i}$	在轨道交通制式 md_i 换乘车站 i 的花费时间
$T_{i,\text{procedure}}^{\text{md}_i}$	在轨道交通制式 md_i 换乘车站 i 进行出行环节 procedure 时的花费时间。出行环节包含购/取票、检票等，即 procedure $=\{$购/取票,检票,安检,候车,$\cdots\}$
$\text{TT}_{i,j}$	弧 (i,j) 之间的旅行时间
$C_{i,j}$	弧 (i,j) 之间的费用
$\text{transfer\_num}(n_i,n_j)$	在当前路径中，从节点 n_i 到节点 n_j 的换乘次数
$\text{transfer\_time}(n_i,n_j)$	在当前路径中，从节点 n_i 到节点 n_j 的换乘时间

表 3-10　决策变量表

符号	含义
$x_{i,j}$	0-1 变量；从节点 i 出发，到达节点 j 的路径存在，取 1；反之取 0
y_i	0-1 变量；在节点 i 进行了换乘，取 1；反之取 0

为使表达更加直观，以高铁换乘城轨为例，对表中涉及的各时间参数进行说明，如图 3-12 所示。

1. 约束条件

1) 流量平衡约束

起点约束是指旅客出行过程中，保证从指定起点 O 的选择路径只有一条；中间点约束是指旅客出行过程中，保证中间节点要么经过，要么不经过；终点约束是指旅客出行过程中，保证到达指定终点 D 的选择路径只有一条，约束条件如式(3-18)～式(3-20)所示：

$$\sum_{j\in N} x_{i,j}=1,\quad i=O \tag{3-18}$$

$$\sum_{i\in N} x_{i,j}=1,\quad j=D \tag{3-19}$$

$$\sum_{i,j\in N} x_{i,j}-\sum_{i,j\in N} x_{j,i}=0,\quad \forall i,j\in N,\ i\neq O,j\neq D \tag{3-20}$$

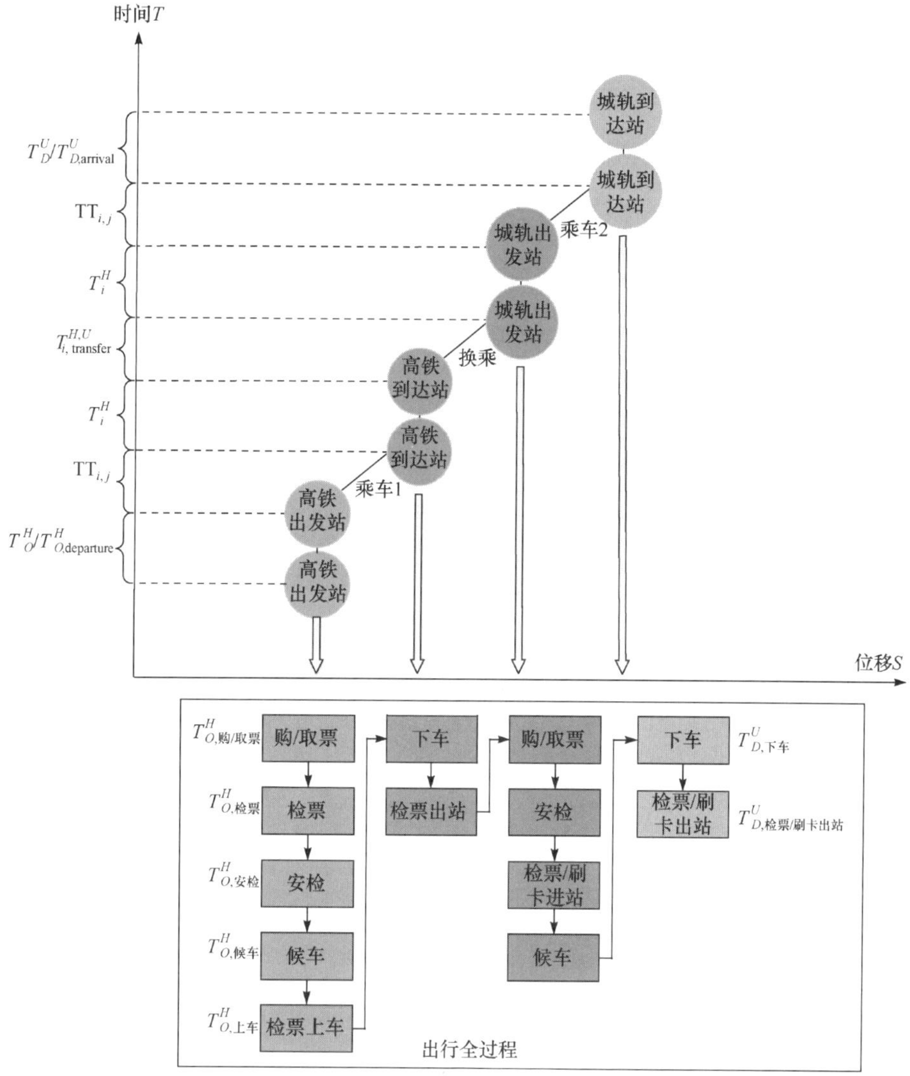

图 3-12　符号说明示意图(高铁换乘城轨)

2) 时间约束

根据第 2 章关于出行链的构建，可知车站花费时间 $T_i^{\mathrm{md}_i}$ 分为出发车站花费时间 $T_{i,\mathrm{departure}}^{\mathrm{md}_i}$ 、换乘车站花费时间 $T_{i,\mathrm{transfer}}^{\mathrm{md}_i}$ 及到达车站花费时间 $T_{i,\mathrm{arrival}}^{\mathrm{md}_i}$ ，其由各出行环节共同决定，根据轨道制式不同，涉及的出行环节存在差异。

当轨道交通制式为普速铁路 EX、高速铁路 H、城际铁路 I 时，$T_{i,\mathrm{departure}}^{\mathrm{md}_i}$ 、$T_{i,\mathrm{arrival}}^{\mathrm{md}_i}$ 计算公式分别为

$$t_{i,\mathrm{departure}}^{\mathrm{EX}/H/I}=t_{i,\text{购/取票}}^{\mathrm{EX}/H/I}+t_{i,\text{检票}}^{\mathrm{EX}/H/I}+t_{i,\text{安检}}^{\mathrm{EX}/H/I}+t_{i,\text{候车}}^{\mathrm{EX}/H/I}+t_{i,\text{上车}}^{\mathrm{EX}/H/I} \tag{3-21}$$

$$t_{i,\mathrm{arrival}}^{\mathrm{EX}/H/I}=t_{i,\text{下车}}^{\mathrm{EX}/H/I}+t_{i,\text{检票/刷卡出站}}^{\mathrm{EX}/H/I} \tag{3-22}$$

当车站为同站换乘时，$T_{i,\text{transfer}}^{\text{md}_i}$ 计算公式为

$$t_{i,\text{transfer}}^{\text{EX}/H/I}=t_{i,\text{下车}}^{\text{EX}/H/I}+t_{i,\text{检票候车}}^{\text{EX}/H/I}+t_{i,\text{检票上车}}^{\text{EX}/H/I} \tag{3-23}$$

当车站为异站换乘时，前后换乘站 $T_{i,\text{transfer}}^{\text{md}_i}$ 计算公式为

$$t_{i,\text{transfer}}^{\text{EX}/H/I}=\begin{cases} t_{i,\text{下车}}^{\text{EX}/H/I}+t_{i,\text{检票出站}}^{\text{EX}/H/I}, & i\text{为前换乘站} \\ t_{i,\text{检票}}^{\text{EX}/H/I}+t_{i,\text{安检}}^{\text{EX}/H/I}+t_{i,\text{候车}}^{\text{EX}/H/I}+t_{i,\text{检票上车}}^{\text{EX}/H/I}, & i\text{为后换乘站} \end{cases} \tag{3-24}$$

当轨道交通制式为市域铁路 M、城市轨道交通 U 时，$T_{i,\text{departure}}^{\text{md}_i}$、$T_{i,\text{arrival}}^{\text{md}_i}$ 计算公式分别为

$$t_{i,\text{departure}}^{M/U}=t_{i,\text{购/取票}}^{M/U}+t_{i,\text{安检}}^{M/U}+t_{i,\text{检票/刷卡进站}}^{M/U}+t_{i,\text{候车}}^{M/U} \tag{3-25}$$

$$t_{i,\text{arrival}}^{M/U}=t_{i,\text{下车}}^{M/U}+t_{i,\text{检票/刷卡出站}}^{M/U} \tag{3-26}$$

当车站为站内换乘时，$T_{i,\text{transfer}}^{\text{md}_i}$ 计算公式为

$$t_{i,\text{transfer}}^{U}=t_{i,\text{下车}}^{U}+t_{i,\text{候车}}^{U} \tag{3-27}$$

当车站为出站换乘时，前后换乘站 $T_{i,\text{transfer}}^{\text{md}_i}$ 计算公式为

$$t_{i,\text{transfer}}^{U}=\begin{cases} t_{i,\text{下车}}^{U}+t_{i,\text{检票/刷卡出站}}^{U}, & i\text{为前换乘站} \\ t_{i,\text{购/取票}}^{U}+t_{i,\text{安检}}^{U}+t_{i,\text{检票/刷卡进站}}^{U}+t_{i,\text{候车}}^{U}, & i\text{为后换乘站} \end{cases} \tag{3-28}$$

当轨道交通制式为有轨电车 MT 时，$T_{i,\text{departure}}^{\text{md}_i}$、$T_{i,\text{arrival}}^{\text{md}_i}$ 计算公式分别为

$$t_{i,\text{departure}}^{\text{MT}}=t_{i,\text{购/取票}}^{\text{MT}}+t_{i,\text{候车}}^{\text{MT}}+t_{i,\text{检票/刷卡上车}}^{\text{MT}} \tag{3-29}$$

$$t_{i,\text{arrival}}^{\text{MT}}=t_{i,\text{下车}}^{\text{MT}}+t_{i,\text{出站}}^{\text{MT}} \tag{3-30}$$

3) 换乘约束

节点换乘变量 y_i 一定程度上由路径选择变量 $x_{i,j}$ 决定，若节点换乘变量 y_i 为 1，则必须有路径通过节点 i，即

$$\text{若}y_i=1,\ \text{则}\begin{cases} \sum\limits_{j\in N} x_{i,j}=1 \\ \sum\limits_{j\in N} x_{j,i}=1 \end{cases} \tag{3-31}$$

2. 目标函数

1) 出行总时间最短

旅客出行总时间 T 由途中乘车时间 T_1、车站花费时间 T_2、车站之间的接驳时间 T_3 构成。其中，乘车总时间为途经各乘车时间总和 $\sum\limits_{i,j\in N}\text{TT}_{i,j}\cdot x_{i,j}$，车站花费总时间为出发车站、终到车站及中间车站花费时间之和 $\sum\limits_{i\in N,i\neq O,D} T_i^{\text{md}}\cdot x_{i,j}+T_O^{\text{md}}+T_D^{\text{md}}$，换乘车站接驳总

时间为 $\sum_{\substack{i\in N,i\neq O,D\\ \mathrm{md}_p,\mathrm{md}_q\in \mathrm{Md}}} T_{i,\mathrm{transfer}}^{\mathrm{md}_p,\mathrm{md}_q}\cdot y_i$，表示为

$$\begin{cases} z=\min T=\min(T_1+T_2+T_3) \\ T_1=\sum\limits_{i,j\in N}\mathrm{TT}_{i,j}\cdot x_{i,j} \\ T_2=\sum\limits_{i\in N,i\neq O,D} T_i^{\mathrm{md}}\cdot x_{i,j}+T_O^{\mathrm{md}}+T_D^{\mathrm{md}} \\ T_3=\sum\limits_{\substack{i\in N,i\neq O,D\\ \mathrm{md}_p,\mathrm{md}_q\in \mathrm{Md}}} T_{i,\mathrm{transfer}}^{\mathrm{md}_p,\mathrm{md}_q}\cdot y_i \end{cases} \tag{3-32}$$

2) 换乘次数最少

旅客换乘次数为起讫点间途经换乘节点 y_i 之和，即 $\sum_{i\in N} y_i$，目标函数为

$$z=\min\sum_{O,D\in N}\mathrm{transfer\_num}(n_O,n_D)=\min\sum_{i\in N} y_i \tag{3-33}$$

3) 费用最低

旅客出行费用为途经各运输服务费用之和，即 $\sum_{i,j\in N} c_{i,j}\cdot x_{i,j}$，目标函数为

$$z=\min\sum_{i,j\in N} c_{i,j}\cdot x_{i,j} \tag{3-34}$$

3.4.6 算法流程

考虑到各算法的适用性以及结合区域轨道交通复合网络的特点，在 Dijkstra 算法的基础上，增加区域轨道交通制式，考虑购票、检票、换乘等出行环节花费时间，改变标号计算方法，改进算法终止条件等功能，提出一种改进的 Dijkstra 算法，使其可以适用到求解区域轨道交通复合网络最短路径的问题中。下面按照不同的出行目的，对改进后的 Dijkstra 算法流程进行介绍。

1. 出行时间最短的路径搜索算法

在介绍算法之前，首先对算法中出现的重要集合、符号定义进行介绍。

n 表示网络中的节点数目，e 表示网络中的边数。

start 代表起点，end 代表终点。

集合 dist[i]表示当前点 i 到起点的最短路径长度。

集合 dist_temp[i]表示加上换乘时间后的当前点 i 到起点的最短路径长度，用于暂时记录当前点 i 至起点的最短路径长度。

集合 prev[i]表示节点 i 的前节点。

集合 $c[i,j]$表示节点 i 与节点 j 的路径长度。

集合 line[i]表示每条边 i 对象的集合，记录边编号、前节点编号、后节点编号、旅行时间、运行里程、费用、轨道制式类型、城市名称、城轨线路编号等信息。

集合 $s[i]$表示节点是否被访问标记，若 $s[i]$为 true，则代表节点 i 已被访问，否则未被访问。

集合 line_find[]与集合 line[i]具有相同的属性，用来记录一次搜索过程中边的轨道制式的类型、城轨线路编号、前后节点等信息，其中，line_type[0]表示后边的信息、line_type[1]表示前边的信息。

newdist 表示过程中节点至起点距离的中间计算值，newdist_temp 表示过程中考虑换乘时间情况下，节点至起点距离的中间计算值。

line_start、line_end 分别表示最短路径中的第一条边、最后一条边，记录边编号、前节点编号、后节点编号、旅行时间、运行里程、费用、轨道制式类型、城市名称、城轨线路编号等信息。

则基于 Dijkstra 算法，改进后的出行时间最短的路径搜索算法流程如下。

1) 初始化

初始化包含读取路网拓扑数据和将相应集合、起点进行初始化赋值两部分。

(1) 读取路网拓扑数据是指从网络节点信息表、网络边信息表中生成相应邻接矩阵，即对集合 $c[i,j]$进行赋值，同时将边的相关信息赋给集合 line[i]中的每个对象及其属性。

(2) 集合、起点初始化赋值。初始化集合 dist[i]、dist_temp[i]、prev[i]、$s[i]$，若节点到起点 start 存在边，则令 dist[i] = c[start,i]、prev[i] = start；否则 dist[i]为一较大正数、prev[i] = 0，同时初始化集合 dist_temp[i]，令其等于集合 dist[i]。初始化起点，令 s[start] = true，其余节点均为 false，dist[start] = 0，代表从起点开始进行路径搜索。

2) 寻找距起点 start 最近的节点 u

在集合 dist[i]中依次进行比较，找出 $s[i]$ = false 且距离起点最近的节点，即 dist[i]值最小对应的节点 u，令 $s[u]$ = true。用 line_type[1]记录此时起点 start 与节点 u 之间边的信息，即前边信息。

3) 更新节点相应集合中的标号

(1) 以节点 u 为研究对象，对于每一个未被标记的节点 j，用 line_type[0]记录此时节点 u 与节点 j 之间边的信息，即后边信息。先计算 dist[u]+$c[u,j]$的值，令 newdist = newdist_temp = dist[u]+$c[u, j]$。

(2) 判断前边 line_type[1]与后边 line_type[0]的轨道交通制式类型是否一样。若类型不一样，则意味着此时 u 为换乘节点(跨制式)，根据制式换乘类型，结合第 2 章有关出行链的构建，令 newdist_temp 加上相应出行环节花费时间；否则，再判断是否均为城轨类型且城轨线路编号是否一致。若均为城轨类型且城轨线路编号不一致，则说明 u 为换乘节点(城轨内部换乘)，按照站内换乘、出站换乘分类，令 newdist_temp 加上相应出行环节花费时间；若均为高铁类型，则说明 u 为换乘节点(高铁换乘高铁)，令 newdist_temp 加上相应出行环节花费时间。

(3) 更新节点 j 的相应标号。

(4) 判断 newdist_temp 与 dist[j]的大小关系。若 newdist_temp < dist[j]，则说明节点 j 经过节点 u 后距离起点更近，并令 dist_temp[j] = newdist_temp，dist[j] = newdist，

prev[j] = u。

4) 判断终点是否已被访问

若此时 s[end]为 true，则终点已被访问。根据 end 与 prev[end]，用 line_end 记录此时终点 end 与其前节点 prev[end]之间边的信息，则 line_end 为最短路径中的最后一条边。根据 line_end 的轨道类型，判断 end 的到达类型，并令 dist[end]加上相应出行环节的花费时间。然后，结束路径搜索，进入 6)。若此时 s[end]为 false，即终点未被访问，则进入 5)。

5) 重新寻找距离起点最近的节点

(1) 在集合 dist_temp[i]中依次进行比较，找出 s[i]=false 且距离起点最近的节点，即 dist_temp[i]值最小对应的节点 u。

(2) 令 s[u] = true，dist[u] = dist_temp[u]，即只有选中访问的节点 u，其 dist[u] = newdist_temp(考虑换乘时间的值)，剩余节点仍为 dist[j] = newdist。并用 line_type[1]记录此时节点 u 与节点 prev[u]之间边的信息，即前边信息。然后重复 3)。

6) 根据前节点序号输出最优路径

从 end、prev[end]开始，根据标记的前节点 prev[i]倒序找到最优路径。在输出路径的过程中，用 line_start 记录此时起点 start 与其后节点之间边的信息，则 line_start 为最短路径中的第一条边。根据 line_start 的轨道类型，判断 start 的出发类型，并令 dist[end]加上相应出行环节的花费时间。最终输出规划的最短路径，此时 dist[end]表示最短路径长度。

为使算法流程更加直观，将其进行图示，如图 3-13 所示，其中单独绘出 3)的步骤流程，如图 3-14 所示。

2. 换乘次数最少的路径搜索算法

换乘次数最少的路径搜索算法与出行时间最短的路径搜索算法大致相同，两者均是基于 Dijkstra 算法进行了相应改进，只是在计算“距离”时，使用的边权重不同，前者为时间，后者是换乘次数。另外，两者在更新节点编号时，newdist 的计算方法略有不同，初始化赋值存在些许区别。

下面仅针对换乘次数最少的路径搜索算法的不同之处(主要在第一步和第三步之中)进行介绍，其流程如下所示。

1) 初始化

初始化包含读取路网拓扑数据和将相应参数、集合进行初始化赋值两部分。

(1) 读取路网拓扑数据。

(2) 集合、起点初始化赋值。初始化集合 dist[i]时，若节点到源点 start 存在边，则令 dist[i]=0，其余与上面相同。

2) 寻找距起点 start 最近的节点 u

找出 s[i] = false 且离起点最近的节点 u。令 s[u] = true，line_type[1]更新为起点与 u 间的边类型。

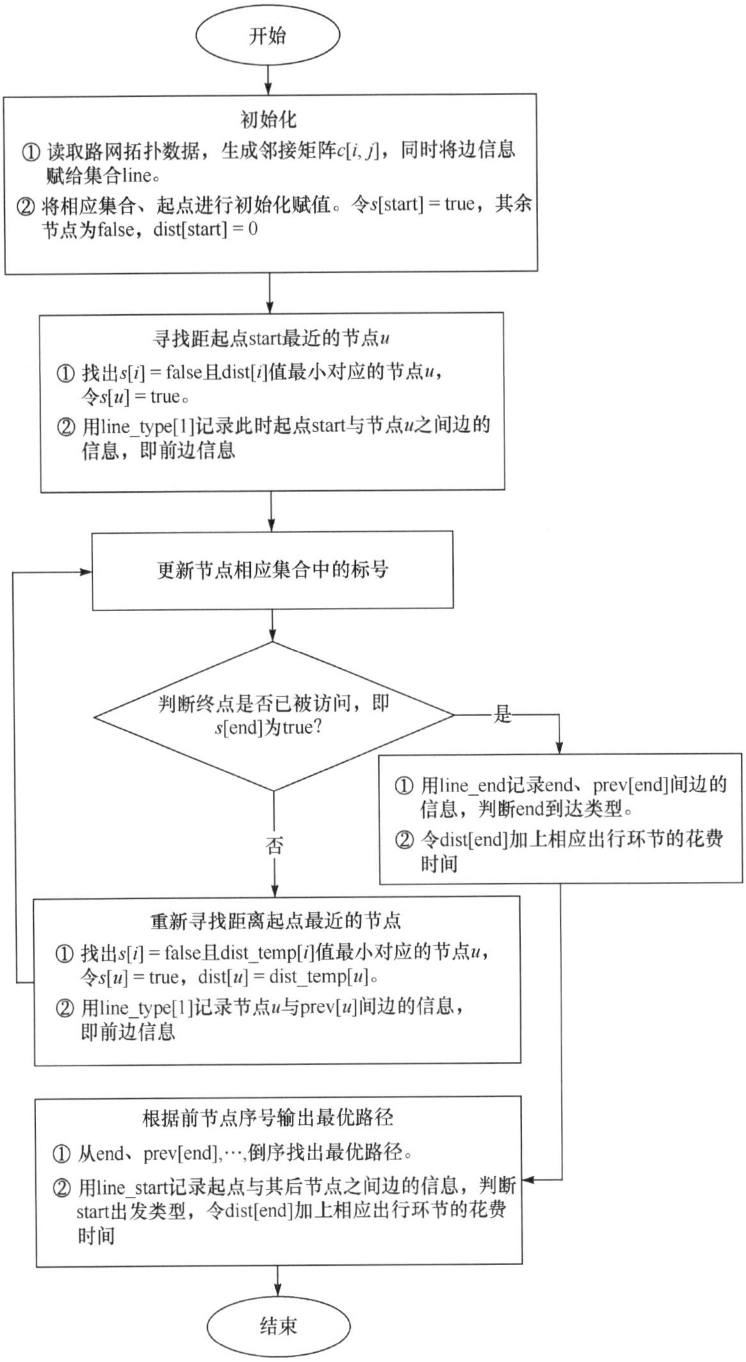

图 3-13　出行时间最短的路径搜索算法流程图

3) 更新节点相应集合中的标号

(1) 对于节点 u，每一个未标记节点 j，以 line_type[0]记录 u、j 间的轨道交通方式。令 newdist = newdist_temp = dist[u] + c[u、j]。

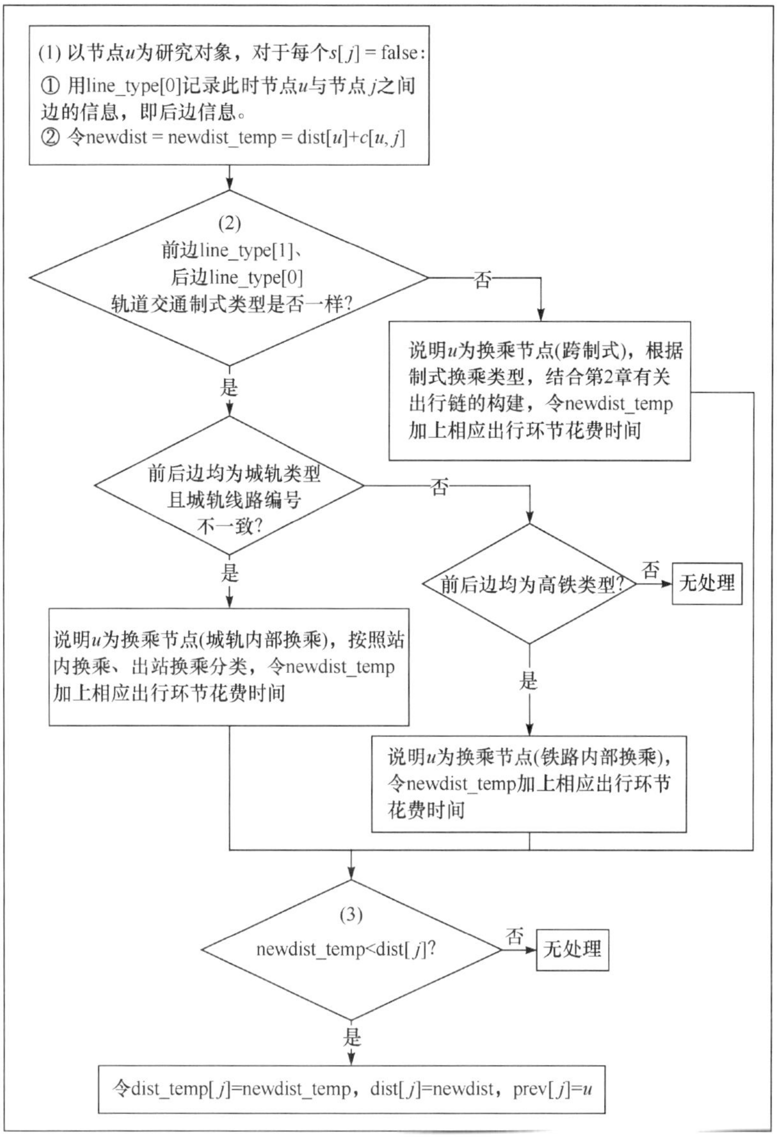

图 3-14　更新节点相应集合中的标号流程图

(2) 判断前边 line_type[1]与后边 line_type[0]的轨道交通制式类型是否一样。若类型不一样，则意味着此时 u 为换乘节点(跨制式)，令 newdist_temp 增加 1；否则，再判断是否均为城轨类型且城轨线路编号是否不一致。若均为城轨类型且城轨线路编号不一致，则说明 u 为换乘节点(城轨内部换乘)，令 newdist_temp 增加 1。

(3) 更新节点 j 的相应标号。

判断 newdist_temp 与 dist[j]的大小关系。若 newdist_temp < dist[j]，则令 dist_temp[j] = newdist_temp，dist[j] = newdist，prev[j] = u。

4) 判断终点是否已被访问

(1) 若此时 s[end]为 true，则终点已被访问，结束路径搜索，进入 6)。

(2) 若此时 s[end]为 false，则终点未被访问，进入 5)。

5) 重新寻找距离起点最近的节点

同出行时间最短的路径搜索算法。

6) 根据前节点序号输出最优路径

根据标记的前节点 prev[i]倒序找到最优路径，此时 dist[end]表示最短路径长度。

3. 换乘费用最低的路径搜索算法

换乘费用最低的路径搜索算法与上述大致过程相同，它们均是基于 Dijkstra 算法进行了相应改进，只是在计算“距离”时，使用的边权重不同，分别为时间、换乘次数、费用。另外，它们在更新节点编号时，newdist 的计算方法略有不同，初始化赋值存在些许区别。

下面仅针对费用最低的路径搜索算法的不同之处(主要在第一步和第三步中)进行介绍，其流程如下所示。

1) 初始化

初始化包含读取路网拓扑数据和相应参数、集合进行初始化赋值两部分：

(1) 读取路网拓扑数据。

(2) 集合、起点初始化赋值。

2) 寻找距起点 start 最近的节点 u

同出行时间最短的路径搜索算法。

3) 更新节点相应集合中的标号

(1) 以节点 u 为研究对象，对于每一个未被标记的节点 j，用 line_type[0]记录此时节点 u 与节点 j 之间边的信息，即后边信息。先计算 dist[u] + c[u,j]的值，令 newdist = dist[u] + c[u,j]。

(2) 判断前边 line_type[1]与后边 line_type[0]的轨道交通制式类型，根据轨道交通不同类型，采取不同的计算方法。(依据不同计票规则，分开进行求解)若均为城轨类型，则 c[u,j]取为运行里程，可根据里程大小去计算相应票价。若为高速铁路、普速铁路类型，则 c[u,j]取为票价直接进行累加计算。若为市域铁路、有轨电车类型，则在其固定票价区间内，令 c[u,j]取为换乘次数。

(3) 更新节点 j 的相应标号。判断 newdist 与 dist[j]的大小关系，若 newdist < dist[j]，则令 dist[j] = newdist，prev[j] = u。

4) 判断终点是否已被访问

(1) 若此时 s[end]为 true，则终点已被访问，结束路径搜索，进入 6)。

(2) 若此时 s[end]为 false，则终点未被访问，进入 5)。

5) 重新寻找距离起点最近的节点

(1) 在集合 dist[i]中依次进行比较，找出 s[i] = false 且距离起点最近的节点，即 dist[i]值最小对应的节点 u。

(2) 令 s[u] = true，用 line_type[1]记录此时节点 u 与节点 prev[u]之间边的信息，即前边信息。然后重复 3)。

6) 根据前节点序号输出最优路径

根据标记的前节点 prev[i]倒序找到最优路径，此时 dist[end]表示最短路径长度。

3.4.7 成渝区域旅客出行路径规划案例分析

1. 成渝区域轨道交通路网发展现状

成渝区域轨道交通网络由多种制式组成，可划分为国铁干线、城际铁路、市域铁路、城市轨道交通(包含地铁、单轨、有轨电车)。本节主要以研究成渝之间的轨道交通方式为主，选取目前已开通运营的线路为主要研究对象进行分析。

1) 国铁干线

成渝高速铁路(成渝高铁)，即成渝客运专线，又称“成渝客专”，是沪蓉快速客运通道的重要组成部分，起于成都东站，途经简阳、资阳、沙坪坝等站，止于重庆北站，运营里程 308km，设计速度 350km/h。它的开通运营使成渝之间形成 1h 交通圈，缩短了成渝城市群之间的时空距离。

成渝铁路，起于成都站，止于重庆站，客运里程 504km，是西南地区第一条铁路干线，历史上发挥了重要作用，于 2017 年被提及进行扩能改造。成遂渝铁路是一条连接成渝的高速铁路，全长 274km，设计速度为 200km/h，为沪汉蓉高速铁路的组成部分。

目前，成渝高铁采用 250km/h、300km/h 两类运营速度，查询 12306 公布的车次情况，发现成都东—重庆西、成都南—重庆西、成都东—重庆北、成都—重庆北区间开行不同等级列车，将其开行的列车类型、运行时刻及票价情况总结(动车选取二等座票价、普铁选取硬座票价)如表 3-11 所示。

表 3-11　成渝间动车组运行时刻及票价

序号	运行区间	列车等级	运行时间/min	票价/元
1	成都东—重庆西	G	78	146
2		C	121	122
3		D	107	121
4		K	190	46.5
5	成都南—重庆西	G	82	146
6	成都东—重庆北	G	95	154
7		C	99	129
8		D	137	96.5
9		K	259	46.5
10	成都—重庆北	Z	174	46.5
11		K	279	46.5
12	成都—重庆西	K	186	46.5
13	成都东—沙坪坝	G	73	144.5

另外，重庆北站分为北广场和南广场，其中北广场主要运行城际列车与动车组；南广场主要运行普通列车。为方便旅客换乘，重庆北站与重庆西站之间开行公交化动车，运行时间为 23min，二等座票价 15 元。

2) 市域铁路

成渝区域在市域铁路方面处于起步发展阶段。成都市域铁路采用国铁制式，目前已开通运营的有成灌市域铁路(包括成灌正线、离堆支线和彭州支线)、成蒲市域铁路。重庆市市域铁路仍在建设规划阶段，规划建设的线路有江跳线(跳磴至江津)、渝合线(磨心坡至合川线)等。

(1) 成灌市域铁路。

成灌市域铁路也称为成灌快铁、成灌线，是成都第一条市域铁路线路，线路全长 94.2km，由一条正线、两条支线构成。线路起于火车北站，止于都江堰市青城山站和彭州站，可与有轨电车蓉 2 号线(郫县西站)、地铁 2 号线(犀浦站)、地铁 1 号线(火车北站)实现跨制式换乘。

将市域铁路线路进行简化处理，不改变原有网络结构，只列出换乘站、首尾车站，其运营线路及简化示意图如图 3-15 所示，站点间运行时间如表 3-12 所示(根据 12306 公布的运行时间计算得到)。

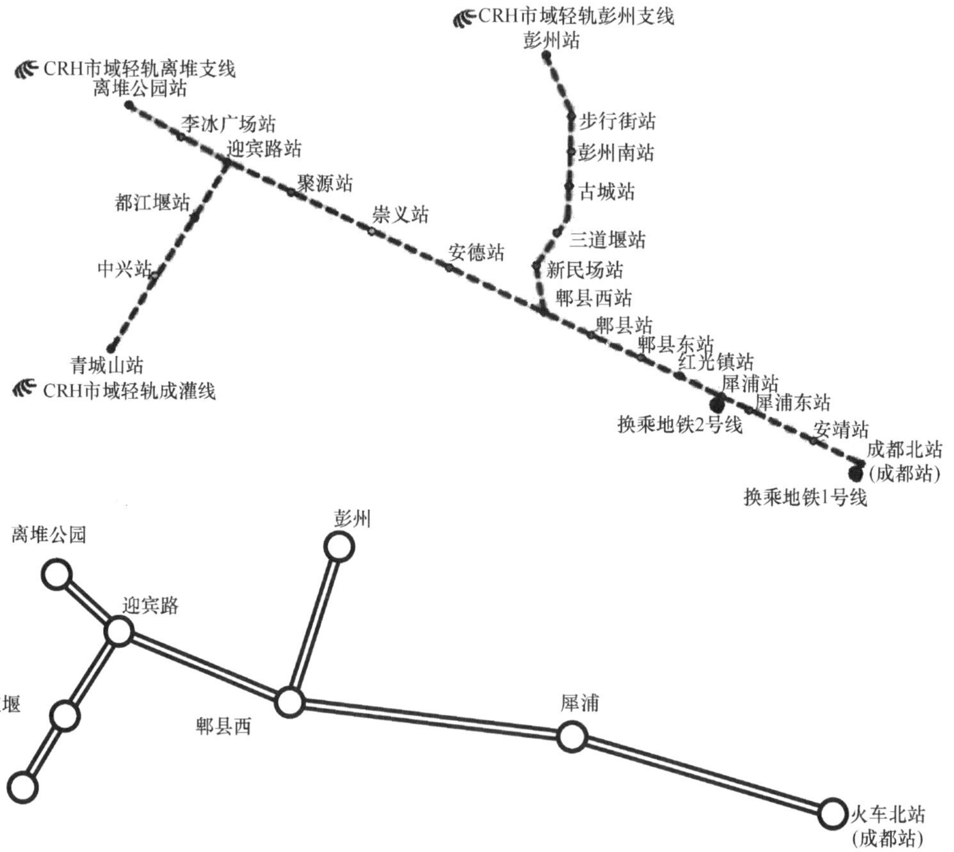

图 3-15　成灌线路及简化示意图

表 3-12　成灌线部分站点运行时间表

序号	起点名称	终点名称	运行时间/min
1	离堆公园	迎宾路	5
2	迎宾路	郫县西	13
3	都江堰	迎宾路	2
4	都江堰	青城山	8
5	郫县西	彭州	16
6	郫县西	犀浦	8
7	犀浦	火车北站(成都站)	12

成灌市域铁路采用国铁制式，其进站、乘车、出站过程与国铁一致。其票价采取：成都站至犀浦站为 5 元；成都站至彭州站、郫县西站为 10 元；成都站至迎宾路站及以远(离堆公园站、都江堰站、青城山站)为 15 元；犀浦站、郫县西站至彭州站、都江堰站、青城山站、离堆公园站为 10 元。购票与国铁类似，支持网络提前购票，可通过人工窗口、自动售票机进行。

(2) 成蒲市域铁路。

成蒲市域铁路又称成蒲快速铁路，是成都第二条市域铁路线路，也是川藏铁路的一部分，东起成都西站(可换乘地铁 4 号线)，西至蒲江县的朝阳湖站，全长 99km。

成蒲市域铁路采用国铁制式，设计速度 200km/h，全程需 60min 左右，全程票价为 36 元(以二等座为准)。购票与国铁类似，支持网络提前购票，可通过人工窗口、自动售票机进行。

3) 城市轨道交通

成渝区域在城市轨道交通方面，具有多种轨道交通制式，其中，成都包含地铁和有轨电车两种轨道交通制式，重庆包含地铁和单轨两种轨道交通制式。目前成都市和重庆市的城市轨道交通线路已成网运营。

(1) 成都地铁、有轨电车。

①成都地铁。

在地铁方面，截至 2018 年底成都已开通运营的地铁线路有 1 号线、2 号线、3 号线、4 号线、7 号线以及 10 号线，共计 6 条线路，运营线路里程达 226km，如图 3-16 所示。其中，换乘车站共有 14 个，均采用站内换乘，如表 3-13 所示。

成都地铁采用自动闭塞(ATC)系统控制列车运行，行车间隔最小可达 2min。表 3-14 列出了高峰、平峰时不同线路列车行车间隔情况，发现成都地铁行车间隔大多在 3min 到 6min 范围内。

成都地铁票价采用按里程计价制，起步价为 2 元可乘坐 4km，之后根据递远递减的原则：4～12km 范围内，每递增 4km 增加 1 元；12～24km 范围内，每递增 6km 增加 1 元；24～40km 范围内，每递增 8km 增加 1 元等。

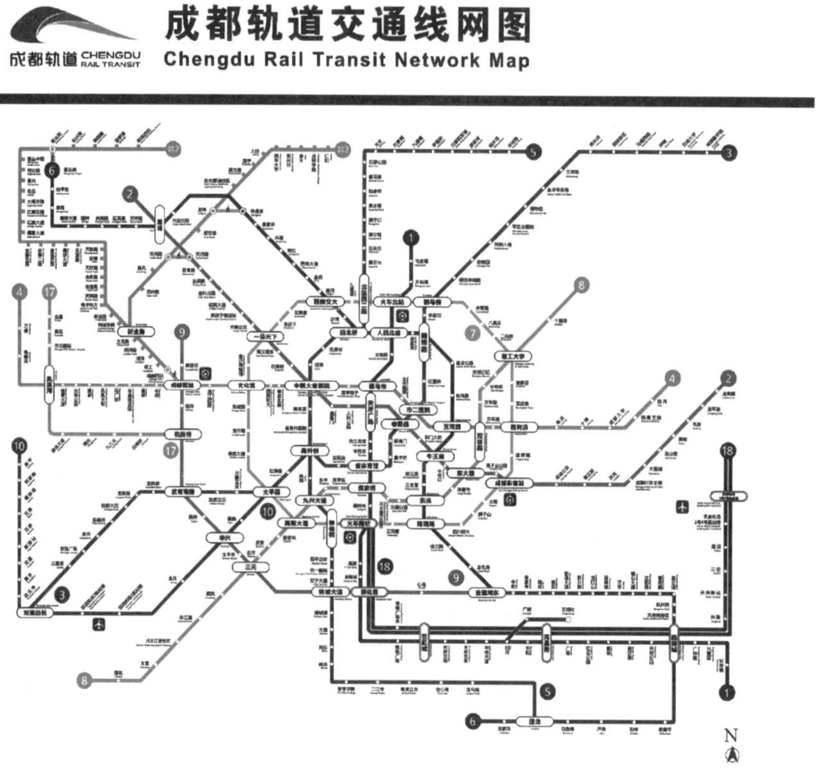

图 3-16　成都地铁线网示意图

表 3-13　成都地铁换乘站点表

序号	站点	换乘线路	序号	站点	换乘线路
1	火车北站	1、7 号线	8	春熙路	2、3 号线
2	骡马市	1、4 号线	9	成都东客站	2、7 号线
3	天府广场	1、2 号线	10	太平园	3、7、10 号线
4	省体育馆	1、3 号线	11	市二医院	3、4 号线
5	火车南站	1、7 号线	12	驷马桥	3、7 号线
6	一品天下	2、7 号线	13	文化宫	4、7 号线
7	中医大省医院	2、4 号线	14	槐树店	4、7 号线

表 3-14　成都地铁列车行车间隔

线路	早晚高峰	平峰
1 号线	2min20s	4min50s
2 号线	3min	5min
3 号线	3min50s	6min15s
4 号线	3min40s	6min15s
7 号线	3min30s	5min40s
10 号线	8min10s	10min40s

购票方式支持人工窗口、自动售票机、刷城市交通卡，支付方式可以现金、微信、支付宝等多种方式，并且部分车站支持手机扫码进站。成都地铁票价方案如表 3-15 所示。

表 3-15 成都地铁票价方案

单程票价/元	乘坐里程范围/km	单程票价/元	乘坐里程范围/km
2	里程为[0,4]	7	里程为[24,32]
3	里程为[4,8]	8	里程为[32,40]
4	里程为[8,12]	9	里程为[40,50]
5	里程为[12,18]	10	里程为[50,70]
6	里程为[18,24]		

注：以此类推，10 元以上，每递增 20km，增加 1 元。

为减少数据存储空间且保证不影响求解结果，本书将成都地铁进行简化处理，不改变原有网络结构，只列出换乘站、首尾车站，简化后的成都地铁网络如图 3-17 所示，并列出站点间的里程(数据来源：百度地图)及运行时间(数据来源：成都地铁官网各线路首末班车时刻表)，如表 3-16 所示。

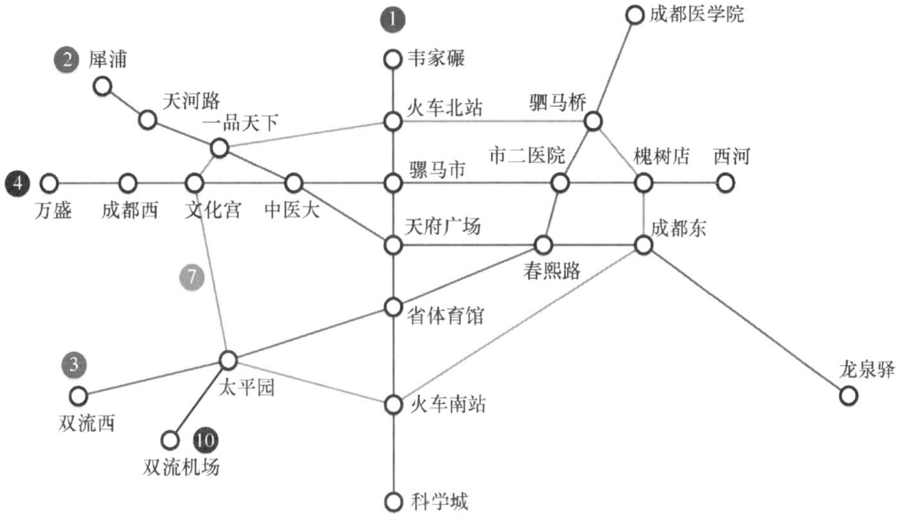

图 3-17 成都地铁简化示意图

表 3-16 成都地铁部分站点里程及运行时间表

序号	起点名称	终点名称	里程/km	运行时间/min	线路编号
1	犀浦	天河路	1.7	2	2
2	天河路	一品天下	9.3	16	2
3	一品天下	中医大	3.5	7	2
4	中医大	天府广场	2.6	6	2
5	天府广场	春熙路	1.4	3	2
6	春熙路	成都东	7.4	13	2
7	成都东	龙泉驿	16.4	19	2

续表

序号	起点名称	终点名称	里程/km	运行时间/min	线路编号
8	万盛	成都西	17.3	27	4
9	成都西	文化宫	3.3	5	4
10	文化宫	中医大	3.1	6	4
11	中医大	骡马市	2.5	5	4
12	骡马市	市二医院	2	4	4
13	市二医院	槐树店	5.9	10	4
14	槐树店	西河	7.9	12	4
15	文化宫	太平园	5.5	8	7
16	文化宫	一品天下	2.2	4	7
17	一品天下	火车北站	5.6	11	7
18	火车北站	驷马桥	1.9	2	7
19	驷马桥	槐树店	7.6	14	7
20	槐树店	成都东	3.1	4	7
21	成都东	火车南站	9	13	7
22	火车南站	太平园	5.2	8	7
23	韦家碾	火车北站	3.1	5	1
24	火车北站	骡马市	3.4	6	1
25	骡马市	天府广场	1	2	1
26	天府广场	省体育馆	2.7	6	1
27	省体育馆	火车南站	3.2	6	1
28	火车南站	科学城	24.3	45	1
29	双流西	太平园	17.6	28	3
30	太平园	省体育馆	5.4	9	3
31	省体育馆	春熙路	3.2	6	3
32	春熙路	市二医院	0.9	2	3
33	市二医院	驷马桥	4.2	8	3
34	驷马桥	成都医学院	18.5	29	3
35	双流机场	太平园	10	14	10

②成都有轨电车。

在有轨电车方面，截至 2018 年底，成都已开通运营的有轨电车为蓉 2 号线，如图 3-18 所示。蓉 2 号线全长 39.04km，共有 47 座车站，实现连接高新西区和郫都区，目前开通运营的路线为合信路站至晨光站段，线路全长 13.7km。

蓉 2 号线首开段票价实行通用票价制，全程 2 元，购票方式与公交类似，支持投币、刷城市交通卡。

蓉 2 号线采用现代有轨电车，最高速度可达 70km/h，旅行速度为 20km/h。首开段工作日早高峰发车间隔为 8min50s。

有轨电车蓉 2 号线可与地铁 2 号线(天河路站)、4 号线(成都西站)以及市域铁路成灌线(郫县西站)进行换乘，地铁 2 号线可与市域铁路成灌线(犀浦站)进行同站台换乘，地铁 4 号线可与市域铁路成蒲快铁进行换乘(成都西站)，将成都城市轨道交通线路换乘衔接情况，简化后绘制如图 3-18 所示。

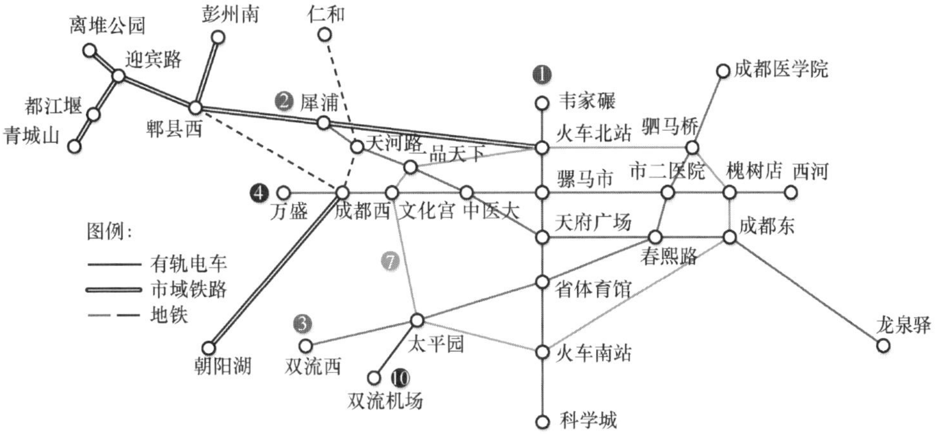

图 3-18　成都市内各轨道交通线路示意图

(2) 重庆地铁、单轨。

在城市轨道交通方面，截至 2018 年底，重庆已开通运营的线路有 1 号线、2 号线、3 号线、4 号线、5 号线、6 号线、10 号线、环线、国博线以及空港线，共计 10 条线路，运营线路里程达 314km，换乘车站共有 21 个，除沙坪坝为出站换乘，其余均为站内换乘。其中，1 号线、4 号线、5 号线、6 号线、10 号线、环线、国博线采用地铁制式；2 号线、3 号线、空港线采用单轨制式。其轨道交通线网如图 3-19 所示，换乘站点情况如表 3-17 所示。

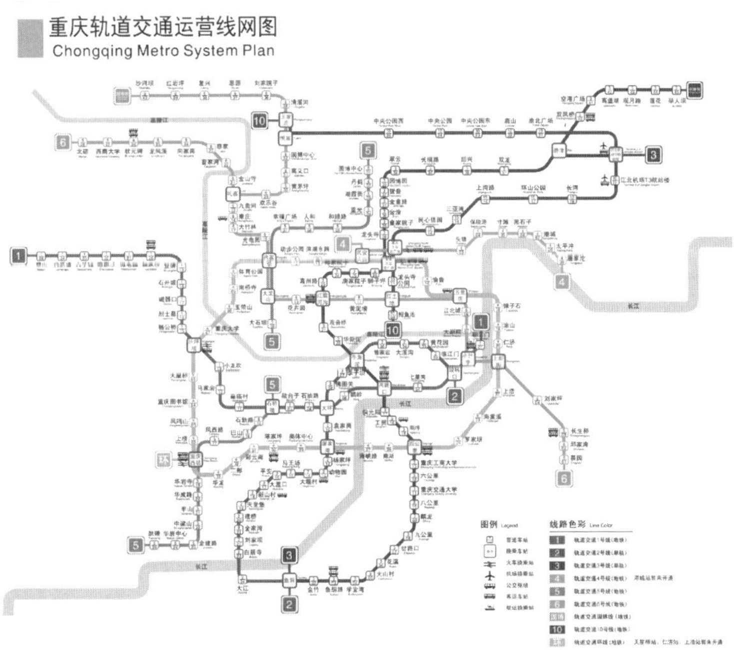

图 3-19　重庆轨道交通线路示意图

表 3-17　重庆城市轨道系统换乘站点表

序号	站点	换乘线路	序号	站点	换乘线路
1	沙坪坝(出站换乘)	1、环线	12	重庆北站北广场	4、10 号线
2	大坪	1、2 号线	13	民安大道	4、环线
3	两路口	1、3 号线	14	大龙山	5、6 号线
4	较场口	1、2 号线	15	冉家坝	5、6、环线
5	小什字	1、6 号线	16	悦来	10、国博线
6	鱼洞	2、3 号线	17	红土地	6、10 号线
7	牛角沱	2、3 号线	18	五里店	6、环线
8	四公里	3、环线	19	上新街	6、环线
9	红旗河沟	3、6 号线	20	碧津	3、空港线
10	重庆北站南广场	3、10、环线	21	礼嘉	6、国博线
11	江北机场 T2 航站楼	3、10 号线			

重庆轨道交通各线路采用不同交路形式，表 3-18 列出了高峰、平峰时不同线路列车行车间隔情况，发现其行车间隔大多在 10min 范围内。

表 3-18　重庆轨道交通列车行车间隔

线路	早晚高峰	平峰
1 号线	3min20s	4min
2 号线	3min10s	4min10s
3 号线	2min30s	3min20s
4 号线	6min	10min
5 号线	8min	11min
6 号线	4min10s	5min20s
10 号线	8min	10min
环线	5min	6min

重庆轨道交通票价采用按里程计价、递远递减的计程票价。票价标准为：起步价为 2 元可乘坐 6km；6～11km 范围内为 3 元；12～17km 范围内为 4 元；18km～24km 为 5 元，依次推算下去，最高票价为 10 元。

购票方式支持人工窗口、自动售票机、刷城市交通卡，支付方式可以现金、微信、支付宝等多种方式，并且推出“重庆市民通”应用程序，车站支持手机扫码进站。重庆轨道交通票价方案如表 3-19 所示。

表 3-19　重庆轨道交通票价方案

单程票价/元	乘坐里程范围/km	单程票价/元	乘坐里程范围/km
2	里程为[0,6]	7	里程为(32,41]
3	里程为(6,11]	8	里程为(41,51]
4	里程为(11,17]	9	里程为(51,63]
5	里程为(17,24]	10	里程为 63km 以上
6	里程为(24,32]		

注：最高票价为 10 元。

同理，将重庆轨道交通线网进行简化处理，不改变原有网络结构，只列出换乘站、首尾车站，简化后如图 3-20 所示，并列出站点间的里程(数据来源：百度地图)及运行时间，如表 3-20(数据来源：百度地图)所示。

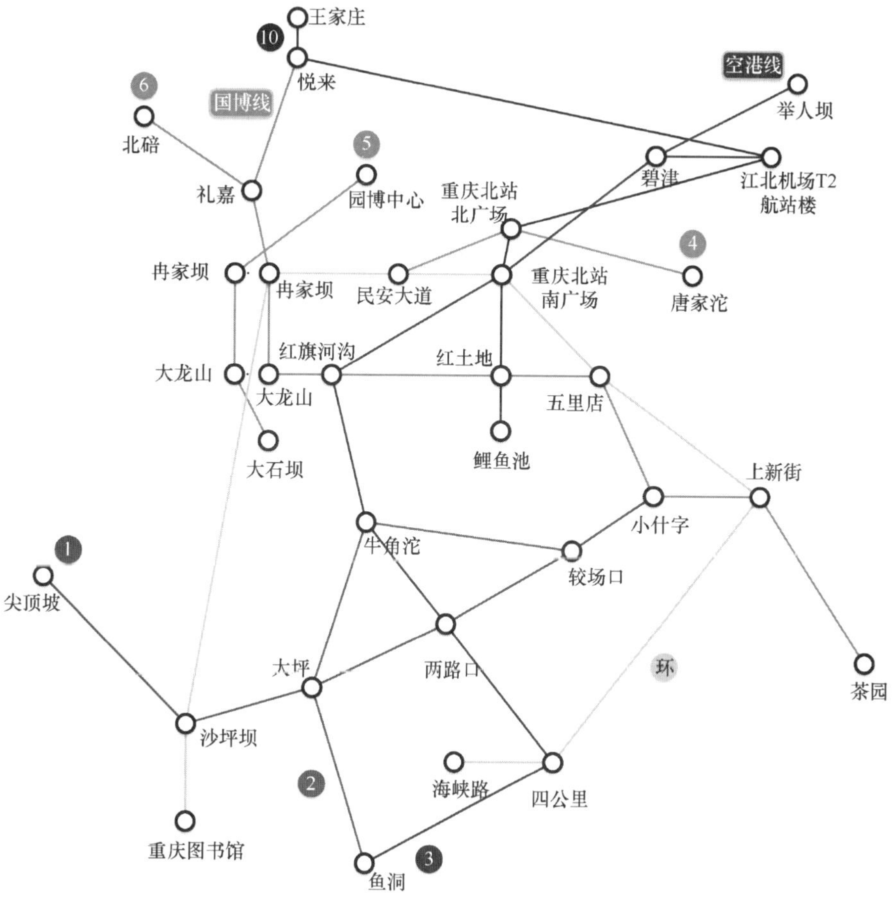

图 3-20　重庆轨道交通线路简化示意图

表 3-20　重庆轨道交通部分站点里程及运行时间表

序号	起点名称	终点名称	里程/km	运行时间/min	线路编号
1	尖顶坡	沙坪坝	21.9	28	1
2	沙坪坝	大坪	8.3	15	1
3	大坪	两路口	3.4	4	1
4	两路口	较场口	2.3	4	1
5	较场口	小什字	1.4	2	1
6	鱼洞	大坪	22.6	40	2
7	大坪	牛角沱	3.4	6	2
8	牛角沱	较场口	4.4	10	2
9	鱼洞	四公里	19.7	35	3
10	四公里	两路口	5.4	10	3
11	两路口	牛角沱	1.0	3	3
12	牛角沱	红旗河沟	3.5	7	3
13	红旗河沟	重庆北站南广场	5.1	11	3
14	重庆北站南广场	碧津	18.2	30	3
15	碧津	江北机场 T2 航站楼	1.3	2	3
16	碧津	举人坝	10.6	16	空港线
17	唐家沱	重庆北站北广场	13.4	20	4
18	重庆北站北广场	民安大道	2.1	4	4
19	大石坝	大龙山	2.5	3	5
20	大龙山	冉家坝	0.9	2	5
21	冉家坝	园博中心	12.8	17	5
22	北碚	礼嘉	25.1	26	6
23	礼嘉	悦来	11.5	14	国博线
24	礼嘉	冉家坝	9.6	12	6
25	冉家坝	大龙山	0.9	2	6
26	大龙山	红旗河沟	3.2	5	6
27	红旗河沟	红土地	2.6	5	6
28	红土地	五里店	1.4	2	6
29	五里店	小什字	3.6	8	6
30	小什字	上新街	1.4	2	6
31	上新街	茶园	11.5	9	6

续表

序号	起点名称	终点名称	里程/km	运行时间/min	线路编号
32	王家庄	悦来	2.1	3	10
33	悦来	江北机场 T2 航站楼	9.2	15	10
34	江北机场 T2 航站楼	重庆北站北广场	18.3	24	10
35	重庆北站北广场	重庆北站南广场	0.7	3	10
36	重庆北站南广场	红土地	2.5	4	10
37	红土地	鲤鱼池	1.3	3	10
38	重庆图书馆	沙坪坝	2.8	5	环线
39	沙坪坝	冉家坝	7.8	17	环线
40	冉家坝	民安大道	3.8	9	环线
41	民安大道	重庆北站南广场	1.9	5	环线
42	重庆北站南广场	五里店	3.9	8	环线
43	五里店	上新街	6.7	6	环线
44	上新街	四公里	4.7	10	环线
45	四公里	海峡路	3.1	7	环线

2. 基于不同出行目的的路径规划结果

下面按照城市内部(成都内部、重庆内部)、城市间出行进行划分，随机选取几组起讫点，分别以出行时间最短、换乘次数最少、费用最低为目标，为旅客规划相应路径。

1) 城市内部出行

(1) 彭州到天府广场。

① 出行总时间最短。

从彭州到天府广场，以出行时间最短为目标规划的路径为：旅客先乘坐成灌线动车到达火车北站 12，接着换乘地铁 1 号线到达天府广场 8，旅客的出行总时间为 71min。求解结果如图 3-21 所示。

其中，途中乘车时间为 44min，占总出行时间的 62%；车站花费时间为 27min，占总出行时间的 38%。由此可见，当旅客为中短距离出行时，车站花费时间对旅客出行总时间影响较大。

② 换乘次数最少。

从彭州到天府广场，以换乘次数最少为目标规划的路径为：旅客先乘坐成灌线动车到达火车北站 12，接着换乘地铁 1 号线到达天府广场 8，旅客换乘次数为 1。求解结果如图 3-22 所示。

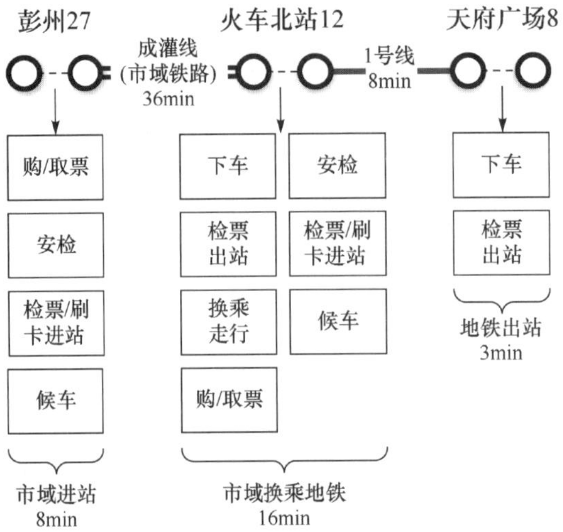

图 3-21　彭州到天府广场出行路径规划结果(出行时间最短)

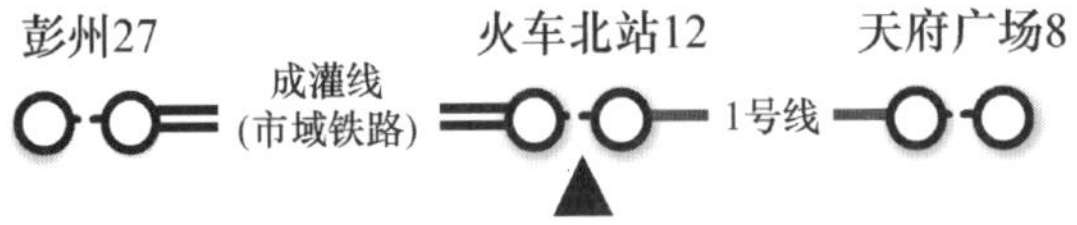

图 3-22　彭州到天府广场出行路径规划结果(换乘次数最少)

③ 出行费用最低。

从彭州到天府广场，以出行费用最低为目标规划的路径为：旅客先乘坐成灌线动车到达火车北站 12，接着换乘地铁 1 号线到达天府广场 8，旅客出行费用为 13 元。求解结果如图 3-23 所示。

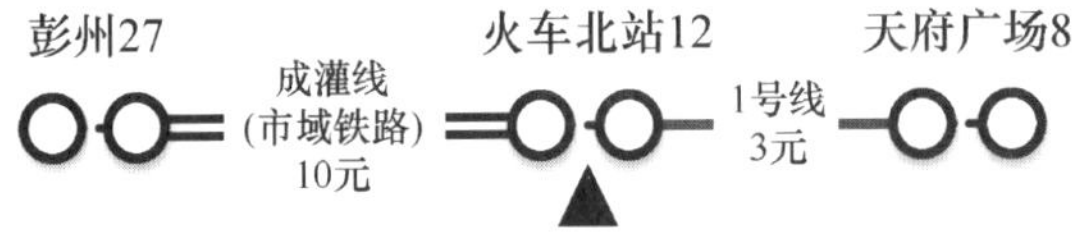

图 3-23　彭州到天府广场出行路径规划结果(出行费用最低)

(2) 大坪到悦来。

① 出行总时间最短。

从大坪到悦来，以出行时间最短为目标规划的路径为：旅客先乘坐 2 号线到达牛角沱 42，换乘地铁 3 号线到达红旗河沟 43，接着换乘 6 号线到达礼嘉 57，最后乘坐国博线到达悦来 59，旅客的出行总时间为 64min。求解结果如图 3-24 所示。

其中，途中乘车时间为 46min，占总出行时间的 72%；车站花费时间为 18min，占总出行时间的 28%。可以发现当换乘次数较多时，旅客进行的重复出行环节变多，车站花费时间也随即增加。

② 换乘次数最少。

从大坪到悦来，以换乘次数最少为目标规划的路径为：旅客先乘坐 2 号线到达牛角沱 42，换乘地铁 3 号线到江北机场 T2 航站楼 46，最后换乘 10 号线到达悦来 59，旅客换乘次数为 2。求解结果如图 3-25 所示。

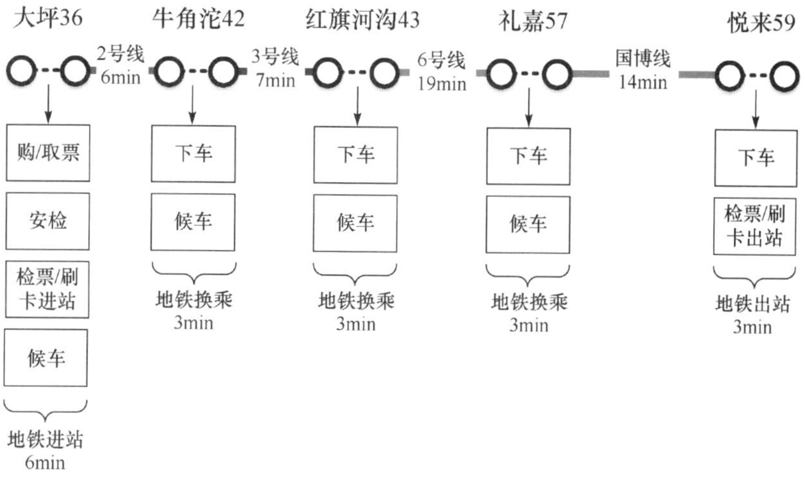

图 3-24　大坪到悦来出行路径规划结果(出行时间最短)

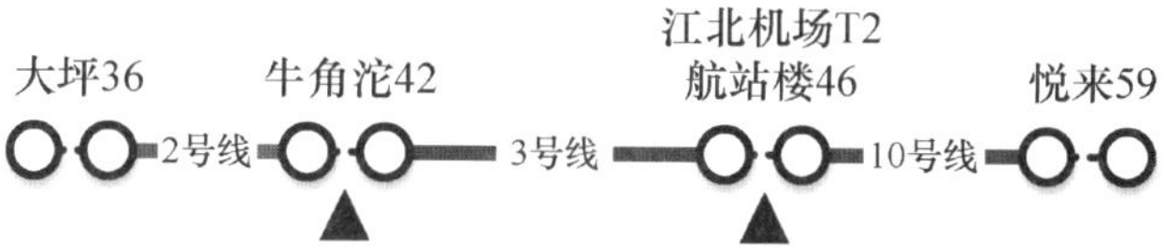

图 3-25　大坪到悦来出行路径规划结果(换乘次数最少)

③ 出行费用最低。

从大坪到悦来，以出行费用最低为目标规划的路径为：旅客先乘坐 2 号线到达牛角沱 42，换乘地铁 3 号线到红旗河沟 43，接着换乘 6 号线到达礼嘉 57，最后换乘国博线到悦来 59，旅客出行费用为 7 元。求解结果如图 3-26 所示。

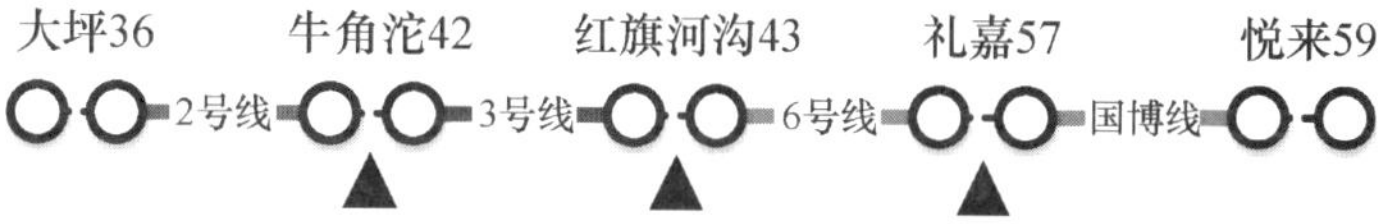

图 3-26　大坪到悦来出行路径规划结果(出行费用最低)

2) 城市之间出行

(1) 天府广场到小什字。

① 出行总时间最短。

从天府广场到小什字，以出行时间最短为目标规划的路径为：旅客先乘坐成都地铁 2 号线到达成都东 10，换乘并乘坐高铁，到达重庆北站北广场 49，换乘 10 号线到达重庆北站南广场 44，换乘环线到达五里店 61，最后换乘 6 号线到达小什字 39，旅客的出行总时间为 180min。求解结果如图 3-27 所示。

其中，途中乘车时间为 130min，占总出行时间的 72%；车站花费时间为 50min，占总出行时间的 28%。可以发现当进行跨制式换乘时，旅客进行的重复出行环节较多，车站花费时间较多。

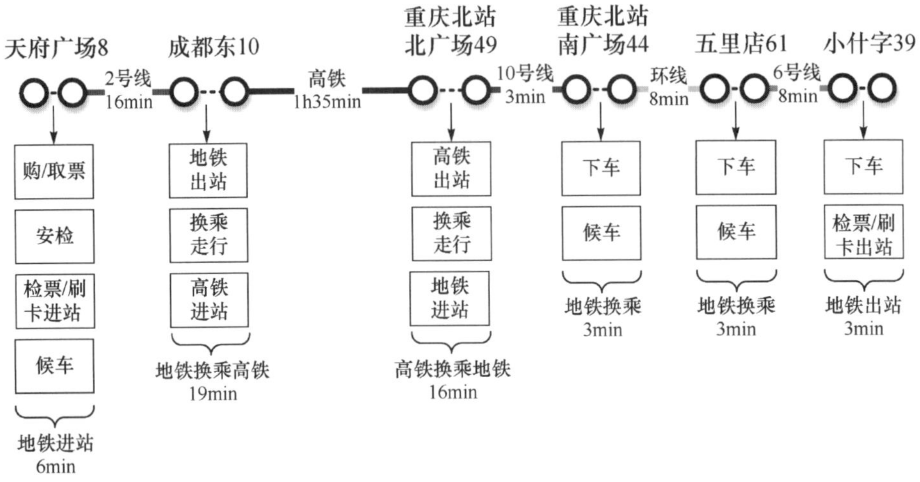

图 3-27　天府广场到小什字出行路径规划结果(出行时间最短)

② 换乘次数最少。

从天府广场到小什字，以换乘次数最少为目标规划的路径为：旅客先乘坐成都地铁 2 号线到达成都东 10，换乘并乘坐普速铁路，到达重庆北站南广场 44，换乘环线到达五里店 61，最后换乘 6 号线到达小什字 39，旅客换乘次数为 3。求解结果如图 3-28 所示。

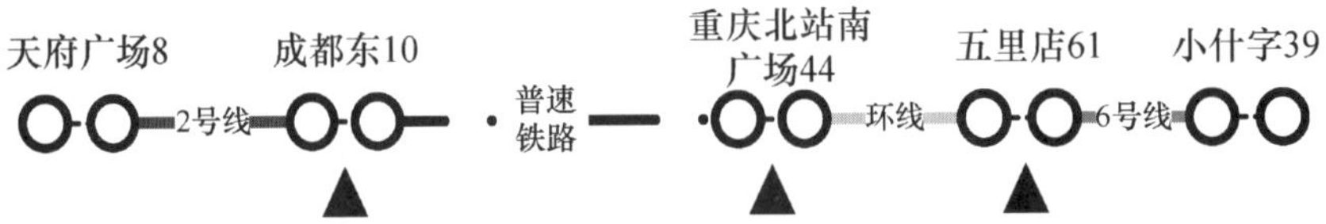

图 3-28　天府广场到小什字出行路径规划结果(换乘次数最少)

③ 出行费用最低。

从天府广场到小什字，以出行费用最低为目标规划的路径为：旅客先乘坐成都地铁 1 号线到达火车北站 12，换乘并乘坐普速铁路，到达重庆北站南广场 44，换乘环线到达五里店 61，最后换乘 6 号线到达小什字 39，旅客出行费用为 52.5 元。求解结果如图 3-29 所示。

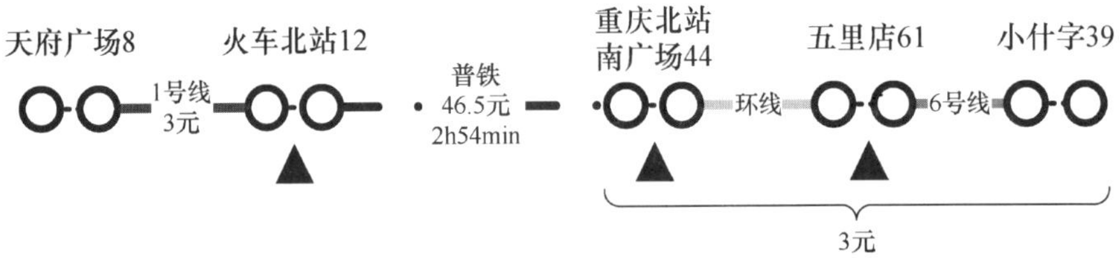

图 3-29　天府广场到小什字出行路径规划结果(出行费用最低)

(2) 朝阳湖到红旗河沟。

① 出行总时间最短。

从朝阳湖到红旗河沟，以出行时间最短为目标规划的路径为：旅客先乘坐市域铁路成蒲线到达成都西 5，换乘地铁 4 号线到达中医大 7，换乘地铁 2 号线到达成都东 10，换乘并乘坐高铁到达重庆北站北广场 49，换乘 10 号线到达重庆北站南广场 44，最后换乘 3 号线到达红旗河沟 43，旅客的出行总时间为 266min。求解结果如图 3-30 所示。

其中，途中乘车时间为 198min，占总出行时间的 74%；车站花费时间为 68min，占总出行时间的 26%。可以发现当进行跨制式换乘时，旅客进行的重复出行环节较多，车站花费时间较多，但随着旅客出行距离变长，车站花费时间占出行总时间比例略微降低。

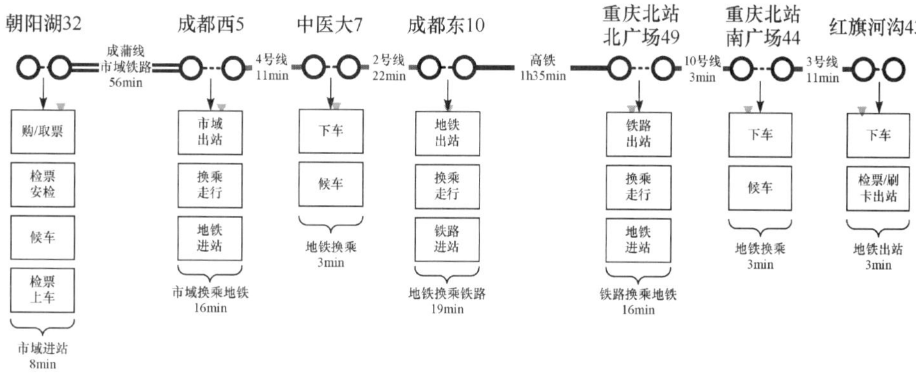

图 3-30　朝阳湖到红旗河沟出行路径规划结果(出行时间最短)

② 换乘次数最少

从朝阳湖到红旗河沟，以换乘次数最少为目标规划的路径为：旅客先乘坐市域铁路成蒲线到达成都西 5，换乘地铁 4 号线到达槐树店 16，换乘地铁 7 号线到达成都东 10，换乘并乘坐普速铁路，到达重庆北站南广场 44，最后换乘 3 号线到达红旗河沟 43，旅客换乘次数为 4。求解结果如图 3-31 所示。

图 3-31　朝阳湖到红旗河沟出行路径规划结果(换乘次数最少)

③ 出行费用最低

从朝阳湖到红旗河沟，以出行费用最低为目标规划的路径为：旅客先乘坐市域铁路成蒲线到达成都西 5，换乘地铁 4 号线到达文化宫 6，换乘地铁 7 号线到达火车北站 12，换乘并乘坐普速铁路，到达重庆北站南广场 44，最后换乘 3 号线到达红旗河沟 43，旅客出行费用为 88.5 元。求解结果如图 3-32 所示。

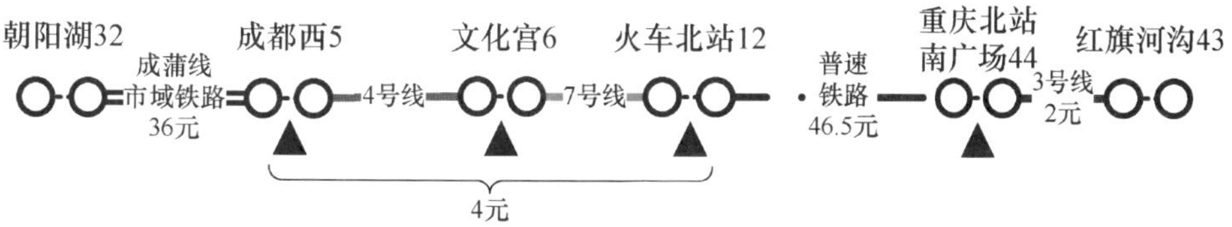

图 3-32　朝阳湖到红旗河沟出行路径规划结果(出行费用最低)

3. 关键出行环节分析及出行链优化

1) 出行链对比(城市内部与城市之间)

分析上述出行链发现，车站花费时间占旅客出行总时间的 26%～38%，对旅客出行全过程有较大的影响。尤其当旅客涉及跨制式出行、换乘次数较多或者较长距离出行时，其出行链结构会变得更复杂、中间驻点数量变多、采用的轨道交通制式变多、涉及的出行环节变多，并且发现其中存在很多重复的环节，可以对其进行一定的优化，以缩短旅客出行总时间，使得旅客出行全过程更便捷，从而提升区域轨道交通系统服务水平。

从城市内部出行、城市之间出行中各选取一条出行链进行比较，以彭州—天府广场、朝阳湖—红旗河沟为例，将两者出行链进行对比，如图 3-33 所示。发现当旅客为中短距离出行时，车站花费时间占总出行时间比例较大，对旅客出行影响较大；当旅客为中长距离出行时，车站花费时间占总出行时间比例略微降低，可见将出行环节进行优化，尤其对中短距离出行的旅客来说更为重要。

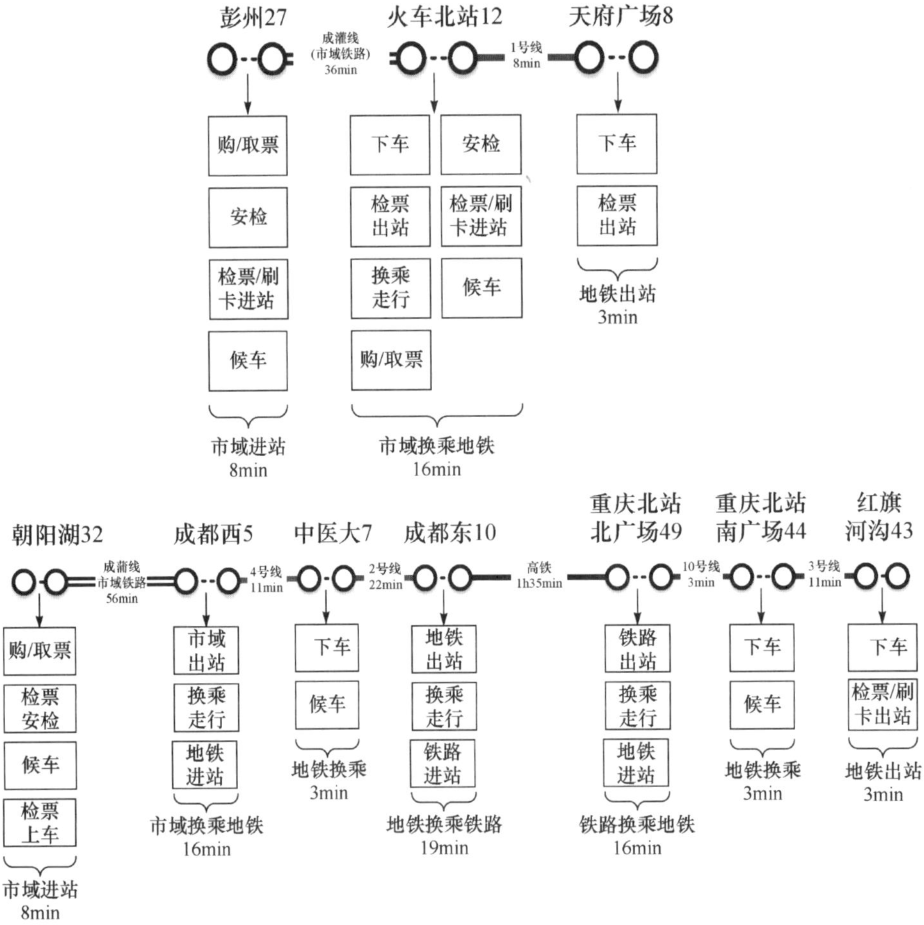

图 3-33　出行链对比图(城市内部与城市之间)

2) 出行环节优化措施

下面对影响旅客出行总时间的可变出行环节进行分析：

(1) 如果旅客在出行前已经提前在网络上进行了购票，并且车站支持刷身份证进站，那么旅客无须在乘坐成灌线前进行购/取票环节，即 $T_{i,购/取票}^{M}=0$。

(2) 如果旅客持有城市交通卡，那么旅客无须在乘坐地铁前进行购/取票环节，即 $T_{i,购/取票}^{U}=0$。

(3) 由于铁路的安检等级高于地铁，如果在火车北站支持安检互信，旅客从铁路换乘到地铁无须重新安检，即 $T_{i,安检}^{U}=0$。

(4) 如果旅客从铁路换乘到地铁时，为同站台换乘(如犀浦站)、站内换乘等便捷换乘方式，无须出站换乘，那么换乘走行花费时间变少，即 $T_{i,\text{transfer}}^{M,U}$ 取值较小。

在上述情况下，重新进行路径规划，得到结果如图 3-34 所示。

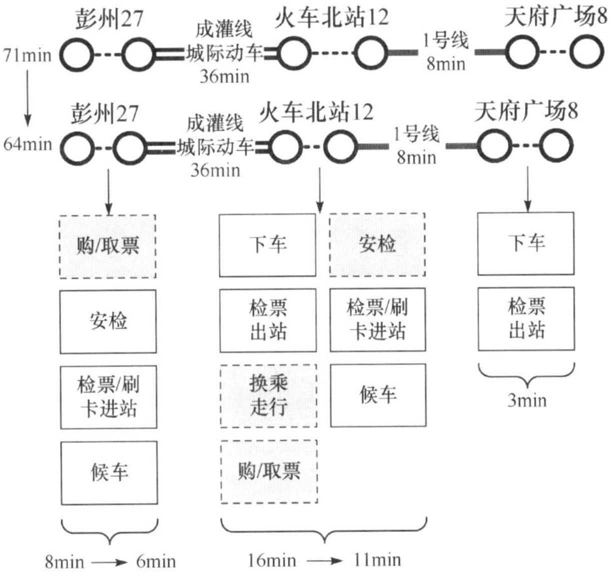

图 3-34　出行链优化(城市内部)

在上述情形下，旅客出行总时间变为 64min，与第一次结果相比缩短了 7min，其中，途中乘车时间为 44min，占总出行时间的 69%；车站花费时间为 20min，占总出行时间 31%，减少了 7 个百分点，出行环节由 13 个减少为 10 个，去除了一部分重复的出行环节(如购/取票、安检等)，优化了部分出行环节(如换乘走行等)，减少了其花费时间。

同理，将城市之间的出行全过程进行优化，可以发现其出行环节由原来的 32 个减少为 25 个，旅客出行总时间变为 251min，与第一次结果相比缩短了 15min，其中，途中乘车时间为 198min，占总出行时间的 79%；车站花费时间为 53min，占总出行时间 21%，减少了 5 个百分点，优化结果如图 3-35 所示。

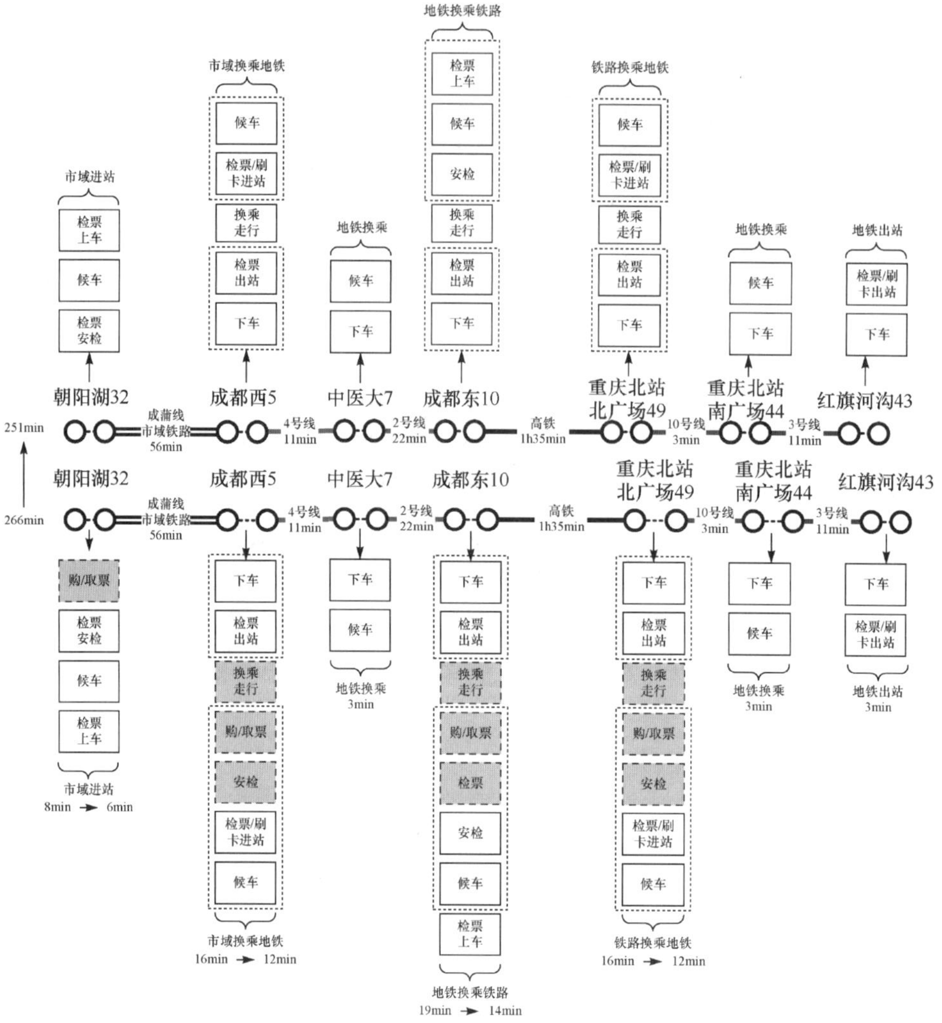

图 3-35 出行链优化(城市之间)

分析上述优化过程、观察出行链中反复出现的出行环节，针对旅客出行全过程中的关键出行环节，提出以下优化措施。

(1) 购/取票环节优化。

推行区域轨道交通票制一体化、发展铁路车站支持身份证进站、地铁车站支持手机扫码进站、应用程序购票等多样便捷购票方式，支持手机支付、现金支付、银行卡等多种支付方式，通过以上措施，可以为旅客减少甚至省去重复的购/取票环节，提高其出行效率。

(2) 检票、安检环节优化。

推行自动检票机设备、基于身份证进行检票。使用自动检票机设备一定程度上可以保证车票核实的工作效率，节省人力，同时也可以根据车站客流规模合理设置设备数量，提高检票效率。另外，由于一些旅客对闸机使用不熟悉，造成操作较慢或者出现“卡票”现象，从而影响闸机的通过能力，增加旅客实际检票时间。针对此现象，建议可考虑采用基于身份证的检票系统，以简化旅客持票进站的检票过程。

推行安检互信。在轨道交通系统中，通常认为铁路(包括国铁、城际铁路、市域铁路、普速铁路)安检等级高于城市轨道交通，实施安检互信，即低等级安检信任高等级安检，这样从铁路换乘到地铁时无须再次进行“二次安检”，减少了重复环节，便利了旅客出行。

(3) 候车环节优化。

采取列车时刻表协同编制。对于城轨各条线路之间、不同轨道交通制式之间，将其列车时刻表进行协同编制，实现换乘衔接的优化，减少旅客的候车时间，从而降低旅客出行总时间。

(4) 换乘走行环节优化。

推行同站换乘、无缝衔接。对换乘车站内的设备设施布局、工作人员配置进行优化，改善换乘客流换乘流线组织，尽量缩短旅客换乘走行距离，设置便捷换乘通道，保证旅客无须出站换乘，以达到优化换乘的效果。

采取上述优化措施，可以去除出行链中部分重复冗余的出行环节，并且可以将某些出行环节进行优化，减少其花费时间，从而缩短旅客出行链，减少旅客出行总时间，使得旅客出行全过程更便捷，以提高区域轨道交通系统服务水平，有利于轨道交通一体化发展。

第 4 章　多制式轨道交通协同运输需求分析

同单一网络、单一制式相比，区域轨道交通跨制式的旅客出行需求及其“多网-四域-多功能”的复合网络特性，都对区域轨道交通协同运输组织提出了更高的要求。高效、协同的运输组织是保障和提升区域轨道交通系统总体效能和服务质量的重要手段，其需求揭示了运输组织中各项环节与总体效能、服务质量的相互作用机理。区域轨道交通协同运输组织既要优化各轨道交通制式的既有运输组织模式，还要充分考虑复合路网条件下各轨道交通制式间的关联，通过先进的理论方法促进复合网络的高度融合，实现运输组织效率和系统效能的同步提升，更好地为旅客提供出行服务。通过梳理区域轨道交通的一体化协同发展现状及需求，可以得到区域轨道交通一体化发展面临的问题，如图 4-1 所示。

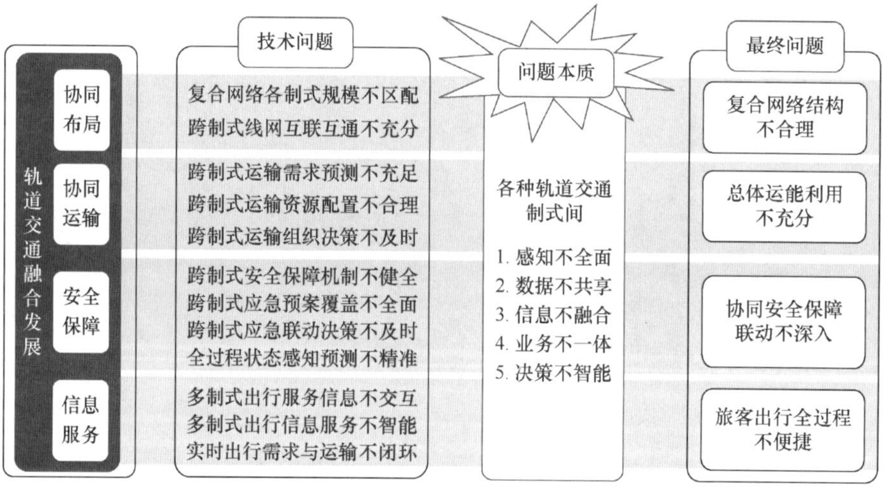

图 4-1　区域轨道交通发展面临的问题

面对以上问题，发展多制式轨道交通协同运输组织必要性如下。

1. 区域轨道交通协同运输是系统总体运能提升的必要途径

区域轨道交通系统的总体运能是一个复杂的综合性指标，融合了多制式轨道交通各线路、车站的通过能力以及复合路网总体的旅客输送能力等多个要素，各要素间具有较强的关联性，是区域轨道交通系统为旅客提供出行服务能力的直观体现，也是衡量系统总体效能的关键指标。高效协同的客流输送计划、列车开行方案、列车运行图、调度指挥等，能够使各种制式轨道交通之间实现更为密切的配合，减少区域轨道交通体系运能空费，提高复合网络的总体运能，这也是区域轨道交通协同运输与服务的基本要求和根本目标。

2. 区域轨道交通协同运输是系统运力资源优化配置与运用的重要手段

区域轨道交通系统的运力资源包括构成系统运能的各种移动设备、固定设备和人员等要素，通过分类细化与整体协调分配在不同的运输产品和服务当中。高效协同的列车开行方案、车底运用计划、列车运行图结构等，能够使系统各制式之间实现设施设备、运力资源的优化配置与协调运用，实现区域复合路网的合理布局与均衡运输，从而通过换乘、互联互通等方式更好地满足不同种类的客运需求、合理调配运输能力、节约设备资源以及提升系统的总体效能。

3. 区域轨道交通协同运输是旅客出行服务质量提升的关键举措

区域轨道交通系统通过有形或无形活动为旅客提供出行服务，其服务质量取决于运营主体提供服务的能力以及旅客对运输服务的感知，是服务过程质量和服务结果质量的综合体现。高效协同的购票、乘车、换乘、应急逃生等旅客运输组织，可以提高系统的可用性、可靠性、安全性及便捷性等，从而提高旅客出行服务质量，更好地满足旅客多样化的出行需求，同时对扩大出行服务范围、诱增旅客出行量也具有积极的作用。

4. 区域轨道交通协同运输是政府高效管理的必然要求

区域轨道交通系统的安全、稳定运营离不开政府的有效监管。高效协同的运输计划编制、调度指挥、应急避难等运输组织，能够提高政府在运营监管、应急响应的效率，同时也能为各级政府在区域路网规划布局、合理衔接等方面提供充分的技术支撑，为相关规章制度、应急响应机制的建立提供科学的依据，对政府加强区域内部以及跨区域范围客流信息的掌握、提升临时应急救援协作效率等方面具有重要的意义。

4.1　区域轨道交通协同运输组织需求分析

4.1.1　协同运输组织需求影响因素

1. 系统总体运能提升层面

从区域轨道交通系统总体运能提升层面对协同运输组织需求进行分析，主要包含运输计划与客运需求的匹配程度、列车开行方案编制的精细化程度、列车运行图铺画与调整的合理程度以及协同组织指挥的高效程度等影响因素。通过明确各影响因素涉及的运输组织环节和作用机理可以进一步梳理并提出相应的支撑理论与技术，从而指导区域轨道交通系统的协同运输组织，使得各种制式轨道交通之间的配合更为密切，减少区域轨道交通体系运能空费，提高复合网络的总体运能。这也是区域轨道交通协同运输与服务的基本要求和根本目标。

2. 系统运力资源优化配置与运用层面

从区域轨道交通系统运力资源优化配置与运用层面对协同运输组织需求进行分

析，主要包含运力资源的有效承载力耦合机理、运输能力的动态规划与协同调配、基础设施设备能力的协调、相关走行流线的优化设计以及应急资源的优化运用等影响因素。通过明确各影响因素涉及的运输组织环节和作用机理可以进一步梳理并提出相应的支撑理论与技术，从而指导区域轨道交通系统的协同运输组织，实现系统各制式之间实现设施设备、运力资源的优化配置与协调运用，提升系统的总体效能。

3. 旅客出行服务质量层面

从区域轨道交通系统为旅客提供出行服务的质量层面对协同运输组织需求进行分析，主要包含出行整体的路径规划和引导、进出站以及换乘环节乘务办理效率、出行过程的安全性和舒适性等影响因素。通过明确各影响因素涉及的运输组织环节和作用机理可以进一步梳理并提出相应的支撑理论与技术，从而指导区域轨道交通系统的协同运输组织。

4. 政府综合协调与管理层面

区域轨道交通系统的安全、稳定运营离不开政府的有效监管与协调，其着力点的基础便是多制式的运输计划编制、调度指挥、应急避难等作业环节。从区域轨道交通系统政府综合协调与管理层面对协同运输组织需求进行分析，主要包含跨制式的乘务办理流程与协调机制、跨制式的运能匹配保障、多主体的运营安全监管以及多制式应急运输的协同组织等影响因素。通过明确各影响因素涉及的运输组织环节和作用机理可以进一步梳理并提出相应的支撑理论与技术，从而指导区域轨道交通系统的协同运输组织，提高政府在运营监管、应急响应的效率，为相关管理规章制度、应急响应协调机制的建立提供科学的依据和有效的实施途径，对政府加强区域内部以及跨区域范围客流信息的掌握、提升临时应急救援协作效率等方面具有重要的意义。

4.1.2 区域轨道交通协同运输组织技术需求

通过协同运输组织的必要性分析，以保障区域轨道交通系统安全运营、提高系统的总体效能和综合服务水平为出发点，从以下方面进一步阐述协同运输组织的技术需求。

1. 多制式运输计划协同编制

多制式、多运营主体的运输计划协同编制，需要结合可靠性、可用性、可维护性、安全性、互操作性(reliability，availability，maintainability，safety，interoperability，RAMSI)理论方法充分考量多制式轨道交通运输计划协同特性，抽取并归纳区域轨道交通多制式运输计划编制和优化要素，形成系统完整、统一的约束要素集，从而构建集城市轨道交通、市域铁路、普速铁路、城际铁路、高速铁路等多制式于一体的运输方案编制体系，实现不同运营阶段、不同运营场景以及突发大客流等非正常情况下的运输计划协同编制。

运输计划的协同编制，要在符合多制式系统有效承载力、实现运能匹配的基础上进行，以提升区域轨道交通系统总体效能和服务水平为目标，综合考虑维修天窗的设置、冗余时间的利用等因素，采用协同优化方法，实现区域轨道交通运输方案的精细化、智能化编制。该需求具体包括：

(1) 考虑基于出行链和大数据的多制式轨道交通客流预测及敏感性分析，准确掌握客流时空分布特性以及动态变化规律，选用合理的客流输送方案与模式，实现多制式轨道交通列车开行方案的协同编制，确定区域范围内各制式轨道交通列车开行的子方案、始发终到时刻、始发终到站和限制区间等。

(2) 基于列车开行方案的协同编制，综合考虑多制式维修天窗的协同布置、系统冗余时间的有效利用、路网换乘节点与直通开行区间的合理选择、不同制式和线路的首末班列车有效衔接等因素，实现多制式轨道交通列车运行图的协同编制，确定各列车车次、运行方向与径路、列车编组数量、始发终到站、列车经由各站的发到时刻等。

(3) 基于列车运行图的协同编制以及系统“点-线-网”的有效承载力评估，综合考虑各轨道交通制式的运营特性及其设施设备、人力资源的配置情况，实现多制式轨道交通列车车底运用计划、车站技术作业计划、列车乘务计划的协同编制，并结合实际情况按需调整。

2. 多制式协同组织指挥

在多制式轨道交通运输计划协同编制的基础上，需要从最大限度节省旅客跨制式旅行时间的目标出发，结合城市轨道交通、市域铁路、普速铁路、城际铁路、高速铁路等各种轨道交通方式特征，揭示区域轨道交通跨制式运输组织演化机理、区域轨道交通联动响应模式和运作机制，在区域轨道交通联程联运、枢纽换乘、运力调配等协同运输组织的基础上，基于区域轨道交通的应急预案，搭建区域轨道交通应急预案执行方案库，实现区域轨道交通协同运输组织。该需求点具体如下。

1) 区域轨道交通跨制式运输组织演化机理和联动机制

从合理协调利用多方式运输资源、最大限度节省旅客跨制式旅行时间的目标出发，结合城市轨道交通、市域铁路、普速铁路、城际铁路、高速铁路等各种轨道交通方式特征，针对客流动态变化，组织进出站旅客流线、发到行包流线、发到列车流线、旅客集散、换乘衔接旅客换乘、运输方案，形成区域轨道交通跨制式运输组织演化机理和联动机制。

2) 多制式联程联运、枢纽换乘、运力调配

综合考虑区域轨道交通网络资源配置的均衡性、各制式列车运行计划的协调性以及不同制式的服务范围和功能定位，从旅客跨制式旅行时间最小化及总体运能最大化的目标出发，基于区域轨道交通跨制式联动响应模式和运作机制，形成区域轨道交通联程联运、枢纽换乘、运力调配方案。

3) 多制式应急协同运输组织

基于区域轨道交通应急预案，制定合理的区域轨道交通多制式应急运输方案，调整区域轨道交通多制式运输计划，以实现区域轨道交通多制式应急协同运输组织。

3. 基于 RAMSI 的系统总体运能提升理论和方法

RAMSI 包括系统可靠性、可用性、可维护性、安全性和互操作性五个性能指标，通过分析和衡量这五个性能指标，可以评估多制式区域轨道交通系统所处的状态、效能，所提供出行服务的质量以及系统内部多制式之间的协同程度。其中，体现系统效能最为关键的要素便是系统的总体运能。区域轨道交通系统总体运能代表着多制式复合路网提供旅客输送的能力，反映了多制式系统运输组织的协同程度，也是保障和提高旅客运输服务质量的基础。因此，需要基于 RAMSI 性能建立区域轨道交通系统总体运能的评估理论，在此基础上寻找总体运能提升的可行路径，深入分析系统 RAMSI 性能与总体运能的相互作用关系，研究基于 RAMSI 性能增强的区域轨道交通系统总体运能提升理论和方法。该需求点具体包括：

(1) 基于 RAMSI 性能指标的定义与内涵，结合系统工程理论研究区域多制式轨道交通系统可靠性、可用性、可维护性、安全性和互操作性的表征方法，分析系统 RAMSI 性能指标与总体运能的协同关系，建立基于 RAMSI 性能的区域轨道交通系统总体运能评估理论。

(2) 深入分析区域轨道交通系统可靠性与总体运能的相互作用关系，明确构成系统总体运能各要素的变化对系统可靠性的影响及波动程度，挖掘减小系统可靠性波动、维持系统稳定运转的关键技术，研究基于可靠性能增强的区域轨道交通系统总体运能提升理论和方法。

(3) 深入分析区域轨道交通系统可用性与总体运能的相互作用关系，通过协同运输手段加强系统识别、抵抗风险的能力，降低安全事故和系统故障的发生频率，减少系统从不可用状态恢复到正常工作状态的时间以提高系统可用性，研究基于可用性能增强的区域轨道交通系统总体运能提升理论和方法。

(4) 深入分析区域轨道交通系统可维护性与总体运能的相互作用关系，通过挖掘系统设施设备自身属性以及运维组织方法对系统可维护性的影响，从设备设施故障监测与分析、天窗使用方案等角度出发优化系统可维护环境，研究基于系统可维护性能增强的区域轨道交通系统总体运能提升理论和方法。

(5) 深入分析区域轨道交通系统安全性与总体运能的相互作用关系，包括事故致因、安全事故率、应急响应效率、救援实施效果等对构成系统总体运能各要素的影响机理，基于系统安全性能对总体运能限制和保障的两面性，研究满足一定安全水平下的区域轨道交通系统总体运能提升理论和方法。

(6) 深入分析区域轨道交通系统互操作性与总体运能的相互作用关系，包括系统不同互操作等级对构成系统总体运能各要素的影响机理，考虑不同制式系统间客流与信息流的交换模式及效率，研究基于系统互操作性能增强的区域轨道交通系统总体运能提升理论和方法。

(7) 基于系统 RAMSI 的整体内涵，综合考虑 RAMSI 整体性能指标与系统总体运能间的作用机理，分析不同技术条件和要求下的系统 RAMSI 性能对总体运能的抑制或促进作用关系，研究基于系统 RAMSI 性能增强的区域轨道交通总体运能提升理论和方法。

4. 应急运输协同组织理论与方法

区域多制式轨道交通系统的应急运输组织是指基于实时应急事件信息共享的系统协同应急运输组织能力，其中包括应急预案管理、应急调度组织实时调整、应急救援等要素。一方面，系统制定应急运输协同组织预案可有效缩减突发事件对系统正常状态的干扰程度以及恢复时间，尽可能保持系统可靠性与可用性维持在一定水平之上，从而保障区域轨道交通系统的总体效能与运输服务质量。另一方面，系统可以通过应急运输协同组织防治突发事件对系统造成影响的蔓延与扩散，保障区域多制式轨道交通运行图兑现率和列车正点率。因此，为提高系统的安全性和稳定性，保证系统总体效能和服务质量在一定水平之上，需要实现铁路、市域轨道交通、城市轨道交通列车调度指挥的应急协同响应，研究区域多制式轨道交通应急运输的协同组织理论与方法。该需求点具体包括：

(1) 基于多制式轨道交通实时应急信息传递技术，各运营主体之间应及时发布及共享应急救援信息，协同配置应急救援设施设备。当某一制式或某条线路轨道交通发生紧急事件时，其他轨道交通制式或运行线路可以根据救援信息实施协同救援，同时通过调整运行计划等手段分担其旅客运输任务，保证区域轨道交通系统的全局可用性和应急救援的及时性。

(2) 各制式轨道交通应根据自身特性完善应急事件协同响应机制，明确不同制式轨道交通应急响应的目的、原则和可行方式，针对不同的突发事件场景制定相应的协同应急预案，提高应急响应效率。各级政府部门应积极配合各制式轨道交通运营主体进行应急联动，一旦车辆、车站或路网内发生紧急事件，能够及时协调警察局、消防局、医院等部门进行联合救援。

(3) 根据应急协同响应机制，针对多制式轨道交通发生风险或事故的不同场景，实现区域多制式轨道交通应急初始协同响应，考虑应急事件发展过程、造成事故等级、应急救援需求等因素制定协同应急策略、明确救援方案。在救援实施过程中，要综合考量不同场景下多制式轨道交通现场救援的实施条件与进程，实现应急运输协同组织的实时监测与效果反馈。应急运输协同组织过后，应对整个应急协同响应流程、救援方案和效果进行综合评价，找出需改进的环节，完成应急协同运输的预案设置与积累。

4.2　区域轨道交通协同运输安全保障需求分析

4.2.1　区域轨道交通安全保障影响因素

区域轨道交通系统是由多种制式轨道交通系统组成的复合轨道交通网络，具有以下特点：

(1) 设备种类多、技术性强、可靠性要求高，线路长、站点多、路网覆盖面广；

(2) 在相对封闭的空间内人员密集度高；

(3) 城市轨道交通运营动态性强，时间因素对安全影响大；

(4) 与周边环境、自然环境、社会环境有着很大的关联性。

这些特点使得区域轨道交通运营管理难度大，对突发事件应急处理难度大，且影响范围广。

总体来看，区域轨道交通系统安全保障涉及的影响因素如图 4-2 所示。

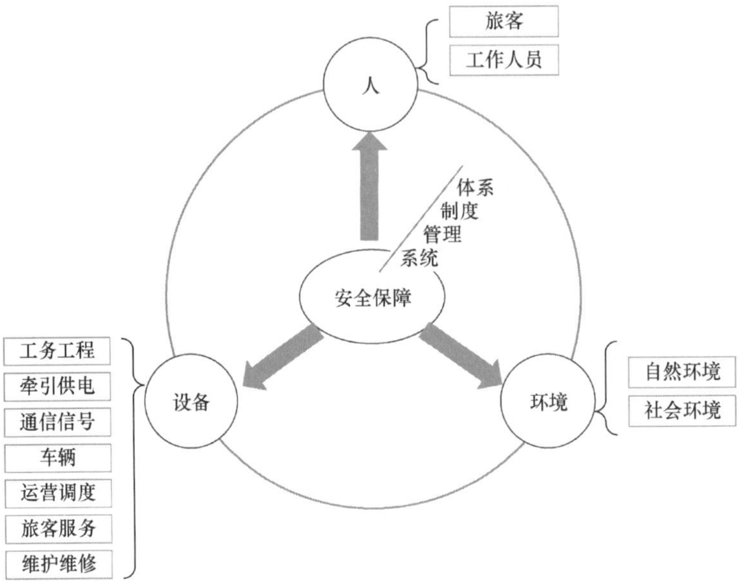

图 4-2　区域轨道交通安全保障影响因素

4.2.2　区域轨道交通安全保障需求分析

1. 旅客安全保障需求

作为区域轨道交通的最终用户，旅客对区域轨道交通安全保障最直接的需求就是生命财产安全的保障。随着社会、经济和技术的发展，旅客在能够到达目的地之外，对出行的质量有了更高的要求，更加看重出行的安全、高效、舒适、便捷、绿色、经济。为了更好地满足旅客的需求，为旅客提供更加专业的服务，运营单位可配置一定的专业人员和设施，如为残障人士建设便捷的通道、提供必要的急救设施等，为旅客的出行安全提供全面的保障。

当发生导致人员伤亡、设备损坏、行车中断等危及旅客生命财产安全的突发事件时，政府及运营公司应建立完善的信息发布机制，通过多渠道将现场情况、处置情况等及时告知旅客，以便旅客了解情况、采取措施，避免因信息不畅导致更大的损失和恶劣的社会影响。由于轨道交通的客流量大，且运营环境复杂，一旦发生事故，将会对旅客的生命财产安全带来极大的威胁，因此在突发情况下，政府和运营公司需采取有力的应急方案，迅速准确地进行人员救援和设备抢修，最大限度地利用资源，尽量减少人员的伤亡和财产的损失。

2. 运营公司安全保障需求

运营公司是向旅客提供出行服务的主体，在区域轨道交通安全保障中起到十分关键的作用，其需要综合运用各种管理手段，围绕运营服务开展安全管理工作。运营公司安全保障需求结构如图 4-3 所示。风险管理是运营管理的重要组成部分，包括风险防范、风险监测、风险控制、应急处置四个方面的内容。相比于单一制式轨道交通系统，区域轨道交通系统具有多制式复合的特点，面临着更多的风险，同时运营管理的难度也大大增加。因此，运营公司在进行运营管理和风险管理时，需建立健全的管理体系和管理制度，科学合理地设置公司内部安全管理部门，按照相应规章、制度规范地进行运营工作。管理与控制的本质就是信息的处理，对于现代化运营管理和风险管理，信息化和数据化是必不可少的部分。信息的不流通和数据的垄断使得数据中的有用信息无法及时被提取出来为运营工作和决策提供支撑，增加了运营公司风险管理的难度。因此，运营公司应建立良好的安全信息系统，确保各部门之间及时、准确、有效的信息传递，为区域轨道交通多制式协同和互操作提供支持；对运营管理中产生的数据进行规范地存储、分析和共享，为区域轨道交通系统安全保障优化提供指导。

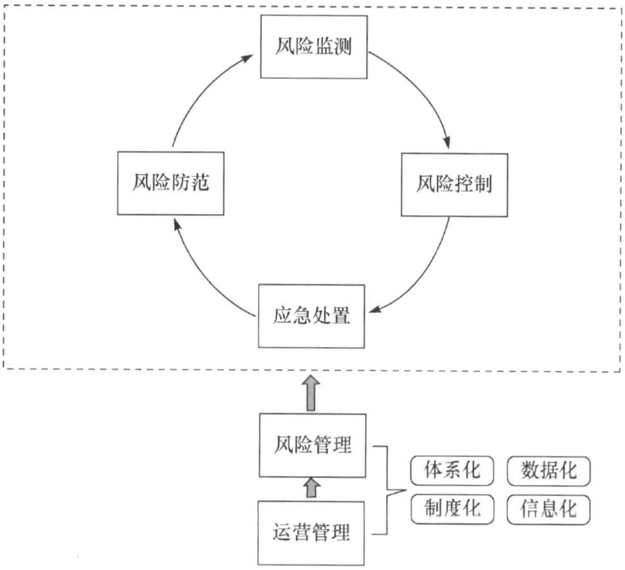

图 4-3　运营公司安全保障需求结构

1) 风险防范

风险防范主要是预先采用一些防范措施和方法以尽可能减少风险产生的可能性及其带来的损失。运营公司需要针对区域轨道交通安全保障的特点进行区域轨道交通系统安全保障风险评估和风险瓶颈识别，在此基础上有针对性地制定风险防范措施，尽量从源头上消灭风险。运营公司在风险防范上的需求主要有增加系统安全裕量、提高系统容错能力和保证日常安保三个方面。

(1) 增加系统安全裕量。

增加系统安全裕量即要求运营公司和系统设计与建造商、供应商、集成商、服务提供商在设计和建造时充分预估系统的承载量，在此基础上留有足够的裕量以增加系统的承载能力。例如，在设备零部件机械结构设计时，需要使其最小计算承载能力大于估算的最大设计载荷，以增加零部件的可靠性；在轨道交通车辆配置及调度时，可使最大输送能力大于尖峰客流量以保证在突发大客流情况下的正常运营。可以看出，从安全保障的角度来说，系统安全裕量越大越好，但是过大的安全裕量又会导致成本的急剧增加。因此，为了维护区域轨道交通系统正常的运行，保障生命财产安全，做到成本和安全的均衡，适当的安全裕量必不可少，如图 4-3 所示。

(2) 提升系统容错能力。

对于区域轨道交通中的关键部件，需要设计多个冗余单元以保证任何单个部件发生故障后都有后备单元实时接管，以保证系统的正常运转。例如，高铁列控车载设备运行环境复杂，存在较强的电磁干扰、变化的环境温度、长期的振动等不稳定因素，对设备的可靠性要求较高，因此其核心计算机采用多套隔离设备同时运行，一套设备的故障不会对列车的运行产生影响。冗余的设置能够极大地提升设备和软件的鲁棒性和稳定性，以保证区域轨道交通系统的可靠性。

(3) 保证日常安保。

区域轨道交通由多种制式轨道交通系统组成，其中包含了大量的硬件设备和软件系统，因此日常的安全保障十分重要，日常的安全保障工作包括设备及系统的巡检和保养、故障诊断和处理、备品备件的管理。通过这种预防的方式能够降低设备和系统故障的发生率，保证系统较高的可用性。然而，由于区域轨道交通系统的复杂性和动态性，不同的时间段、不同的路段、不同种类的设备的维护维修工作量和内容存在着很大差异，如果不能动态地进行调整，很容易出现资源紧张或者资源闲置的状态。因此，运行公司需要建立基于状态的维修机制，即根据设备当前的实际工作状态和历史数据，对设备进行健康度分析和工作寿命预测，从而针对性地制定维护和保养计划。这种方式能够减少大量不必要的运维工作，在保证设备可靠性和安全性的前提下大大降低运维成本，提升运维工作的效率。另外，为了优化日常安全保障工作的流程，在保证安全的前提下降低运维成本，运营公司需要对系统进行安全风险评估，从而发现系统的安全瓶颈和安全保障的薄弱环节，采取针对性的措施来清除风险。

除了上述三个方面，运营公司还需定期进行工作人员的培训和教育，以提升工作人员安全素质，保证不因人的差错而导致事故或者隐患；制定切实可行的应急预案并且组织演练，保证突发情况下抢救抢修的效率，降低风险带来的损失。

2) 风险监测

风险监测是一种动态的方法，运营公司需对区域轨道交通安全保障涉及的影响因素进行实时动态监测和预警，及时发现安全隐患，就能迅速采取措施清除风险，避免带来严重的后果。

人员因素在区域轨道交通安全起到了关键的作用，区域轨道交通安全与许多活动相关，而这些活动都需要人来参与并且由人来主导。“人”包括区域轨道交通工作人员和乘客，工作人员主要有管理人员、操作人员及其他各种作业人员等。充分发挥工作人员的主观能动性对保障区域轨道交通安全有着重要的作用，然而，相当一部分轨道交通事故的发生也与工作人员的不安全行为有关。因此，运营公司需关注系统内部人员各方面的素质，包括思想素质，技术业务水平，生理、心理素质等，合理安排工作人员岗位和开展培训工作，及时发现问题。乘客作为轨道交通服务的对象，其不安全行为不仅会威胁到乘客的个人安全，而且可能会引发更严重的事故，带来恶劣的社会影响。因此，运营单位需要对旅客的行为进行监测，加强进站安检和旅客的引导，同时对客流进行监测，及时发现客流量的异常从而采取相应的措施。

设备既是保证区域轨道交通系统正常运营的物质基础，又是区域轨道交通安全的重要保证。运营公司需要对区域轨道交通基础设施、列车的运行状态进行监控，同时在监控数据的基础上进行处理和分析，若发现异常则及时发出警报。安全监控的范围包括电力基础设施、车站基础设施、车内设备状态和列车运行状态，电力基础设施监控主要监控沿线的变电所供电系统是否正常；车站基础设施监控主要对各个车站的通风空调系统装备、自动扶梯、电梯、屏蔽门、照明设备等进行全面的监控；车内设备状态监控主要包括车门、车窗、车内报警设备等；列车运行状态监控则主要监控列车运行速度等指标是否正常。

影响区域轨道交通安全的环境因素包括内部环境和外部环境。对于内部环境，运营公司需要对工作人员的工作环境和设备环境如服务器机房温度、湿度等进行实时的监测，及时预警。外部环境包括自然环境和社会环境，自然环境暂时难以改变，运营公司需要对常见的自然灾害和气候变化等进行监测，一旦发现有可能影响行车安全的灾害需立刻采取行动。对社会环境的监测主要是对轨道交通车站治安和秩序的监测，防止引发骚乱。

3) 风险控制

风险控制是在风险出现征兆或者风险发生初期时及时采取对策控制、消除风险，防止其进一步发展带来更大的危害。与风险监控相似，运营公司需要对区域轨道交通安全保障涉及的影响因素中产生的风险进行控制。

针对人员因素，若发现有工作人员违规操作、业务不熟练等影响轨道交通安全的问题，运营公司应及时采取业务培训、思想教育、调换岗位等措施及时控制风险，防止由于人的差错导致整个安全系统可靠性降低甚至引发事故。对于旅客的不安全行为如携带危险品、不按规则上下车、落轨等需及时采用劝阻、报警等手段，避免引发严重的安全问题。另外，当发现客流量突然增大时，运营公司应采用客流组织、客流引导等方法避免大量旅客在站内滞留，从而带来安全隐患。

通过对设备的在线监控和健康度分析，运营公司需在日常的运维中对健康状态衰落的设备进行保养、维修或者更换零部件，避免设备发生故障影响正常的行车；对于进行出现异常或者故障的设备，应根据故障诊断的结果判断故障级别，对不同级别的故障采用不同的解决方案，例如，对在夜间停运期间处理影响较小的设备故障，从而在保证设备和系统健康度的情况下降低故障维修和停机成本。

对于自然环境带来的风险，运营公司需在自然灾害预警或者发生初期通过调整行车计划、增加安保工作频率等措施尽可能地控制风险；在发生危害区域轨道交通安全的治安问题时，运营应及时控制现场事态，必要时请求公安等部门支援，避免事件升级危及行车安全。

4) 应急处置

当区域轨道交通运营过程中发生列车脱轨、冲突、火灾、爆炸、毒气、地震、恶劣天气、突发大客流或设备严重故障、损坏等原因造成运营中断的非常事件时，运营公司需针对这些情况及时反应并采用有效措施进行应急处置，以尽快恢复正常运营秩序，尽可能地降低事件带来的影响。应急处置主要包括应急响应、人员疏散、故障维修和应急联动四个方面。

(1) 应急响应。

一旦发生突发事件，运营公司需立刻启动应急响应流程，首先对突发事件按照事件可控性、严重程度和影响范围进行评估，确定其应急响应级别，对不同级别的时间采用不同的应急预案，同时成立应急领导机构和现场指挥机构。应急信息流是连接各项应急活动的纽带，运营公司需建立完善的信息采集、处理、传递和发布机制，对突发事件的情况、处理情况等向应急组织各机构准确、及时地传递，便于运营公司安全保障部门、公安、消防、医疗等不同机构和组织了解情况并且迅速进行响应，有效地提供支援，同时在应急处置的过程中，需要保证各相关指挥部门之间、各相关执行部门之间、各指挥部门与其所指挥的执行部门之间、现场与执行部门之间、现场与指挥部门之间的信息通畅，以保证各部门的有效配合。

(2) 人员疏散。

在处理区域轨道交通突发事件时，需要贯彻“以人为本，安全第一”的原则，区域轨道交通具有人员密集、空间半封闭的特点，在应急处置时应尽快将处于危险中的旅客尽快地疏散到安全地带，避免出现更多伤亡。运营公司应采用客流组织、行车组织、多制式交通方式联动配合等多种方案，迅速对站内客流进行引导和疏散；对于被困旅客，应与公安、消防等部门联合进行营救和疏散，尽可能减少伤亡。

(3) 故障维修。

应急故障维修中，资源的管理是一个重要组成部分。资源包括人力资源和物资资源，当设备突发故障导致正常的运营工作无法开展时，运营公司需要在有限的时间内迅速组织维修人员、维修物资等进行高效的应急维修。应急资源的配置、布局、调度的效率将会直接影响应急处置的效果，因此运营公司需要采用科学有效的方法对应急资源的配置、布局和调度流程进行优化，以减少资源调度的时间。

在对故障设备进行应急维修时，若能迅速地诊断故障、精确定位故障位置、高效地排除故障，将会大大缩短故障恢复的时间，从而减少故障带来的损失，尽快恢复正常的运营工作。因此，运营公司需要使故障维修智能化，利用智能诊断技术提升设备故障的准确度和诊断效率，同时利用多种方法对现有故障维修流程进行分析、优化，提高故障维修的效率。

(4) 应急联动。

区域轨道交通系统是一个多制式的复杂系统，其设备种类多、线路长、站点多，一旦发生突发事件，需要电务、调度、维修等运营公司不同部门以及公安、消防、医疗等部门紧密配合、协同动作，共同进行伤员救援、人员疏散、故障维修、重点设备和环境防护等措施，确保旅客生命安全，迅速控制事态，减少影响。突发事件的应急处置涉及多个不同的组织和部门，包括多种处置环节和流程，因此建立完善的处理协调机制、加强各部门之间的整体联动、优化应急联动的流程，对于迅速处理突发事故、降低其影响有重要的意义。

5) 政府安全保障需求

区域轨道交通是一个复杂的系统，加强区域轨道交通安全保障需要从全局的角度全面考虑区域轨道交通全生命周期各方面的安全保障需求，建立健全可靠的安全保障体系和安全保障制度，明确各项安全保障工作的主体和内容，有效进行管理。政府有力的领导和监督是实现上述目标、确保各项安全保障工作顺利开展的基础。

(1) 全局安全风险监测评估。

政府及相关部门需从系统的层面和全局的角度建立区域轨道交通安全风险控制体系，对区域轨道交通系统设计、建设、运营全过程的风险进行实时监测管理，对风险进行主动的管理；同时需要建立区域轨道交通安全评价体系，应用安全系统工程方法及原理对系统中存在的风险因素进行辨识与分析，为系统指定安全防范措施和管理决策提供指导和依据。

(2) 多制式应急联动及联合运维。

区域轨道交通系统包含了不同制式的轨道交通工具，在应急处置时，通过多制式的协调与联动能够充分发挥系统的运能，从而实现系统的优化。然而，目前不同制式的轨道交通系统之间在信息交流、运输协同、管理体制等层面上还存在着割裂的现象，无法形成一个有机的整体。因此，政府部门需要对不同制式轨道交通运营公司等进行组织和引导，逐步完善应急联动体系和机制，使得区域轨道交通真正成为一个整体，更好地发挥其优势。

类似地，区域轨道交通结构复杂，设备和系统种类多、数目大，运营公司在进行日常的运维工作时，还需要系统设计与建设商、设备供应商、系统集成商、服务提供商等多个公司与机构进行配合才能提高日常运维的效率，优化运维的流程，同时，不同制式的轨道交通运维工作虽有较大的差异，但是政府及有关部门若能建立联合运维的机制，例如，利用不同制式的轨道交通运维工作在时间和空间上的错峰特性对维修资源配置和流程等进行优化，便能在保证安全的前提下实现全局资源的共享，节约成本，提升运维效率，达到系统级性能的优化。

(3) 安全保障管理效能评估。

政府需对区域轨道交通运营单位及安全保障组织机构的工作进行监督，定期从安全政策、安全保障组织机构及职责、应急保障、应急预案制定、文档和记录、风险评价和控制等多个角度对区域轨道交通安全保障管理工作进行全局的效能评估，以及时发现安全保障工作中存在的问题，提升安全保障系统的可靠性。

4.2.3　区域轨道交通安全保障技术需求分析

基于以上分析，针对区域轨道交通安全保障面临的问题，从理论、技术和装备研发支撑运营需求的角度出发，可以总结以下区域轨道交通安全保障需求。

1) 系统整体风险评估和风险瓶颈分析

需要针对区域轨道交通安全保障需求特点建立区域轨道交通系统安全保障指标体系以及系统整体风险评估和风险瓶颈分析理论方法体系，这一理论方法体系应该建立在现有的单一制式轨道交通系统风险评估理论方法之上，充分考虑区域轨道交通背景下多制式轨道交通之间的协同和互操作带来的新增问题，为区域轨道交通系统安全保障水平的优化提升提供指导和依据。

2) 风险瓶颈的动态监测和及时有效的风险预警

基于系统整体风险评估和风险瓶颈分析理论方法，需要对系统重要的风险瓶颈进行动态实时监测和及时的风险预警，一方面需要优化监测点布局和监测量设置，在保证监测效果的同时优化系统成本，另一方面需要设计有效的动态风险评估和预警算法，通过风险信息的有效挖掘和风险阈值的调整优化风险预警的性能指标(误报和漏报水平)和成本收益指标。

3) 基于协同优化的风险控制和应急处置

当风险已经出现征兆或突发风险已经出现时，需要将整个区域轨道交通复合路网作为一个整体，系统设计并实施基于协同优化的风险控制和应急处置方案，这种整体的系统优化会比局部单制式轨道交通的系统优化具有更大的优化提升空间，同时会避免各部分不协同导致的系统衰耗和突发问题。例如，高铁因异常情况出现的晚点会带来客流聚集风险，通过城市轨道交通的多路径配流和旅客引导以及应急调度可以有效降低这种风险。

4) 基于协同优化的维护维修资源全局优化配置

轨道交通的维护维修是轨道交通日常运营的重要工作，维护维修资源的配置不仅在成本和资源投入方面占据重要地位，更直接关系轨道交通的日常运营安全。轨道交通这类复杂工程系统的维护维修具有时间和空间上任务密度不均匀的特性，即不同时间段(如日常运输和节假日运输)维护工作量具有很大差异，同时不同线路段的维护工作量和内容也会存在差异，如果按最大工作量配置维护资源，会造成日常工作中大量资源闲置，形成成本浪费；但如果按更低的工作量要求配置资源，又会造成高峰时间段资源不够用。在区域轨道交通背景下，可以利用不同制式轨道交通运维任务在时间和空间上的错峰特性对维护维修资源的配置进行全局优化。

5) 基于多路径配流的复合交通路网容错机制

区域轨道交通背景下的多制式轨道交通复合路网具有较好的多路径冗余特性，合理利用这些多路径冗余特性可以在总体起讫特性不变的情况下降低各路径的客流饱和度，从而降低轨道交通路网的整体风险，同时可以在风险事件发生时有效调动多路径运输能力实现客流疏散，从而提升轨道交通路网的容错能力。

6) 基于状态修的轨道交通关键设备智能维护技术

轨道交通关键设备故障是区域轨道交通复合路网中重要的风险源，为有效控制这类关键风险源，一方面可以采用智能故障诊断技术提升设备故障后的诊断准确性和诊断效率，缩短故障恢复时间；另一方面可以采用基于状态修的智能维护技术，及早发现设备健康状态的衰落趋势，降低故障维修和停机成本，同时提高设备和系统的健康度。

4.3　区域轨道交通协同信息服务需求分析

区域轨道交通协同信息服务的目标是形成区域内统一多维度的乘客服务平台，提供定制化的出行服务，保障应急信息推送，提升人性化服务水平，实施有效监督及评价，形成政府及行业协同的有序的服务。

4.3.1　基于出行链的信息服务需求

1. 出行前的规划

1) 路径规划

(1) 出行方式选择。

区域轨道交通智能信息服务系统需要结合旅客的需求，即时为旅客提供合理的、可操作的出行方案，充分利用铁路、航空、大巴等公共交通网络，满足多样化出行的需求。

(2) 优化目标选择。

出行规划中优化目标主要包含以下几个方面：

① 时间。针对出发时间、到达时间及路程时间进行优化，可以为旅客提供特定时段出发或者到达的出行方案、出行时间较短的方案以及较早到达的方案。

② 舒适度。针对换乘方案进行优化，可以为旅客提供换乘次数较少的出行方案，同时旅客也可以指定出行方案中的换乘点，或者指定不愿意换乘的城市，提升出行中的舒适度。

③ 经济。针对出行价格进行优化，为旅客提供票价较低的出行方式。

区域轨道交通智能信息服务系统需要针对以上单目标以及多目标进行优化，综合平衡旅客出行过程中的各种需求及偏好，给出多种出行方案供旅客选择。

2) 票程规划

(1) 跨制式票程规划。

针对旅客出行规划中时间、舒适度、经济的优化目标，票程规划系统将面向换乘较少、总行程较短、到达时间较早、票价较低、特定经停站以及综合平衡旅客出行偏好等旅客行程、票程规划需求，研究适合我国复杂交通运输网络的优化计算模型，同时基于该计算模型提出多种票程、行程规划算法，满足旅客多制式出行的需求，提供多样化的出行方案。

考虑到我国人口众多、交通运输网络繁忙的情况，票程规划系统将会面对海量用户并发查询的应用需求，为了通过有限的硬件资源达到尽可能高的系统性能，同时保障票程规划系统的可拓展性，需要开发相应的高性能系统框架，针对数据存储访问优化机制和算法运行结构等问题进行研究，为票程规划系统提供技术支撑。

(2) 订票。

在结合旅客特定需求与当前公共交通网络的情况为旅客提供多样化出行方案的同

时，系统将同时显示每种方式的票价、余票等信息，提供便捷的购票通道，旅客在系统中即可完成所需的火车票、机票等的购买，而不需要跳转到不同的平台进行分别购票，通过这种方式可以使旅客的出行更加方便，极大地提升信息服务的用户体验。除此之外，区域轨道交通智能信息服务系统将会提供更加多样化的订票方式，包括互联网、多种智能终端等，使旅客能够通过多渠道完成订票。

(3) 支付。

区域轨道交通智能信息服务系统将提供多样化的客票载体，支持实体票、身份证、二维码等方式，发挥虚拟客票的优势，节约旅客的时间。多样化的客票载体也将简化旅客出行的步骤，旅客在平台购票获得实体票或者虚拟票后，即可凭借此票完成整个旅程，即使换乘或者换用不同的交通方式时，也无须再次取票。

3) 信息服务

(1) 天气信息。

为旅客显示出发时刻的出发地和到达时刻目的地的相应天气状况，尤其是关系到航班延误、推迟的天气信息。可扩展为在到达目的地后几日的天气情况。

(2) 列车时刻信息。

为旅客提供全出行链上所有列车的时刻，方便旅客乘车。

(3) 客流信息。

为旅客提供地铁、候车厅、列车的客流、拥挤程度信息，帮助旅客规划路线和候车。

(4) 市内交通信息。

为旅客提供市内交通的相关信息，包括接驳公交的站点、车次，出租车的站点位置，共享汽车、单车的相应信息，帮助旅客进行接驳。

(5) 目的地周边出行信息。

提供目的地及周边的相关出行信息，包括租车、旅游、长途客车等信息。

(6) 细分出行人群。

将旅客按照不同的年龄、出行目的、出行规律进行细分客流，统计相应的出行规律，对不同的客流人群提供相应的信息服务。

2. 出行中的引导和服务

1) 出行引导

(1) 室内定位。

系统通过 WiFi、蓝牙等技术，进行旅客手持终端信号采集，实现旅客的室内三维立体定位。并根据旅客的运动轨迹，对旅客位置进行动态跟踪。结合车站立体地图，对旅客当前位置及周边通道、扶梯、闸机等公共设施位置进行展示。旅客可通过手持终端选择站内目的地，系统根据旅客当前位置和选择的目的地进行实时三维寻路，生成立体路线图及图文引导信息，在旅客运动过程中通过手持终端对旅客进行实时引导。

(2) 增强现实出行导航。

系统采用基于室内定位的增强现实技术，将图形化的指引信息与室内场景合成渲染，给予旅客更加直观的精确导航。当旅客选择目的地后，系统能够根据旅客当前位置及手持终端摄像头中拍摄的室内场景进行实时路径规划，并以箭头方式对旅客进行导航指引。旅客行进过程中，系统能够根据行进方向、拍摄场景等因素实时调整路线，保证箭头指向正确方向。

(3) 换乘引导。

系统根据旅客既有出行路径规划及票程规划，获取旅客换乘点信息，为旅客生成个性化换乘引导方案，并提供换乘信息推送。结合室内定位和增强现实技术，通过手持终端为旅客提供实时精确的换乘引导。系统可在换乘点提供查询设备，通过人机交互获取旅客换乘目的地，提供行进方向引导。系统可在换乘点设置引导大屏，向旅客发布换乘路线引导公告。

2) 出行服务

(1) 态势感知。

提供基于视频监控画面的人数估计功能，在监控画面正常显示的情况下，能够自动并实时对画面中所包含的人数进行估计。

提供人数情况统计功能，可以将实时产生的人数估计情况进行保存，操作人员可以查看某监控区域任意时间段内人数的最大值、最小值、平均值等统计结果。

提供密度图显示功能，可以显示监控画面中的人群密度分布图，操作人员可以将其以图片的方式进行存储。

提供通过视频截图或保存到本地的录像获取人群数量估计值和密度分布图的功能。

操作人员可以预先设定某监控区域允许的人数最大值，当基于监控画面的人数估值超过设定值时可以自动报警。

(2) 登乘。

① 实体卡。

一卡通、轨道交通专用票：乘客可通过刷一卡通和轨道交通专用票出站。

银行卡：乘客使用银行卡在支持银联“闪付”(Quickpass)功能的前端设备上，轻轻一靠，400ms 内完成支付，刷卡过程不需要密码和签名。通过这种方式乘客可以购票、进出站。

② 模拟卡。

二维码：乘客可通过微信公众号、支付宝、应用程序等多种方式获取二维码，使用二维码取票或直接扫二维码进出站。

手机：乘客通过手机应用程序进行充值并购买地铁储值票卡，通过手机近场通信射频通道实现与前端设备通信，实现“不带钱包出门，只用一部手机搞定”的出行方式。

③ 生物识别。

前端信息采集设备通过捕捉人脸、虹膜等乘客信息，与已知的乘客信息进行对比，从而识别每个乘客的身份，通过此种方式乘客可直接进出站。

这种方式无须在车站内设置实体闸机，在相应区域设置信息采集设备即可。

(3) 自然语言信息查询交互。

① 查询内容。

a. 列车时刻表信息、车次到发信息、售票处分布、剩余票额、票价、站内环境说明、站内服务设施说明、市内交通、天气情况、客运常识、旅行安全常识、通知公告等。

b. 轨道交通车站出口及周边地理及交通指南、面向轨道交通乘客潜在需求的各种广告信息查询等。

c. 主要用于乘客自助式查询车票内记录的历史交易信息。查询服务可以回溯车票内记录的历史信息(所显示的历史交易数据的个数应可通过参数设置)，这样的信息包括票种、购票时间、进站时间、出站时间、进站地点、出站地点、扣费金额、剩余金额和有效期等。

② 基于自然语言交互的用户服务。

a. 系统提供基于自然语言交互的智能化用户服务终端或接口。

b. 系统能够将以用户语音为载体的需求转换成为系统内部信息查询。

c. 系统提供用户个性化定制的语言交互和信息展示。

d. 系统提供列车时刻表信息、车次到发信息、售票处分布、剩余票额、票价、站内环境说明、站内服务设施说明、市内交通、天气情况、客运常识、旅行安全常识、通知公告等相关内容的调用和展示能力。

3) 信息服务

(1) 车上信息服务。

在列车上旅客需求的信息包括：

① 列车运行信息，包括中途停靠站时间、停车时间，列车当前运行区段、列车正晚点时间；

② 列车餐饮提供信息；

③ 沿途旅游风光信息，停靠站城市介绍、地方特产、人文地理信息等；

④ 旅途中途经地的气象信息及目的地的气象信息；

⑤ 中转换乘信息，如换乘车站、车次、换乘列车时刻信息等；

⑥ 多媒体娱乐服务信息。

(2) 地面信息服务。

乘客在出行过程中，根据乘客处在不同的位置，决定了所需要的信息：

① 进站大厅，即不同车次的到发时刻信息及在哪个候车室候车；

② 候车室外，即显示该候车室候乘的所有车次信息；

③ 候车室内，包括列车发车时间、检票时间、站台信息等；

④ 天桥或地道，包括站台位置信息、各车次所在站台信息；

⑤ 站台，包括出站地下通道的位置信息、各停靠车次信息；

⑥ 出站口，包括出站信息、市内交通信息。

3. 出行后的延伸服务和反馈

1) 出行后延伸服务

旅客在出行完成后，需要向全出行链上的所有交通费用进行结算，统一或是分部进行旅程费用发票的打印，并推送至旅客的终端，旅客可自行进行下载和打印。

2) 返程信息推送

旅客在出行完成后，可推送相应后几天的返程信息，并标明相应的价格，告知旅客完成返程票购买的信息。

3) 出行反馈

在乘客出行完成后，系统推送相应旅程服务的服务水平调查表格(包括旅程时间、舒适度、费用、推送信息需求满意度、乘客建议补充的信息服务等)。系统后台将调查表格信息进行收集整理，对需要采纳的反馈意见进行系统调整设计，对涉及的信息服务系统进行调整，提高现有智能信息服务系统的服务水平。

4. 政府信息服务

整合国资监管信息资源，不断强化动态监管、协同监管；推进信息化基础设施、应用系统、数据标准统筹建设，为政府提供一体化信息支撑，为公众提供便捷信息服务；推动信息化基础设施、应用和信息资源互联互通；打造“资源集聚、应用集成、门户集中”的信息化发展新模式，最大限度地优化资源配置。

以支撑“行业发展、政府治理、社会服务”为目标，充分运用互联网思维，创新行业信息化发展模式，切实提升行业精细化管理、精准化服务能力，引领区域轨道交通转型升级，全力打造覆盖广泛、协调联动、低碳环保的新一代智慧交通系统。

(1) 加强和完善政府引导，统筹物质、信息和智力资源，推动新一代信息技术创新应用；

(2) 强化网络安全保障，提高交通基础设施的承载能力；

(3) 提升行业信息化水平，加强事中、事后监管；

(4) 区域协同发展，提升交通感知能力；

(5) 促进信息化与业务工作深度融合；

(6) 社会化出行服务进一步完善。

5. 企业信息服务

根据轨道交通行业内企业的职责定位，以及政策要求分析，从运营安全、资产管理、智慧决策协同增效四方面梳理业务需求，如表 4-1 所示。

表 4-1　轨道交通企业信息服务需求

信息服务需求		投资企业	建设企业	运营企业
区域轨道交通协调/管理	重点事项协调/管理	√	√	√
	建设协调/管理	√	√	
	运营协调/管理	√		√
	投融资协调/管理	√		

续表

信息服务需求		投资企业	建设企业	运营企业
区域轨道交通协调/管理	档案调看管理	√	√	√
	标准协同管理	√	√	√
区域轨道交通规划管理	建设规划	√		
	可研立项	√		
	资金规划	√		
区域轨道交通建设管理	项目管理		√	
	隐患管理		√	
	应急指挥		√	
	试验检验		√	
区域轨道交通运营管理	生产/应急指挥			√
	运营计划管理			√
	乘务管理			√
	站务管理			√
	隐患管理			√
	运维培训			√
区域轨道交通资产管理	资产管理	√	√	√
	智能维修维护			√
决策协同增效	业务系统	√	√	√
	资源共享	√	√	√

4.3.2　区域轨道交通协同信息服务技术需求分析

1. 区域轨道交通大数据基础关键技术

遵循科学性、系统性、可扩展性、兼容性和综合性等基本原则，梳理区域轨道交通在运营方面的数据内容与范围，形成统一规范的数据标准定义，协同处理标准，建立有效、开放的数据交互模式，不但有利于区域铁路自身运营系统的设计和建设、减少数据的重复采集与加工、提升数据收集与应用质量，也有利于实现与其他交通方式的信息互通和运营协同，更好地发挥区域铁路的衔接作用，支撑轨道交通多制式的协同发展。

建立区域轨道交通大数据协同处理标准，以及基于消息服务的多源轨道交通数据高效收集、分布处理和动态发布机制。针对多制轨道交通大数据的高维时空异构特性，面向数据的非对齐、可信性、完整性、一致性等问题，建立基于关联分析的多制轨道交通数据建模与交叉验证方法，以及多视角、多粒度的高维时空大数据融合技术。研究动静态多源交通数据关联模型的形式化表示、关系动态建模与多尺度关联分析方法。研究基于高维时空大数据的知识获取方法，建立多源知识驱动的交通态势建模与感知技术。研究多情景环境下的事件行为本体建模和决策语义规则库构建，建立多模式的交通态势感知决策模型和算法，支撑区域轨道交通运输运维管理、协同运输决策以及智能出行服务等应用需求。深入分析轨道交通多应用服务场景需求，基于云计算和大数据驱动的新型信息平台技术，提出通用微服务模型架构并研究服务的自适应自组装技术，提出云端融合的区域轨道交通大数据服务架构，形成区域轨道交通大数据基础关键技术。通过上述关键技术的突破形成区域轨道交通信息协同处理与动态发布标准规范，以支撑区域轨道交通协同运输与服务系统大数据相关研制。

2. 区域轨道交通威胁感知与信息安全保障技术

为了有效提升区域轨道交通协同运输与服务智能化水平，为公众提供一站式、交互式、个性化、智能化的信息服务，针对区域轨道交通智能信息服务关键技术进行深入研究，具体针对区域轨道交通的“威胁感知与信息安全保障技术研究”开展研究工作。最终支撑构建开放架构、云端融合的智能信息服务系统。为了有效提升区域轨道交通协同运输与服务智能化水平，为公众提供安全的信息服务，通过研究面向区域轨道交通的大数据基础关键技术，打通区域轨道交通信息孤岛，建立大数据驱动的各制式系统数据互通、需求互联、协同智能的一体化融合机制。还需要完善交通威胁感知与信息安全保障技术相关技术。

1) 智能服务系统信息安全保障策略

针对云端融合的区域轨道交通大数据服务架构，基于多源数据采集和多种终端接入的智能服务系统架构基本特征，分析智能服务系统用户出行服务不同场景下的信息安全保障需求，并针对不同情境下的不同信息安全保障需求制定高效灵活和动态自适应的信息安全保障策略。

2) 信息安全威胁态势感知模型

首先分析区域内多制式的轨道交通用户出行服务场景的安全需求，并通过建模技术，以及信息服务系统安全威胁自适应演化技术，形成自适应、稳定、基于反馈的威胁免疫过程。建立智能信息服务系统的信息安全威胁态势的感知模型，实现安全威胁态势感知算法。

3) 系统和终端信息安全威胁态势感知技术

在分析智能信息服务系统和智能信息服务终端信息安全需求以及信息安全威胁源等内容后，研究智能信息服务系统和终端安全威胁变化风险等级划分的实现策略、可视化展现方法以及动态风险控制策略知识库的构建等，为安全威胁实时定量感知与动态风险控制系统提供基本的技术支持，实现基于大数据平台的智能信息系统和终端信息安全威胁态势感知模块组件。

4) 系统和终端访问控制技术

建立异构终端服务能力模型，研究终端用户身份鉴别信息管理和安全性评估机制，基于角色和属性相融合的访问控制策略，研究移动互联环境下智能信息服务移动终端的安全可控接入，完成相应的研究报告，实现移动互联环境下智能信息服务移动终端的安全可控接入模块组件。

5) 多因子终端身份认证技术

研究高安全高可用的自适应数据加密策略，提供区域轨道交通智能服务系统终端用户身份鉴别信息管理和安全性评估机制，研究基于角色和属性相融合的访问控制策略。研究移动互联环境下智能信息服务移动终端的安全可控接入，研究多服务器多用户环境下的密钥管理技术。基于可证明安全理论、自然语言处理技术和生物特征隐私保护技术，设计实用的跨安全域多因子智能信息服务移动终端认证协议。

3. 区域轨道交通出行信息服务技术研究

研究多源感知驱动的用户情景认知和需求发现技术，提出多情景个性化服务推荐算法以及定向推送技术。研究多制式区域轨道交通系统的旅客出行模型，解决多制式区域轨道交通系统的智慧出行规划以及与协同运输组织衔接问题。挖掘基于自然语言的区域轨道交通旅客交互服务需求，通过服务情景感知和关联知识发现，研究基于自然语言交互接口的旅客需求理解和关联服务技术应用。结合多源数据融合和室内定位技术，研究面向旅客的增强现实出行导航技术。围绕视频大数据，研究视觉对象的属性识别、实时检测，研究复杂场景中的态势判断模型与推理机制，为基于视觉的轨道交通系统运维和服务需求提供技术支撑。研究面向多制式区域轨道交通的一体化虚拟票务技术，结合开放域征信知识，建立基于信用登乘的第三方票务支付业务交易接口和流程规范。采用视频态势感知及分析技术，时刻监控区域轨道交通乘客出行状态，有效识别乘客聚集风险并实现高效准确预警。

第 5 章　区域多制式轨道交通协同机理

5.1　区域多制式轨道交通协同层次及等级

5.1.1　协同层次

区域多制式轨道交通协同的主体包括政府、轨道交通公司(运输企业)、旅客。其中旅客既是协同的参与者，也是协同的检验者，一切协同都是为了安全高效地输送旅客；政府是协同的宏观主体，在协同过程中起到宏观调控、组织管理的作用；轨道交通公司(运输企业)是协同运输的主导，其在运营、应急、信息等的协同程度直接影响区域多制式轨道交通协同的质量。

根据区域内各组分轨道交通的相互衔接关系、业务交互的不同，按从高到低的顺序，协同层次可以分为跨区域合作协同、跨制式计划协同和同制式内部协同。

(1) 跨区域主要是指涉及两个及以上不同区域轨道交通的关系，一般情况下为主要干线铁路之间的相互联系，包括高速铁路与高速铁路之间、高速铁路与普速铁路之间、干线铁路与市域铁路之间，各运营主体的地位相当。要实现跨区域轨道交通的协同，要求各干线线路、不同制式之间相互合作，称为合作协同，如高速铁路与普速铁路合作协同、不同高速线路间的合作协同。跨区域合作协同的关键是不同线路(制式)运营主体要协同列车的运行，尤其是跨线列车的开行，重点控制衔接点(列车跨线点)的列车交接和调度指挥权限划分。

(2) 同一区域内跨制式的轨道交通，以旅客换乘或列车互通运营为纽带联系起来，其协同的关键是计划的协同，包括旅客运输计划和列车运行计划。旅客运输计划以换乘客流的换乘需求为基础，是不同制式列车开行计划的基础。列车运行计划主要包括换乘模式下不同制式轨道交通的旅客换乘列车接续计划、贯通运营模式下不同制式轨道交通列车互通运营计划和共用设备的运用计划、不同制式轨道交通的应急组织和救援计划。

(3) 同制式轨道交通依照内部协同的原则，在保障跨制式和跨区域协同的前提下，保证同一制式轨道交通内部运输组织、应急救援、安全保障、信息服务、设施设备运用的内部协同。

5.1.2　协同等级

纵观世界轨道交通协同运输发展的历程，轨道交通的发展始终以保障运输安全、提高运输效率、降低运输成本、提高服务质量为目标，不断提高线网规划、运输组织等方面的协同程度。根据区域轨道交通在线网规划与建设、信息共享、运力资源配置、应急响应与安全保障、协同管理等方面的协同程度及需求，可以将多制式轨道交通协同程度依次分为四个等级。

1.独立运营

独立运营是多制式轨道交通协同的最低等级(0 级)，各制式轨道交通维持原有的运营模式，彼此之间相互独立。表现如下：

(1) 固定和移动设备的使用均为各制式轨道交通独有；

(2) 各制式轨道交通的运营相互之间独立；

(3) 只有当旅客在两制式之间发生换乘时才涉及客流的协同输送问题，其协同的关键仅在换乘站的客运组织，如售票、检票、安保等。

2. 信息共享

信息共享是多制式轨道交通协同的Ⅰ级，各制式轨道交通仍然维持独立运营模式，各制式轨道交通实现基本客流信息、基本列车运行信息的共享与互通。表现如下：

(1) 固定和移动设备的使用均为各制式轨道交通独有；

(2) 各制式轨道交通的运营相互之间独立；

(3) 不同制式轨道交通间客流换乘信息交互与共享、互通；

(4) 列车到发等正晚点信息的交互与共享、互通。

3. 互联互通

多制式轨道交通列车互联互通的贯通式运营模式是协同的Ⅱ级，各制式轨道交通实现物理设备和移动设备的共享，列车跨制式贯通运营，列车相关信息共享与互通。表现如下：

(1) 不同制式间固定设备共享，如车站线路、折返设备等；

(2) 不同制式间移动设备共享，如列车互通跨线运营；

(3) 应急救援设备共享，如应急救援车辆；

(4) 调度过程的无缝衔接，跨制式互通运营列车运行信息的无缝传输；

(5) 不同制式轨道交通信息共享，如客流信息、调度指挥信息。

4. 智能联动

多制式轨道交通智能联动是协同的最高级别(Ⅲ级)，各制式轨道交通实现智能互联、信息共享、调度决策、组织指挥、应急救援等的智能化。表现如下：

(1) 不同制式间固定设备智能化共享，如设备运用的智能化决策优化、最优化运用等；

(2) 不同制式间移动设备智能化共享，如跨制式列车设备的智能化决策优化、最优化运用等；

(3) 应急救援设备智能化共享，救援组织过程的智能化多制式联动，多制式轨道交通应急救援的智能化决策；

(4) 多制式轨道交通调度指挥、组织指挥决策智能化；

(5) 不同制式轨道交通信息智能化共享，信息自动传输、分析与共享。

区域多制式轨道交通各协同等级及其特征如表 5-1 所示。

表 5-1　区域多制式轨道交通协同等级

协同等级	协同内涵	协同特征
0 级	独立运营	线网规划与建设相互独立； 运输计划独立编制，运力资源独立配置； 各制式运营主体不同，运营相互独立； 信息不共享
Ⅰ级	信息共享	各制式规划、建设和运营相互独立； 各制式间客流信息、列车正晚点等基础信息共享； 旅客可通过统一渠道获取出行所需的时刻表、正晚点、天气等信息
Ⅱ级	互联互通	规范标准统一互认，基础设施互联互通，运力资源协同配置； 运输计划协同编制，组织指挥无缝衔接； 跨制式列车常态化开行； 信息高度共享； 旅客跨制式出行有序引导； 协同应急与安全保障体制机制完善，跨制式应急联动高效
Ⅲ级	智能联动	充分发挥数据科学、人工智能、知识自动化等的优势； 线网布局、计划编制、组织指挥、运力资源配置、安全保障等全面协同与智能化； 智慧轨道交通，保障旅客智慧、安全、高效、舒适出行

5.2　区域多制式轨道交通运输组织协同模式

5.2.1　区域多制式轨道交通运输组织协同模式分类

根据多制式轨道交通运营主体、线网布局、运力资源配置、信息服务、安全保障、组织指挥等方面的协同形式及决策流程，将多制式轨道交通运输组织协同模式分为以下五种。

1. 完全独立模式

完全独立模式下各制式轨道交通维持原有的运营模式，彼此之间规划建设、运营管理、调度指挥、信息服务、应急管理均相互独立。

完全独立模式实施难度低，各制式轨道交通根据制式内部需求独立进行相关决策。

2. 信息共享模式

信息共享模式下各制式轨道交通运营主体不同，各制式轨道交通实现基本客流信息与列车运行信息的共享，但仍然维持独立运营模式。各制式轨道交通根据共享信息独立编制运输计划，再根据实时列车运行信息、实时客流信息及时调整列车运行。旅客通过信息获取终端获取出行全过程的列车时刻表、列车实时运营状况、换乘指引、故障情况等共享信息，合理规划出行。

该模式实施的关键在于共享信息的高效管理与使用，可通过建立信息共享平台实现，不同制式轨道交通系统将各自的信息上传至信息共享平台，并从信息共享平台获取其余制式轨道交通信息。信息共享模式协同机理如图 5-1 所示。

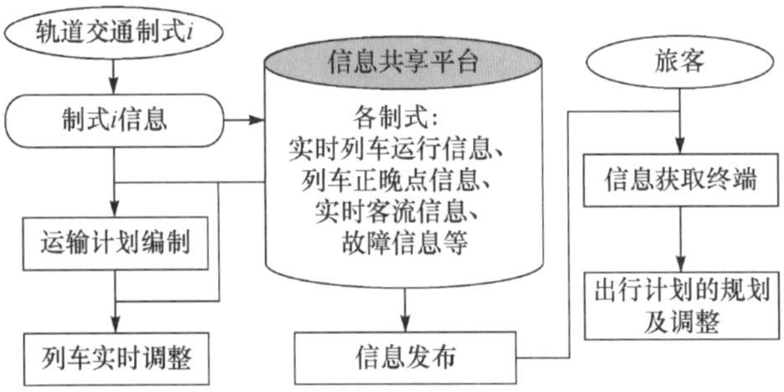

图 5-1　信息共享模式协同机理图

3. 合作协同模式

合作协同模式下所有主体之间信息共享，合作主体在运输计划编制、运力资源配置、组织指挥等一个及以上方面实现协同，合作主体以同等地位参与协同内容的制定，对协同内容具有同等决策权；对于未纳入协同层面的内容，各主体可自主决策。合作主体可以是两个或多个，参与合作的主体，其协同内容由所有合作主体协商决策。例如，国铁与地铁采用合作协同模式并在运输计划编制方面实现协同时，合作主体即国铁与地铁，合作内容为运输计划的编制，二者在日常运营组织、调度指挥等方面可相互独立，未参与协同的城际铁路等制式可独立决策。

合作协同模式实施的关键是确定合作主体以及合作内容。确定的目标是提升区域轨道交通复合系统总体运能、运输效率以及服务质量，确定的依据是旅客出行需求及合作主体运营管理需求。合作协同模式协同机理如图 5-2 所示。

4. 主辅协同模式

主辅协同模式中各制式在运输组织中区分主次关系，以某种制式的轨道交通为主导，其他制式配合主导制式。主导制式考虑从属制式的主要需求及关键组织环节，进行线网布局、运输计划编制、运力资源配置以及组织指挥等，从属制式以主导制式的方案为前提组织运输。

主辅协同模式实施的关键是确定协同主次以及协同内容。协同主次的确定以客流需求、线网能力等情况为依据，协同内容中首先确定主导制式的线网布局、运输组织与调度指挥方案，再确定其余从属地位轨道交通的对应方案。该模式协同机理如图 5-3 所示。

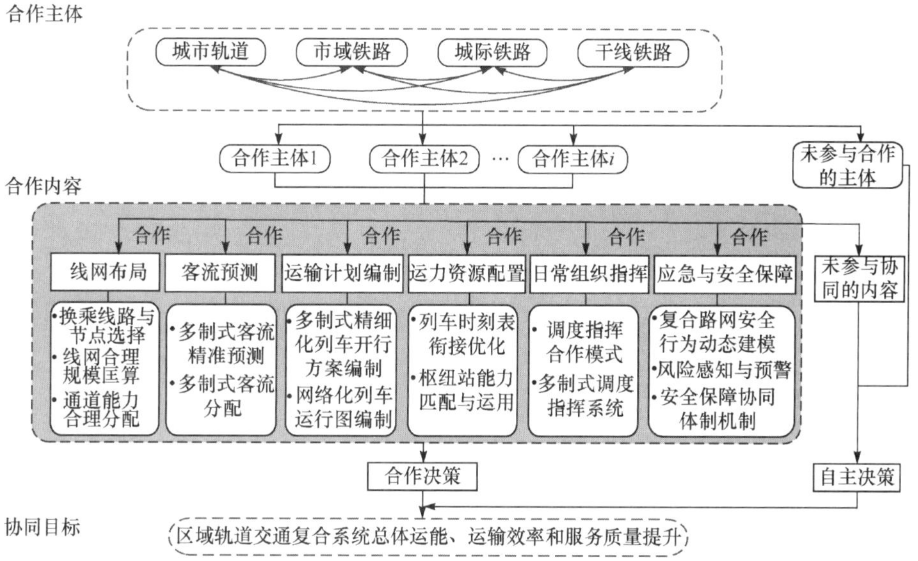

图 5-2　合作协同模式协同机理图

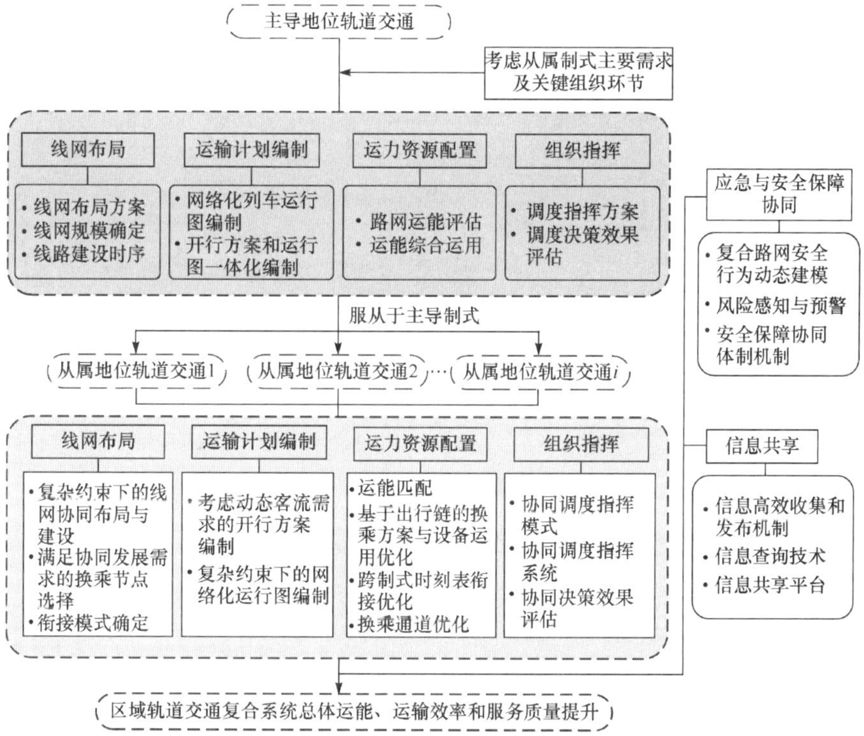

图 5-3　主辅协同模式协同机理图

5. 一体化运输组织模式

一体化运输组织模式通过各制式的有机衔接和高效配合，产生最大的协同效应，实现由单一制式向综合轨道交通系统的转变。该模式下，不同制式间线网协同布局、运输计划协同编制、运力资源共享、组织指挥与应急安全保障协同、信息完全共享，实现客运服务一体化。随着技术的发展，最终达到智能化的一体化运输组织。

一体化运输组织模式通过建立轨道交通复合系统统一的运营管理机构或运营管理协调机构，进行线网协同布局与建设、协同运营管理。模式的实施需要满足基础设施互联互通的技术要求，需要复合路网运能评估与运用理论的支撑，需要具备信息高效采集、处理与运用的技术条件，需要提供运输态势实时评估与保障的技术支持。该模式协同机理如图 5-4 所示。

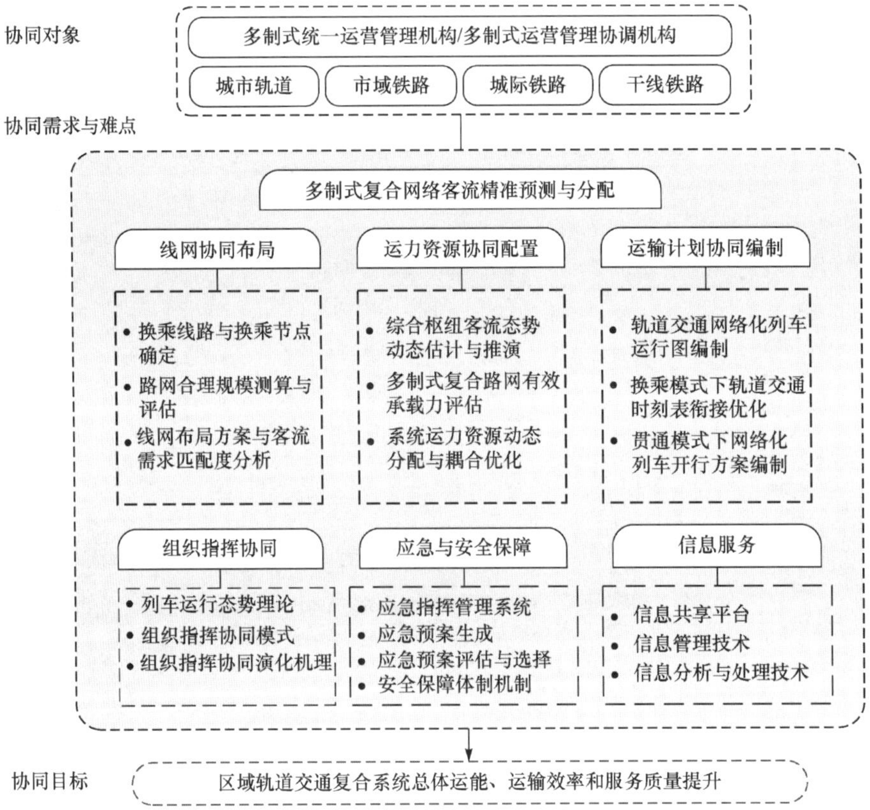

图 5-4 一体化运输组织模式协同机理图

5.2.2 区域多制式轨道交通运输组织协同模式适用性分析

各种运输组织协同模式在线网规划与建设、服务质量、运力资源配置、安全保障、组织管理等方面的特征及其具有的优势、不足与实施难点如表 5-2 所示。

对于不同发展阶段下的区域多制式轨道交通复合系统，因其旅客出行需求、线网规模、技术水平、组织管理水平、运营管理体制机制等情况不同，需采用适宜的运输组织协同模式。

当区域多制式轨道交通处于起步阶段时，轨道交通制式单一，线网结构简单，线网规模相对较小，各制式轨道交通以自身发展为主，较少从旅客全出行链角度出发考虑资源共享和运输组织的协同配合。因此，此阶段可首先采用完全独立模式，然后向信息共享模式过渡，从而在有限的基础设施条件下尽可能地提高协同等级、提升服务质量。

表 5-2　运输组织协同模式的优势与不足分析表

模式	优势与不足	具体内容
完全独立	优势	运营自主性强，运输组织简单，实施难度小
	不足与实施难点	1. 线网规划独立，不利于一体化发展； 2. 制式间信息不共享，旅客跨制式出行不便捷； 3. 制式间计划编制与调度指挥相互独立，运输效率低； 4. 各制式资源配置不协同； 5. 缺乏应急管理联动机制
信息共享	优势	1. 旅客可获取全过程出行信息，制式间信息共享； 2. 运营自主性强，运输组织简单，实施难度小
	不足与实施难点	线网规划、建设、运营独立，运输效率较低；资源配置不协同；缺乏应急管理联动机制
合作协同	优势	1. 线网规划有一定的协同； 2. 制式间信息共享，旅客跨制式出行便捷； 3. 运输计划编制与调度指挥协同，运输组织高效； 4. 制式间设备共享，资源利用率提高； 5. 应急响应与安全保障协同； 6. 部分运营自主性得到保留
	不足与实施难点	合作主体注重自身利益，对协同内容发生意见冲突时难以协调，实施难度较大
主辅协同	优势	1. 线网协同规划； 2. 制式间信息共享，旅客跨制式出行便捷； 3. 运输计划与调度指挥均实现协同，运输组织高效； 4. 制式间资源共享，运输效率高； 5. 应急响应与安全保障协同； 6. 部分运营自主性得到保留
	不足与实施难点	不同制式轨道交通主辅地位难以确定，同时主辅地位还会随条件的变化而变化
一体化运输组织	优势	在线网规划、计划编制、运力资源配置、应急响应与安全保障等方面均实现协同，与客流需求适应性高，运能利用充分
	不足与实施难点	需建立与一体化运输组织相适应的管理体制机制，实施难度大

当区域多制式轨道交通处于快速发展阶段时，轨道交通制式种类增加，线网规模大幅提升。各制式间换乘客流激增，旅客对服务质量的要求提高。轨道交通复合系统开始注重提升服务质量，同时注重解决运能利用不平衡、不充分的问题，要求实现信息共享，对线网规划与布局、计划编制、运力资源配置、组织指挥等方面的协同程度要求较高。因此，该阶段主要在合作协同与主辅协同两种模式之间进行选择。两种模式优势相近，选择时需综合考虑各制式发展程度、线网规模、技术水平、实施难度等因素。当各制式发展程度不均衡，线网规模差异较大时，均等合作的难度较大，适宜采用主辅协同模式。

随着区域轨道交通网络的不断完善、协同运输需求的不断增大，充分利用路网运能、最大限度地提高运输效率与服务质量已成为轨道交通复合系统的首要目标。同时随着智能技术的发展以及各制式间的边界模糊化，一体化运输组织管理体制将逐步形成，采用一体化运输组织模式能实现全面协同与智能化，充分利用路网运能、适应旅客需求。因此，当区域多制式轨道交通处于成熟完善阶段时，适宜采用一体化运输组织模式。

5.3 区域多制式轨道交通复合系统调度指挥模式

5.3.1 区域多制式轨道交通复合系统调度指挥模式分析

1. 轨道交通调度指挥模式

区域多制式轨道交通包括地铁、轻轨、磁悬浮列车、有轨电车等不同制式组成的城市轨道交通，以及市域铁路、城际铁路、干线铁路等，目前多数有轨电车、轻轨等制式轨道交通由地铁运营公司运营管理，城际铁路、干线铁路多由当地铁路局集团公司运营管理，市域铁路多由地铁运营公司或铁路局集团公司运营管理。因此，城市轨道交通的调度指挥主要由地铁运营公司负责，其他轨道交通的调度指挥则主要由铁路局集团公司负责，因而轨道交通调度指挥模式可分为城市轨道交通调度指挥模式和国家铁路调度指挥模式两类。

1) 城市轨道交通调度指挥模式

目前国内共有 40 余个城市开通了城市轨道交通，其中北京、上海、广州等城市的轨道交通已处于网络化运营阶段，其调度指挥模式为其他城市轨道交通提供了借鉴。城市轨道交通调度指挥模式如图 5-5 所示。线网层负责协调路网运力资源与运能、监控路网运营状态、应急指挥协调以及对外联系等；线路层负责各线路的具体调度指挥工作等；现场层主要负责执行上级下达的指令。

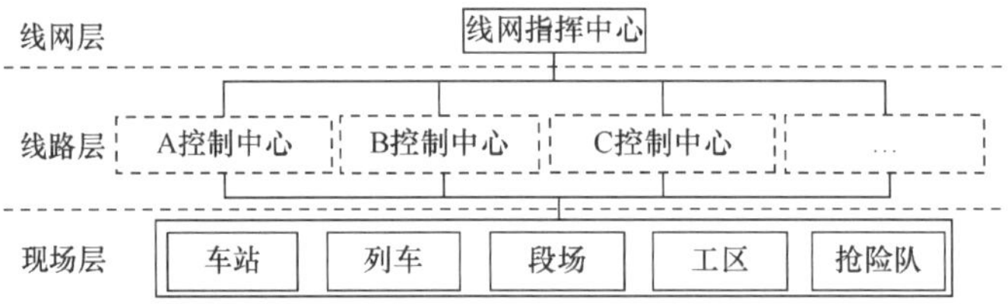

图 5-5 城市轨道交通调度指挥模式

2) 国家铁路调度指挥模式

我国国家铁路中高速铁路和既有线并存，而且二者采用不完全相同的调度指挥模式。高速铁路主要采用中国国家铁路集团有限公司(以下简称国铁集团)调度处-铁路局集团公司调度所二级调度指挥模式，同时在车站设有专门的应急值守人员，负责应急调度指挥系统失效等突发情况下的车站调度指挥工作；既有线采用国铁集团调度处-铁路局集团公司调度所-站段调度室三级调度指挥模式。国家铁路调度指挥模式如图 5-6 所示。

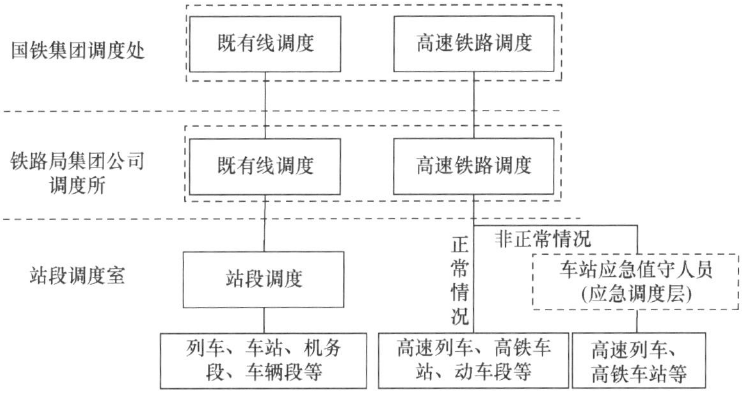

图 5-6　国家铁路调度指挥模式

2. 区域多制式轨道交通复合系统调度指挥模式

1) 区域多制式轨道交通复合系统调度指挥模式分类

单制式轨道交通调度指挥模式的发展已较为成熟，但随着不同制式轨道交通在客流需求、运营状态上时空关联性的日益增强，各制式轨道交通系统独立运营已不能满足当前区域轨道交通进一步发展的需要。为保证区域内不同制式轨道交通系统运输组织工作有序、高效进行，提出独立调度指挥模式、合作调度指挥模式、混合调度指挥模式和一体化调度指挥模式四种区域多制式轨道交通复合系统调度指挥模式。

(1) 独立调度指挥模式。

独立调度指挥模式是指区域内各制式轨道交通运营主体根据本制式轨道交通系统服务范围内的客流信息、设施设备运用状态等，独立负责系统内部列车运行计划、车底运用计划、乘务运用计划、施工计划等计划的编制与执行，且在整个计划编制与执行过程中，不依赖于系统外部其他制式轨道交通的运行信息等，不与系统外部其他制式轨道交通进行相关信息的交互与共享。在独立调度指挥模式下，各制式轨道交通运营主体只聚焦于优化本系统内部的运输组织来提高运输效率与服务质量，较少考虑和其他制式轨道交通系统之间的协同运营，不能充分发挥区域轨道交通复合系统的整体效能。

(2) 合作调度指挥模式。

合作调度指挥模式是指区域内各制式轨道交通运营主体相互合作，交互与共享需要协同的数据信息，并根据协同方的需求，接收相应的协同信息，将其作为本制式轨道交通计划编制和列车运行调整的输入参数，最终生成协同运输方案及调整方案，从而在一定程度上实现不同制式轨道交通间的运行计划协同、组织指挥协同。在该模式下，合作形式主要有主辅合作和均等合作，但无论采用何种形式，都应将合作制度化，这样才能保证该模式的顺利实施。此外，不同制式轨道交通间开行跨制式列车时，应首先解决好在衔接站调度指挥的衔接问题。在列车运行过程中，列车运行所在线路运营主体对列车应拥有调度指挥权，以保证列车安全运行。合作调度指挥模式如图 5-7 所示。

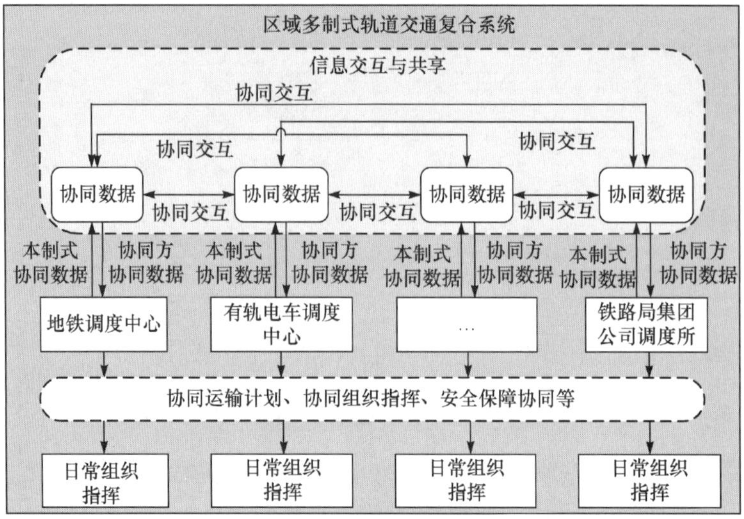

图 5-7　合作调度指挥模式

(3) 混合调度指挥模式。

混合调度指挥模式是将调度指挥层级分为两层，即在不同制式轨道交通调度指挥中心的顶层增加区域调度指挥协同中心层级，通过信息共享、收集并整理各制式轨道交通的协同数据(各制式轨道交通列车运行计划、客流信息、列车运行实时信息、应急信息等)，编制不同制式轨道交通间的协同运输计划及调整计划，并提供给各制式轨道交通调度指挥中心执行，同时还负责紧急情况下的应急指挥协调等。在混合调度指挥模式下，各制式轨道交通调度指挥中心负责本制式的日常组织指挥工作。混合调度指挥模式实质上是以计划协同为主导的调度指挥模式。混合调度指挥模式如图 5-8 所示。

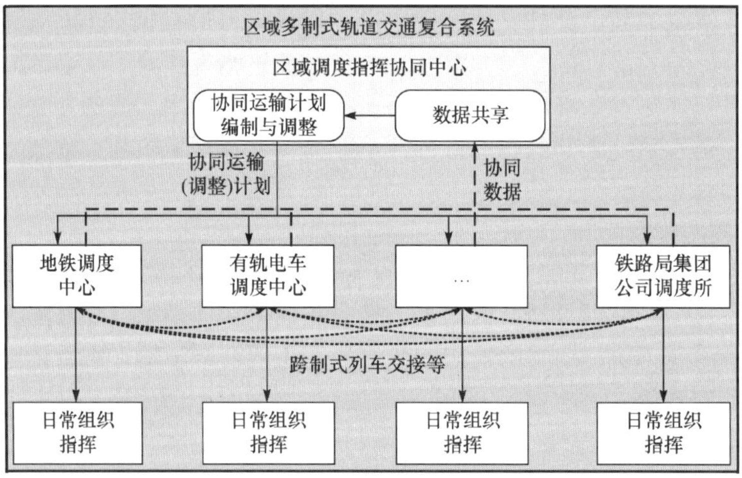

图 5-8　混合调度指挥模式

(4) 一体化调度指挥模式。

一体化调度指挥模式是指将不同制式轨道交通的调度指挥权有机整合，构建一个一体化的区域轨道交通调度指挥中心，负责区域内整个轨道交通的调度指挥工作，即统一编制区域内不同制式轨道交通的运输计划，统一调配资源，统一安排车站、车场等设施的使用，统一组织指挥工作等。在一体化调度指挥模式下，区域内各制式轨道交通融为一个整体，通过区域轨道交通调度指挥中心对区域内的列车、车站、乘务段、机务段、车辆段和综合设施段等直接调度指挥，以保证复合系统运输组织有序、高效进行。一体化调度指挥模式如图 5-9 所示。

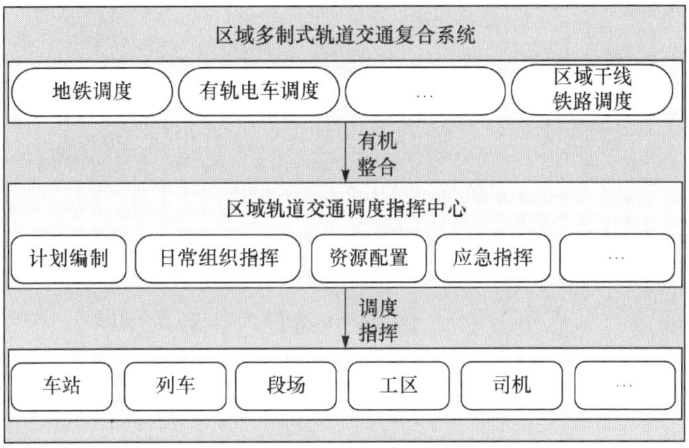

图 5-9　一体化调度指挥模式

2) 区域多制式轨道交通复合系统调度指挥模式特征分析

(1) 独立调度指挥模式。

独立调度指挥模式能够很好地适应复合系统现阶段的运营管理体制，但存在以下问题：不同制式轨道交通间的协同性差，无法满足协同运输的需求；资源配置、计划管理也仅限于本制式轨道交通，虽然管理难度较小，但协同程度低；各制式轨道交通间信息共享程度低，跨制式乘客总出行时间较长。

(2) 合作调度指挥模式。

合作调度指挥模式的核心仍为独立调度指挥，因而对当前的运营管理体制也有较好的适应性。同时，由于增加了信息交互和共享，便利了跨制式旅客的出行，在一定程度上满足了协同运输的需求。此外，在合作调度指挥模式下，资源配置主要在单制式轨道交通内部进行，管理难度相对较小，但是由于涉及不同制式轨道交通间协同运输计划的编制与调整，计划管理难度较独立调度指挥模式难。

(3) 混合调度指挥模式。

混合调度指挥模式在下层保留了独立调度指挥模式的特性，因而能较好地适应当前的运营管理体制，同时上层区域调度指挥协同中心的职能保证了该模式能够较好地满足区域内不同制式轨道交通间的协同运输需求，同时也保证了较高的信息共享程度，便利了乘客的出行。在运输组织方面，由于混合调度指挥模式协同程度较合作调度指挥模式高，对协同运输计划的依赖性更强，对不同制式轨道交通间开行跨制式列车进行直通运营或者站点有效接续换乘的需求更大、要求更高，资源配置协同程度较高，计划管理较为复杂。

(4) 一体化调度指挥模式。

一体化调度指挥模式是“完全协同”的模式，有着比其他三种模式更高的协同性，能够高度满足协同运输需求，但不能适应当前的运营管理体制。这种模式始终从整体角度开展复合系统的调度指挥工作，资源配置高度协同，资源高度共享，计划管理高度协同，能够极大地便利旅客的出行，大幅度提升复合系统总体效能。但在这种模式下，跨制式列车常态化开行，交路计划复杂，停站方案多样，这也意味着资源与计划管理难度较其他三种模式大。

5.3.2　区域多制式轨道交通复合系统调度指挥模式选择

1. 区域多制式轨道交通复合系统调度指挥模式选择指标体系

区域多制式轨道交通复合系统调度指挥模式选择主要受运营管理体制、协同运输需求、总体效能、服务质量与实施难度等因素影响。

(1) 在运营管理体制方面，运营管理机构的不同设置形式往往导致调度指挥机构设置、权限划分等的差异，进而对调度指挥模式选择产生较大影响，如当前区域内不同制式轨道交通由若干运营主体独立运营，已形成较为完善的、适应于各制式轨道交通自身的运营管理体制，这种现状在短期内将一直存在且不会有根本改变，对当前调度指挥模式的选择有重大影响。

(2) 在协同运输需求方面，当前不同制式轨道交通在换乘接续计划、客流组织方案、移动设备运用等方面急需一定程度的协同，以提高固定和移动设备运用效率，减少乘客出行时间。

(3) 在总体效能和服务质量方面，不同调度指挥模式往往导致复合系统整体效能和服务质量的差异，能否在复合系统整体效能较高的同时较大程度地提升服务质量，影响调度指挥模式的选择。

(4) 在实施难度方面，能否以最小的代价获得复合系统最大限度的性能提升，都影响着调度指挥模式的选择。

结合区域多制式轨道交通复合系统调度指挥模式选择的影响因素分析，构建区域多制式轨道交通复合系统调度指挥模式选择指标体系如表 5-3 所示。

表 5-3　区域多制式轨道交通复合系统调度指挥模式选择指标体系

影响因素	指标
运营管理体制	与运营管理体制的适应性 X_1
协同运输需求	资源配置协同 X_2
	计划编制协同 X_3
	组织指挥协同 X_4
总体效能	总体运能 X_5
	复合系统可靠度 X_6
	应急响应与运维效率 X_7

续表

影响因素	指标
服务质量	跨制式乘客总出行时间 X_8
	跨制式列车开行比例 X_9
	即时信息覆盖率 X_{10}
实施难度	调度指挥模式建设难度 X_{11}
	运输资源管理难度 X_{12}
	计划管理难度 X_{13}

2. 基于 VIKOR 的复合系统调度指挥模式选择法

多准则妥协解排序法(VIKOR)的核心内容是在确定正、负理想方案的基础上，通过计算最大群体效益值、最小个体遗憾值和利益比率值，比较各备选方案与理想方案之间的距离，最终对方案的优劣进行排序。基于 VIKOR，构建区域轨道交通复合系统调度指挥模式选择法，具体步骤如下。

(1) 构建初始评价矩阵 X 。令 x_{ij} 表示第 i 种调度指挥模式第 j 个指标的值，m 为调度指挥模式数量，n 为评价指标个数。

$$X=(x_{ij})_{m\times n}=\begin{bmatrix} x_{11} & \cdots & x_{1n} \\ \vdots & & \vdots \\ x_{m1} & \cdots & x_{mn} \end{bmatrix} \tag{5-1}$$

(2) 原始矩阵归一化，得到归一化矩阵 $Y=(y_{ij})_{m\times n}$ 为

$$y_{ij}=\begin{cases} \dfrac{x_{ij}-\min\limits_{j}(x_{ij})}{\max\limits_{j}(x_{ij})-\min\limits_{j}(x_{ij})}, & j\in J_1 \\ \dfrac{\max\limits_{j}(x_{ij})-x_{ij}}{\max\limits_{j}(x_{ij})-\min\limits_{j}(x_{ij})}, & j\in J_2 \end{cases} \tag{5-2}$$

其中，y_{ij} 为归一化后的指标值；J_1 为正向型指标集；J_2 为负向型指标集。

(3) 确定正理想方案 y_j^+ 和负理想方案 y_j^- 为

$$\begin{cases} y_j^+=\max\limits_{i}(y_{ij}) \\ y_j^-=\min\limits_{i}(y_{ij}) \end{cases} \tag{5-3}$$

(4) 利用熵权确定指标权向量。第 j 个指标的信息熵 E_j 可以表示为

$$E_j=-\left(\sum_{i=1}^{m} f_{ij}\ln f_{ij}\right)\bigg/\ln m \tag{5-4}$$

$$f_{ij}=\begin{cases} y_{ij}\Big/\sum\limits_{i=1}^{m}y_{ij}, & f_{ij}\neq 0 \\ (1+y_{ij})\Big/\sum\limits_{i=1}^{m}(1+y_{ij}), & f_{ij}=0 \end{cases} \tag{5-5}$$

其中，f_{ij}为第j个指标下第i种调度指挥模式的指标值的比例。

第j个评价指标的权重w_j可以表示为

$$w_j=(1-E_j)\Bigg/\left(n-\sum_{j=1}^{n}E_j\right) \tag{5-6}$$

(5) 方案排序。计算各模式最大群体效益值S_i为

$$S_i=\sum_{j=1}^{n}w_j(y_j^+-y_{ij})/(y_j^+-y_j^-) \tag{5-7}$$

计算最小个体遗憾值R_i为

$$R_i=\max_j\{w_j(y_j^+-y_{ij})/(y_j^+-y_j^-)\} \tag{5-8}$$

计算各备选模式的利益比率值Q_i为

$$Q_i=v\frac{S_i-\min S_i}{\max S_i-\min S_i}+(1-v)\frac{R_i-\min R_i}{\max R_i-\min R_i} \tag{5-9}$$

其中，$v\in[0,1]$为决策系数，一般取0.5。

将得到的S_i、R_i、Q_i从小到大排列，遵循值越小越优先的原则，对各个方案进行排序。

5.4　区域多制式轨道交通协同机理模型

5.4.1　RAMSI 内涵及影响因素分析

RAMSI 是通过区域轨道交通复合网络的可靠性、可用性、可维护性、安全性和互操作性五个指标衡量，评估多制式区域轨道交通系统状态、效能、服务质量及协同关系的方法论，是提供高效智能、优质便捷、互联互通的区域轨道交通旅客出行服务的重要抓手，是组织安全稳定、完备精细、互联互通的区域轨道交通协同运输的必要途径，是实现全面有力、及时可控、互联互通的区域轨道交通政府监管与协调的有力保障。

1. RAMSI 内涵

1) 可靠性

可靠性是指“产品在规定条件下和规定时间内，完成规定功能的能力”。

可靠性定义包含五个要素：

(1) 产品。其中所说的“产品”是指研究对象，可以是硬件，也可以是软件。在可

靠性工程中，还可以把产品分为不可修复产品和可修复产品两种类型，其中产品在使用中发生失效，其寿命即告终结的，称为不可修复产品；产品发生故障后，可以通过维修恢复其规定功能的，称为可修复产品。而两者在可靠性评价理论和方法上有显著区别。例如，不可修复产品是通过寿命统计对其可靠性进行评价，而可修复产品是用两次故障间隔时间的随机变化情况及维修过程的统计量对其可靠性进行评价的。在可靠性工程中，对两者共性问题讨论时可不特殊说明，仅做一次分析。但对于一些特殊性的问题，对两者必须区别对待。

(2) 规定条件。是指产品在使用中所处的环境条件、工作条件、维修条件和操作方式等。所规定的条件对可靠性有直接的影响。

(3) 规定时间。是指产品完成规定任务或功能所需要的时间，可以用运行时间、走行公里或循环次数等单位来表示。

(4) 规定功能。通常是指产品在技术文件中所规定的工作能力。对高速列车而言，规定功能的是设计任务书、技术条件、使用说明书、订货合同、国家标准及相关技术文件中所规定的各种功能与性能要求。

(5) 能力。常用概率来度量这一“能力”，称为可靠度。由于产品的故障是随机事件，产品寿命是随机变量，因此产品在规定的寿命周期内完成规定功能的能力也是随机的，要用概率才能定量地表示产品可靠性程度。

区域轨道交通复合网络的可靠性，则是指区域轨道交通系统在规定条件下和规定时间内完成其全局功能目标的能力。可靠性研究主要包括连通可靠性、出行时间可靠性和容量可靠性。

连通可靠性是指交通网络拓扑结构中各节点之间连通情况的概率，主要反映交通网络拓扑结构能够完成正常运输功能的能力，体现了系统在有效连通路径等方面能够满足旅客运输需求的可靠程度。连通可靠性主要考虑二态网络系统，即最大通过能力和零通过能力。

出行时间可靠性是指在规定时间内，区域轨道交通能够将旅客顺利从起点运输到终点的概率，反映了区域轨道交通能够提供稳定运输功能的能力。

容量可靠性是近年来的一个热点话题，可以说是连通可靠性与出行时间可靠性的一个延伸发展，是指在一定固定设施和移动设施条件及服务水平下，规定时间内区域轨道交通所能满足的交通需求量的概率，反映了系统在运输能力方面为旅客提供运输需求服务的可靠程度。

连通可靠性、出行时间可靠性和容量可靠性都是衡量区域轨道交通运能的重要指标，三者相互影响，相互制约。

2) 可用性

可用性是反映产品效能的主要特征之一。可用性的定义是：“可以维修的产品在某时刻具有或维持规定功能的能力”。

由上述定义可知，可用性有以下特征：

(1) 可用性是产品可靠性和维修性的综合表征。

(2) 可用性也可以用概率表达，称为可用度，即在任意随机时刻，当任务需要时，产品可投入使用状态的概率。

(3) 可用性表征的是某一特定时刻要进行该项工作的完好程度。

(4) 可用性不但与工作有关，而且还是维修时间的函数。

区域轨道交通复合网络的可用性，定义为区域跨制式轨道交通系统在运营时段的任意时刻，在开始执行或维持指定功能时，处于正常工作状态的程度和能力。其从侧面反映出系统抵抗风险、故障以及从非正常工作状态中迅速恢复的能力。

3) 可维护性

维修性定义为：“在规定条件下，并按规定的程序和手段实施维修时，产品在规定的使用条件下，保持和恢复能执行规定功能状态的能力”。

维修性具有如下特征：

(1) 维修性是通过设计而赋予产品的一种固有属性。

(2) 规定的条件包括维修人员的熟练程度，维修设备、工具、备件是否有保障，甚至还包括技术数据是否齐全，操作是否方便，维修规程是否合理，维修后勤保障是否充分。

(3) 规定的时间是指维修时间。维修时间越长，得到的维修度越大。

(4) 规定的程序是指按照预先规定的程序进行维修。

区域轨道交通复合网络的可维护性是指复合网络系统在规定条件和规定时间内，当系统出现故障进行恢复时，保持或恢复到规定状态的能力，可体现区域轨道交通系统从因运能或服务水平没有达到规定要求而无法满足旅客全出行链需求的状态，以及恢复到正常工作状态的难易程度。

其中，维修的种类包括：预防性维修和修复性维修。预防性维修是指预防故障的维修，是计划性的，常称为维护或保养，如铁路的天窗时间；修复性维修是指处理故障的维修，是非计划性的，常称为修理或修复。可维护性水平越高，中断运营的时间就越短，系统满足旅客交通运输需求的概率就越高，完成运输功能的能力就越强，在执行或保持规定功能时处于正常工作状态的能力就越强。因此，可维护性的优劣直接影响系统的可靠性和可用性，是衡量区域跨制式轨道交通系统使用效能、保障运输能力的重要指标。

4) 安全性

安全性定义为：“不发生可能引起损害风险的能力”。

安全性具有以下特征：

(1) 安全性研究的对象是人、物和环境，可以是硬件，也可以是软件。

(2) 与安全性相对应的概念是危险性。安全性评价就是对产品的危险性进行定性和定量分析，得出产品发生危险的可能性及其程度，以寻求最低事故率、最少损失和最优的安全投资效益。

(3) 安全性的好坏要求对风险进行分析。风险的概念包括两个方面，一方面是导致危险的一个事件或多个组合事件出现的概率或频率，另一方面是事件导致危险的后果。

(4) 安全性是指抵御损害风险的能力，常用概率来度量这一“能力”，轨道交通系统采用的评价指标主要是事故发生的概率。

区域轨道交通复合网络的可维护性是指区域轨道交通系统能够保持不出现安全事故的能力。其中，不出现安全事故主要包含两个方面：一方面是保障乘客和员工的人身安全和健康；另一方面是保障设施设备不遭受破坏的能力。安全性以安全事故为研究目标，包括在任何条件下，在跨制式轨道交通运输系统的整个生命周期内(即运营、维护和维修等过程)，所发生的所有安全事故。安全是交通运输系统永恒的话题，安全性是旅客对出行服务最基本的需求与目标，是衡量区域跨制式轨道交通系统设施设备以及运营管理水平的重要指标。

在 RAMSI 中，安全性与可靠性的关系最为密切，当系统的可靠性降低时，系统完成运输功能的能力就会降低，则系统发生故障的概率就会变大，系统出现安全事故的概率也会变大，系统的安全性就会降低。反之，当系统的安全性下降，系统发生安全事故而停止运转，不能够处于正常状态下执行或保持规定功能时，系统完成运输功能的能力就下降，则系统的可靠性降低。

5) 互操作性

互操作性的概念最早产生于军事情报领域，区域轨道交通系统的互操作性是指区域轨道交通系统内不同制式之间互联互通并在互联互通基础上交换客流和信息流的能力。

互操作性的研究内容主要由三个方面组成：技术层、功能层和管理层。技术层是互操作性的基础，区域跨制式轨道交通互操作性的信息资源来源于每个相互独立的交通制式，不同制式有自己的客流和信息流，所以需要通过有关技术方法将不同制式交通的信息流和客流互联互通。功能层是在技术层将各类信息互联互通的基础上，实现信息共享的层面，避免出现“信息孤岛”和“业务孤岛”，使得不同制式的轨道交通的信息资源得到有效利用。管理层是将信息资源进行整合，使得不同制式交通间协同运输，提高整体运输能力和服务高质量发展。

2. RAMSI 影响因素

RAMSI 的影响因素主要分三个方面，如图 5-10 所示：一是系统内部原因引起的故障即系统自身条件因素；二是系统在运行中的故障即运行条件因素；三是系统在维修活动中的故障即维修条件因素。这些影响不仅相互关联、相互作用，而且还都存在人为因素的影响。除此之外，RAMSI 影响因素还有环境因素、规章制度等。

1) 系统条件因素

轨道交通系统所涉及的专业范围广泛，它是一个复杂的系统，涉及多个运营主体、多个工种共同参与组织运输，还涉及多种制式设施设备、运力资源的协调运用，在此将系统条件分为固定设备与移动设备，在此基础上将固定设备分为通信信号设备、供电设备、线路设备、调度设备以及防灾安全监控设备，移动设备分为机车设备和车辆设备。

(1) 固定设备。

通信信号设备：目前区域轨道交通已进入自动化、智能化与信息化阶段，列车控制也主要通过车载列控系统，很少再通过司机人为控制列车运行，那么在此情况下，信号

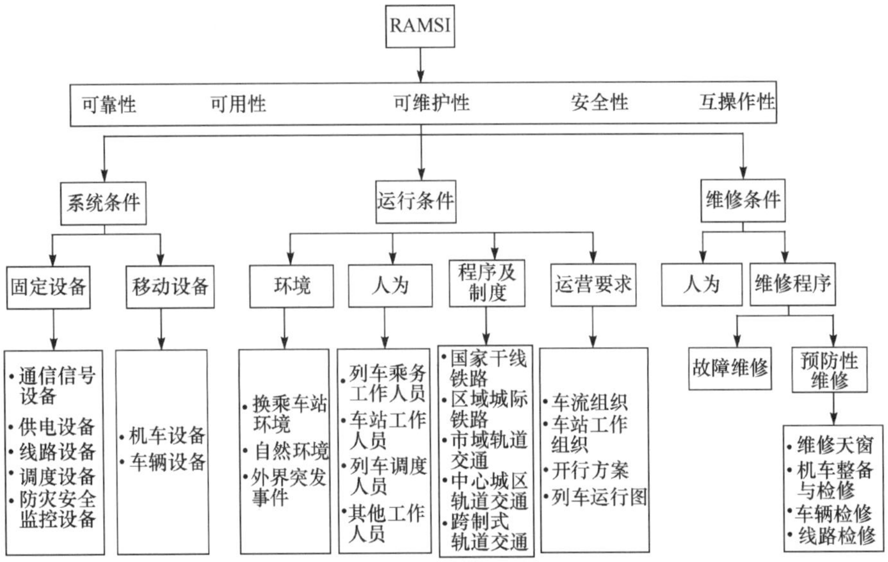

图 5-10　RAMSI 的主要影响因素

系统则占据十分重要的地位，影响着列车运行安全性。若通信信号设备出现故障，如信号设备本应显示红灯停车，却仍然显示绿灯通行，则可能使列车在需要停车避让时继续行驶而导致列车事故，由此而影响区域轨道交通 RAMSI。

供电设备：区域轨道交通大部分已经进入电气化阶段，大部分工作的正常运行过程已不能离开供电设备。若供电设备故障，列车电力供应可能不足或是中断，导致列车停止运行，则路径连通程度将会降低，可靠性降低；系统处于正常工作状态的能力降低，可用性降低；发生安全运营事故的概率将会增大，安全性降低，从而系统的运输能力将会降低等。因此，若供电设备出现故障，则系统 RAMSI 会受到影响。

线路设备：RAMSI 主要是评估区域轨道交通互联互通的重要方法论，若线路设备出现故障，如钢轨折断、胀轨等，导致跨制式轨道交通出现停运等情况，则 RAMSI 也会受到一定的干扰。

调度设备：调度设备是控制跨制式轨道交通系统的核心设备，其调度不同轨道交通方式的运行、停站，若调度设备质量良好，则系统出行时间可靠性、容量可靠性都将会提高，系统处于正常工作状态能力的可能性就更大，不同制式轨道交通方式安全有序地运行，安全性也就会提高；调度设备的主要功能就是发送接收各种信息流与客流，若设备故障、进路预告信息发送异常、系统互操作性将会降低，则系统 RAMSI 水平降低。因此，调度设备的优良直接影响系统 RAMSI 的指标。

防灾安全监控设备：为了使列车安全性进一步提高，在轨道交通所经过的恶劣地质和环境的地点，设置了防灾安全监控设备，防灾安全监控设备主要是检测轨道交通沿线风速、雨量以及异物等情况，其与系统路径连通、线路设施设备能否使用、轨道交通运输环境是否安全有着直接的关系。因此，可以考虑通过防灾安全监控设备来提高系统 RAMSI 的指标。

(2) 移动设备。

移动设备主要分为机车设备和车辆设备，其分别承担着列车的牵引动力以及旅客运输的任务，是系统条件的主要组成部分，设备的好坏直接影响 RAMSI 质量的高低。

2) 运行条件因素

将 RAMSI 运行条件因素分为环境因素、人为因素、程序及制度因素以及运营要求因素。

(1) 环境因素。

换乘车站环境：换乘车站环境包括旅客中转换乘、候车等环境，只有环境良好，才能够减少换乘时间，吸引更多的客流，因此其出行时间可靠性以及容量可靠性就会提高；若换乘车站环境差，造成旅客拥挤而发生安全事故，则会降低系统可用性及安全性。RAMSI 可以通过换乘优化设计来提供优质便捷的服务水平和高质量的旅客运输能力。因此，换乘车站的换乘中转环境、旅客中转换乘/候车环境等都会影响 RAMSI 水平。

自然环境：区域跨制式轨道交通的运输范围很广，自然环境对 RAMSI 水平的高低还是有很大影响的，例如，遇到泥石流导致轨道线路发生中断，则因路径不连通，影响系统 RAMSI，从而影响系统运输能力。

外界突发事件：外界突发事件是指地震、人或动物进入运行线路等突发事件导致运行中断，使得网络拓扑结构某条路径处于不连通状态，从而影响系统 RAMSI。

(2) 人为因素。

人为因素分为列车乘务工作人员、车站工作人员、列车调度人员以及其他工作人员等，以上工作人员的疏忽或者工作错误，导致系统无法正常运转、旅客不能够安全地从起点运输到终点等现象，也会影响系统 RAMSI 性能水平。

(3) 程序及制度因素

规章制度对于轨道列车 RAMSI 的影响是明显的，不同制式轨道交通法规、规程、规范和规则对轨道交通的运营、维修做出了严格的规定，以确保轨道交通运输的安全。不同轨道交通方式又独立运营，各成系统，其中，我国对铁路轨道交通 RAMSI 有重要影响的铁路法规就主要有《铁路法》《铁路技术管理规程》《铁路行车组织规则》《车站行车工作细则》《铁路客车运用维修规程》等。目前，也正在进行跨制式轨道交通规章制度的研究，因此，程序及制度因素分为国家干线铁路程序及制度因素、区域城际铁路程序及制度因素、市域轨道交通程序及制度因素、中心城区轨道交通程序及制度因素以及跨制式轨道交通程序及制度因素，其在不同方面对 RAMSI 的影响也有不同的深度。

(4) 运营要求因素。

车流组织：车流组织是铁路行车组织的一项重要内容，是规定车流由发生地向目的地运送的制度。在网络拓扑结构中，不同车流路径的选择涉及路径是否连通、运营安全事故率的高低等，其都能够影响 RAMSI 水平。

车站工作组织：车站工作组织主要包括车站作业计划、车站调度指挥、车站工作统计以及车站工作分析等内容。在区域跨制式轨道交通列车运营中，车站是系统中的重要组成部分，其规划、设施设备、调度指挥、服务水平、客流统计分析等都影响着

RAMSI 的指标。

开行方案：旅客列车开行方案是指确定旅客列车运行区段、列车种类及开行对数的计划。其中，旅客列车的运行区段包括始发站、终到站及经由线路，列车种类是指旅客列车不同的等级或性质，开行对数是指行车量的大小，其共同组成一个完整的开行方案，可见其在方方面面都会影响 RAMSI。

列车运行图：列车运行图是用以表示列车在区间运行以及在车站到发或通过时刻的技术文件，它规定各次列车占用区间的程序，列车在每个车站的到达和出发或通过时刻，列车在区间的运行时间，列车在车站的停战时间以及机车交路、列车重量和长度等，是全路运行的基础，因此其体现了网络拓扑结构的连通状态，区域轨道交通的运营状态以及列车因故障等晚点等情况，反映了系统 RAMSI 的水平。

3) 维修条件因素

(1) 人为因素。

在系统中的任意子系统处于正常运营的工作状态时，工作人员或者是旅客都有可能导致系统故障、停滞，从而影响系统 RAMSI 的各项指标；当系统出现故障时，维修工作人员的工作效率等情况也会影响系统的可用时间，处于正常工作状态的能力以及恢复到正常工作状态的能力，都体现了 RAMSI 的水平。

(2) 维修程序因素。

维修程序分为故障维修与预防性维修两方面，预防性维修是在系统处于正常工作状态的基础上，进一步提高系统 RAMSI 的各项指标，而故障维修是指系统已发生故障，尽快提高系统恢复到正常工作状态，以提升系统处于可用状态的能力，其都可以影响 RAMSI 指标。其中预防性维修包括综合维修天窗、机车整备与检修、车辆检修以及线路检修等内容。

维修天窗：是指为了施工维修的需要，对区间或车站正线规定的一段不放行列车的时间，主要内容包括线路中大修、供电设备日常维护和检修等。其工作质量越高，RAMSI 的各项指标水平也越高。

机车整备与检修：机车的整备与检修是运输系统工作中的重要组成部分。机车在经过一段时间的使用后，各部件会出现不同程度的磨损，因此不仅需要日常的维修与保养，还需要进行定期的检修，安全检修的程度不同，主要包括大修、中修、小修和辅修。机车是列车运行的牵引动力，关乎系统的正常运营状态以及运输能力，因此对 RAMSI 也有一定的影响。

车辆检修：系统中的车辆承担着载运旅客的任务，其经过一段时间的使用，或出现不同程度的磨损、松动等现象，因此需要对列车实施日常性的维修保养与维修。目前，我国客车车辆实行计划预防性的检修制度，预防检修分为定期检修和日常检修两大类。对车辆进行检修，以保证列车的行车安全，提高车辆的使用效率，使车辆经常处于质量良好的工作状态，以提高列车运输能力和 RAMSI 水平。

线路检修：轨道交通的特点就是列车需要在固定的轨道线路上行驶，因此对运行线路进行预防性修护与故障维修是必要的工作程序，确保行车安全，降低运营安全事故率，提高系统容错性和 RAMSI 水平等。

5.4.2 基于 RAMSI 的区域多制式轨道交通协同机理概念模型

区域轨道交通的协同涉及运输组织协同、安全综合保障协同、智能信息服务三个方面，其中运输组织协同为核心，以安全综合保障协同和智能信息服务为保障。要解决多制式轨道交通的多网间协同问题，主要研究多制式轨道交通的线网关系、基于换乘接续的网络化运行图编制理论、换乘模式下多制式轨道交通协同运输理论、互联互通模式下多制式协同运输组织方案、区域轨道交通调度指挥协同理论、区域轨道交通应急运输组织协同、区域多制式轨道交通信息共享与安全保障措施等关键理论和技术，保障区域多制式轨道交通的协同管理。区域轨道交通协同机理概念模型如图 5-11 所示。

模型中所研究的协同机理模块分别通过提高 RAMSI 的各指标性能实现对区域轨道交通整体性能的提升，区域轨道交通协同机理的解析如下：

(1) 区域轨道交通系统内部客流的分析、预测与分配是轨道交通协同的前提条件，准确的客流构成、出行时段、起讫点结构等分析结果，将为区域轨道交通总体运能的运用提供支撑。因此，客流分析、预测与分配是区域轨道交通运输协同首先要解决的问题。

(2) 线网关系研究是区域轨道交通协同的基础保障，通过研究城市轨道交通网、市域铁路网、国铁干线网的物理网关系和服务网衔接关系，为换乘模式、贯通式互联互通协同运输奠定理论基础，主要包括网络结构、技术特征、网络通道和网络资源共享的分析，换乘模式、贯通运营的技术条件及适用情况。

(3) 基于区域多制式轨道交通的网络关系及旅客出行链的需求，研究基于出行链的旅客在多制式轨道交通中的出行路径选择，建立旅客出行路径选择模型，为旅客在区域轨道交通网内出行提供出行路径规划建议。

(4) 对于区域多制式轨道交通间的多网协同换乘，研究换乘模式下轨道交通的首末班车接续和多制式轨道交通一体化协同运输理论，提出协同运输服务功能和协同机制。本协同的研究旨在提升系统的可靠性指标。

(5) 对于多制式轨道交通互联互通的协同运输，围绕区域多制式轨道交通互联互通实施的关键难点，研究多制式轨道交通互联互通运输的组织模式、运输组织方案等。本协同的研究旨在提升系统的可用性和互操作性。

(6) 协同调度指挥是区域多制式轨道交通协同的关键，围绕协同运输的关键核心问题，从调度指挥功能分析、协同方案对比、调度指挥权限划分、调度指挥协同内容等方面提出区域轨道交通调度指挥的协同理论。协同调度指挥是整体提升系统性能的重要方面，可提升 RAMSI 所有指标的性能。

(7) 应急运输组织是提高区域多制式轨道交通可靠性、可恢复性的关键，根据区域多制式轨道交通应急运输组织协同的需求，构建多制式轨道交通协同应急救援决策系统架构，并设计区域多制式轨道交通协同应急预案管理平台。本协同旨在提升系统的安全性。

(8) 根据区域多制式轨道交通协同的需要，研究区域轨道交通运输协同的信息共享和安全保障措施，包括信息需求分析、信息共享内容、互联互通运行图管理、安全保障原则、安全保障内容等，为实现协同运输提供信息服务和安全保障。本协同旨在提升系统的互操作性。

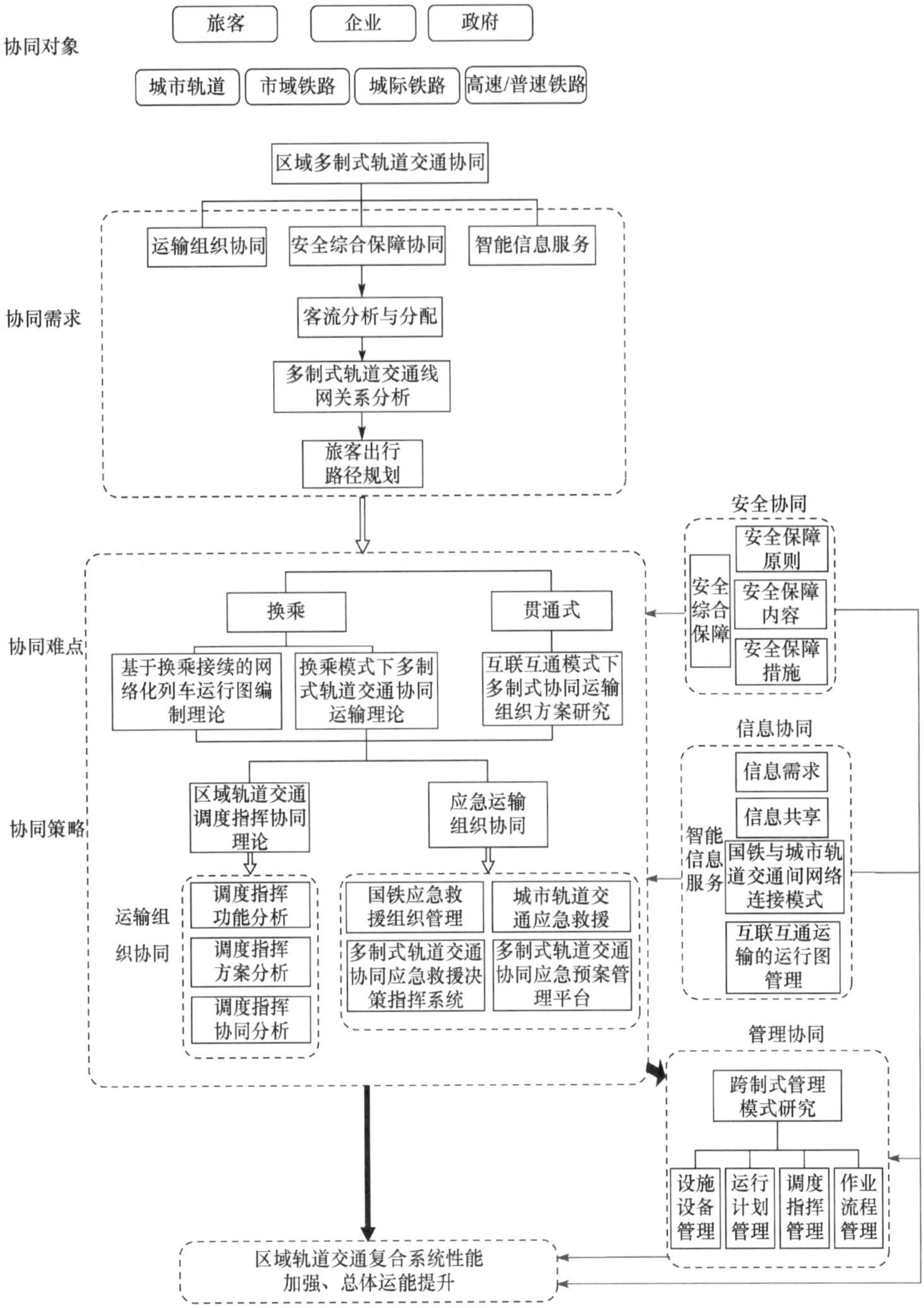

图 5-11　区域多制式轨道交通协同机理概念模型

(9) 基于上述研究，综合分析区域多制式轨道交通协同对设施设备、运行计划、调度指挥、作业流程的需求及协同管理内容，提出多制式轨道交通协同运输的管理模式建议。

区域多制式轨道交通协同机理的研究以网络内客流出行协同的需求为出发点，根据旅客的出行径路选择结果，分别从换乘和贯通式互联互通运营两种模式下研究多制式轨道交通的协同运输关键问题，再从宏观层面对调度指挥协同、应急运输组织协同、信息共享与安全保障方面研究协同运输的保障与支撑理论和技术。

基于上述分析可知，基于旅客、运输企业、政府的需求，通过多制式轨道交通的协同，可以全面提高系统的性能。具体各协同点与系统性能 RAMSI 的对应关系总结如表 5-4 所示。

表 5-4　协同点与系统性能 RAMSI 的对应关系表

协同点	内涵	对应性能提升指标
网络化列车运行图编制理论	提高换乘效率、客流接续有效度提升	R↑
换乘模式下协同运输	提高换乘效率、客流接续有效度提升	R↑
互联互通模式协同运输	增加径路可用度、提高跨制式旅客输送效率、互操作性能提升	A↑、I↑
调度指挥协同	提升全局运输组织效率、降低列车晚点率、提升列车运行可靠性、提升客运组织效率、提升运维效率、提高信息共享效率等	R↑、A↑、M↑、S↑、I↑
应急运输组织协同	提升应急情景下的全局可靠性、可靠性、可维护性、安全性和互操作性，提升全局运输组织性能	R↑、A↑、M↑、S↑、I↑
安全综合保障	提升安全保障效率、降低风险概率	S↑
智能信息服务	加强信息共享效度，提升信息可靠度	I↑

注：R 指可靠性，A 指可用性，M 指可维护性，S 指安全性，I 指互操作性。

第 6 章　区域多制式轨道交通协同布局规划理论

6.1　区域多制式轨道交通协同布局规划概述

6.1.1　区域多制式轨道交通协同布局规划概念界定

区域轨道交通布局规划是区域轨道交通发展的基础和先决条件。区域轨道交通协同布局规划，即协调城市群内部的城际(区域)轨道交通、市域(郊)轨道交通和中心城区(市区)轨道交通，进行整体规划，以实现不同制式轨道交通的资源整合，提高区域出行效率和能力，促进区域社会经济一体化发展。区域轨道交通协同布局规划包含以下两个方面：区域轨道交通线网协同布局规划和区域轨道交通枢纽协同布局规划。

区域轨道交通线网协同布局规划是区域轨道交通协同规划的重要内容，是在现有区域轨道交通布局规划理论的基础上，纳入区域轨道交通协同规划的思想，统筹考虑城际(区域)轨道交通、市域(郊)轨道交通和中心城区(市区)轨道交通的线网布局。具体而言，在对城际(区域)轨道交通线网进行布局时，系统考虑城际(区域)轨道交通线网与市域(郊)轨道交通、中心城区(市区)轨道交通线网衔接、分工以及城际(区域)轨道交通自身线网架构。此外，在进行线网布局时，应充分考虑城市群区域出行需求、经济水平、人口以及城市群结构对线网布局的影响。

区域轨道交通枢纽协同布局规划需要对多种交通制式进行有效的整合。具体而言，有效衔接城际(区域)对外交通、市域(郊)轨道交通、中心城区(市区)轨道交通，建立有效的综合交通枢纽，需要具有清楚完整的功能层次，能够高效率地连接城市内外交通，发挥协同作用，实现换乘空间的无缝化，达到枢纽的集约化及一体化，为旅客的出行提供便利。同时，轨道交通枢纽已从单一交通视角向多重城市视角转变，从单一交通功能向复合城市功能发展。这就要求轨道交通枢纽不仅要满足交通的接驳和换乘要求，还要兼顾人们购物、娱乐、商务、服务等需要，使之成为集多种城市功能于一体的综合体。

6.1.2　区域多制式轨道交通线网布局规划概述

1. 区域轨道交通线网形态与层次体系

随着全球范围内对区域一体化发展的重视以及轨道交通的发展，国内外许多区域或都市圈已形成了多层次、多制式的轨道交通复合路网，并通过线网和枢纽站点的协同规划布局来提升轨道交通网络整体效能和服务质量，起到引领带动城市和区域发展的关键作用。

区域轨道交通制式的多样化与线网规模的扩大化致使区域轨道交通线网形态越来越多元化，大致可以分为以下三类。

1) 环形+放射形

日本东京都市圈内的轨道交通网络由国铁(JR)线，东京都中心区的地铁、电车等，以及民营的私铁线共同组成，总体上呈现核心区域相对密集，向外逐渐稀疏的特征，且站点分布核心区域密集现象更为显著。东京都对内的轨道线路大致可分为两类：一是三条环形线路，即 JR 武藏野线、JR 山手线以及东京都交通局经营的“6”字形地下铁大江户线(光丘站—都厅前站为一段放射形线路)；二是主要服务于东京都中心区内的地铁、单轨、有轨电车及新交通系统。东京都对外的轨道线路大致可分为三类：一是通过城市中心，以五大放射形通道为代表的线路，虽为日本的国铁干线，但也承担东京圈内通勤、通学的运输任务；二是不穿越中心城区，以山手线上的车站为起点的 15 条放射线，辐射东京郊区；三是为机场服务的专用线路，其中 2 条轨道联系羽田机场和中心区、2 条轨道联系成田机场和中心区、1 条轨道直接连通两机场和中心区。

法国巴黎都市圈分布有国际列车欧洲之星、法国国铁(TGV)、省际列车(TER)、远郊铁路(Transilien)、区域快铁(RER)以及巴黎市区地铁、有轨电车等制式，总体上呈现环形+放射形轨道交通网络结构。巴黎轨道交通网络系统中国铁线路通过设置联络线形成圆环形高铁网，并以巴黎为中心引出 5 条放射线，省际列车线路、远郊铁路、区域快铁线路和地铁由巴黎市中心呈放射形铺开，市中心区域由地铁线路环形加密，城市边缘处的有轨电车线路多沿其切线方向，起到了横向补充的作用。

2) 放射形

美国纽约都市圈轨道交通系统可分为通勤铁路与地铁两个层级，总体上呈现放射形轨道交通网络结构。通勤铁路主要包括北方通勤铁路、长岛铁路与新泽西通勤铁路。北方通勤铁路和新泽西通勤铁路的线网呈放射形结构，长岛铁路线网呈树枝状结构。纽约地铁线网以曼哈顿区为中心呈放射形结构，大部分线路采用穿越曼哈顿区的径向线形式。通勤铁路从北向、西向及西南向、东南向三个方向进入曼哈顿区，分别在位于曼哈顿中城东区的大中央车站和位于西区的宾州车站终止，与地铁站形成有限的多点换乘。

珠三角区域轨道交通网络由国铁干线、城际铁路、市域(郊)铁路和城市轨道交通等制式组成，总体上呈现放射形轨道交通网络结构。区域轨道交通呈现以广州为中心的树枝状结构，在珠江东西两岸分别向香港和粤东方向，以及澳门和粤西方向延伸，广深、广珠为主要客流走廊。珠三角地区国铁干线、城际铁路主要以广州为中心向外辐射，纵贯南北、沟通东西。11 个节点城市内部城市轨道交通密集分布在城市中心区和城市外围，基本实现中心城区与近郊区轨道交通全覆盖。

3) 混合型

混合型即区域内各种制式轨道交通纵横交错，线网结构丰富多样，整体线网形态呈混合型。

在德国的莱茵—鲁尔地区，轨道交通网络可以分为三个主要层级：以 ICE、IC、EC、IR 为代表的快速列车主要运行于德国国内及国外大城市之间；以 RE、RB 为代表的区域内短途快速列车主要连通区域内各主要城镇；以 U-Bahn 及城市内有轨电车为代表的轨道列车主要在市内运行。三个层级的轨道交通网络结构通过兼容制式互通运营、线网的协同布局以及换乘站的合理设置等，高效紧密地结合不同层级轨道交通网络，充分挖掘轨道交通复合网络的效能。

京津冀区域轨道交通网络由干线铁路、城际铁路、市域铁路与城市轨道交通等制式组成。干线铁路网呈现以北京为中心，天津、石家庄两个枢纽城市为辅助的放射形网络，城际铁路网以北京、天津、石家庄三大城市为核心，形成“四纵四横一环”为骨架的环形网络，市郊铁路网以北京为中心，形成放射形网络，北京市与天津市城市轨道交通成网运营，石家庄市地铁建设处于初步阶段。多种轨道交通制式紧密衔接，逐步形成“轨道上的京津冀”的路网新格局。

综上所述，国内外典型区域在多制式轨道交通网络发展过程中，对各层级、各制式轨道线路均有主体功能定位，为满足大量进入市区的通勤客流需求、支撑城市可持续发展，各个地区的轨道交通系统大多呈现以中心城市向外辐射状，连接主要的居住、商务、办公、购物等功能区。但受地形条件、城市用地等客观因素影响，城区内部的轨道交通网络形态不尽相同，例如，亚洲很多城市建有轨道交通环线以连接众多的放射形线路，而欧美国家却少见独立运行的环线；又如，北京的市郊铁路主要接入城区边缘的火车站，而上海、广州、武汉等城市建有贯穿城市中心的市域快轨。轨道交通的发展与城市发展相伴相随、互相影响，已成为引导城市群或都市圈空间形态布局的重要力量和促进区域一体化发展的基础条件。

2. 区域轨道交通线网特征分析

轨道交通作为大众化的交通工具、关键基础设施和综合交通运输体系骨干，多制式轨道交通发展过程中表现出的线网特征如下。

1) 低等级的线路需要为高等级线路提供接驳

由于不同制式轨道交通的功能定位及技术经济特征的差异，很难由单一的轨道交通方式实现旅客的完整出行，速度越高、运能越大的线路越需要依赖较低速度的交通方式做接驳。城市、市域轨道交通往往还承担为城际、干线轨道交通提供客流集散服务的运输任务。服务范围越小、等级越低的线路承担“门到门”运输的特征越明显，所以对高等级、长距离线路的接驳作用也越明显。

2) 客流走廊的多线多用需要协调配合

城市及区域发展轴线通常是重要的交通走廊，一条交通走廊上往往布设有多条轨道交通线路，拥有不同的服务侧重点。例如，地铁在郊区的延伸线往往为了带动沿线开发仍高密度设站、高密度发车，这在一定程度上扩大了地铁的服务范围，却增加了旅行时间；而同一通道上的市域铁路更多的是为远郊客流快速通勤服务，站间距相对更大，有利于提升远郊客流的通勤效率；城际铁路及国铁干线更是如此，站间距更大、停站方案更为灵活，更多的是为了满足沿线客流区域以外的出行需求。客流走廊的多条线路间需要协调配合，功能互补。

3) 线网加密带来的成网效应显著

在轨道骨干线路成网的基础上，新线的开通势必将诱发沿线新的客流，增强轨道交通对客流的吸附力，同时轨道交通网络结构也产生变化，网络效应更为明显，最直接的表现为一对节点之间可以有多条路径选择，线网上的客流分布将随之相应变化，产生部分转移客流。

4) 都市圈内部的线路具有明显的通勤特征

与不同制式轨道交通的功能定位相匹配，都市圈内部的轨道交通线路几乎不承担区域对外联系的运输任务，具有更明显的服务对内通勤客流的功能，这也直接决定了其通勤特征，特别是放射形线路，在工作日的向心性和潮汐性明显。而服务范围大的线路能满足旅客中长距离旅游、探亲需求，客流高峰集中在周末、节假日，不具有明显的通勤特征。

5) 服务范围越大的线路技术标准越高

与服务范围和服务目标相匹配，服务范围越大的线路具有越高的技术标准，具有独立路权、速度标准高，牵引供电、机车车辆、站点分布及车站组织等技术标准也有所不同。例如，国铁干线以实现跨区域快速连接为主要目标，高铁线路速度目标值较高，以满足旅客城际间快速流动的需求，同时既有线需要考虑客货共线运输；而市区的有轨电车线路以提升市区公共运输供给能力为主要任务，满足市民日常出行需求，提升出行体验，通常和社会车辆共用路权。

6.1.3　区域多制式轨道交通枢纽布局规划概述

1. 区域多制式轨道交通枢纽布局分类与特征分析

1) 区域多制式轨道交通枢纽布局分类

区域轨道交通枢纽衔接区域内外不同轨道交通方式以及城市公共交通等，其主要功能是实现“换乘、停车、集散、引导”。根据不同的分类原则，可对枢纽进行分类。

(1) 按交通功能分类。

不同轨道交通的功能定位和服务目标均不相同，因此多制式轨道交通枢纽因衔接的轨道交通方式不同而具有不同的交通功能。轨道交通枢纽按交通功能分类如表 6-1 所示。

表 6-1　按交通功能分类的轨道交通枢纽

类别	主要特点
对外枢纽	主要衔接区域或城市对外的轨道交通方式，一般设在城市出入口，与城市发展形态、经济文化活动有关
市内枢纽	主要衔接区域内部的轨道交通与城市其他公共交通，一般设在城市内主要客流集散点，是多种交通方式、多条线路交汇点，对通畅、便捷要求较高
特定设施处枢纽	主要设置在体育馆、剧院、会展中心等在某时间段集散强度大的地点，以满足人们文化、娱乐出行

(2) 按交通方式分类。

根据枢纽衔接的交通方式，可将多制式轨道交通枢纽分为轨道线路换乘枢纽和多方式交通换乘枢纽。轨道交通枢纽按交通方式分类如表 6-2 所示。

表 6-2　按交通方式分类的轨道交通枢纽

类别	主要特点
轨道线路换乘枢纽	是指不同制式轨道交通线路之间的换乘枢纽，包括地铁、轻轨，是与铁路、高铁等线路交汇的轨道交通枢纽
多方式交通换乘枢纽	是指轨道交通与城市常规公交、水运、航空等线路相互衔接的客运枢纽

(3) 按交通组织分类。

根据枢纽的交通组织，可将多制式轨道交通枢纽分为首末站换乘枢纽和中途站换乘枢纽。轨道交通枢纽按交通组织分类如表 6-3 所示。

表 6-3　按交通组织分类的轨道交通枢纽

类别	主要特点
首末站换乘枢纽	枢纽内有多条轨道交通的首末站，并设有停车、候车、调度以及相关指示标识等
中途站换乘枢纽	位于通达性高、多条轨道交通线路交汇的路网节点

(4) 按功能区布置形式分类。

对于轨道交通枢纽内不同功能设施布局的方式，可将枢纽分为立体换乘枢纽和平面换乘枢纽。轨道交通枢纽按功能区布置形式分类如表 6-4 所示。

表 6-4　按功能区布置形式分类的轨道交通枢纽

类别	主要特点
立体换乘枢纽	枢纽站立体式布局，同时可开发综合性城市功能
平面换乘枢纽	枢纽站设施平面布局，规模由换乘需求而定

(5) 按服务范围分类。

根据轨道交通枢纽服务范围的不同，可将枢纽分为都市级换乘枢纽、市-郊级换乘枢纽和地区级换乘枢纽。轨道交通枢纽按服务范围分类如表 6-5 所示。

表 6-5　按服务范围分类的轨道交通枢纽

类别	主要特点
都市级换乘枢纽	吸引中心城区范围和对外交通客流的枢纽，如火车站、航空港等大型出入口
市-郊级换乘枢纽	连接卫星城市与中心城区轨道交通线路及公交线路的客运枢纽，以及中心城区内交通中心处枢纽
地区级换乘枢纽	设在地区性区域中心的轨道交通客流集散点的枢纽

2) 区域多制式轨道交通枢纽布局特征分析

区域多制式轨道交通枢纽功能可分为交通功能和城市功能，一般由轨道交通、常规公交、换乘通道、站厅、停车场、服务设施六个子系统组成，各子系统作为轨道交通枢纽的有机组成部分，相互区别、相互联系、相互作用，以实现出行者换乘舒适、安全和换乘时间最短这一目标。

区域多制式轨道交通枢纽作为一定区域内衔接多种轨道交通制式的车站，具有以下特征。

(1) 线路交汇点。

多制式轨道交通枢纽一般处于客流较大的集散地，从方式构成的角度，一般应包含两种及以上区域性轨道交通，以及配合的城市公共运输方式的站场设施。

(2) 内外衔接点。

从功能的角度，区域多制式轨道交通枢纽内应实现各类对外轨道交通客运与地铁、轻轨、公交等各类城市公共交通方式的紧密衔接。

(3) 便捷换乘点。

从服务的角度，强调以不同方式间的旅客集散、转换为主要服务目标，具有完善的利于换乘的公共转换区域、公共设施等。

(4) 功能融合点。

轨道交通枢纽虽然是交通车站，但作为城市的一部分，同时也是交通功能与城市功能相互衔接、融合的场所，为旅客生活提供便捷服务。

(5) 一体化高效管理。

从管理的角度，强调区域内轨道交通枢纽站之间要通过建立协调、先进的管理机制，科学运用信息化手段，推进一体化客运组织，更好地实现其安全、高效的功能目标。

2. 区域多制式轨道交通枢纽功能分类与衔接模式

1) 区域多制式轨道交通枢纽功能分类

区域多制式轨道交通枢纽具有基础设施集成、换乘系统便捷、集散系统高效、信息平台共享、建设运营协调五大内部属性和促进区域联动、延伸城市发展、引导土地开发、优化运输效率四大外部属性。这些基本属性决定了枢纽在本质交通功能的基础上，还具有服务、商业、休闲娱乐等城市功能，以体现枢纽的综合性。因此，可以将区域轨道交通枢纽功能分为交通功能和城市功能。其中交通功能主要是指枢纽内部的交通设施，为旅客提供交通服务。而城市功能则指枢纽内与交通功能一体化开发的城市综合体，可为旅客提供便捷的商业服务。

(1) 交通功能。

多制式轨道交通枢纽的交通功能的首要任务是为旅客提供交通出行服务，主要包括枢纽内各种运输方式客流的组织、各运输方式运输设备的组织以及多制式交通间的换乘设施设备的组织。枢纽规划设计过程中将不同轨道交通制式车站、常规公交场站、出租车场站、社会车辆停车场等合理分布于不同功能区域，通过换乘通道、楼梯、自动扶梯等设施相连接，并在适当位置进行信息指示和引导，使旅客快速、顺畅、舒适地完成交通换乘。按照功能的不同，可以将多制式轨道交通枢纽交通设施分为四大类，分别为场站类设施、通道类设施、信息类设施和服务类设施，如图 6-1 所示。

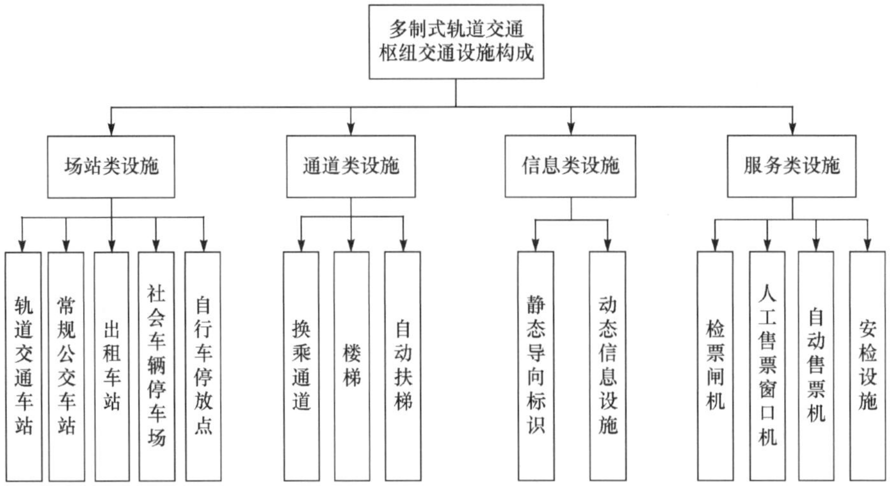

图 6-1　多制式轨道交通枢纽交通设施构成

(2) 城市功能。

枢纽城市功能的开发要符合站城融合的发展理念，实现站城一体化融合发展，即车站、城市一体化发展，这是一种将枢纽和城市在时间和空间充分融合的一体化发展模式，是对公共交通导向发展模式(TOD)的深入。轨道交通枢纽的交通功能和城市功能不应是简单地聚合在一起，而应通过合理布局和优化衔接实现协调发展，是交通和城市发展的深度融合，引领城市和轨道交通枢纽向集约绿色人文一体化方向发展。

通过站城融合的发展模式，一方面可以达到满足经济效益的目的，以物业商务收益弥补枢纽建设成本和运营支出，另一方面使城市空间发展的战略向构建全新的交通引导方向发展。在进行轨道交通枢纽城市功能开发过程中，应该充分考虑环境、经济、交通、人文等城市发展的诉求。通过分析区域社会经济发展现状、市场供需状况、片区交通发展、环境因素等情况，再结合城市总体规划和发展目标，以达到激发城市活力、驱动城市创新、促进城市产业转型的效果。

综合国内外轨道交通枢纽的开发模式，可以将枢纽城市功能的开发类型分为商业功能、办公功能、休闲服务功能、住宅功能、文化功能、公共服务功能、绿化功能七大类。国外典型枢纽及功能开发类型如表 6-6 所示。

表 6-6　国外典型枢纽及功能开发类型

车站	功能类型
德国柏林中央车站	商业功能：购物中心、小吃店、餐饮 绿化功能：自然采光、太阳能电板、防辐射玻璃、大型水池降温 休闲服务功能：水疗中心
日本京都站	商业功能：百货商店、大型卖场、小资品牌快消品 办公功能：写字楼 文化功能：大剧院 休闲服务功能：酒店

续表

车站	功能类型
日本新宿站	商业功能：购物商场、百货公司、零售商业 办公功能：写字楼 休闲服务功能：宾馆 文化功能：游览胜地 绿化功能：绿色植被 公共服务功能：产业管理机构
日本大阪站	商业功能：百货商场、商城、餐厅 办公功能：写字楼 休闲服务功能：酒店、咖啡厅 公共服务功能：停车场
伦敦国王十字车站	商业功能：零售商业 办公功能：写字楼 住宅功能：公寓 休闲服务功能：酒店 公共服务功能：26 英亩公共开放空间
美国旧金山港湾站	商业功能：零售商业、步行街、游乐场 办公功能：写字楼 住宅功能：公寓 休闲服务功能：宾馆、咖啡厅 文化功能：表演场地 绿化、公共服务功能：公园
法国巴黎拉德芳斯	商业功能：商业中心、超级市场、商场 办公功能：两侧 36 层办公用房、会议大厅 住宅功能：公寓 文化功能：经典建筑 “大拱门” 、展厅、艺术雕塑 绿化功能：自然采光、花坛 公共服务功能：大型广场
纽约富尔顿枢纽	办公功能：写字楼 住宅功能：公寓 休闲服务功能：宾馆

注：1 英亩≈4047m^2。

2) 区域多制式轨道交通枢纽衔接模式

区域内出行涉及的轨道交通层次有国铁干线、区域城际铁路、市域(郊)铁路、城市轨道交通、中心城区轨道交通。根据线路制式和技术标准，又可细分为高速铁路、普速铁路、磁悬浮列车、地铁、轻轨、单轨、自动旅客捷运系统(APM)、有轨电车等。不同层次、不同制式的轨道交通根据各自不同的技术经济特征，有不同的功能定位和提供服务的业务领域。对于不同轨道交通系统，一般可以在终点站与终点站、终点站与中间站或者中间站与中间站进行衔接。在不同车站环境下选取合适的换乘方式，是保证服务质量、提高运输效益的重要条件。可将衔接模式分为换乘衔接模式和贯通运营模式。

(1) 换乘衔接模式。

换乘衔接是指轨道交通各系统间的线路不接轨贯通，乘客通过轨道交通换乘站、枢纽站等进行不同线路单点或多点的换乘，借助有效、合理的换乘组织方式引导乘客乘降，从而实现不同层次系统的衔接。这种模式下，各层次轨道交通系统保持独立，可使用不同的车辆、信号、供电等系统制式。针对多制式轨道交通，主要考虑衔接模式及换乘方式，如表 6-7 所示。

表 6-7　不同制式轨道交通换乘衔接方式

换乘方式			功能特点	线路数	优缺点
同台换乘	同平面站台		某些方向上可实现同一平面内的直接换乘，反向换乘需通过其他连接设施实现	两线换乘	某些方向换乘直接，但反向换乘较为不便，站台压力也较大
	上下平面站台				
楼梯换乘	十字形	岛式与岛式	通过一次上下楼扶梯，实现站台与站台之间的直接换乘	两线换乘	一点换乘，简单方便，但客流之间存在较多交叉
		岛式与侧式			两点换乘，换乘量中等
		侧式与侧式			四点换乘，换乘量大
	T形、L形				相对十字形来说换乘步行距离长
站厅换乘	—		利用各线的共用站厅换乘，或利用楼梯将各站厅相互连通起来进行换乘	两线或多线换乘	客流组织简单，换乘速度快，但设施间的转换较多
通道换乘	T形、L形、H形站位		利用专用连续通道进行换乘	两线或多线换乘	节点预留形式简单，布置灵活，但步行距离长
组合换乘	—		至少是两种换乘方式的组合	两线或多线换乘	实现所有方向的换乘
站外换乘	—		适用于所有车站条件，将不同运输系统在平面上错开	两线或多线换乘	车站布置简单，但由于进出站程序烦琐，会增加旅客出行时间

(2) 贯通运营模式。

各层次轨道交通贯通运营的概念，应包含两个层面的含义。从乘客出行的起讫角度，将轨道交通线路覆盖客流主方向，如市域铁路线路的通勤乘客在早高峰的目的地是城市中心区域，直接将市域铁路线路从郊区延伸至市中心无疑满足了这一需求，也减少了途中的换乘，这便是贯通运营第一个层面的含义。然而，对于城市内部特别是中心区域，由于城市轨道交通、各类管线、建(构)筑物等的存在，可用的客运通道十分有限，往往不具备新线引入的条件或导致引入成本过高。在这个限制下，利用接轨站、联络线等将不同层次的几条轨道交通线路连接起来，实现不同层次列车在某些区段共线运营，既可以满足乘客直达目的地、减少换乘的需求，又克服了新线引入的困境；同时，由于减少了原换乘站的规模及换乘设备，而且不用在中心区建设新线，节省了大量的投资，对运输效益的提高大有裨益。因此，各层次轨道交通共线运营便是贯通运营的第二层含义。

贯通运营是指在相交的两条或多条轨道交通线路上，借助接轨站、联络线等实现线路互联互通，使行车交路能够从一条线路跨越至另一条线路，实现两条或多条线路的列车共用同一区段的运营模式。在贯通运营区间，来自不同层次或不同线路的列车按照既定的发车间隔和组合形式在线路上追踪行驶，共同分配过轨区间的通过能力。

3. 区域多制式轨道交通枢纽布局的影响因素分析

区域多制式轨道交通枢纽布局受多方面因素的影响，具体表现在如下几个方面。

1) 城市规模、空间布局与人口分布

旅客出行需求及换乘需求是综合客运枢纽布局的重要基础，而这一需求的分布与城市规模、空间形态、人口分布等密切相关，布局应充分考虑城市功能以及未来的空间发展格局，要与城市居民区分布、生产力布局以及发展趋势相协调，考虑旅客出行的特点。规划在充分研究区域发展及人口分布的基础上，客观分析综合客运枢纽的空间布局以及具体枢纽的用地规模、服务功能等。

2) 各运输方式的空间布局

国家干线铁路、高速公路、水运主通道以及民航机场的空间布局决定了城市对外通道的基本格局。多制式轨道交通枢纽的布局应从区域内不同制式轨道交通衔接需求出发，充分考虑“零距离换乘”的理念，规划时与主要铁路站、机场、港口码头的合理衔接，以及与运输通道的衔接是综合客运枢纽布局的必要条件。

3) 客运需求空间分布

多制式轨道交通枢纽在区域内的布局优化应充分考虑客运需求、交通区位条件，加强对外客运与区域客运的衔接、中心城区内部不同客流的衔接，同步做好轨道交通枢纽与城市其他公共交通设施的配套，方便居民出行。

4) 既有规划的约束

多制式轨道交通枢纽属城市基础设施，其布局规划要结合各地城市总体规划做好衔接，并与综合交通规划、客运枢纽场站规划相协调。

5) 资源环境以及建设用地条件

随着城市的快速发展，土地资源日益紧张，轨道交通枢纽场站选址必须充分考虑用地的可能性，同时场站选址应避开生态环境敏感区，避免对周围环境造成破坏，发展绿色环保型综合客运枢纽，便于综合枢纽能够适应城市发展要求，在保证居民安全、便捷、高效出行的同时，做到可持续发展。

4. 区域多制式轨道交通枢纽布局规划要素

区域轨道交通枢纽布局规划，主要包括区域内多枢纽站的协同布局规划和枢纽站内设施的一体化布局。做好区域内轨道交通枢纽布局规划，主要把握好客流、列车、线路、场站等主要元素。

(1) 客流。

旅客是区域轨道交通枢纽站的主要服务对象，枢纽规划布局应“以人为本”，为旅客出行提供方便、快捷、高质量的服务。

(2) 列车。

列车是车流生成的主要要素，也是运输旅客的主要工具。不同制式轨道交通车辆的载客能力、速度、舒适度等也影响旅客的出行体验。

(3) 线路。

线路是客流和车流组织的基本要素，包括线路设施、列车运行线路和旅客出行路径。区域同制式轨道交通的换乘方式以及不同制式轨道交通线路的衔接方式，都将影响旅客出行。

(4) 场站。

场站是枢纽站的场地和选址，是规模和环境的控制要素，包括建筑、景观、环境和交通等影响。

5. 区域多制式轨道交通枢纽布局规划原则

在进行区域多制式轨道交通布局规划时，应充分考虑不同主体的需求和适应城市发展的要求。区域范围内不同枢纽站点间的协同布局和枢纽车站内部设施的一体化布局，都应依照一定的规划原则，以实现交通的便利和城市的协调发展。主要的枢纽布局规划原则如下。

1) 一体化规划的原则

综合客运枢纽的布局要在规划范围内统筹考虑、统一规划、协同布局，缩小区域内经济水平、空间结构的差别，使区域内不同层次、不同类型的综合客运枢纽协调发展；同时，应实事求是、因地制宜，结合各地区不同的发展条件、阶段目标，协同推进区域内综合客运枢纽建设目标，保障规划建设的规范性和有序性，提升区域综合运输网的整体效能和协调性。

2) 分类布局的原则

在轨道交通枢纽规划布局前，应充分了解区域的交通现状及发展规划，形成全面和系统的认识。区域内不同制式轨道交通的服务对象和范围各不相同，因此在规划布局时应依据不同层级客流需求和城市发展需求，明确不同类型轨道交通枢纽的功能定位，分类布局。

3) 功能协同的原则

为更好地服务区域旅客出行，区域内不同层级、不同类别轨道交通枢纽应分工明确，功能上相互协同，以提升区域综合客运的整体效率和服务水平。 作为衔接多种运输方式的客运枢纽，枢纽的布局应有利于促进区域内部交通、生产、通勤等联系，又要考虑到老城区客流集中和新城区居民就近出行需求等因素，合理布局，减少乘客的换乘次数和换乘时间，体现综合运输的服务品质。实现公路与铁路、民航、城际轨道等其他对外运输方式及城市交通间的无缝衔接，大力促进各种交通方式之间，城际、城乡与城市交通间的紧密衔接。

4) 站城融合的原则

轨道交通枢纽站作为交通车站应与城市功能设施相互融合发展，与枢纽周边区域的经济、文化发展相适应，以起到相互促进的作用。此外，枢纽内部交通功能与城市功能设施间也应合理衔接布置，提升旅客出行体验。

5) 发展的原则

枢纽布局坚持以满足当前社会经济发展需求为基本前提，考虑与城市居民区分布、生产力布局相适应，充分考虑旅客出行特点，同时也要兼顾城市未来发展需求，具有一定的前瞻性，以发挥综合客运枢纽作为城市公共基础设施，引导城市发展、带动土地开发的作用。枢纽规划应明确近期、中期、远期的建设目标，预判枢纽在不同时期的功能、形态变化，为枢纽未来发展预留空间。

6) 绿色环保的原则

交通设施所产生的噪声、振动、废弃等对城市环境和建筑空间质量都有负面的影响，因此在枢纽布局规划和设计时应充分考虑绿色环保，实现可持续发展。

7) 人性化的原则

区域轨道交通枢纽在规划布局时，应充分考虑不同使用主体的需求，在位置的选取、设施的设置、布局中融入人性化的设计，尽可能做到便利性，提升枢纽的可使用性。

8) 智能化的原则

随着科技的进步，在轨道交通枢纽中加入智能化的设施设备，可有效提升枢纽的运营效率、服务质量和旅客的出行效率，打造现代的智能化的综合交通枢纽。

6.2　区域多制式轨道交通线网协同布局

6.2.1　区域多制式轨道交通线网合理规模分析

1. 区域轨道交通线网控制节点选择

控制节点是轨道交通线网的基本要素，决定着规划线网的覆盖范围，线网布局本质上是对控制节点间的高质量连通。区域轨道交通网络的节点规模实质是线网规模的重要评价指标之一：节点覆盖度，即区域(城市群或都市圈)内，在众多不同层次等级、不同需求特征的节点中，选取哪些节点在线网规划控制阶段进行重点布置。为有效筛选关键控制点，需要对节点的重要性进行判断。由于关注重点是在规划控制阶段对节点规模的把握，故而此处判定的并非该节点是否纳入最终实际选线和停站方案，而是在具体布局规划前提供关键节点(如核心节点和边界节点)的选择方案以及相应的量化依据。

基于轨道交通的功能特征、区域分工及其对区域社会经济发展的影响和导向作用，判断其线网的服务性优先于功能性，其更多的是将区域轨道交通系统作为优化城市群结构的重要手段和提振区域产业升级的社会工程：一方面，线网的布局与各城市节点社会经济动态发展相互促进、相互影响；另一方面，线网的建设是对静态交通基础设施的补充和强化。因此，节点选择及规模控制将从节点的动态重要度和静态重要度两方面进行量化分析。

1) 节点动态重要度分析

将节点动态重要度定义为在节点客流需求和社会经济指标影响下的节点重要度。“动态”体现在城市节点的客流需求和社会经济指标在规划年限内的动态变化，通常以增长型变化为主。动态增长的客流需求和社会经济状况会对节点重要度产生影响。

(1) 基于客流需求的节点重要度分析。

客流需求分析是轨道交通规划建设的重要依据和基础工作，在此基于客流需求量化

节点重要度 $D_Q(v_i)$，将其定义为节点和网络内各其他节点间的客流交换总量与网络内的总客流需求量之比，其中总客流需求量可以使用全社会出行量或客流预测结果表示，如式(6-1)所示：

$$D_Q(v_i)=\frac{\sum q_{ij}}{Q} \tag{6-1}$$

其中，q_{ij} 为节点 v_i 和节点 v_j 间的客流需求；Q 为网络内所有节点间客流需求的总和。

(2) 基于社会经济指标的节点重要度分析。

轨道交通线网节点在现实中的映射即城镇聚落，即以非农业产业和非农业人口集聚为主要的居民点、具有一定规模的工商业密集区。考虑到量化的可行性，本书以国内生产总值、人口规模、固定资产投资总额、城市行政等级等数据反映各城市节点在社会经济的发展水平，确定基于社会经济指标的节点重要度 $D_S(v_i)$，表示如下：

$$D_S'(v_i)=\left\{\sum_{j=1}^{m}\beta_j\frac{M_{ij}-M_j^{\min}}{M_j^{\max}-M_j^{\min}}\right\} \tag{6-2}$$

其中，β_j 为第 j 个指标对重要度产生影响的权重值；M_{ij} 为第 i 个节点的第 j 个指标值；$M_j^{\min}$ 为区域内各节点的第 j 个指标值中的最小值；$M_j^{\max}$ 为区域内各节点的第 j 个指标值中的最大值。对 $D_S'(v_i)$ 进行归一化处理，得到 $D_S(v_i)$ 的表达式如下：

$$D_S(v_i)=\frac{D_S'(v_i)}{\sum_{i=1}^{N}D_S'(v_i)} \tag{6-3}$$

2) 节点静态重要度分析

将节点静态重要度基于复杂网络拓扑特征，定义为城镇节点在区域内综合交通复杂网络拓扑结构中的中心化程度。对于节点重要性的评判也需要结合实际问题，对网络中节点属性和节点间的连接关系在实际问题中的意义进行具体分析。目前对于复杂网络节点重要度的研究中，评价方式有基于节点删除法、基于节点关联性方法、基于最短路径方法、累计提名法、节点收缩法等。考虑到研究关注的是线网中节点的选取，其本质是在给定地理范围内的轨道交通线网上城镇节点“有无”的决策问题，关注的重点在于节点对运营效益、网络能力方面的作用，而非关注节点对线网脆弱性、鲁棒性的影响。所以考量节点对网络效率和网络聚凝度的影响更为合理：网络效率体现了运输网络运送旅客服务的质量，网络聚凝度反映了节点间联系的便利程度。

这里使用节点收缩法衡量该节点基于复杂网络拓扑特征的节点重要度。这种方法首先假定节点正常工作情况，然后将待测节点和与其相连的所有节点收缩为一个节点。在图 $G=(V,E)$ 中，假设 $v_i\in V$，通过将节点 v_i 和与之相连的 k_i 个节点融合，形成一个新的节点 v_i，仍与这 k_i 个节点相连的其他节点相连，得到一个新的网络。其过程如图 6-2 所示。

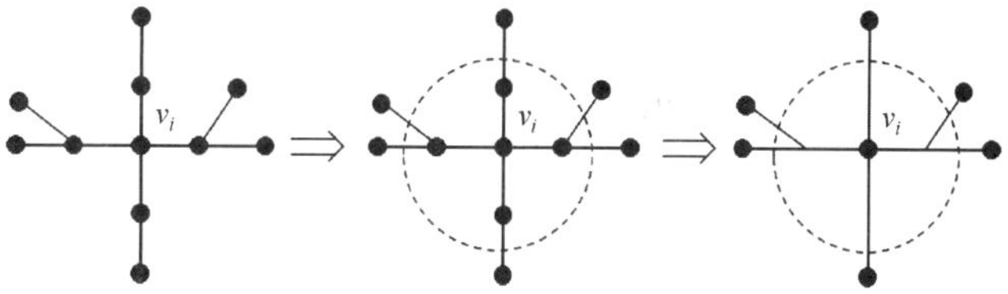

图 6-2　节点收缩示意图

节点收缩法关注各个节点收缩后得到的新网络的性能，比较收缩后性能变化的大小程度来衡量复杂网络中节点的重要性。节点 v_i 的重要性可由如下公式反映：

$$D'_N(v_i)=1-\frac{\phi(G)}{\phi(G\cdot v_i)} \tag{6-4}$$

$$\phi(G)=\frac{1}{NL} \tag{6-5}$$

其中，$\phi(G)$ 为网络 G 的聚凝度；N 为网络节点数；L 为网络节点间的平均距离；$G\cdot v_i$ 为将节点 v_i 收缩后得到的新网络。归一化处理后可得节点静态重要度 $D_N(v_i)$ 为

$$D_N(v_i)==\frac{D'_N(v_i)}{\sum_{i=1}^{N}D'_N(v_i)} \tag{6-6}$$

3) 网络节点综合重要度分析及选取

基于上述分析，节点在区域内的重要度由其动态重要度和静态重要度两方面构成。其中动态重要度用客流需求和社会经济指标影响的线性加和表示，即

$$D(v_i)=\theta_1 D_i^{\text{dynamic}}+\theta_2 D_i^{\text{static}}+\theta_3 \tag{6-7}$$

$$D_i^{\text{dynamic}}=\alpha_1 D_Q(v_i)+\alpha_2 D_S(v_i) \tag{6-8}$$

其中，$D(v_i)$ 为节点综合重要度；D_i^{dynamic}、D_i^{static} 分别为节点 v_i 的动态重要度和静态重要度；θ_1、θ_2 分别为节点动态重要度和节点静态重要度的权重系数，主要体现节点选取阶段对两者的相对重视程度；θ_3 为节点其他特征的重要度补充参数，意在修正部分具有特殊军事、政治意义的节点重要程度；α_1、α_2 分别为客流需求和社会经济指标对动态重要度影响的权重系数。

对于节点静态重要度，由于区域内城市节点及其之间的各类交通方式构成的综合交通运输网络并非简单的无向图，其节点和边均是现实物理对象的映射，故需对综合交通网络进行拓扑构建，并在此基础上选取前述节点删除、节点收缩等方法进行重要度计算。区域内节点间的联系以公路和轨道交通为主，在此忽略水运、航空等其他运输方式，将此种交通运输网络构建为加权无向网络。

令集合 $G=(V,E)$，其中 V 为区域内城市节点 v_i 的集合，E 为节点间带有权重的边 e_{ij} 的集合，使用加权邻接矩阵 W 表示，矩阵元 w_{ij} 代表相邻两节点间的边权。权值的赋法主要有两种，其中相似权设定 $w_{ij}\in[0,\infty)$，当两点间没有连接时，$w_{ij}=\infty$。相异权设

定 $w_{ij} \in (0,\infty)$，与相似权对应，当两点间没有连接时，$w_{ij}=\infty$。根据这里讨论的问题特点，采取相异权的方法，考虑数据可得和计算复杂度，此处将 w_{ij} 定义为两城镇节点间各交通方式的平均旅行时间，衡量区域综合交通运输网络中直接相连的城镇节点在运输距离和效率上的联系强度，即 $w_{ij} \in (0,\infty)$。其计算方式为

$$w_{ij} = \overline{t}_{ij} = \sum_{k\in K} \frac{l_k}{v_k} \tag{6-9}$$

其中，K 为节点间存在的旅客交通方式的集合；l_k 为第 k 种交通方式的运输距离；v_k 为第 k 种交通方式的平均旅行速度。此时：

$$D_i'^{\text{static}} = 1 - \frac{\phi'(G)}{\phi'(G\cdot v_i)} \tag{6-10}$$

$$\phi'(G) = \frac{1}{s\cdot l} = \frac{1}{\sum_{i=1}^{N} \frac{1}{N_i} \sum_{j\in N_i} \frac{1}{w_{ij}} \cdot \frac{\sum_{1\leqslant i<j\leqslant N} d_{ij}}{N(N-1)}} \tag{6-11}$$

其中，s 为加权网络的平均点权之和，其计算方式为

$$s = \sum \frac{s_i}{N_i} = \sum \frac{1}{N_i} \sum_{j\in N_i} \frac{1}{w_{ij}} \tag{6-12}$$

此处为了避免“节点联系越小越重要”，将 l 设定为在保持原网络各项最短路径的同时，将原网络转化为无权网络后计算出的网络平均距离。此时边权的差异可通过节点收缩前后节点数与节点紧密度的变化来反映，而退化后网络最短路径的变化则转移到了网络平均距离在收缩前后的变化上。对 $D_i'^{\text{static}}$ 进行归一化处理后可得 D_i^{static}。

通过上述节点综合重要度的分析计算，对区域内各城镇节点的重要度进行计算。以此为基础对各个节点进行排序，综合各类上位规划、城市群空间结构和产业规划，以定量和定性相结合的方式，对节点的层次进行合理划分，选取主要控制点作为轨道交通线网布局的主要构成要素，为下一步线网布局规模的测算奠定基础。值得注意的是，节点的选择在规模控制阶段一定是定量定性相结合，定量提供支撑，定性提供判断。赋值方式同样需要合理把握，应考量不同情境下多方主体的利益体现。

2. 区域轨道交通线网布局规模

1) 线网布局规模确定思路

在节点选择的基础上，针对线网布局规模进行讨论分析。区域轨道交通线网布局规模狭义上是指规划区域内轨道交通线网的总里程数，其实质表征为选定的区域轨道交通网络控制节点间，规划通过轨道交通线路直接相连的情况，计算方式为网络中邻接边(连接线路)的物理长度的加和。广义上，布局规模的含义还包括与上述绝对指标相关的各类相对性指标，包括线网设施的网络密度、网络连通度、网络可达性和网络覆盖率

等。所以，线网布局规模不仅划定了规划区域内的线路里程建设目标，它在区域轨道交通线网初始布局形态、线网结构的明确上同样具有重要意义。

区域轨道交通线网的合理布局规模一方面直接影响区域综合交通运输系统的质量，另一方面也受区域经济发展水平、建设投资等多方面的制约。结合前文的分析，合理的轨道交通线网布局规模是在区域地形和环境条件、人口和产业分布、社会经济发展水平、各类上位规划等共同影响下的结果。分析各类主体在布局规模上的需求和限制是合理布局规模选择模型建立的基础。

2) 影响布局规模的主体需求分析

通过上述分析，不同参与主体对线网布局规模的需求目标及对应的影响约束不尽相同。具体来说可表征为对线网结构适应性、线网建设投资与运营效益以及线网服务质量的不同追求。

(1) 线网结构适应性。

线网结构适应性主要体现在两个方面：宏观上是线网结构对区域空间拓展、政策指引下的区域产业布局以及提升区域综合交通质量等目标的适应性；微观上是指对地质地形条件、客流的空间分布等实施条件的适应性。线网结构适应性，可以通过整体路网对宏观、微观需求的贡献程度来衡量。综合来讲，是线网建设对社会整体发展带来的非营收性的效益。对于这种效益，可以使用所有直接相连的节点对的联系强度之和来表达，即节点通过直接相连产生的联系效用。这种联系效用需反映线网涉及的节点在区域经济发展、客流需求和区域综合交通网络结构中的地位。因此，结合前面讨论的节点综合重要度，采用式(6-13)表示线网中由连边重要度来表达的结构适应性：

$$D(e_{ij}) = \frac{D(v_i) \cdot D(v_j)}{l_{ij}^2} \tag{6-13}$$

其中，$D(e_{ij})$ 为连边重要度；l_{ij} 为节点 v_i 与节点 v_j 之间的地理距离。

可见，连边重要度随着节点在区域经济发展、客流需求和区域综合交通网络结构中的重要度的增加而提高，但同时距离增加会削弱这条连边对整体线网的贡献。此时，线网结构适应性表示为

$$F_1(X) = \sum_{1 \leqslant i < j \leqslant N} D(e_{ij}) \cdot x_{ij} \tag{6-14}$$

其中，x_{ij} 为节点 v_i 与节点 v_j 之间的连接决策变量，若直接相连，即决策规划建设这条边，则 $x_{ij} = 1$，反之 $x_{ij} = 0$。

(2) 线网建设投资与运营效益。

轨道交通建设的大规模投资能带来巨大的债务压力，甚至造成债务风险。因此，轨道交通的规划建设必须考虑建设资金及将来的经营管理模式，以保证轨道交通的可持续发展。

建设投资包括线路及场站建设、固定及移动设施设备投资和附带开发投入等。总投资的划定限制了线路物理体量的最高值，超出这一约束将带来国家、地方经济的过重负

担，影响区域发展质量，同时也会带来运营阶段的资金压力。

建设运营效益由收入和成本共同组成。轨道交通的运营收入包括票款收入和其他营业收入，是轨道交通运输企业在生产过程中，在一定时期内向旅客提供运输等服务所取得的收入，是完成运输生产工作的生产成果的货币体现。轨道交通的成本包含建设成本、运营成本、折旧成本和财务成本。建设成本即线网设施建设的投资额；运营成本是指城际轨道交通运营企业在实际开展业务过程中产生的能源、耗材等物质性消耗支出和人力资源成本；折旧成本包含固定资产折旧、设备修理支出等，涵盖了土建工程折旧和移动设备折旧；财务成本则主要指运营期间为筹集运营所需资金发生的各项费用如贷款利息，通常可以使用费率比例表示。

结合我国相关项目实施的实际情况，轨道交通线网的远期收入情况在规划阶段应作为规划必要性分析的部分进行讨论，其具体收益在规模控制阶段由于成本预估等问题上的困难使其作为目标性指标无法较为准确地衡量，因此考虑对于这一部分的需求影响，拟采用总投资体量的预期作为主要考量目标。

(3) 线网服务质量。

区域轨道交通的使用者更在意轨道交通的出行体验，即线网设施提供运输服务的质量。本书从复杂网络的角度来考量线网的服务质量。对于区域轨道交通的可达性，目前的研究主要从有效评价交通成本指标、日可达性指标和潜力模型等方面进行衡量方法的设计。

基于复杂网络相关理论，在此选用网络效率E这一指标，较直观地表达一个网络对要素的传输效率，定义为网络节点间距离倒数的平均值，如下所示：

$$E = \frac{2}{N(N-1)} \sum_{1 \leqslant i < j \leqslant N} \frac{1}{d_{ij}} \tag{6-15}$$

其中，N为网络中选定的节点数；d_{ij}为节点v_i与节点v_j之间最短路径上的边数。然而，实际上区域轨道交通网络并非简单连接的无向无权的网络。不同节点间的连接在现实中的映射具有较大差距，使得两节点间的可达性不能单纯使用边数来表达。所以此处基于区域轨道交通物理网络构成的加权网络对网络效率的计算进行改进：

$$E = \frac{2}{N(N-1)} \sum_{1 \leqslant i < j \leqslant N} \frac{1}{L_{ij}} \tag{6-16}$$

其中，L_{ij}为节点v_i与节点v_j之间的最短路径距离。

3）合理布局规模选择模型

整体而言，线网布局规模的控制为了能够从规划层面宏观上对项目实施做出有效指导，其目标和约束是多元而往往相悖的。基于轨道交通的功能特点和区域分工，本书提出区域轨道交通线网合理规划布局的目标为：要求布局选择能够完整连接区域内的主要客流集散点，能够高度契合和支撑区域社会经济和城市群结构的发展，在满足建设和运营可持续发展的同时，能够较好地提供便捷和舒适的城际间出行服务，且线网建设的投资规模在可承担范围内。将各类主体的追求目标和相应的约束进行整理和联立，得到区域轨道交通线网合理布局规模测算思路如图 6-3 所示。

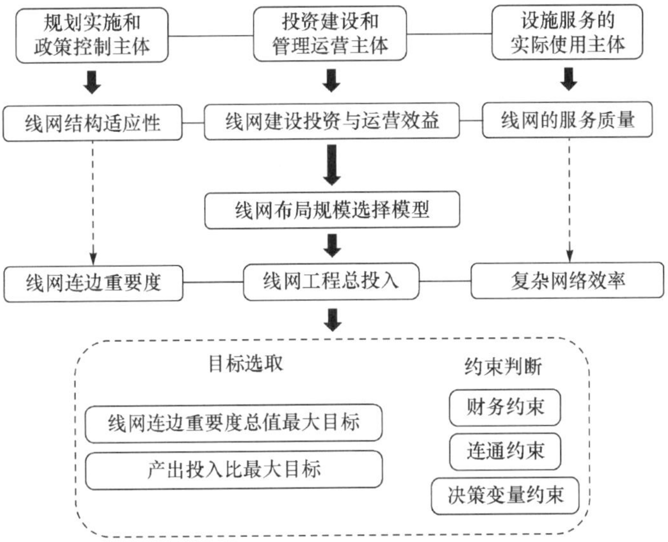

图 6-3　区域轨道交通线网合理布局规模测算思路

下面根据上述思路构建双目标规划模型。

(1) 线网连边重要度总值最大目标。

根据前面分析，规划投资和政策控制主体的核心需求是通过线网建设对社会整体发展带来非营收性的效益。基于此，使用线网的结构适应性即布局选择的邻接城市节点间关联度来表达城际轨道交通线网对社会效益的贡献程度，模型将线网结构适应性指标值最大化作为一项目标，即

$$\max F_1(X)=\sum_{1\leqslant i<j\leqslant N} D(e_{ij})=\sum_{1\leqslant i<j\leqslant N}\frac{D(v_i)\cdot D(v_j)}{l_{ij}^2}\cdot x_{ij} \tag{6-17}$$

(2) 产出投入比最大目标。

建设和运营管理主体与设施服务的实际使用主体之间存在较强的联系。分析这两类主体的需求，显然，前者关注在提供服务的过程中对总投入的控制，以达到相应的运管目标；后者关注前者提供的运输服务质量，即能否充分满足其出行的便捷性、快速性、舒适性等追求。两个目标之间相互制约，相互影响。区域轨道交通线网在区域综合交通运输体系中扮演着骨干作用，但其建设运营投入巨大。从“性价比”的角度考虑线网布局规模的优化目标，采用两者核心需求的目标之比进行量化。此时，结合前面的分析，区域轨道交通线网的“产出”是设施服务实际使用主体得到的服务质量；“投入”是建设和运营管理主体的建设运营投入，此处使用总投资体量的预期作为主要考量目标。由此，可得优化目标如下：

$$\max F_2(X)=\frac{D_{\text{accessibility}}}{C_{\text{investment}}} \tag{6-18}$$

其中

$$D_{\text{accessibility}} = E = \frac{2}{N(N-1)} \sum_{1 \leqslant i < j \leqslant N} \frac{1}{L_{ij}} \tag{6-19}$$

$$C_{\text{investment}} = \bar{C} \cdot L \tag{6-20}$$

$$L = \lambda \sum l_{ij} \cdot x_{ij} \tag{6-21}$$

$$l_{ij} = \sqrt{(x_i - x_j)^2 + (y_i - y_j)^2} \tag{6-22}$$

其中，$\bar{C}$ 为轨道交通线路平均单位里程的造价；L 为规划线网的总里程；λ 为轨道线路非直线系数；l_{ij} 为节点 v_i 到节点 v_j 的地理距离；x_{ij} 为邻接关系决策变量，以 1 和 0 分别表示节点 i 与节点 j 相连和不相连；x_i、y_i 为节点的空间坐标。

(3) 约束条件。

① 投资总额约束。

路网建设的投资总额是布局规模最直接的约束控制，决定了区域内路网里程建设的上限。应合理控制布局规模，使得满足线网建设目标的情况下尽可能压缩建设成本。此处的建设成本特指线路的造价，不讨论城市节点的站场建设、设备投资和连带商业开发等投入。

$$C_{\text{investment}} \leqslant C_{\text{budget}} \tag{6-23}$$

② 连通性约束。

为了保证轨道交通单一方式在城际间出行意义上的可达性，显然，线网必须能够将区域内选定的城市节点连通。根据图论对连通图的定义，即一个图中任意两点间至少有一条边相连。对于无向图，即对图中任意两点 v_i 与 v_j，总存在至少一个点边序列 $(v_{i0}, e_{i1}, v_{i1}, e_{i2}, \cdots, e_{ik}, v_j)$ 构成的链，使得 v_i 与 v_j 相连。若不连通，则至少存在某两点间没有路径可以使之连通，此时该两点间的最短路径距离为 ∞。因此，使用式(6-24)对模型提出约束。对于 $G=(V,E)$：

$$\exists \tau \geqslant 0, \quad \forall v_i, v_j \in V, \quad l_{ij} \leqslant \tau \tag{6-24}$$

此外，考虑线网应具有一定可靠性，提出基于连通性能的约束：

$$\bar{D}(G) \geqslant \gamma \tag{6-25}$$

其中，$\bar{D}(G)$ 为网络的平均节点度；γ 为常数，根据区域发展水平和线网发展阶段而定。

③ 决策变量取值约束。

模型中的决策变量为城市节点间的邻接关系，即

$$X = (x_{ij})_{n \times n} = \begin{bmatrix} x_{11} & \cdots & x_{1n} \\ \vdots & & \vdots \\ x_{n1} & \cdots & x_{nn} \end{bmatrix} \tag{6-26}$$

其中，$x_{ij} \in \{0,1\}$，且 $x_{ij} = x_{ji}$。当 $x_{ij} = 1$ 时，表示在线网布局规模测算结果中，节点 v_i 与 v_j 通过城际轨道交通线路直接相连，否则 $x_{ij} = 0$。

4) 线网合理布局规模测算模型的求解

区域轨道交通线网的布局规模测算模型为双目标、非线性的 0-1 整数规划模型。针对多目标最优化问题，以决策者偏爱信息为划分依据，主要有事先评价法、事中评价法和事后评价法三类求解方法。其中，事后评价法通过寻求多目标问题的有效解的集合，然后由决策人挑选最为满意的解的方式对问题进行求解，主要方法有变权线性加权法、ε-约束法、同伦法及边界垂直相交法等。考虑到所建模型的两个目标函数之间寻找合理的综合评价函数较为困难，而目标中 $F_1(X)$ 为简单线性函数，故这里选择基于 ε-约束法的思想对多目标模型做单目标转化后进行求解。基于此，设计布局规模选择模型求解步骤如下。

(1) 基本参数输入。基本参数包括城市节点集合 v_i 、各城市的节点综合重要度 $D(v_i)$ 、城市节点间物理距离矩阵 l_{ij} 、区域内各类轨道交通平均单位里程造价 $\bar{C}$ 。

(2) 以 $\max F_1(X)=\sum\limits_{1\leqslant i<j\leqslant N} D(e_{ij})=\sum\limits_{1\leqslant i<j\leqslant N}\dfrac{D(v_i)\cdot D(v_j)}{l_{ij}^2}\cdot x_{ij}$ 为第一目标，保持约束条件不变进行求解，得到 $F_1^{\max}(X)=\varepsilon_0$ 。

(3) 在模型约束条件中加入 $F_1(X)\leqslant\varepsilon$ ， $\varepsilon<\varepsilon_0$ ，然后对第二目标进行求解：

$$\max F_2(X)=\frac{D_{\mathrm{re}}}{C_{\mathrm{in}}}=\frac{\dfrac{2}{N(N-1)}\sum\limits_{1\leqslant i<j\leqslant N}\dfrac{1}{L_{ij}}}{\bar{C}\cdot L}$$

$$\text{s.t.}\begin{cases}\bar{C}\cdot L\leqslant C_{\mathrm{budget}}\\ \exists\tau\geqslant 0,\forall v_i,v_j\in V,L_{ij}\leqslant\tau\\ \bar{D}(G)\geqslant\gamma\\ x_{ij}\in\{0,1\}\end{cases}$$

(4) 枚举 $(x_{ij})_{n\times n}$ ， $(x_{ij})\in\{0,1\}$ ，生成备选解空间 R^x ， $R^x=\left\{(x_{ij})^1,(x_{ij})^2,\cdots,(x_{ij})^{n(n-1)}\right\}$ ，令 $k=1$ ，初始化最优解集 $X^{\max}=\left\{(x_{ij})^1\right\}$ ，目标函数最优值为 $F_2^{\max}(X^{\max})=0$ 。

(5) 当 $k>n(n-1)$ 时，进入(8)，否则令 $X=(x_{ij})^k$ ，判断该解是否满足 $\bar{C}\cdot L\leqslant C_{\mathrm{budget}}$ ， $F_1(X)\geqslant\varepsilon$ 、 $\bar{D}(G)\geqslant\gamma$ 三项约束，若满足则进入下一步，否则令 $k=k+1$ ，重复(5)。

(6) 以 X 为邻接矩阵构建图 $G^k=(V,E^k)$ ，使用 Floyd 算法依次计算图中任意两点间的最短路径距离 L_{ij} 。若存在至少一对节点间的最短路径距离不可得，即此两点间不连通，此时该解不满足连通约束，则令 $k=k+1$ ，返回(5)，否则进入下一步。

(7) 按(6)所得各项 L_{ij} 计算 $F_2(X)$ 。若 $F_2(X)\leqslant F_2^{\max}(X)$ ，则令 $X^{\max}=\varnothing$ ，然后将 $(x_{ij})^k$ 加入最优解集 $X^{\max}$ ，此时 $F_2^{\max}(X)=F_2(X)$ ，令 $k=k+1$ ，返回(5)；若 $F_2(X)=F_2^{\max}(X)$ ，则将 $(x_{ij})^k$ 加入最优解集 $X^{\max}$ ，并令 $k=k+1$ ，返回(5)；若 $F_2(X)<F_2^{\max}(X)$ ，则令 $k=k+1$ ，返回(5)。

(8) 输出此时的最优解集 $X^{\max}$、对应目标函数最优值 $F_2^{\max}(X)$ 及线网总里程 L。

通过上述步骤可得布局规模选择模型的最优解(集)，对应的线网布局规模为 $X^{\max}$ 包含的邻接矩阵方案，此时线网总里程长度为 L。

5) 线网合理规模测算模型解的修正

在区域轨道交通线网的规划实践中，线网的进一步选线还需要结合区位线、交通走廊等宏观概念进行线网架构的具体划定，并考虑在既有线上开行城际列车的可行性。基于这些宏观概念难以在模型中体现并量化的考虑，且区位线、交通走廊也一定程度上与前述指标相关联，本节在前面所述模型的基础上，对最终求解结果所得的线网进行修正和调整，使所得的线网规模在规划控制阶段更具备合理性和可参考性。

(1) 基于既有线和高等级铁路线路规划的修正。

通过比对相同时期既有线和高等级铁路线路建设实施和规划情况，考虑利用国铁干线开行城际列车以承担区域内城际客流的可能性。对于前面研究求得的线网规模，可挑选备用能力充足的国铁干线承担部分区间的客流，并从线网规模中对此部分进行筛选和剔除。同时，在客流需求相对较小的外围环线和支线上进行适当选取，将一部分线路划为远景预留线路，以备后续规划的选用调整。

(2) 基于长程线路和短程线路重叠的修正。

由于某些城市节点的社会经济发展水平较高、客流需求大，或在路网中处于枢纽位置，导致此类节点间的线路重要度高，规模求解对这些节点具有较大倾向性。因此，在满足约束条件的前提下，模型解可能出现长程和短程线路的重叠，这时可对求解结果中存在的长程线路进行修正：根据节点之间的地理相对位置，保证局部线路走向不变，进行线路的适当删减和调整，如图 6-4 所示。在有足够客流需求的条件下，也可保留同一通道上多条平行线路，或为通道上远期修建平行线路和多线多用预留条件。

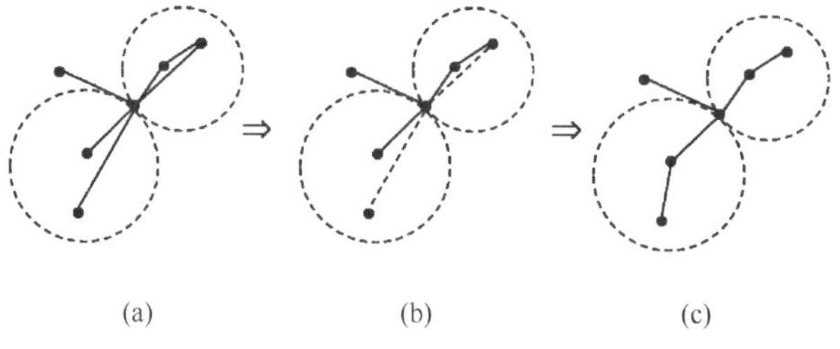

图 6-4　基于长程线路和短程线路重叠的修正

(3) 基于区域空间形态和地理特征的修正。

在规模研判阶段，本书建立的模型未能在区域空间形态上加以约束和影响。同时由于地理条件对线路修建的影响较为复杂，其对工程成本、选线走向等均会带来结果上的差异，有时甚至是颠覆性的，如城市节点间存在巨大的地形阻碍等。因此，考虑在数据可获得的前提下，一方面依据城市群的空间结构类型，包括单中心型、多中心型、走廊型和复合型等，对线网的部分不协调线路进行修正；另一方面，对受地理特征影响存在实施困难的线路进行适当删减，以提高合理规模求解的可参考性。

(4) 基于区域轨道交通复杂网络特征的修正。

此处考虑到区域轨道交通线网在复杂网络拓扑特征上具有的一般水平，对模型的求解做进一步修正，如对网络平均度(连通度)、网络密度和特征路径长度的数值进行一般性约束，使网络的性能更佳，在规模控制阶段对线网应达到的性能和规模要求提出限定。此类修正可作为额外的约束条件加入合理规模的测算模型，也可在求解后作为对模型解的适应性检验，用以提出进一步的改进方案。

6.2.2　区域多制式轨道交通线网衔接布局优化模型

1. 城际交通走廊的线网协同布局优化模型

1) 城际交通走廊的轨道交通系统描述

国内外学者对交通走廊上的干支线公交线网的协同优化布局问题已有所研究，多是基于交通走廊上的一条轨道交通线路或快速公交线路和与之相接驳的公交这一服务系统的规划设计进行协同优化。本节结合城际交通走廊特征，建立基于城际交通走廊的轨道交通线网协同布局优化模型。基于城际交通走廊的轨道交通系统也可视为一个干支线公交服务系统，主干线路主要为国铁干线，城际铁路和市域铁路则视为其接驳线路，整个系统服务于一个带状的城市群地区，通过接驳线路扩大轨道交通的服务范围。在矩形服务区域内，主干线路沿 x 轴布设，与其接驳支线垂直于主线、平行于 y 轴布设，并接入 x 轴上的车站，如图 6-5 所示。其中，L^{tr} 表示交通走廊上干线的长度，l^{fd} 表示接驳支线在 y 轴的服务边界，$u(i)$ 表示 i 站与 $i+1$ 站间接驳支线的分布密度，$\lambda(i)$ 表示干线车站分布密度。

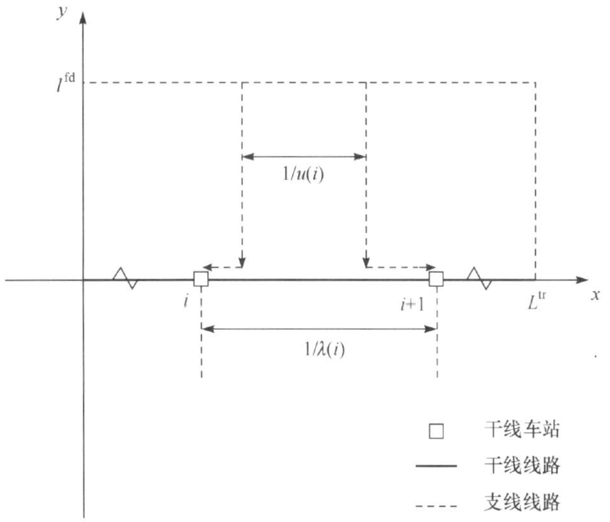

图 6-5　城际交通走廊的轨道交通干支线系统理论架构图

2) 模型假设条件

模型假设条件如下：

(1) 接驳线路站点分布的变化仅仅带来小于 0.4%的总费用减少，因此支线的站点设置暂不做考虑，仅仅考虑其在 x 轴上的分布密度。

(2) 干支线系统的服务边界暂且考虑矩形区域，即所有支线在 y 轴上的长度一样。

(3) 接驳支线与干线垂直，当到达干线沿线附近时，随即转为平行于干线布设，接入最近的干线车站。

(4) 乘客步行至离其出发地最近的支线，而不考虑等候时间和列车速度。

(5) 乘客搭乘支线到达与干线的换乘站后，需换乘干线到达其最终目的地。

(6) 客流在每个干线车站附近服从正态分布。

(7) 干线列车发车间隔足够小，故可以忽略乘客等候时间。

(8) 支线运输能力足够，能一次性承载所有候车乘客，且乘客不因为舒适度等原因等候下一班列车。

(9) 仅考虑支线分布于干线的一侧。

3) 变量及参数

表 6-8 定义了所有该模型中涉及的变量和参数。

表 6-8　城际交通走廊的线网布局优化模型中的变量和参数表

符号	定义及描述
决策变量	
$u(x)$	接驳支线在 x 轴上的分布密度
$g(x)$	接驳支线的发车频率
参数	
$\lambda(x)$	干线车站的分布密度
$P(x)$	通过支线到达干线车站的近似客流量
l^{fd}	y 轴方向上的支线长度
v^{fd}	支线列车的平均旅行速度
γ_{A}	单位距离的平均步行费用
γ_{B}	单位距离接驳支线列车的平均运营费用
γ_{R}	单位时间的平均乘车费用
γ_{W}	单位时间乘客候车的平均等待费用

4) 模型构建

基于城际交通走廊的轨道交通协同布局优化模型同时考虑了干支线服务系统的线网规划布局，以使用者和运营者总费用最小为优化目标。其中，使用者费用包括步行至接驳支线的费用 C_{A}、在支线车站候车费用 C_{W}、在支线列车上的搭乘费用 $C_{\mathrm{R}}^{\mathrm{fd}}$，运营者的费用主要体现为列车的运营费用 $C_{\mathrm{O}}^{\mathrm{fd}}$。故总费用 C 及目标函数表示为

$$\min C = C_{\mathrm{A}} + C_{\mathrm{W}} + C_{\mathrm{R}}^{\mathrm{fd}} + C_{\mathrm{O}}^{\mathrm{fd}} \tag{6-27}$$

根据假设条件，乘客步行至离出发地最近的接驳支线，所以乘客为搭乘支线列车，沿 x 轴的平均步行距离为 $1/(4u(x))$，因此在任一 x 附近，乘客步行至支线的总费用为

$$C_{\mathrm{A}}(x)=\gamma_{\mathrm{A}}\cdot P(x)/(4u(x)) \tag{6-28}$$

一位乘客的平均候车时间为支线列车发车间隔的一半，因此在任一 x 附近，乘客候车的总费用为

$$C_{\mathrm{W}}(x)=\gamma_{\mathrm{W}}\cdot P(x)/(2g(x)) \tag{6-29}$$

与平均步行距离类似，支线列车在 x 轴上的平均乘车距离为 $1/(4\lambda(x))$，因此乘客乘坐支线列车在 x 轴上的平均乘车时间为 $1/(4\lambda(x)v^{\mathrm{fd}})$。在任一 x 附近，乘客乘车的总费用为

$$C_{\mathrm{R}}^{\mathrm{fd}}(x)=\frac{\gamma_{\mathrm{R}}P(x)}{4v^{\mathrm{fd}}\lambda(x)} \tag{6-30}$$

支线列车在 x 轴的运营里程与乘客沿 x 轴的平均乘车距离相同，在 y 轴的运营里程与服务边界距离相同。因此，支线列车平均往返一趟的运营距离为 $2[l^{\mathrm{fd}}+1/(4\lambda(x))]$。在干支线系统服务区域内，单位时间需要的支线列车总列数为 $u(x)g(x)$。因此，在任一 x 附近，单位时间运营支线列车的总费用为

$$C_{\mathrm{O}}^{\mathrm{fd}}(x)=2\gamma_{\mathrm{B}}[l^{\mathrm{fd}}+1/(4\lambda(x))]\cdot u(x)g(x) \tag{6-31}$$

综上，单位长度、单位时间的系统总费用 $\varphi(x)$ 可表示为

$$\varphi(x)=\frac{\gamma_{\mathrm{A}}\cdot P(x)}{4u(x)}+\frac{\gamma_{\mathrm{W}}\cdot P(x)}{2g(x)}+\frac{\gamma_{\mathrm{R}}P(x)}{4v^{\mathrm{fd}}\lambda(x)}+2\gamma_{\mathrm{B}}\left(l^{\mathrm{fd}}+\frac{1}{4\lambda(x)}\right)\cdot u(x)g(x) \tag{6-32}$$

5) 模型求解

显然，若干线车站分布是既定的，则单位长度、单位时间的系统总费用 $\varphi(x)$ 只由支线分布密度 $u(x)$ 和支线列车发车频率 $g(x)$ 决定。通过对 $\varphi(x)$ 表达式关于 $u(x)$ 和 $g(x)$ 分别求偏导，并令其等于 0，联立求解即可得到最优的 $u(x)$、$g(x)$ 的表达式。最优解 $u(x)^{*}$ 和 $g(x)^{*}$ 表达式如下：

$$u(x)^{*}=\sqrt[3]{\frac{\gamma_{\mathrm{A}}^{2}P(x)\lambda(x)}{4\gamma_{\mathrm{B}}\gamma_{\mathrm{W}}(4l^{\mathrm{fd}}+1)}} \tag{6-33}$$

$$g(x)^{*}=\sqrt[3]{\frac{2\gamma_{\mathrm{W}}^{2}P(x)\lambda(x)}{\gamma_{\mathrm{A}}\gamma_{\mathrm{B}}(4l^{\mathrm{fd}}+1)}} \tag{6-34}$$

尽管在此暂未考虑客流在干线两侧的分布，但这与 Wirasinghe 建立的模型求得的最优解表达式类似，其模型同样假设了支线列车有足够的运输能力，而与发车频率无关。

为了解决该优化问题，可运用微分的思想将客流走廊上的干线分割为若干小段，并将通过支线轨道到达各干线车站的离散客流量转变为在这若干小段上的近似连续需求函数，使其符合在离散站点周边正态分布。最终运用 MATLAB 实现计算求解。

2. 基于都市圈的放射形线网协同布局优化模型

1) 基于都市圈的放射形轨道交通系统描述

除了对矩形区域内的线网布局问题的研究，相关研究学者也将其拓展到放射形线路布局的建模优化上。在中心城市辐射带动的都市圈范围内，轨道交通系统通常汇聚于城市中心区，并呈放射形向外辐射，且制式多样。因此，这里结合多制式轨道交通特征，建立基于都市圈的放射形轨道交通线网协同布局优化模型，现阶段暂且考虑一个圆形或扇形区域内放射线数量优化问题，下一阶段进一步考虑不同放射形线路长度的问题。为便于建模，该模型采用极坐标的形式描述。如图 6-6 所示，都市圈以 O 为圆心向外辐射，多条放射形线路以 O 为圆心、R 为半径分布，夹角为 $\alpha(\in[0,2\pi])$ 的两条放射形线路所围成的扇形区域即理论研究范围，也是放射形轨道交通系统的服务范围。当 $\alpha=2\pi$ 时，即考虑整个都市圈范围。在这样一个都市圈轨道交通服务系统内，任意一个可产生客流需求的点记为(r, θ)。

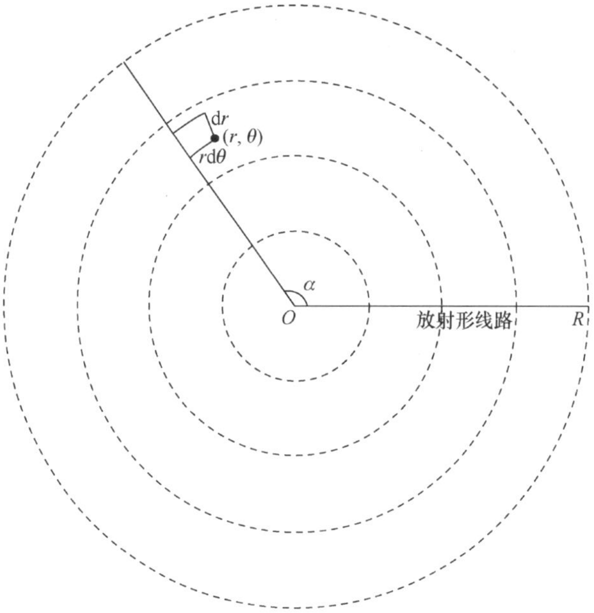

图 6-6　基于都市圈的轨道交通系统理论架构图

2) 模型假设条件

模型假设条件如下：

(1) 所有乘客选择并使用离其居住地最近的放射形线路去往圆心方向，或是以中央商务区(CBD)地区为目的地，或是需要在 CBD 地区换乘其他线路；

(2) 所有乘客通过圆周方向从居住地到放射形线路附近，而非通过垂直于放射形线路的直线方向；

(3) 乘客到达放射形线路附近后，沿放射形线路到达最近的轨道车站；

(4) 车站分布不受放射形线路数量和线路分布的影响；

(5) 对于每一个乘客仅有一条合理的出行线路，并且乘客乘车费用(与乘车时间相关的费用)与放射形线路的数量和线路分布无关；

(6) 所有乘客均乘坐放射形轨道线路往来于城市中心，且所有放射形线路旅行时间相同，因而可以忽略对乘车费用的优化。

3) 变量及参数

表 6-9 定义了所有该模型中涉及的变量和参数。

表 6-9　基于都市圈的放射形线网布局优化模型中的变量和参数表

符号	定义及描述
决策变量	
$u(\theta)$	放射形线路的分布密度，即角度 θ 范围内的放射形线路条数。对研究范围内的 $u(\theta)$ 求和即可获得网络中总的放射线条数
$g(\theta)$	角度 θ 范围内单位时间放射形线路列车发车频率
需求变量	
$p_m(r,\theta)$	单位面积内每天通过交通方式 m 到达放射形轨道线路的客流发生量
$p(r,\theta)$	单位面积内每天产生的客流总量
$q(r,\theta)$	单位面积内每天吸引的客流总量
参数	
T	放射形轨道交通系统每天的运营时长
γ_{am}	平均每人每公里通过交通方式 m 到达轨道车站或返回居住地的费用
γ_a	平均每人每公里到达轨道车站或返回居住地的通用费用
γ_w	平均每人每小时候车等待费用
λ_o	平均每天列车单位距离的运营费用
λ_l	平均每天单位里程的线路运维费用
$L(\theta)$	角度 θ 处放射形线路的长度
$C(\theta)$	角度 θ 处城市边界的距离
α	研究区域所覆盖的角度，若研究整个都市圈，则 $\alpha = 2\pi$
ξ	(r,θ) 处的出发客流需要换乘的百分比。暂不考虑列车时刻表的协同，换乘客流需要额外的等待时间

4) 模型构建

在角度 θ 附近两条放射形线路的平均角距离为 $1/u(\theta)$，因此从出发点到最近的放射形线路的平均弧长为 $r/(4u(\theta))$，从轨道线路返回居住地的平均距离与此相同。

乘客可通过不同的交通方式从出发点或居住地去往最近的放射形轨道线路，如步行、自行车、接驳巴士、驾车或搭车换乘等。由于每种交通方式去往轨道线路所产生的费用(如等车、乘车、停车、步行等环节)不同，在此进行归一化处理，得到一个通用的到达轨道车站或返回居住地的费用，表示如下：

$$\gamma_{\mathrm{a}}(r,\theta)=\sum_{m}\frac{p_m(r,\theta)\gamma_{\mathrm{a}m}}{p(r,\theta)} \tag{6-35}$$

假设这个通用费用不随居住地的不同而变化，令其为一个常数γ_{a}，即

$$\gamma_{\mathrm{a}}(r,\theta)=\gamma_{\mathrm{a}} \tag{6-36}$$

考虑都市圈的一部分，即角度α所涵盖的区域，对于任意一点(r,θ)的客流去往最近的放射形线路和返回出发点的总费用分别表示如下：

$$\int_0^{\alpha}\int_0^{C(\theta)}\frac{1}{4u(\theta)}r\gamma_{\mathrm{a}}p(r,\theta)r\mathrm{d}r\mathrm{d}\theta \tag{6-37}$$

$$\int_0^{\alpha}\int_0^{C(\theta)}\frac{1}{4u(\theta)}r\gamma_{\mathrm{a}}q(r,\theta)r\mathrm{d}r\mathrm{d}\theta \tag{6-38}$$

列车时刻表与发车间隔将会影响乘客候车时间。如果列车按点运行，且乘客需要严格按照车次乘车，使乘客提前获知关于列车时刻的信息就很有必要；而对于发车频率高的线路，乘客对列车时刻表的关注度就会降低，列车时刻对乘客的影响也有所减少。此外，对于高峰期的通勤出行，乘客通常会经历“延误”，这里“延误”是指因高峰期列车拥挤需要等候下一班列车或客流太大采取限流等措施时需要排队增加等待时间等原因造成乘客到达目的地的时间较平峰期有所延长。因此，本模型考虑到平均候车时间的变化。例如，如果列车发车频率足够大，且乘客没有提前预知列车到站时刻及拥挤程度，考虑到达目的地的延误，则平均候车时间等同于列车的发车间隔。但是如果列车按点运行、乘客按点到站乘车，或是乘客出行目的为平峰期的休闲娱乐，则平均候车时间等同于列车发车间隔的一半。因此，在此引入参数$k\in[0.5,1]$用于表示平均候车时间占列车发车间隔的百分比。

此外，还需要考虑到一些乘客需要在城市中心换乘另一条线路到达最终目的地，这会增加一倍的候车时间，用ξ表示需要换乘的客流比例。若换乘每一条放射线的概率相同，则ξ值可以近似描述为

$$\xi=1-\frac{1}{n-1} \tag{6-39}$$

其中，n为区域内放射形线路总数。然而，受客流分布和城市功能分布影响，ξ值可以在 0 到 1 之间变化。在此，将乘客总的等候费用描述为

$$\int_0^{\alpha}\int_0^{C(\theta)}\frac{k\gamma_{\mathrm{w}}}{g(\theta)}(1+\xi)p(r,\theta)r\mathrm{d}r\mathrm{d}\theta \tag{6-40}$$

从运营主体角度出发，运营费用关乎列车数量和运营里程。一天内高峰期、平峰期、低峰期的列车发车频率是不同的，通常由运营主体根据实际运营情况确定，同时受政府主管部门调控。因此，从线网规划布局角度，运营总费用取决于线路的数量及其长度，将其描述如下：

$$\int_0^{\alpha}2Tu(\theta)L(\theta)g(\theta)\lambda_{\mathrm{o}}\mathrm{d}\theta \tag{6-41}$$

线路运维总费用为整个轨道交通线网上的资金投入，关乎线网规模，将其描述如下：

$$\int_0^\alpha u(\theta)L(\theta)\lambda_1 \mathrm{d}\theta \tag{6-42}$$

综上，将各项总费用加和即可得到系统整体费用 Z，包括乘客从居住地往返轨道车站的总费用、乘客候车总费用、列车运营总费用及线路运维总费用等，其表达式如下：

$$\begin{aligned} Z = & \int_0^\alpha \int_0^{C(\theta)} \frac{1}{4u(\theta)} r\gamma_\mathrm{a} \{p(r,\theta)+q(r,\theta)\} r\mathrm{d}r\mathrm{d}\theta + \int_0^\alpha \int_0^{C(\theta)} \frac{k\gamma_\mathrm{w}}{g(\theta)}(1+\xi)p(r,\theta)r\,\mathrm{d}r\,\mathrm{d}\theta \\ & + \int_0^\alpha 2Tu(\theta)L(\theta)g(\theta)\lambda_\mathrm{o}\mathrm{d}\theta + \int_0^\alpha u(\theta)L(\theta)\lambda_1\mathrm{d}\theta \end{aligned} \tag{6-43}$$

5) 模型求解

为便于求解，令

$$S_1(\theta) = \int_0^{C(\theta)} r p(r,\theta)\mathrm{d}r \tag{6-44}$$

$$S_p(\theta) = \int_0^{C(\theta)} r^2 p(r,\theta)\mathrm{d}r \tag{6-45}$$

$$S_q(\theta) = \int_0^{C(\theta)} r^2 q(r,\theta)\mathrm{d}r \tag{6-46}$$

可见，乘客总候车费用可视为关于 $S_1(\theta)$ 的函数，乘客从居住地往来于轨道线路的总费用可视为关于 $S_p(\theta)$ 和 $S_q(\theta)$ 的函数。若再假设放射形线路的长度等同于城市边界，即 $L(\theta)=C(\theta)$，则系统整体费用 Z 的表达式可改写为

$$\begin{aligned} Z = & \int_0^\alpha \frac{1}{4u(\theta)}\gamma_\mathrm{a}\left(S_p(\theta)+S_q(\theta)\right)\mathrm{d}\theta + \int_0^\alpha \frac{k\gamma_\mathrm{w}}{g(\theta)}(1+\xi)S_1(\theta)\mathrm{d}\theta \\ & + \int_0^\alpha 2Tu(\theta)L(\theta)g(\theta)\lambda_\mathrm{o}\mathrm{d}\theta + \int_0^\alpha u(\theta)L(\theta)\lambda_1\mathrm{d}\theta \end{aligned} \tag{6-47}$$

为了得到最优的 Z，首先对式(6-47)关于 $g(\theta)$ 求偏导，并令其等于 0，得

$$\frac{-k\gamma_\mathrm{w}}{g^2(\theta)} S_1(\theta)(1+\xi) + 2Tu(\theta)L(\theta)\lambda_\mathrm{o} = 0 \tag{6-48}$$

由此可解得最优的 $g(\theta)$ 表达式如下：

$$g(\theta) = \left[\frac{k\gamma_\mathrm{w}(1+\xi)S_1(\theta)}{2TL(\theta)\lambda_\mathrm{o}u(\theta)}\right]^{1/2} \tag{6-49}$$

将得到的 $g(\theta)$ 代回 Z 的表达式，有

$$Z = \int_0^\alpha \left[\frac{\gamma_\mathrm{a}\left(S_p(\theta)+S_q(\theta)\right)}{4u(\theta)} + 2\left[2kT\gamma_\mathrm{w}(1+\xi)L(\theta)\lambda_\mathrm{o}S_1(\theta)u(\theta)\right]^{1/2} + u(\theta)L(\theta)\lambda_1\right]\mathrm{d}\theta \tag{6-50}$$

再对式(6-50)关于 $u(\theta)$ 求偏导，并令其等于 0，得

$$\frac{-\gamma_\mathrm{a}\left(S_p(\theta)+S_q(\theta)\right)}{4u^2(\theta)} + \left[\frac{2kT\gamma_\mathrm{w}L(\theta)\lambda_\mathrm{o}(1+\xi)S_1(\theta)}{u(\theta)}\right]^{1/2} + L(\theta)\lambda_1 = 0 \tag{6-51}$$

式(6-51)可改写为

$$u^{1/2}(\theta)+\left[\frac{2kT\gamma_{\mathrm{w}}\lambda_0(1+\xi)S_1(\theta)}{\gamma_1^2 L(\theta)}\right]^{1/2}=\frac{\gamma_{\mathrm{a}}\left(S_p(\theta)+S_q(\theta)\right)}{4L(\theta)\lambda_1}\cdot u^{-3/2}(\theta) \tag{6-52}$$

若给定所有放射形线路一个固定的发车间隔值，则 $u(\theta)$ 的表达式可简化为

$$u(\theta)=\frac{1}{2}\left[\frac{\gamma_{\mathrm{a}}}{\lambda_1+2Tg\lambda_{\mathrm{o}}}\,\frac{S_p(\theta)+S_q(\theta)}{L(\theta)}\right]^{1/2} \tag{6-53}$$

可见，θ 范围内最优的放射形线路分布密度与往来于线路和居住地的总费用以及 $S_p(\theta)$ 、$S_q(\theta)$ 之和的平方根成正比，与线路长度成反比。

6.3　区域多制式轨道交通枢纽协同布局

6.3.1　区域多制式轨道交通枢纽协同布局优化

1. 基于一体化协同发展的备选枢纽站点选择

1) 区域轨道交通枢纽站点设站原则

区域轨道交通枢纽站点设站原则如下：

(1) 应满足沿线客运走廊的交通出行需求，与城市相关规划协调。在此前提下考虑地形地质条件、已有建筑物拆迁、土地综合开发等经济性因素。

(2) 具有前瞻性，充分利用已有(规划)轨道交通车站，减少投资。

(3) 适应区域(都市圈或城市群)发展的需求，满足出行需求同时促进城镇化发展。

(4) 枢纽车站位置要与城市发展协调，合理选址。

2) 区域轨道交通枢纽站点选择影响因素

区域轨道交通枢纽站点选择影响因素如下：

(1) 枢纽建设的经济性。在选择枢纽时应充分考虑经济因素，包括建设枢纽的经济投资和建设枢纽后对区域及枢纽影响范围的经济带动能力等。

(2) 社会性。社会属性主要指枢纽节点所在区域的经济发展水平及人口数量、综合功能定位、地理位置、发展潜力等。节点所在区域人口基数决定了城市交通出行量基数，城市快速发展不仅诱增更多交通出行，也使人们的出行观念转变，客流对运输工具的运输能力与服务水平有着更高的要求。这也要求轨道交通要不断完善旅客的出行环境、建设和优化轨道交通换乘衔接设施、提高运输服务水平。节点的地理位置不仅指节点的地理坐标，还应包括节点所在区域与其外部客观存在事物(自然、经济、政治等)在空间上的组合。

(3) 协调性。协调性主要是指轨道交通枢纽节点规划时要与城市发展规划、城市其他交通功能、周边区域发展目标等相适应和协调。

(4) 节点对区域综合交通的影响。区域轨道交通枢纽节点应优先考虑设置在客流较

密集、各种交通方式连接紧密的区域，以便多方面为乘客提供方便、迅速、安全、舒适的服务。位于市区内枢纽节点布置还要考虑与人行通道的衔接，郊区的枢纽节点则结合实际情况考虑停车场的配置，停车换乘模式既可缓解车流与行人的矛盾，还能减少进入市区的车辆数量。据此，节点对区域综合交通的影响可体现在接驳公交线路数量、步行环境、私人汽车与出租车停车场设置、交叉口密度等方面。

(5) 节点路网条件。多制式轨道交通枢纽在线网中的性质和作用就是节点的路网条件，会对客流吸引范围和流向产生影响。节点的衔接数量越多，与其他节点间联络性越强，通达区域越广泛，该节点就具有越突出的地位。除此之外，一体化的轨道交通枢纽系统不仅要求各轨道交通方式之间必须协调有序地衔接，轨道交通与城市其他交通方式之间有序衔接也是应有之义。因此，应将备选枢纽节点在轨道交通线网与城市交通线网中的地位与作用相结合，进行综合考虑。

(6) 枢纽节点客流条件。从客流数量来讲，枢纽周围居民人数越多，出行需求就越大，换乘需求也将越大。车站的客流乘降量是确定车站规模、运输组织、设备设施等方案的基本依据；从客流特性来讲，城市轨道交通客流会表现出明显的空间上各个站点客流分布不均衡、线路双向客流分布不均衡等，也表现为时间上的高峰小时分布不均衡以及断面客流高峰小时出现时间不均衡，易出现周期性大换乘客流，对车站的旅客组织带来考验。通常将高峰小时客流量作为站点设备设施定量研究的基本依据。因此，确保多制式轨道交通枢纽节点的合理选址，可以避免突发性大客流对车站的冲击，提高节点运营效率，应充分考虑备选节点的预测客流量与客流特性，主要参考日均换乘客流大小、高峰小时乘降量等。

(7) 节点运输服务能力。节点运输服务能力包括线路的运输能力与车站内旅客服务能力。换乘节点选择的研究中，在线网规划、行车组织方案既定的情况下，默认线路运输能力满足需求，因此更侧重于研究车站内的旅客服务能力。车站内旅客服务能力一般体现在旅客换乘时间消耗、列车服务频率、换乘服务设施等方面。因此，在选择枢纽备选节点时，应充分考虑轨道交通既有线线路配置情况、列车开行方案等。在大客流换乘枢纽站还应重点考虑车站客流集散服务能力，包括两种交通方式的运输能力匹配、备选车站的客运换乘设备设施规模及数量等。

(8) TOD 发展可行性。在传统的枢纽节点选址中，大多从交通功能的需求出发，但随着站城融合发展需求的出现，在枢纽节点选址时就应充分考虑交通功能和城市功能相互协调发展的可行性。因此，这里引入对节点 TOD 发展程度的评价，以选择具有 TOD 发展潜力和可行性高的枢纽站点，实现城市功能与交通功能的协调开发。在对节点 TOD 发展潜力的评价中，则主要考虑站点周边城市功能发展情况等。

3) 备选站点选择评价模型

(1) 备选轨道交通枢纽站点选择评价模型指标体系的建立。

建立备选站选址方案比选评价指标体系，主要包括目标层、因素层或准则层(B)，指标层或子准则层(C)，如表 6-10 所示。

表 6-10 备选站点评价指标体系

准则层	指标层
经济性	建设投资
	经济带动性
协调性	与城市总体规划
	与城市公共交通
	与既有轨道交通网络
	与既有客运系统
运输服务能力	枢纽客流集散能力
	车站可发展空间
	引入线路通行能力
交通影响	常规公交线路数
	站点影响区域私人汽车与出租车停车场设置数
	步行环境
	交叉口密度
客流条件	高峰客流
环境适应性	拆迁用地规模
	对自然环境影响
	对居民生活影响
可运作性	旅客聚散难易程度
	运营管理难度
	施工拆迁难度
	运营技术作业难度
TOD 发展可行性	站点与中心城区的距离
	站点影响区域城市功能密度
	站点影响区域人口密度
	站点影响区域不同类别用地密度
	站点影响区域就业率
可达性	既有轨道交通线路衔接数量
	步行可达距离
	其他交通方式可达性

(2) 备选站点评价基本思路及步骤。

由于多制式轨道交通枢纽影响因素较多，在建立好评价模型之后，首先通过一些定性分析，缩小方案集，再基于多准则决策分析(MCDA)对评价指标进行计算，选出合适的备选站点。备选站点选择思路如图 6-7 所示。

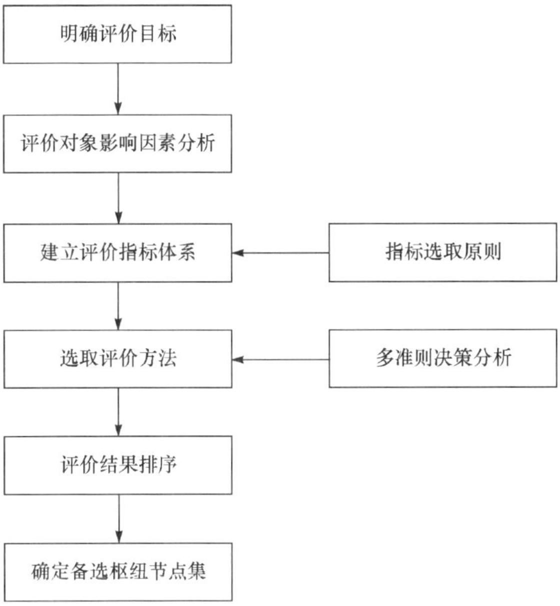

图 6-7　多制式轨道交通枢纽备选站点选择思路

2. 区域多制式轨道交通枢纽协同布局优化模型

1) 建模思路

多制式轨道交通枢纽布局实质是多方面协调均衡的决策问题。不同制式轨道交通轨道可满足城市群、都市圈内不同层次的出行需求。一方面，多制式轨道交通枢纽建设投资大、运营成本高，主要收入为车票、周边土地商业开发。因此，从轨道交通投资者和运营者的角度出发，合理进行站点布局，降低建设费用的同时提高客流吸引强度、增加运营收入显得至关重要。另一方面，轨道交通是服务于旅客的，具有一定的公益性。从系统最优角度出发，根据研究区域内出行需求，优化枢纽站点布局，合理引导旅客出行选择，从而降低区域内旅客出行的广义费用。因此，分别从实现以上两方面目标出发，建立多制式轨道交通枢纽布局优化模型，并通过优化软件求得最终目标解。

2) 理论基础

为便于模型构建，这里对模型中所需的相关理论进行简要的介绍，包括广义费用理论、车站客流吸引范围理论以及旅客出行方式选择理论。

(1) 广义费用理论。

在乘客进行出行方式选择时，一般遵循自身效用最大化(即广义费用最小化)原则。不同出行方式的广义费用有一定差异，导致旅客对交通方式的选择不同，从而也导致不同类型车站的客流吸引量、客流吸引范围不同。因此，在引入旅客出行方式选择、车站客流吸引范围理论前，阐述广义费用理论是有必要的。广义费用是经济性名词，最初含义可表述为：企业进行相关的经济活动而发生的全部经济利益的总流出。这里以旅客为研究对象，广义费用包括三部分：车票费用、时间成本、与服务质量(安全、准时、舒适等)相关花费。因不同出行方式的广义费用有所差别，为进行统一对比，可通过时间价值等一系列量化指标，将这三部分转化为同一单位。在建模求解时，根据实际情况选取其中影响较大的因素作为变量。广义费用法模型可选择乘法原则、加法原则对其进行计算。

① 乘法原则。

某一属性由若干要素共同决定，当且仅当某一要素较优时，此属性计算结果才为较优，而其中某一要素变差则会导致属性计算结果为差。当各要素间符合上述约束时，需运用乘法原则进行各自相关相应指标的计算。

$$V=\prod_{i=1}^{n}\theta_i C_i,\quad i=1,2,\cdots,n \tag{6-54}$$

其中，θ_i 为权重系数，即 $\prod_{i=1}^{n}\theta_i=1$。

② 加法原则。

某一属性由若干要素共同决定，当且仅当其中某一要素较优时，此属性计算结果为较优，其中某一要素变差不会较大改变属性计算结果，则应用加法原则。

$$V=\sum_{i=1}^{n}\theta_i C_i,\quad i=1,2,\cdots,n \tag{6-55}$$

③ 转换为货币单位的广义费用计算。

为方便将旅客的运输费用与时间成本、所接受交通工具的服务质量统一单位从而进行量化计算，可通过旅客时间价值将上述三者联系起来：

$$V=C+\text{vot}\times T \tag{6-56}$$

其中，C 为出行费用；vot 为旅客时间价值(可根据不同旅客特征进行调整)；T 为一次完整出行过程花费时间。

(2) 车站客流吸引范围理论。

车站的服务区域即其对应的客流吸引范围，可进行如下描述：在一定时期内，旅客通过一种或多种交通方式到达某车站，则在该时间段内，旅客的出发地即属于此站的吸引区域。

依据时间先后关系、出行过程中旅客采用交通方式种类，将客流吸引范围划分为如下两大类。

① 根据时间先后关系，可分为现状客流吸引范围与远景客流吸引范围。

现状客流吸引范围是指已运营车站形成的相对固定的吸引区域。对其研究的目的主要包括：调查了解车站在特定区域内的综合社会效益，概括总结其经济地理意义；发现车站布局产生的负面作用，包括客流分布、与车站相关交通干道的压力等，并提出相关建议。

远景客流吸引范围是指将来某个时期内不同类别站点数量的增加或减少，导致相关区域内旅客出行选择发生变化，各个车站生成新的客流吸引范围。对其研究目的进行相关区域内的交通需求预测，得出客流产生量及分布状况，验证车站布设的合理性，提出改进优化措施。

② 根据旅客采用交通方式种类，可分为直接客流吸引范围与间接客流吸引范围。

直接客流吸引范围即由目的地到车站的合理步行区范围。在此范围内，旅客仅步行而不采用其他交通方式。间接客流吸引范围即由目的地通过一种或多种交通方式换乘到达该站点的空间范围。在此范围内，除步行，旅客至少采取一种其他交通方式，如自行车、大公交系统、私人小汽车等。

通过分析，可将客流吸引范围影响因素分为三类：旅客因素、站点因素、其他因素。

① 旅客因素，又分为其自身属性、出行特征。

旅客自身属性主要体现在性别、收入、年龄、汽车拥有量、个人喜好等方面，在很大程度上直接决定出行选择。不同旅客自身属性差别较大，出行选择倾向明显不同，应对其进行合理的分类归纳，对吸引范围规模判定提供理论、实际依据。

旅客出行特征表现在出行时间、出行距离、出行目的地等方面。结合实际考虑，旅客倾向选择使自身出行效用最高的交通方式。

② 站点因素，又分为其自身属性、周边环境因素。

站点自身属性主要表现在功能定位方面，不同类型车站对客流吸引力不同，同一类型车站的不同功能定位(始发站、换乘站、中间站)客流吸引力差别较大，其中始发站吸引能力最强。在不同交通方式的站点中，其所包含的交通方式属性(速度、价格、舒适度、安全性等)则在很大程度上起着决定性作用。

站点周边环境主要指站点客流集散方式、与城市路网的连接形态、周边土地开发利用强度等。当客流集散方式多、站点周边城市路网技术等级高、通行能力大时，能有效提高乘客出行的便利性，进一步提升其客流吸引力；反之将会缩小客流吸引范围。周边土地的开发利用即土地性质(如商业、交通用地等)、利用模式等，也可通过混合度指标进行说明，实例证明，高混合度开发的站点区域更能吸引旅客。

③ 其他因素。

其他因素如气候、天气状况、出行时刻(如高峰、平峰小时)，均对旅客出行选择产生影响(气温、雨雪等因素)。例如，持续的暴雨天气将会导致铁路列车的延误，造成车站旅客的滞留从而影响人们的出行选择。

(3) 旅客出行方式选择理论。

为分析站点布局引起的客流数量变化，需对轨道交通的客流分担量进行计算。在实际中，一般应用集计模型(aggregate model)和非集计模型(disaggregate model)进行求解。

① 集计模型。

在交通需求预测中，将研究对象或群体划分为若干小区或群体的特定集合体，以这些小区或群体为基本研究单位进行计算。在扩样、建立模型时，需要以这一类的集合体为单位对数据进行集计处理，得到的数据为集计数据(aggregate data)，对应模型为集计模型。曲线转移法、线性回归法、类型分析法等均为常用的集计方法。

② 非集计模型。

非集计模型也称为非集计行为模型(disaggregate behavioral model)、个体选择模型

(individual choice model)、离散选择模型(disaggregate choice model)。其基本研究单位是实际产生交通活动的个人，而不是小区或群体的特定集合体，这是两者的主要区别。不经处理的调查数据称为非集计数据(disaggregate data)，对应模型为非集计模型。在使用该模型时一般做如下假设：当旅客进行出行方式选择时，某种交通方式的分担率可通过该方式的效用值来计算，效用是被选择交通方式的技术经济特征与出行者的社会经济属性的函数。

常用的非集计模型可分为 Logit 模型和 Probit 模型(随机项分别服从耿贝尔分布(Gumbel distribution)与正态分布(normal distribution))，对 Logit 模型改进又可得到改进的 Logit 模型。

通过对集计模型与非集计模型的比较分析可知，非集计模型能够更深层次地利用调查数据，充分反映个人社会经济特性与出行选择；同时，模型构建所需的数据量小，科学性强、灵活性高。集计模型则是将一定范围内出行者的社会经济特性与出行选择取平均值，描述的是一定区域内社会经济特性与出行选择的常见状态，忽略了一小部分特殊情况。在研究区域内需要以大量数据为基础进行研究分析时，集计模型的可靠性更高。

结合实际问题需要和模型精度要求，应正确将集计模型、非集计模型联系起来。例如，以小区或特定群体的集合体进行研究，对其相关属性的取值近似按照个体标准进行，则计算结果就较接近于非集计模型。因此，在实际研究过程中，不能简单地将二者对立，可在一定条件下根据相互转化原则，将两种不同思路融合到一起使问题得到更好的解决。两种模型对比如表 6-11 所示。

表 6-11　两种模型对比

类别	集计模型	非集计模型
调查单位	个体出行	个体出行
研究单位	交通小区	出行个人
自变量	各小区数据	每个个体数据
常用方法	回归分析法	极大似然估计法等
适用对象	特定区域	任意
研究内容	交通发生、吸引；交通分布；交通方式划分；交通分配	出行强度；目的地选择；出行方式选择；路径选择

3) 模型建立

(1) 问题描述及模型假设。

区域多制式轨道交通枢纽布局优化问题，即给定一个都市圈或城市群区域，对于区域内均为需求点，已知近期城市群或都市圈综合客运网络现状和规划、城市群内轨道交通客运需求、不同类别轨道交通枢纽备选点及其服务能力最大值，从备选站点中选出合理的枢纽位置，以满足区域内轨道交通客流需求并实现系统广义费用最小化。本节以衔接两种轨道交通方式的枢纽选址为例，建立优化模型。

为便于模型建立，特制定以下假设：①城市轨道交通规划线网已知，研究市域铁路与城市轨道交通衔接站点位置；②研究对象为轨道交通客流，即轨道交通起讫点已知；③轨道交通列车规定上下行对称开行，客流具有对称性；④市域铁路呈公交化运营。

(2) 参数定义。

模型需使用的集合、参数和决策变量分别如表 6-12、表 6-13 和表 6-14 所示。

表 6-12　模型相关集合定义

符号	定义
A_1	已有轨道交通线路集合
N_1	已有轨道交通站点集合
G_1	已有轨道线网集合 $(=(N_1,A_1))$
A_2	新引入轨道线路集合
N_2	备选轨道交通枢纽集合
G_2	新增轨道交通线网集合 $(=(N_2,A_2))$
G	区域轨道交通线网集合 $(=G_1\cup G_2)$
A	区域轨道交通线路集合 $(=A_1\cup A_2)$
N	区域轨道交通车站集合 $(=N_1\cup N_2)$
OD	区域轨道交通旅客出行起讫点集合 $(=\{(o_1,d_1),\cdots,(o_k,d_k)\}\subset S\times S)$
P	区域轨道交通旅客出行路径集合
P_{od}	区域轨道交通旅客出行起讫点间可行路径集合，路径 $p_{od}\in P_{od}$， $P_{od}\in P$
$S^{P_{od}}$	每条可行路径 p_{od} 上的路段集合
$\theta^+(n),\theta^-(n)$	车站 n 衔接的轨道集合

表 6-13　模型相关参数定义

符号	定义	单位
c_{ij}	轨道交通弧 (i,j) 引入换乘枢纽的固定费用	元/km
F_j	新增换乘枢纽的固定费用	元
p	(o,d) 间的可行路径 p $(p\in P_{od})$	—
$\omega_{o,d}$	(o,d) 间的客流量	人/天
δ_{ij}^p	如果弧 (i,j) 属于 (o,d) 间的可行路径 p ,那么 $\delta_{ij}^p=1$,否则 $\delta_{ij}^p=0$	—
f_{ij}^v	线路 (i,j) 上列车运行频率	列/h
cap_m	轨道交通方式 m 单位列车的载客量	人/列
μ_{od}^p	(o,d) 间路径 p 的换乘站数量	—
r_{ij}^{lv}	列车 v 在弧 (i,j) 上的运行时间	min

续表

符号	定义	单位
t_u	旅客在换乘站 u 从线路 1 换乘到线路 2 的换乘步行时间	min
$V_{o,d}^p$	起讫点间旅客选择路径 p 的在车时间	min
$W_{o,d}^p$	起讫点间旅客选择路径 p 的等待时间	min
T_{od}^{trans}	起讫点间旅客选择路径 p 的换乘时间	min
β_{ij}	拥挤系数	—
β_v	旅客在车时间费用系数	元
β_t	换乘惩罚系数	元
β_t'	换乘时间费用系数	元
β_w	等待时间费用系数	元
C_{od}^p	起讫点间旅客选择路径 p 所花费的广义费用总和： $C_{od}^p=\beta_v V_{o,d}^p+\beta_w W_{o,d}^p+\beta_t'\mu_{od}^p+\beta_t T_{od}^{\text{trans}}$	min

表 6-14　模型的决策变量

符号	定义	单位
y_{ij}	若轨道交通弧 (i,j) 引入枢纽车站，则 $y_{ij-}=1$，否则 $y_{ij-}=0$	0-1 变量
$x_{o,d}^p$	若起讫点间旅客选择路径 p，则 $x_{o,d}^p=1$，否则 $x_{o,d}^p=0$	0-1 变量
$\omega_{o,d}^p$	起讫点间选择路径 p 的客流量，$\omega_{o,d}^p=\sum_{p\in P_{od}}\omega_{o,d}x_{o,d}^p$	人

(3) 模型。

模型以系统总的广义费用最小为目标，建立优化模型：

$$\min\sum_{(i,j)\in A_2}y_{ij}\cdot\left(F_j+c_{ij}\right)+\sum_{(o,d)\in\text{OD}}\sum_{p\in P_{od}}\omega_{o,d}^p x_{o,d}^p C_{od}^p \tag{6-57}$$

约束条件：

① 起讫点间每个旅客只能选择一条路径，即

$$\sum_{p\in P_{od}}x_{o,d}^p=1,\quad\forall(o,d)\in\text{OD} \tag{6-58}$$

② 运输能力限制，即

$$\omega_{ij}=\sum_{(o,d)\in\text{OD}}\sum_{p\in P_{od}}\omega_{o,d}^p\delta_{ij}^p\leqslant\sum_m f_{ij}^v\cdot\text{cap}_v\cdot y_{ij},\quad\forall(i,j)\in A \tag{6-59}$$

③ 不同定义客流之间的关系，即

$$\omega_{o,d}\omega_{o,d}^p=\sum_{p\in P_{od}}\omega_{o,d}^p x_{o,d}^p,\quad\forall(o,d)\in\text{OD},\forall t\in T_0 \tag{6-60}$$

④ 流量守恒，即

$$\sum_{(j,i)\in\theta^+(i)} \omega_{ji}^{od} - \sum_{(i,j)\in\theta^-(i)} \omega_{ij}^{od} = 0, \quad \forall i,j \in N \setminus \{o,d\} \tag{6-61}$$

⑤ 0-1 变量，即

$$y_{ij} \in \{0,1\}, \quad x_{o,d}^{p} \in \{0,1\}, \quad \forall (i,j) \in A \tag{6-62}$$

4) 模型求解

由前面优化模型可知，该模型为混合整数规划模型。其中，目标函数中含有决策变量的乘积，为非线性规划。可通过引入极大值 M 将模型线性化处理后，在优化软件 CPLEX 中进行精确求解。IBM ILOG CPLEX 是应用广泛的数学优化软件之一。CPLEX 自带优化引擎，能求解线性规划、二次规划、带约束的二次规划、二阶锥规划等四类基本问题以及相应的混合整数规划问题，具有执行速度快的特点，其自带的语言简单易懂并且与众多优化软件及语言兼容，目前在运筹学、交通运输等领域中已得到广泛应用。

6.3.2　基于站城一体化的区域轨道交通枢纽城市功能设计

1. 枢纽城市功能组合模式选择思路

1) 轨道交通枢纽城市功能组合模式定位原则

枢纽城市功能的定位原则类似于房地产物业开发，即功能开发，是指从各方面去界定开发主体要在该范围土地“生产”一种什么样的产品以满足客户的需求。轨道交通枢纽城市功能定位的研究内容包括目标客户群定位、规模定位和业态功能定位，主要遵从如下原则。

(1) 适应性原则。

轨道交通枢纽城市功能开发应与片区社会经济发展水平、消费水平和目标客户群体的消费特点及能力相匹配。轨道交通枢纽与城市发展和规划密切相关，枢纽交通功能和城市功能的布局还要和城市区域规划、产业结构、城市道路规划等相适应。

(2) 差异性原则。

轨道交通枢纽城市功能在融合城市发展的同时，应与周边区域同类型物业或功能具有差异性，因地制宜，与市场供需相适应。

(3) 经济性原则。

轨道交通枢纽城市功能所提供的产品应具有较高的性价比，控制枢纽开发投入的成本，达到枢纽效益最大化，保证各项经济评价指标达到社会平均水平，将投资风险降到最低。

(4) 可行性原则。

轨道交通枢纽城市功能开发要避免“无个性，难租赁”的缺陷，根据规模、枢纽周边开发情况、人口情况、地理条件等因素分析市场空间，保证枢纽开发的可行性。同时，对开发项目进行宏观和微观分析，定性和定量分析相结合，确保经济能力与技术能力满足开发要求。

(5) 创新性原则。

枢纽开发时，要杜绝“同质化”思想，要寻找独特的市场定位，打造“绿色智能人文一体化”交通枢纽，应综合交通换乘中心、文化娱乐中心、信息传递中心等功能，倡导绿色交通文化，实现高速度的人流分离和高效益的空间利用，同时体现人性化、生态化、捷运化的细节体征，并且和已有的市场保持差距，达到收益最大化。

2) 枢纽城市功能组合模式影响因素

我国轨道交通枢纽大规模城市功能开发起步较晚，大型车站城市功能开发受市场定位、商业模式等因素影响。因此，在进行枢纽城市功能组合模式开发时应考虑并充分分析影响因素，合理定位。主要的影响因素如下。

(1) 社会经济发展。

社会经济环境是城市发展的基础，没有经济环境的依托，轨道交通枢纽城市功能的开发就无从谈起。且社会经济发展的程度差异造成了枢纽城市功能各类物业配比也不尽相同，仅仅参考国外枢纽开发经验并不能解决我国枢纽城市功能开发的实际国情。研究表明，人均 GDP 在 4000 美元左右时，城市综合体以开发购物中心功能为主；而当人均 GDP 达到 4000～8000 美元时，城市综合体就会具有更加稳定的收入来源，开发模式也会多种多样；人均 GDP 突破 10000 美元时，城市综合体就会进入快速发展状态，商业业态完整且丰富。

(2) 区位交通条件。

轨道交通枢纽城市功能开发应依托公共交通，建设良好的机动车、非机动车和慢行系统环境。参考 TOD 发展的理念，枢纽城市功能相邻地区的重点开发范围一般划定为枢纽周边 800m 半径范围。在枢纽城市功能外部交通组织方面应以公共交通为主，借助公共交通组织的强大集疏能力，吸引旅客、枢纽周边居民及城市片区居民来此消费。

(3) 市场供需情况。

轨道交通枢纽城市功能开发应符合城市总体规划、地区经济状况、市场需求，避免盲目开发。区域人口、城市经济发展、居民消费水平、消费层次、购买力是枢纽城市功能开发的重要支撑，需要慎重考虑，不可一味追求高端大型。开发定位要适应枢纽所在城市区域、已有的物业功能、商业密度和未来市场需求，合理定位开发，以满足需求。

(4) 人文、自然环境。

轨道交通枢纽城市功能开发应结合城市地区特色，开发与周围人文环境、自然环境相适应的城市功能，树立别具一格的枢纽形象，切勿盲目跟风。但是需要避免过度超前开发，以免浪费人力、物力、财力等资源。

(5) 国家政策。

城市、区域的规划，国家的政策导向，都会影响枢纽城市功能的发展情况，枢纽城市功能的开发定位，需要与城市建设规划、土地规划、道路规划等相一致，顺应城市发展的政策导向。

轨道交通枢纽城市功能组合不是简单的“1+1+…+1”和“1∶1∶…∶1”形式，其组合类型主要考虑枢纽经营主体大小、服务功能、市场目标等因素。结合城市资源禀赋条件和发展导向，基于交通与产业耦合的关系以及产业与城市经济、地理条件、人文的耦合关系甄别筛选出适合城市发展的枢纽城市功能目录。这里通过建立枢纽城市功能组合模式选取的评价模型，通过最终评价指标的优劣选取合适的城市功能组合模式，以指导轨道交通枢纽进行城市功能的综合开发，研究思路如图 6-8 所示。

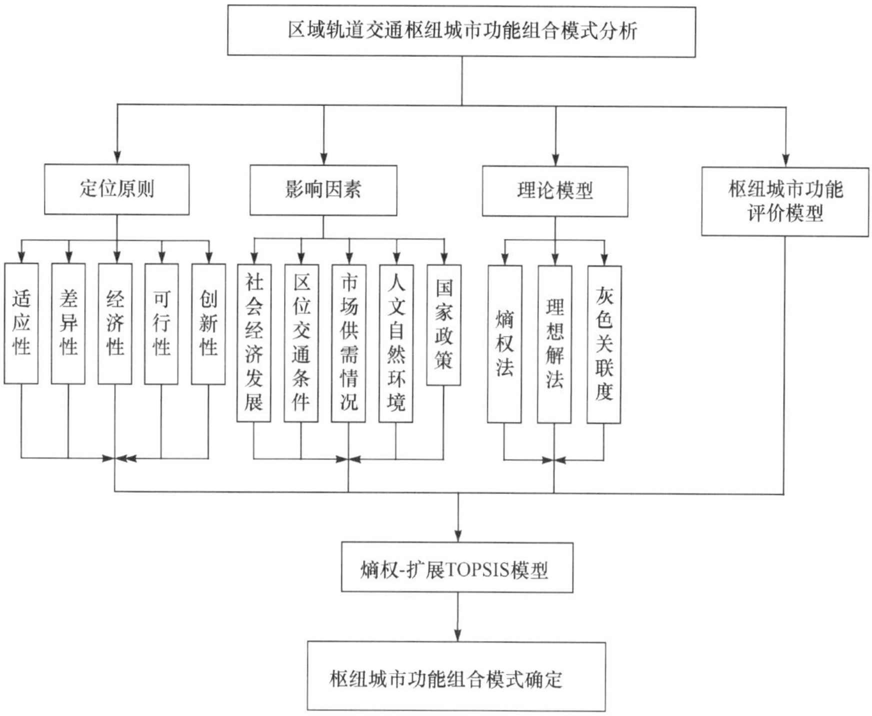

图 6-8　区域轨道交通枢纽城市功能组合模式选择思路

2. 枢纽城市功能组合模式评价模型

城市功能组合模式的确立对于枢纽的开发意义重大，这里旨在通过构建熵权-扩展 TOPSIS 模型，对有限多的方案进行决策分析，确立更加科学合理的开发模式。

熵权-扩展 TOPSIS 模型包括：熵权法处理指标得到客观权重；对调查数据进行标准化处理；计算调查数据与正负理想解；计算灰色关联度，结果如图 6-9 所示。

欧氏距离尺度在反映方案与理想方案的关系上能够很好地体现数据曲线在位置上的关系，但是在数据曲线之间的形状比较方面略有不足，灰色关联度却很好地弥补了这一不足。所以本节将二者结合起来，试图构造一种既能反映数据曲线的位置关系，又能反映形状的相似性函数，作为一种新的复合贴近度来判断方案的优劣。

熵权-扩展 TOPSIS 模型实施步骤如下：

(1) 确定指标客观权重。主观赋权法对指标权重的计算客观性不强，因此利用熵值法进行指标客观赋权。

(2) 建立标准化决策矩阵 X 。

(3) 建立加权规范决策矩阵 $U\left(U_1,U_2,\cdots,U_m\right)$。

(4) 计算正负理想解 U_0^+ 、U_0^-。

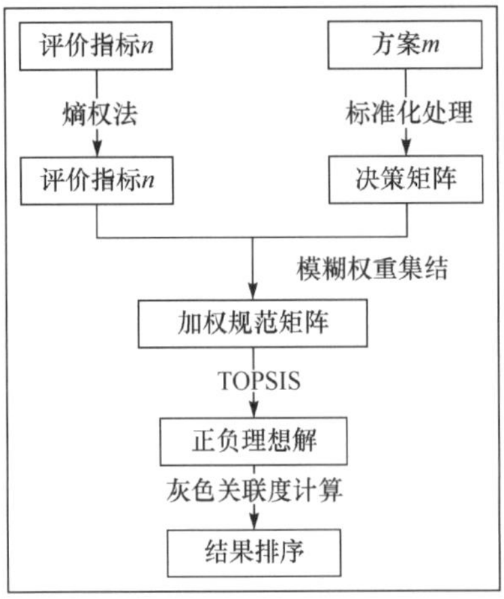

图 6-9　熵权-扩展 TOPSIS 模型

(5) 计算方案 i 与正负理想解之间的距离 D_i^+、D_i^-。

(6) 计算方案 i 与正负理想方案之间的模糊灰色关联度 R_i^+、R_i^-。

(7) 对距离 D_i^+、D_i^- 和模糊灰色关联度 R_i^+、R_i^- 进行无量纲化处理。

$$M_{\text{new}} = \frac{M_i}{\max\limits_{1\leqslant i\leqslant m}(M_i)} \tag{6-63}$$

其中，M_i 分别为 D_i^+、D_i^-、R_i^+、R_i^-。

(8) 合并无量纲化的距离和关联度。

D_i^-、R_i^+ 的数值越大表示方案越接近理想方案；反之，D_i^+、R_i^- 数值越大表示方案距离理想方案越远。所以，考虑对 D_i^+、D_i^-、R_i^+、R_i^- 进行合并，用 L_i 表示方案与理想方案的接近程度。

$$L_i^+ = \theta_1 D_i^- + \theta_2 R_i^+,\ \ i = 1,2,\cdots,m \tag{6-64}$$

$$L_i^- = \theta_1 D_i^+ + \theta_2 R_i^-,\ \ i = 1,2,\cdots,m \tag{6-65}$$

其中，θ_1、θ_2 为决策者对位置和形状的偏好程度，且 $\theta_1 + \theta_2 = 1$，决策者可以根据实际偏好决定它们的数值；L_i^+ 为方案与理想方案的接近程度；L_i^- 为方案与理想方案的远离程度。

(9) 计算各方案灰色关联相对贴近度。

$$C_i = \frac{L_i^+}{L_i^- + L_i^+},\quad i = 1,2,\cdots,m \tag{6-66}$$

其中，C_i 为方案的灰色关联相对贴近度。

新的贴近度表达式是基于欧氏距离和灰色关联度的，同时也是方案与正负理想方案之间位置关系和数据曲线相似差异性的一种反映。

(10) 对方案进行排序，贴近度越大方案越优，反之则越差。

枢纽城市功能规模是枢纽开发强度的重要反映，是枢纽多元化经营能力的体现。通过枢纽城市功能的开发可以提升枢纽的吸引力，增加枢纽的经济收益。在确定枢纽城市功能开发体量时，开发体量过小会导致枢纽多元化经营难以实现，对市场的影响力减小，与城市的互动较差；反之，体量过大则增加了经营管理难度，而且不利于打造品牌效应，造成枢纽整体收益较差。因此，枢纽城市功能体量计算需要结合城市及片区的整体经济发展状况，还需要对研究范围内居民人口数量、消费者流量等因素进行分析，合理预估枢纽城市功能体量。

在对枢纽城市功能的组合模式选取的基础之上，本章根据已确定的组合模式计算各商业业态对客流的吸引强度，得到枢纽周边道路的剩余交通能力以及商业开发容积率，综合考虑多方面因素，最终得到枢纽城市功能开发规模的合理范围。

3. 枢纽城市功能体量计算模型

1) 枢纽城市功能体量计算技术路线

针对枢纽城市功能和交通功能一体化综合开发的情况，车站和城市功能的规划应充分和城市发展相互融合。因此，城市功能的开发研究应充分考虑人口、经济、交通、城市建筑等因素。通过分析片区具体状况，结合城市发展规划，建立枢纽城市功能体量计算模型。城市功能体量计算的具体流程如图 6-10 所示。

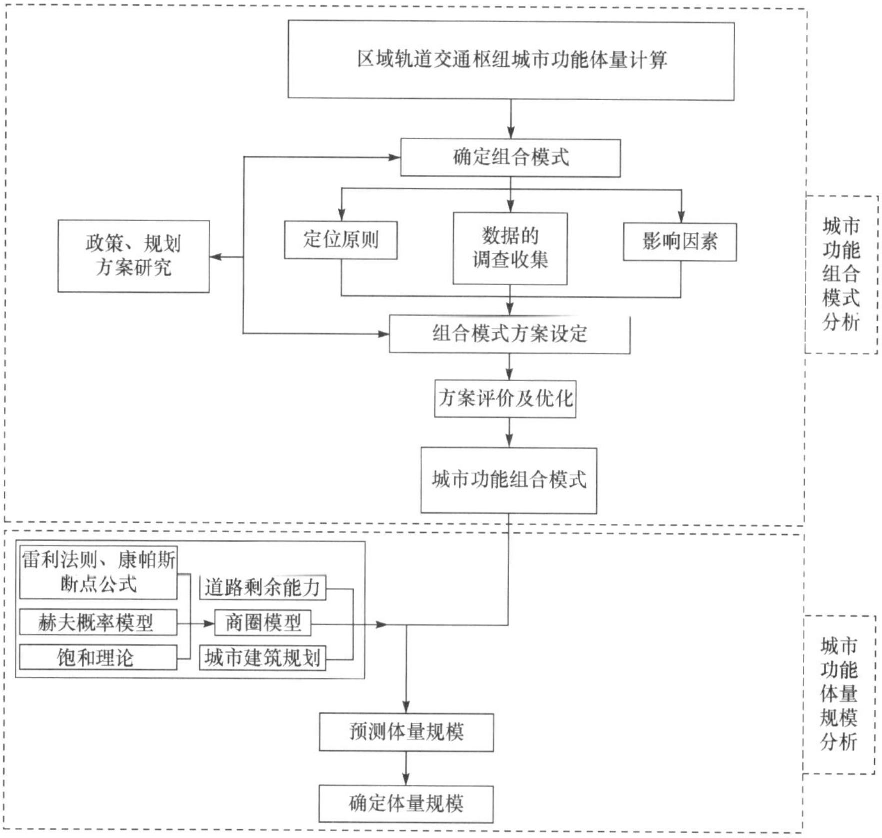

图 6-10　枢纽城市功能体量计算流程

2) 枢纽城市功能体量计算影响因素分析

(1) 商圈吸引范围。

确定商圈的影响范围，区分核心商圈、次级商圈及辐射商圈。

① 核心商圈影响范围：核心商圈是最接近商业中心的区域，顾客密度最大，是主要商圈。一般地，核心商圈影响范围内的客源为商业体能吸引的稳定客源，其辐射范围一般为人体能接受的最舒适的步行距离。

② 次级商圈及辐射商圈影响范围：现代商业开发中商圈理论的基础是雷利法则和赫夫概率模型，通过将商圈量化为数理衡量的方法，并结合饱和理论，考虑周边竞争情况等，确定商圈的影响范围，进而计算商业开发的体量大小。

(2) 目标客户群及数量。

对于枢纽城市功能的客户群定位包括投资者定位、经营者定位和消费者定位。其中最重要的是消费者客户群定位，它决定了经营者，也最终影响了投资者。确定项目的目标客户群后，有利于根据客户群的需求对城市功能开发进行规划设计。根据商圈吸引范围可以进一步确定商圈的消费吸引能力。

(3) 交通影响。

由于铁路客运枢纽与城市功能的结合，客流大幅度增加，这对项目周边道路的通行带来极大的考验。因此，在城市功能开发初期，为使城市功能开发生成的交通量能适应道路的通行能力，项目体量大小应控制在一定范围以内。

(4) 城市发展规划及相关政策。

枢纽城市功能的开发建设，应适应区域的城市发展规划和建筑要求。同时，开发体量大小不能盲目追求最大化，还要符合城市发展的绿色、智能、可持续发展理念。

3) 区域轨道交通枢纽城市功能体量计算限制条件

(1) 考虑交通剩余能力的城市功能体量计算。

枢纽城市功能产生的道路交通量应满足枢纽所在区域道路的通行能力，即道路剩余交通能力的大小将限制总体量开发规模。根据规划年枢纽周边道路的道路流量和道路容量计算出道路剩余能力，然后根据交通规划中交通发生和吸引的原理，计算出受交通限制的枢纽最大开发体量Sc^t：

$$\mathrm{Sc}^t = \frac{\mathrm{Ca}_j - f_j}{\left(g_k^p + g_k^a\right)\cdot\varepsilon\cdot p_j} \tag{6-67}$$

其中，Ca_j为第j条道路的单向通行能力；f_j为第j条道路的单向预测流量；g_k为第k类功能道路交通发生率和吸引率；ε为转换系数，包含交通方式划分因子及标准小汽车转换因子；p_j为第j条道路交通量分配权重。

(2) 考虑容积率限制的城市功能体量计算。

枢纽城市功能体量还应受城市建筑容积率限制，根据城市各类用地容积率、建筑面积控制指标，可以确定枢纽开发的容积率要求范围，计算出枢纽城市功能体量的范围。这里假设容积率范围为$\left[\mu_k^a,\ \mu_k^b\right](k=1,2,\cdots,N)$，则受容积率限制的枢纽开发体量应满足：

$$\mathrm{Sc}^{v} \in \left(\min \mathrm{Sc}, \max \mathrm{Sc}\right) \tag{6-68}$$

$$\text{s.t.}\begin{cases} \max \mathrm{Sc} = \max \left\{ \sum_{k=1}^{N} \left(\mu_k^b A_{ik} \right) \right\} \\ \min \mathrm{Sc} = \min \left\{ \sum_{k=1}^{N} \left(\mu_k^a A_{ik} \right) \right\} \end{cases}, \quad i = 1, 2, \cdots, n \tag{6-69}$$

其中，Sc^{v} 为受容积率限制的城市功能体量最大开发体量；$\min \mathrm{Sc}$、$\max \mathrm{Sc}$ 分别为依据城市建筑容积率的城市功能体量的最小值和最大值；$\left[\mu_k^a,\ \mu_k^b\right]$ 为城市项目开发的容积率要求；a、b 为容积率最小值和最大值；A_{ik} 为不同业态商业占地面积。

此外，建筑外观、地质构造或建筑要求等因素也可能对轨道枢纽城市功能建筑总体量有一定的影响，需根据实际情况综合考虑。

4) 枢纽城市功能体量计算思路

在对枢纽城市功能组合模式评价及城市功能体量开发分析的基础上，这里通过对经典模型的分析和对综合客运枢纽关键因素的考虑，试图提出一种适合枢纽城市功能体量计算的模型，该模型建立在商业开发经典模型的基础之上，并综合其他重要因素进行优化改进，对枢纽城市功能开发适用性更强。

枢纽城市功能体量计算模型首先要确定商圈的影响范围，然后根据枢纽城市功能组合模式评价模型判断出暂定城市功能组合形态及暂定面积，通过赫夫模型预测的消费者客流量，分析市场的饱和度和竞争情况，最后依据体量计算相关公式得出最佳开发体量。

枢纽城市功能体量计算的关键是对各种模式的开发面积进行合理预测，以追求在交通剩余能力和城市建筑容积率等的约束下使得总开发面积达到最大。

(1) 预测商圈范围。根据雷利法则选择与枢纽城市功能邻近的商圈或其他综合体，然后依据雷利法则和康帕斯断点公式判断城市功能的辐射范围，计算康帕斯均衡点，结合商圈界定原则及地形条件，划出商圈范围。

(2) 由枢纽城市功能组合模式评价模型确定暂定组合模式，并暂定各模式面积，根据日本通产省的修正赫夫概率模型判断各地块 i 的人口选择某一业态消费的概率 u_{ij}，则某地块 i 选择业态 j 的消费人口是 $u_{ij} \cdot p_i$。

分析枢纽城市功能辐射范围内的竞争及饱和度情况。一方面分析已有商业体量的存在对城市功能定位的影响，城市功能开发要和周边的商业开发协调一致；另一方面分析已有商业体量对消费者行为和城市功能业态的影响，做到尽量避免开发已有的规模较大的业态，做到差异化竞争。

5) 枢纽城市功能体量计算模型

(1) 参数设定。

常量：令 $\Delta f_{\min}$ 和 $\Delta f_{\max}$ 分别为道路单向剩余能力的最小值和最大值，$r_{\min}^{j}$ 和 $r_{\max}^{j}$ 分别为城市建筑面积容积率的最小值和最大值。

令 $j\ (\in J)$ 为城市功能，J 为城市功能模式集合，$J = \{1, 2, \cdots, n\}$；k 为城市功能组合模式方案，K 为方案集合，$K = \{1, 2, \cdots, m\}$。

模型参数汇总如表 6-15 所示。

变量：$x_{k,j}$ 为 0-1 变量，当城市功能 j 在方案 k 中使用时取为 1，否则取为 0；s_j 为城市功能 j 的面积，单位为 m^2。

表 6-15　模型参数汇总表

变量	描述	单位
j	枢纽城市功能种类	$j \in J$
K	枢纽城市功能开发方案	—
$x_{k,j}$	方案 k 中，若开发城市功能 j，则取值为 1，否则为 0	—
s_j	枢纽城市功能 j 的面积	m^2
Δf	枢纽周边道路单向剩余能力	pcu/h
r^j	枢纽城市功能 j 建筑面积容积率	—
C_i	枢纽周边道路 i 的最大通行能力	pcu/h
f_i	枢纽周边道路 i 的路段流量	pcu/h
α_j	枢纽城市功能 j 对应的生成率	人/m^2
τ_j	枢纽城市功能 j 对应建筑面积容积率的倒数	—
p_j	枢纽城市功能 j 吸引的客流量	人
Ae^j	枢纽城市功能 j 的平均消费能力	元/人
At^j	枢纽城市功能 j 的平均营收	元/m^2
s_0^j	商圈内已存在的城市功能 j 的面积	m^2

(2) 目标函数。

枢纽城市功能体量计算问题的目标函数是求城市功能总的开发体量最大。根据前面描述，目前商业体量计算的方法是以人均商业面积法和商业实现法为主，鉴于城市功能开发位置和开发形式的特殊性，这种方法对城市功能体量的计算有很大的局限性，并且会存在较大的误差。因此，这里选择以各模式的开发面积之和为目标函数，即

$$\max : \mathrm{VL} = \sum_{k \in K} \sum_{j=1}^{n} x_{k,j} s_j \tag{6-70}$$

(3) 约束条件。

枢纽城市功能体量问题还需要满足相关一系列的约束。

① 枢纽城市功能开发模式完整性约束。

任意一种城市功能模式至少在方案中出现一次，这种方案可能不是最优方案。该类约束具体可以表述为

$$\sum_{k\in K} x_{k,j} \geqslant 1, \quad \forall j \in J \tag{6-71}$$

② 枢纽城市功能开发体量道路容量约束。

枢纽城市功能开发体量所带来的诱增客流量必须满足枢纽周边道路剩余交通能力的约束，这种约束条件充分考量了枢纽开发和城市交通之间相互影响的关系。该类约束具体可以表述为

$$\Delta f_{\min} \leqslant \sum_{j\in J}\sum_{k=1}^{m} x_{k,j}\cdot s_j\cdot \alpha_j \leqslant \Delta f_{\max}, \quad \forall j\in J \tag{6-72}$$

$$\Delta f = C_i - f_i \tag{6-73}$$

③ 枢纽城市功能开发体量容积率约束。

城市功能可开发体量范围必须要受到城市容积率的限制，这种约束来自枢纽建设过程中对土地集约化利用的程度，保证枢纽最大化开发。该类约束具体可以表述为

$$r_{\min}^{j} \leqslant \sum_{k\in K} x_{k,j}\cdot s_j\cdot \tau_j \leqslant r_{\max}^{j}, \quad \forall j\in J \tag{6-74}$$

其中，τ 为城市功能用地面积的倒数。

④ 枢纽城市功能任一模式最大开发体量约束。

对于任意确定的城市功能组合方案，其中任意一种城市功能开发体量不应超过可接受的最大开发体量的约束，这种约束是基于客流需求产生的。该类约束具体可以表述为

$$\sum_{k\in K} x_{k,j}\cdot s_j \leqslant \frac{p_j\cdot \mathrm{Ae}^j}{\mathrm{At}^j} - s_0^j, \quad \forall j\in J \tag{6-75}$$

(4) 整体模型。

综上所述，枢纽城市功能体量计算问题模型(G)可构建为

$$(\mathrm{M}): \max: \mathrm{VL} = \sum_{k\in K}\sum_{j=1}^{n} x_{k,j} s_j \tag{6-76}$$

$$\text{s.t.}\begin{cases} \sum x_{k,j} \geqslant 1 \\ \Delta f_{\min} \leqslant \sum\sum_{j=1}^{n} x_{k,j}\cdot s_j\cdot \alpha_j \leqslant \Delta f_{\max} \\ r_{\min}^{j} \leqslant \sum x_{k,j}\cdot s_j\cdot \tau_j \leqslant r_{\max}^{j} \\ \sum x_{k,j}\cdot s_j \leqslant \dfrac{p_j\cdot \mathrm{Ae}^j}{\mathrm{At}^j} - s_0^j \\ \forall j\in J,\ k\in K \end{cases} \tag{6-77}$$

原问题(G)可以转化成单目标的非线性规划问题，对于该问题，理想的求解策略为寻找最优解，利用 LINGO 软件求解上述城市功能体量模型。

综上，结合典型商业体量计算模型，考虑枢纽城市功能影响范围、片区居民购物吸引率、常规商业体量计算方法等，本节首先提出了关于城市功能商业体量的考虑因素，

然后从定量的角度提出了考虑交通剩余能力约束和城市容积率约束的计算方法，最后结合商业体量计算模型和考虑交通因素、城市容积率因素模型提出了轨道交通枢纽城市功能的设计方法。

6.4　区域多制式轨道交通协同布局评价

6.4.1　区域多制式轨道交通协同布局评价概述

1. 指标体系的功能

建立区域多制式轨道交通协同布局评价指标体系的目的是对轨道交通网络布局合理性以及复合网络运营状态进行客观描述，在规划阶段辅助决策者制定科学合理的多制式轨道交通协同布局方案，以寻求实现区域多制式轨道交通总体效能和服务水平提升的有效途径。因此，要求评价指标体系应具备以下功能。

1) 体现多制式轨道交通复合网络结构特征

无论是线网布局还是枢纽布局，都可以从复杂网络理论出发，通过对单个指标进行分析，以及同时多个指标进行综合评价，反映出整个多制式轨道交通复合网络的网络结构特征，包括单一制式线网结构特征和多种制式多个网络在空间上衔接所形成的复合线网的结构特征、单个多制式轨道交通枢纽布局以及复合网络结构中多制式轨道交通枢纽的整体布局特征，通过对网络结构特征的描述实现对网络物理性能和功能的评价。

2) 体现多制式轨道交通复合网络的服务状态

复合网络协同布局规划的目的是提高整个多制式轨道交通系统整体的运输供给水平，根据运输供给和需求理论，运输供给的主要影响因素有运输技术、需求、成本、政策、运营策略和使用者行为等，这些因素可综合概括为运营企业、政府部门和旅客三个层面。此外，规划最终需要通过实施、建设后方可形成运输供给，故对复合网络规划的评价还需要考虑建设者的诉求，故评价指标应能够体现线网布局对各方需求的满足程度的影响。通过对同一时段的不同轨道交通制式运营状态，或不同时段同一轨道交通制式运营状态进行横向和纵向的对比分析，分析复合网络的服务状态。

3) 评价线网及枢纽协同布局优化措施的实施效果并建立反馈机制

根据区域多制式轨道交通协同布局评价结果建立反馈机制，反映复合网络布局的合理程度、旅客出行服务需求和运营效率的满足程度。若某个评价指标或综合评价结果在采取一系列优化措施之后仍处于原来的状态或没有达到预期目标，则说明该措施是无效或低效的，需要规划者分析反馈结果后重新调整或改进线网布局方案，再重新进行评价得到新的反馈结果进入下一轮的分析与调整。

4) 体现与城市发展的协调程度

区域多制式轨道交通协同布局在满足旅客出行需求的同时起着适应城市发展、引领城市发展的作用，与城市社会经济发展的协调程度是衡量线网和枢纽能否发挥作用的重要指标，交通若滞后于城市发展，就会成为城市发展的瓶颈。因此，在进行网络布局规划阶段理应考虑交通运输对城市发展的适应与引导。

2. 评价指标选取原则

1) 系统性原则

区域多制式轨道交通协同布局规划是一个由多种制式的轨道交通布局规划系统复合而成的多目标、多因素、多层次的复杂系统，这使得该系统在指标体系的建立中需重点关注其子系统与复合系统的关系，既要体现出子系统的相关特性，但也不能由此割裂了复合系统的整体性，所选取的指标应能够从整体上反映复合网络结构、功能及适应性等技术性能，能体现该系统与城市群社会经济等的协调程度，并能够反映出规划者、管理者和使用者等完整信息。因此，构建的指标体系需系统性地反映区域多制式轨道交通规划的内在本质。

2) 符合目标性原则

规划目标作为规划的根本目的，是规划者的行动指南。规划方案实现规划目标的程度是权衡方案优劣的重要标准，也是决策者最为关注的信息。由此可见，评价指标能否体现规划目标是其入选与否的标准，在选取评价指标时应力求全面反映出规划目标。

3) 宏观性原则

区域多制式轨道交通协同布局规划主要考虑复合轨道线网协同布局与枢纽协同布局。在规划阶段，多种制式轨道交通线网和枢纽的空间形式在一定范围内具有较大的灵活性，且未来轨道网的运营状况无法预知，故必须从宏观上考虑评价指标的选择。

4) 全面性与代表性相结合原则

区域多制式轨道交通复合系统是一个庞大的轨道交通系统，影响复合网络布局的因素较多，评价指标体系应能全面反映协同布局的合理程度，而且还能准确体现网络布局中“点”和“线”的某一性能的优劣，具有显著代表性。

5) 定性与定量分析相结合原则

为了提高评价的准确性和可操作性，指标体系应尽可能选择可量化指标，这是评价体系准确与否的关键。无法定量分析的指标应酌情选取，对于重要度十分高但很难进行定量分析的指标，应通过科学合理的手段对其进行评分，并通过大量的数据采集来弱化其定性分析中存在的主观性，力求评价体系中的指标准确合理。

6) 可比性和针对性原则

所选评价指标应能在区分制式、时段、区域的不同条件下进行横向和纵向的比较分析，且由于各区域的发育程度、自然条件、社会经济等方面存在差异，相应的多制式轨道交通协同布局规划的目标和作用会在某些方面有所侧重，这将导致所构建的指标体系有所差别。故应在保持整个指标体系基本框架一致的前提下，采取局部范围内适应性调整的措施选取指标，体现评价指标体系的针对性。

7) 相对独立性原则

为增加评价的准确性和科学性，选取区域多制式轨道交通布局评价指标时应尽量保证指标间的相对独立，每个指标的概念界定尽可能清晰明了，避免指标间的信息重叠。

3. 指标选取方法

区域多制式轨道交通协同布局评价的内容广泛，评价指标的选取也受到很多因素的影响，在选取指标时应以规划目标为出发点、以选取原则为约束、以实现指标功能为目标合理选择。目前常用的指标选取方法有目标分析法、因果法、德尔菲法和复合法。结合区域多制式轨道交通协同布局评价的特点，本书采用目标分析法进行评价指标的选取，该方法确定的指标紧紧围绕目标，层次分明，且随着目标的增加，评价指标可相应扩充。目标分析法从该系统抽象的目标分析着手，按照层次关系从上往下划分若干个子目标，进而将各个子目标进一步分解为准则，以此类推，直至分解到能定性分析或定量计算的指标层，根据分解得到的目标体系，即可建立评价指标体系。

6.4.2　区域多制式轨道交通线网协同布局评价指标体系

1. 评价指标体系内容

线网规划的目的是提高运输供给水平，根据运输供给和需求理论，运输供给的主要影响因素有运输技术、需求、成本、政策、运营策略和使用者行为等，运营企业、旅客、政府部门和建设者四个不同层次共同构成了线网规划的评价主体，不同的主体对评价目标提出了不同的要求，区域多制式轨道交通线网协同布局规划评价是一个多主体、多目标的评价。对旅客而言，主要关注轨道交通线路的建成能否改善日常出行状况，故其评价目标在于轨道交通的快速性、方便性、安全性、经济性和舒适性等；对于运营企业，关注的重点是所规划的线路是否便于运营管理，复合线网运营涉及多个运营主体，应平衡各运营主体的需求，实现多制式轨道交通系统整体效益最优，故其评价目标侧重于线网结构形态设置的合理性和运营的效益性；政府部门是线网规划的主导者，其评价目标在于宏观上把握区域交通布局，以改善地区的交通环境，引导城市群社会经济的发展；对建设者而言，主要考虑的则是投资预算、工程施工难易程度及分步建设安排的合理性等。

区域多制式轨道交通线网协同布局规划的目标是形成合理的线网结构形态，提高旅客出行的可达性，缩短城市群内的时空距离，进而促进区域经济一体化进程。因此，规划目标主要包括网络结构形态目标、工程建设可实施性目标、线网运营效率目标、旅客出行服务目标与城市发展适应性目标，这些目标即准则层，最终根据准则层确定底层评价指标。最终确定评价指标体系内容如下：

(1) 从建设者的角度，选取工程建设成本和可实施性的指标；
(2) 从旅客的角度，选取反映区域多制式轨道交通服务水平的评价指标；
(3) 从运营企业的角度，选择反映网络结构形态和网络运营效率的评价指标；
(4) 从政府部门的角度，选取反映网络布局与城市发展适应性的评价指标。

2. 评价指标体系建立

基于区域多制式轨道交通网络的特征，从兼顾旅客、运营企业、政府部门、建设者四方需求出发，从网络结构形态目标、工程建设可实施性目标、线网运营效率目标、旅客出行服务目标与城市发展适应性目标五个方面，建立区域多制式轨道交通线网协同布局规划评价体系，具体包括线网结构、建设实施、运营效率、旅客出行和城市发展五个准则层以及下级指标层各指标，如图 6-11 所示。

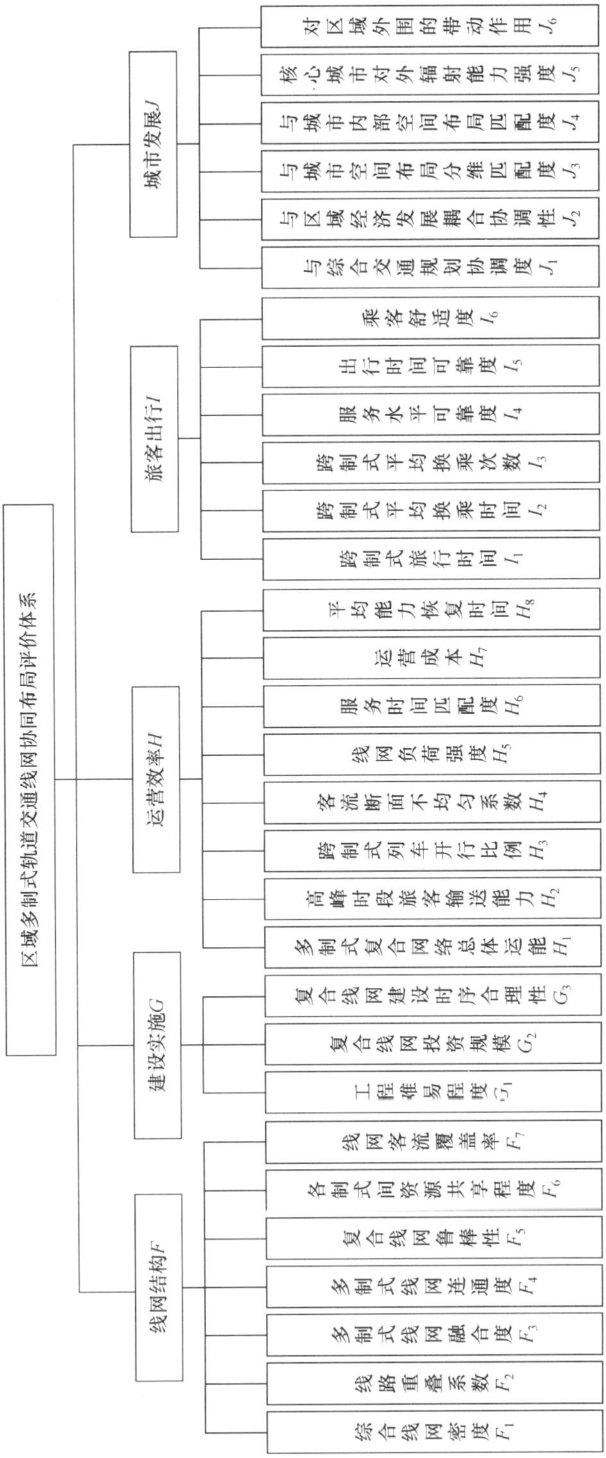

图6-11　区域多制式轨道交通线网协同布局评价指标体系

3. 评价指标释义及测度

1) 线网结构 F

(1) 综合线网密度 F_1。

综合线网密度是指单位面积上分布的轨道交通线网长度，反映区域线网布局的建设规模和结构合理性，也反映了线网的服务水平和负荷程度。从理论上来说，在同样的综合线网密度下，人口密度越大、经济发展水平越高的地区，各种制式轨道交通线网的总长度也应该越大，由于考虑到本书将专门选取指标衡量多制式轨道交通线网布局与区域经济发展的协调程度，故此暂不考虑经济发展的影响。综合线网密度可表示为

$$F_1 = \frac{L}{\sqrt{A \cdot P}} \tag{6-78}$$

其中，F_1 为综合线网密度；L 为规划多制式轨道交通线网总长度；A 为规划区域的总面积；P 为规划区域的总人口数。

(2) 线路重叠系数(冗余度) F_2。

多制式轨道交通复合系统与单一制式的轨道交通系统相比，其路网有机融合后会产生不少在站点距离、线路走向等方面均高度一致的路段，线路重叠系数刻画不同轨道交通线网的重叠程度。在一定范围内，存在走向一致且具有一定可替代性的两种及以上制式线网路段，则将这些路段定义为重叠路段，即彼此的冗余路段。而在整个区域多制式轨道交通复合系统网络中，重叠路段长度占其路网总长度的百分比，就是该路网的线路重叠系数，即冗余度。

在某条轨道线路发生故障时，有其他走向相近的轨道线路重叠路段可暂时承担故障路段部分的客流以保证系统整体的正常运转。重叠路段的存在一定程度上可以在部分路段失灵时保证网络可用性，同时提高某些繁忙路段网络的输送能力，但是重叠路段的过度冗余必然会造成线网资源的浪费，因此需要将线路重叠系数控制在合理范围内。多制式轨道线网的线路重叠系数 F_2 可表示为

$$F_2 = \sum_{i=1}^{n} \frac{F_2^{L_i}}{d_{L_i}} \times 100\%, \quad i \neq j \tag{6-79}$$

$$F_2^{L_i} = \frac{\sum_{j=1}^{n} d_{L_j - L_i}}{d_{L_i}} \times 100\%, \quad i \neq j \tag{6-80}$$

其中，F_2 为多制式区域轨道交通复合系统线网线路重叠系数；$F_2^{L_i}$ 为复合系统中线路 L_i 的线路重叠系数；d_{L_i} 为多制式区域轨道交通复合系统中线路 L_i 的长度；$d_{L_j - L_i}$ 为多制式区域轨道交通复合系统中线路 L_j 与线路 L_i 的重叠路段长度。

(3) 多制式线网融合度 F_3。

多制式区域轨道交通复合系统中乘客出行所选择的路径往往不只是由单一制式网络提供的，跨制式出行时通过多制式轨道交通网络中的其他制式网络对单一网络出行路径

进行补充，该类补充路径占总出行路径数量的比例越高，则说明该区域多制式轨道交通复合系统不同制式融合度也越高。复合系统多制式线网融合度可通过如下公式表示：

$$F_3 = \frac{m}{M} \times 100\% \tag{6-81}$$

其中，F_3 为多制式线网融合度；m 为跨制式出行路径数量；M 为多制式复合网络系统中的出行路径总数。

(4) 多制式线网连通度 F_4。

多制式区域轨道交通复合系统作为一个复合网络，其本身即存在一个物理拓扑结构层面的特性，即复合网络的连通度。对于运营主体，轨道交通网络结构布局越完善，其运营管理成本就越低，运营效率就越高，而针对网络本身，一个复合网络结构连通度越高，网络自身的稳定性也就越强。网络几何构型连通度能够体现线网连通情况，具体来说，多制式线网连通度是指区域内各个节点通过轨道交通网络而实现的相互连通强度。区别于传统的复杂网络连通度计算，考虑引入节点重要度，节点 i 的连通度表示为

$$F_4^i = \sum_{j=1}^{N} \alpha_i F_4^{ij} \tag{6-82}$$

多制式线网连通度是网络中所有节点连通度的平均值，即

$$F_4 = \frac{1}{N} \sum_{i=1}^{N} \sum_{j=1}^{N} \alpha_i F_4^{ij}, \quad i \neq j \tag{6-83}$$

其中，F_4 为多制式线网连通度；F_4^i 为区域线网内节点 i 的连通度；F_4^{ij} 为多制式轨道交通线网中节点 i 和节点 j $(i \neq j)$ 之间的路段连通度；α_i 为区域线网内节点 i 的重要度系数，取节点重要度。

(5) 复合线网鲁棒性 F_5。

多制式复合线网鲁棒性反映单一网络局部失效对复合网络全局功能的影响。鲁棒性是复杂网络理论中用来描述系统在一定(结构、大小)的参数摄动下，维持其他某些性能的特性能力的指标，即反映网络的抗毁性。在区域多制式轨道交通系统中，各个子轨道系统之间通过客流的传递实现运输功能协同，某种制式轨道交通因不可抗力造成局部失效，势必会引起其他轨道制式的客流的波动，而鲁棒性强的网络，局部失效对网络全局的影响较小。复合网络鲁棒性由移除网络中部分节点或线路时，剩余部分网络的最大连通子集规模和故障前的最大连通子集规模比值进行计算，比值下降越慢，网络鲁棒性越强，网络效率越高。

(6) 各制式间资源共享程度 F_6。

各制式轨道交通线网资源包括车辆、车辆基地、供电系统、通信系统、控制系统等。在线网布局规划中比较重要的一个内容是车辆的统一规划和车辆厂、维修的设备资源共享规划。由于车辆基地用地是需要的最大规模的地块，为节约土地资源，可建立多制式轨道交通共用的车辆基地，满足各制式车辆维修、设备维修功能的需要。此外，还涉及供电、通信、控制系统等资源共享，这需要实现各制式技术标准的统一，难以用一

个统一的指标定量描述，可由相关专家分析评价后确定 F_6。

(7) 线网客流覆盖率 F_7。

线网客流覆盖率定义为区域轨道交通线网直接吸引面积内出行量与区域总出行量之比，直观反映轨道交通线网在区域的服务水平，从整体上表征线网结构性能，表示为

$$F_7 = \frac{\sum_{i=1}^{n} S_i \rho_i}{D_{总}} \tag{6-84}$$

其中，F_7 为多制式轨道交通线网客流覆盖率；S_i 为 i 小区直接吸引面积；ρ_i 为 i 小区出行密度；$D_{总}$ 为区域总出行量。

2) 建设实施 G

(1) 工程难易程度 G_1。

该指标用于衡量因规划线路所在地的土地性质、地形地势、地理环境等方面的差异导致的线网施工相对难易程度。国铁、市域铁路、城市轨道交通各自功能定位不同，施工难度存在显著差异，例如，地铁施工难度大于城际铁路，同时各制式轨道交通线网间衔接方式不同也会造成各方案工程难度的差异，施工难度大的布局规划方案往往建设成本较高，因此应合理选择。施工难易程度指标 G_1 的数值可由相关专家分析评价后确定。

(2) 复合线网投资规模 G_2。

各种制式轨道交通每公里平均造价与该制式里程之积的总和，用来判断投资的可能性，可表示为

$$G_2 = \sum_{i=1}^{n} c_i l_i \tag{6-85}$$

其中，G_2 为多制式轨道交通复合线网投资规模；c_i 为第 i 种轨道交通制式每公里平均造价；l_i 为第 i 种轨道交通制式总里程。

(3) 复合线网建设时序合理性 G_3。

区域多制式轨道交通建设项目是投资额度大、建设时间长、涵盖范围广的基础设施建设项目，必须根据客运需求、区域经济发展要求、综合交通运输结构的合理性等因素循序渐进、分期建设，同时兼顾近、远期建设条件的难易程度，做到层次分明、主次得当。指标主要考察各方案分期建设的线网与区域分期发展重点的吻合程度，是优先发展城市内部轨道线网，还是优先串联起整个区域轨道网络并形成与区域外部联络的通道，取决于区域发展的总体要求，在合理情况下，可考虑线网建设适当超前于区域社会经济的需要，以促进区域快速发展。复合线网建设时序合理性 G_3 为定性指标，由专家打分确定。

3) 运营效率 H

(1) 多制式复合网络总体运能 H_1。

多制式复合网络总体运能是指在一定的固定设备、移动设备、运输组织方法、服务水平和客流需求结构下，在一定时间内(小时(h)、天(d))对各制式线网能够完成的最大旅客发送量总和进行衡量，如下所示：

$$H_1=\sum_{s=1}^{S}(\text{Org}_s+\text{Trs}_s) \tag{6-86}$$

其中，H_1 为多制式复合网络总体运能，人次/h 或人次/d；S 为多制式区域轨道交通路网中的车站总数，个；Org_s 为多制式区域轨道交通路网中第 s 个车站受线路能力制约的情形下单位时间内能够达到的旅客始发进站量，人次/h、人次/d；Trs_s 为多制式区域轨道交通路网中第 s 个车站受线路能力制约的情形下单位时间内能够达到的旅客中转量，人次/h、人次/d。

(2) 高峰时段旅客输送能力 H_2。

高峰时段旅客输送能力是指系统在高峰时段内基于一定的线网结构，依靠一定程度的基础设施设备、运输组织方法，在保证一定旅客服务水平和满足一定客流需求结构下，在高峰时段(城市轨道交通高峰时段和国铁高峰时段)内所能完成的旅客发送量(含始发进站量和中转量)的总和，如下所示：

$$H_2=\sum_{i=1}^{T}\sum_{s=1}^{S}(\text{Org\_peak\_}q_{si}+\text{Trs\_peak\_}q_{si}) \tag{6-87}$$

其中，H_2 为高峰时段旅客输送能力，人次；S 为多制式区域轨道交通路网中的车站总数，个；$\text{Org\_peak\_}q_{si}$ 为多制式区域轨道交通路网中第 s 个车站高峰时段内第 i 个单位时间内旅客始发进站量，人次/h；$\text{Trs\_peak\_}q_{si}$ 为多制式区域轨道交通路网中第 s 个车站高峰时段内第 i 个单位时间内的旅客中转量，人次/h；T 为多制式轨道交通路网中高峰时段持续时间，h。

(3) 跨制式列车开行比例 H_3。

区域轨道交通跨制式旅客出行过程中的换乘走行、换乘等待以及换乘安检等一系列作业极大地影响了区域轨道交通旅客的服务水平。开行跨制式旅客列车能减少旅客的换乘次数和换乘作业，为旅客提供直达运输服务，提高旅客运输服务水平。因此，将跨制式列车开行比例作为反映乘客服务水平的一个指标，采用下式计算区域轨道交通跨制式列车开行比例：

$$H_3=\frac{n^{\text{cross}}}{n_{\text{all}}}$$

其中，n^{cross} 为跨制式列车开行数量；n^{all} 为所有列车数量。

(4) 客流断面不均匀系数 H_4。

客流断面不均匀系数为各线全日客流断面最大值与平均值之比，反映轨道交通线网承担客流的均衡程度，用来评价线网的运营效率和客运效率。

$$H_4=\frac{Q_1/K_1+Q_2/K_2+\cdots+Q_M/K_M}{M} \tag{6-88}$$

其中，H_4 为客流断面不均匀系数；$Q_1,Q_2,\cdots,Q_M$ 为各线全日双向最大断面流量之和；$K_1,K_2,\cdots,K_M$ 为各线流量平均值，为全日断面流量之和除以断面数量；M 为轨道交通线网线路条数。

(5) 线网负荷强度 H_5。

线网负荷强度是轨道交通日均客运量与路网总长度的比值，反映轨道交通线网单位长度承担的客流量，用以评价轨道交通线网的运营效率和经济性。

(6) 服务时间匹配度 H_6。

服务时间匹配度是各制式轨道交通之间在服务时间上的匹配程度，主要体现在不同制式间首末班车时间的匹配程度和时刻表的衔接情况。乘客在不同制式轨道交通列车之间的换乘存在多种情况，根据末班车到达时间与发车时间的不同时序关系，可概括为换乘成功与换乘失败两种场景。本书将服务时间匹配度定义为换乘成功人数占总换乘客流数的比例。该指标可以直观体现末班车时刻表衔接的优劣，当两种制式之间实现良好接续时，换乘客流将实现成功换乘的最大化，此时运营效率和乘客出行便捷性较高。

(7) 运营成本(运用车底数、人工等) H_7。

由于衔接方案的不同，运营过程中的人员与设备配置、资金投入等存在差异，主要由运营员工工资及福利、车辆修理费、运营支出及其他费用组成，计算公式如下：

$$H_7 = \sum_{i=1}^{n}\left(C_{i\text{-labor}} + C_{i\text{-repair}} + C_{i\text{-operating}} + C_{i\text{-other}}\right) \tag{6-89}$$

其中，H_7 为多制式区域轨道交通系统运营成本；$C_{i\text{-labor}}$ 为运营员工工资及福利；$C_{i\text{-repair}}$ 为车辆修理费；$C_{i\text{-operating}}$ 为运营支出；$C_{i\text{-other}}$ 为其他费用。

(8) 平均能力恢复时间 H_8。

平均能力恢复时间是指一定时间内区域轨道交通系统在受到外来破坏性因素攻击，对系统网络结构产生了一定的损毁，使系统处于全局失效的状态时，通过实施特殊运输组织和应急维修处置，使系统运输能力恢复到预定水平所耗费的平均时间。平均能力恢复时间反映了系统自身的运维效率，是系统可维护性能力的重要量度，如下所示：

$$\begin{gathered} H_8 = \frac{\sum_{r=1}^{R}\xi_r \times T\text{-acr}_r}{\sum_{r=1}^{R}\xi_r} \\ H_8^r = \frac{\sum_{a=1}^{A_r}(\text{ta\_normal}_a - \text{ta\_hppn}_a)}{60A_r} \end{gathered} \tag{6-90}$$

其中，H_8 为多制式区域轨道交通系统的平均能力恢复时间，min；R 为区域轨道交通系统所发生的安全事故或不可容忍安全风险类型数；H_8^r 为区域轨道交通系统在发生第 r 类安全事故或不可容忍安全风险时的平均能力恢复时间，min；ξ_r 为第 r 类安全事故或不可容忍安全风险的权重值，取值在区间 (0,1] 内；A_r 为研究时段内系统所发生的第 r 类安全事故或不可容忍安全风险的次数；ta_hppn_a 为研究时段内系统第 r 类、第 a 次安全事故或不可容忍的安全风险的发生时刻，精确到 s；ta_normal_a 为研究时段内系统第 r 类、第 a 次安全事故或不可容忍的安全风险发生后系统运输能力恢复到一定水平以上的时刻，精确到 s。

4) 旅客出行 I

(1) 跨制式旅行时间 I_1。

跨制式旅行时间是指在包含多制式(城市轨道交通、市域/城际铁路、高铁/普速铁路等)的区域轨道交通系统中，一定出行结构的旅客利用超过一种轨道交通制式出行，从进始发站点至出目的站点所耗费的平均时间。其衡量了旅客在复合运输网络中跨制式出行的快捷程度，在数值上等于一定时间段内，区域轨道交通系统中所有 OD 对(起讫点组合)间跨制式出行时间的加权平均值。其中，特定 OD 对间的跨制式出行时间，为该 OD 对间所有跨制式旅行耗费时间的平均值，如下所示：

$$I_1 = \frac{\sum_{o=1}^{S}\sum_{d=1}^{S} v\_c_{od} \times T\text{-travel}\_c_{od}}{\sum_{o=1}^{S}\sum_{d=1}^{S} v\_c_{od}} \tag{6-91}$$

$$I_1^{od} = \frac{1}{v\_c_{od}} \sum_{q=1}^{v\_c_{od}} (\text{t\_out\_}c_{od,q} - \text{tp\_in\_}c_{od,q})$$

其中，I_1 为区域轨道交通系统中旅客的平均跨制式旅行时间，min；S 为区域轨道交通路网中的车站总数，个；v_c_{od} 为出发地为 o 车站、目的地为 d 车站的跨制式总出行量，人次；I_1^{od} 为区域轨道交通系统中车站 o 、d 间平均跨制式旅行时间，min；$\text{tp\_in\_}c_{od,q}$ 为出发地为 o 车站、目的地为 d 车站的第 q 人次跨制式出行进入起始车站的时间点，精确到 min；$\text{t\_out\_}c_{od,q}$ 为出发地为 o 车站、目的地为 d 车站的第 q 人次跨制式出行到达目的车站的时间点，精确到 min。

(2) 跨制式平均换乘时间 I_2。

跨制式平均换乘时间是指在包含多方式(城市轨道交通、市域/城际铁路、高铁/普速铁路等)的区域轨道交通系统中，一定出行结构的旅客利用超过一种轨道交通方式出行时，产生换乘行为所耗费的平均时间。其衡量了旅客在复合运输网络中跨制式出行的快捷程度，在数值上等于一定时间段内区域轨道交通系统中所有换乘站内部客流走行时间的平均值，如下所示：

$$I_2 = \sum_{i=1}^{m} t_i \cdot \frac{p_i}{\sum_{i=1}^{m} p_i} \tag{6-92}$$

其中，I_2 为区域轨道交通系统中旅客的平均跨制式换乘时间；m 为区域轨道交通路网中的换乘站总数；t_i 为换乘站 i 所需的换乘时间；p_i 为换乘站 i 的日均换乘量。

(3) 跨制式平均换乘次数 I_3。

旅客平均换乘次数反映了旅客出行的便捷性，旅客出行过程中的平均换乘次数越少，旅客出行的直达性和便捷性也就越强。通过一天内区域轨道交通内的总换乘次数与总出行量的比值计算区域轨道交通旅客平均换乘次数，如下所示：

$$I_3 = \frac{\sum_{i \in v_{od}} \sum_{o \in S} \sum_{d \in S, d \neq o} n_i^{\text{Transfer}}}{\sum_{o \in S} \sum_{d \in S, d \neq o} v_{od}} \tag{6-93}$$

其中，I_3为区域轨道旅客平均换乘次数；v_{od}为出发地为o车站 、目的地为d车站的总出行量；i为出发地为o车站 、目的地为d车站的第i次出行，$i \in v_{od}$；o、d为分别为出发地车站和目的地车站；S为区域轨道交通路网中的车站集合；n_i^{Transfer}为出发地为o车站、目的地为d车站第i次出行的换乘次数。

(4) 服务水平可靠度I_4。

多制式轨道交通服务水平可以从多个维度进行定义，对于区域多制式轨道交通协同运输与服务系统，信息协同是最为基础也是最为关键的环节，在本书中服务水平可靠度定义为信息服务的可靠度，包括信息准确度与即时信息服务覆盖率。乘客对列车服务信息获取不足，会造成行程误判影响出行，因此保证信息可靠度对提高轨道交通服务水平具有重要意义。信息不报、漏报、迟报均是服务水平低的表现，而及时、准确的行程预报与智能行程规划可以辅助乘客对行程进行合理安排，这要求准确判断列车运行态势。信息服务水平可靠度由专家根据信息及时性与准确性打分定性确定。

(5) 出行时间可靠度I_5。

出行时间是指从某一空间端点到达另一空间终点所需要的实际时间值，一般可以分为两个部分：自由流时间和额外时间。自由流时间是指出行者在自由流状态下从起点到终点所需要的时间；额外时间是指由于不同的常发性、偶发性交通事件和道路、天气条件等导致的出行时间增加，且这种对出行时间的影响是不可预知的。出行时间可靠性就是基于出行时间不可预测的变化产生的出行时间波动，将可靠性理论考虑到出行者的路径选择决策中，用以衡量出行时间的稳定程度。这里利用规定时间内能到达目的地的概率表示出行时间的可靠性，认为规定时间等于平均行程时间与可接受缓冲时间的和，出行时间可靠度表达公式为

$$I_5 = P\left[T \leqslant \mu + \Delta t\right] \tag{6-94}$$

其中，I_5为多制式轨道交通出行时间可靠度；μ为平均行程时间；T为实际行程时间；Δt为可接受缓冲时间，一般取为平均行程时间的百分比。

(6) 乘客舒适度I_6。

服务水平准则下仅次于旅行时间的重要指标，其评价标准主要是乘客体力的消耗，为定性指标。例如，列车满载率高导致车厢内拥挤，换乘距离过长或步梯高差过大等，均会导致乘客舒适性降低。此指标由专家打分确定。

5) 城市发展J

(1) 与综合交通规划协调度J_1。

轨道交通线网布局规划应紧密结合区域综合交通规划的发展要求，作为综合交通的重要组成部分，多制式轨道交通线网对外应尽量衔接区域外围交通设施，对内有机协调区域内部交通出行方式，最终形成一体化的综合交通网络。与综合交通规划协调度从宏观上判断不同层次轨道交通线网的衔接方案是否与区域综合交通规划相适应，为定性指标。

(2) 与区域经济发展耦合协调度 J_2。

轨道交通与区域经济二者之间存在强烈的相互作用：一方面，随着社会经济的发展，区域和区域之间的各种生产和贸易不断加深，导致交通运输量规模增长，促进轨道交通的快速发展；另一方面，轨道交通的发展将大大提高运输效率，促进区域人员、商品、物料的流通，同时增加就业机会，由此推动社会经济的进步，轨道交通和区域经济必须协调发展。以上分析的轨道交通发展与区域经济发展之间的相互作用可以用耦合度来度量。耦合是若干系统通过彼此作用而相互影响达到协同的现象，对于轨道交通与区域经济发展的耦合协调度可以利用物理学中的容量耦合系数模型来定量计算：

$$J_2' = 2\left[\frac{X \cdot Y}{\left(X+Y\right)^2}\right]^{1/2} \tag{6-95}$$

其中，J_2'为多制式轨道交通线网布局与区域经济发展的耦合协调性；X 为多制式轨道交通线网的综合评价值；Y 为区域经济发展的综合评价值。

多制式轨道交通线网的综合评价值 X 与区域经济发展的综合评价值 Y 通过选取多个评判子指标综合计算确定，本书考虑到线网规划的特点和各指标的非相关性，此处 X 仅由多制式轨道交通线网规模、Y 仅由区域的人均收入总值进行无量纲化后确定。显然，$0 \leqslant J_2 \leqslant 1$，$J_2$ 的值越大，系统的协调性越高。

(3) 与城市空间布局分维匹配度 J_3。

采用城际铁路网络布局空间关联维数与区域内部城市网络布局的空间关联维数来分析区域多制式轨道交通线网布局与区域城市布局的适应性。采用分形理论的评价指标对衡量线网规划的合理性具有重要意义。首先定义区域地理空间结构的空间关联函数为

$$J\left(r\right) = \frac{1}{N^2}\sum_{i=1}^{N}\sum_{j=1}^{N}\theta(r - d_{ij}) \tag{6-96}$$

其中，$J\left(r\right)$为区域地理空间结构的空间关联函数；r 为给定的距离单位码尺；i、j 为城市节点序号，需满足 $i \neq j$；d_{ij} 为 i、j 两城市的欧氏距离；θ 为 Heaviside 阶跃函数。

(4) 与城市内部空间布局匹配度 J_4。

考察区域多制式轨道交通线网布局与城市空间形态、空间发展策略和空间发展方向的协调，体现轨道线网应对城市空间结构变化的适应性和灵活性，可由两者网络结构的分形维数进行衡量，其值越大，反映轨道交通线网与城市内部空间布局匹配度越高：

$$J_4 = \frac{D_{\mathrm{c}} - D_{\mathrm{r}}}{D_{\mathrm{c}}} \times 100\% \tag{6-97}$$

其中，J_4 为与城市内部空间布局匹配度；D_{c} 为城市内部空间结构的分形维数；D_{r} 为多制式轨道交通线网的“站点数目-半径”维数。

(5) 核心城市对外辐射能力强度 J_5。

核心城市对外辐射能力强度是指区域的中心城市对周围的卫星城市及周边城市和地区的综合影响力，以及对周边城市各地区的发展带动能力，核心城市首先通过自己优先发展或者发展突出的优势，对周边地区产生集聚效应，主要表现为人员、商品、原料等向核心

城市靠拢。随着进一步的发展和产业结构的优化，对腹地的经济、文化、科技等方面产生辐射效应并形成紧密联系，其主要表现为产业结构的升级，使得传统产业向腹地转移。由于中心城市的生活成本提高，也会出现部分资源和人口向腹地流动。该指标为定性指标。

(6) 对区域外围的带动作用 J_6。

对区域外围的带动作用是指区域内轨道交通的发展对区域外围城市和地区的综合影响力，以及对区域外围的经济、文化、教育等发展的带动能力。该指标为定性指标，通过对区域发展情况预测分析得到。

6.4.3 区域多制式轨道交通枢纽协同布局评价指标体系

1. 评价指标体系内容

建立区域多制式轨道交通枢纽协同布局评价体系的目的是通过相对客观、全面、合理的评价，使不同轨道交通枢纽布局规划方案之间具有可比性，为轨道交通枢纽布局规划方案的比选与优化提供理论依据，最终提高区域多制式轨道交通网络的整体效益，实现多制式轨道交通的高效、协同发展。因此，该评价体系首先应能够反映出轨道交通枢纽整体布局的合理性；此外，合理的布局方案应能够兼顾企业、旅客、政府等多方的需求，从企业的角度考虑，对布局规划方案需求的影响主要体现在投资建设和运营效果两个方面；从旅客的角度考虑，对布局规划方案需求的影响主要体现在便捷性、舒适性等与服务水平相关的因素；从政府的角度考虑，要求布局规划方案能尽量与城市发展规划相适应。

综上，将整体布局、投资建设、运营效果、服务水平、城市规划五个方面作为枢纽协同布局评价体系的准则层，根据准则层选取相应的评价指标，建立枢纽协同布局评价体系。

2. 评价指标体系建立

从多制式轨道交通枢纽布局评价的目标入手，兼顾企业、旅客、政府等多方的需求，以整体布局、投资建设、运营效果、服务水平、城市规划五个方面作为枢纽协同布局评价体系的准则层，结合评价指标选取的系统性、目标性、全面性与代表性相结合等原则，确定各准则层对应的指标层。最终建立的区域多制式轨道交通枢纽协同布局规划评价体系如图 6-12 所示。

3. 评价指标释义及测度

1) 整体布局 A

(1) 枢纽分布密度 A_1。

枢纽分布密度为给定区域单位面积内的枢纽站数量，该指标水平反映了区域范围内轨道交通整体换乘效率的高低，通常来说，在合理的密度范围内，区域枢纽分布密度 A_1 的值越高，整体换乘效率越高。枢纽分布密度 A_1 可通过给定区域内轨道交通枢纽的数量及城市建成区的面积计算。

(2) 平均度 A_2。

平均度是复杂网络理论中判定网络结构类型最基本的指标之一，反映了网络站点的

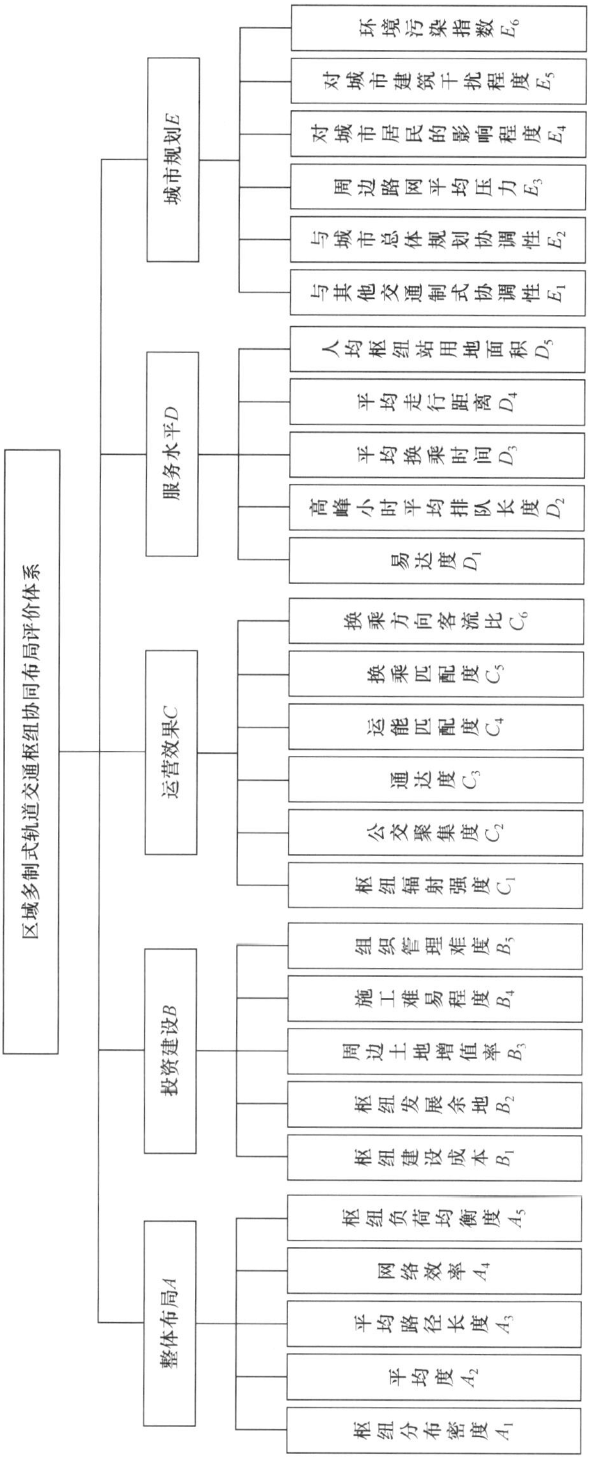

图6-12　区域多制式轨道交通枢纽协同布局评价指标体系

平均流量承载力，应用到交通网络中，则反映了交通站点对客流的传输效率。A_2 的值越高，则说明网络站点的平均流量承载力越好。为描述平均度的计算方法，下面首先对复杂网络理论的应用进行简单说明。

借助图与网络的相关概念，将区域轨道交通系统抽象为网络 $G(V,E)$，其中 V 和 E 分别是 G 的点集合与边集合。一条连接点 $v_i, v_j \in V$ 的边记为 a_{ij}。假设边代表网络的连通与否，且不存在任意节点不通过与其他节点相连形成连边关系(即 $a_{ii}=0$)，则构造的邻接矩阵为

$$A_{ij}=\left[a_{ij}\right]_{N\times N},\quad a_{ij}=\begin{cases}1, & a_{ij}\in E\\ 0, & a_{ij}\notin E\end{cases} \tag{6-98}$$

由此可得出节点度 $k_i=\sum_j a_{ij}$，它表示与节点 i 相连接的边的总数。

节点的度分布 $p\left(k_i\right)$ 则是一个概率值，表示随机选取一个节点 k_i 恰好有条边与它相连的概率。在实际操作中，认为它等于网络中度数为 k_i 的节点个数与网络总的节点数量 N 的比值，即

$$p\left(k_i\right)=\frac{n\left(k_i\right)}{N} \tag{6-99}$$

平均度 $\langle K\rangle$ 则表示在网络中节点度的期望值，是网络结构特征的整体反映，通过节点度与节点的度分布来计算网络节点的平均度，如下所示：

$$\langle K\rangle=\sum_k^{+\infty} p\left(k_i\right)\times n\left(k_i\right) \tag{6-100}$$

其中，$n\left(k_i\right)$ 为度为 k_i 的节点数。因此，评价指标平均度 A_2 的计算公式为

$$A_2=\langle K\rangle=\sum_k^{+\infty} p\left(k_i\right)\times n\left(k_i\right) \tag{6-101}$$

(3) 平均路径长度 A_3。

平均路径长度反映了站点间的联系情况，即轨道交通网络中任意两站点间的平均距离。若将与轨道交通枢纽的连接关系作为交通网络结构中的连边，网络平均路径长度则反映了网络中各节点间的换乘便捷程度，即节点 i 到节点 j 的平均换乘次数。A_3 的值越小，说明站点间的联系越紧密，整体布局越合理。

(4) 网络效率 A_4。

网络全局效率反映了轨道交通网络中的传输效率，网络效率 A_4 的值越高，则说明枢纽整体布局越合理。由于网络中不同节点间的出行时间不一样，将网络中各边的权重设为两点间的最短出行时间 t_{ij}，包含区段列车运行时间、非换乘节点停站时间和换乘节点中的换乘时间，网络中节点 v_i、v_j 间的出行效率为 v_i、v_j 间最短路径长度的倒数，则网络全局效率可表示为

$$A_4 = \frac{1}{N(N-1)} \sum_{i,j \leqslant N, i \neq j} \frac{1}{t_{ij}} \tag{6-102}$$

其中，N 为网络中总的节点数。

(5) 枢纽负荷均衡度 A_5。

枢纽负荷均衡度主要考虑各枢纽负荷强度与平均负荷强度的偏离程度，该指标从各枢纽之间的协调性来考察区域轨道交通枢纽整体布局的合理性。如果各枢纽负荷比较均衡，即 A_5 的值较小，则说明枢纽布局比较合理。枢纽负荷均衡度可以通过枢纽负荷度的标准差来衡量，如下所示：

$$A_5 = \left[\frac{1}{N} \sum_{i=1}^{N} \left(f_i - \frac{1}{N} \sum_{i=1}^{N} f_i \right)^2 \right]^{1/2} \tag{6-103}$$

其中，f_i 为枢纽 i 的负荷度，可通过高峰小时到发客流量 Q_{i1} (单位为：人次/h)与枢纽设计能力 Q_{i0} (单位为：人次/h)的比值确定，即

$$f_i = \frac{Q_{i1}}{Q_{i0}} \tag{6-104}$$

2) 投资建设 B

(1) 枢纽建设成本 B_1。

枢纽建设成本可通过枢纽的征地费用、枢纽的建设费用以及枢纽的拆迁费用计算，如下式所示。在枢纽规划方案评价中，方案的建设成本越高，对方案的影响越不利。

$$B_{1i} = \sum_{i=1}^{N} (\mathrm{LC}_i + \mathrm{CC}_i + \mathrm{RC}_i)$$

其中，B_{1i} 为枢纽建设成本；N 为枢纽总数量；LC_i 为枢纽 i 征地费用；CC_i 为枢纽 i 建设费用；RC_i 为枢纽 i 拆迁费用。

(2) 枢纽发展余地 B_2。

枢纽发展余地反映了枢纽布置位置向周围扩展的可能性大小，以适应不可预见的发展需求，枢纽发展余地越大，则枢纽用地越容易向四周扩展。综合交通建设规划是一项长期的工作，应满足“ 次规划，分期实施”原则，需要预留足够的土地给枢纽的长期发展留下空间。枢纽发展余地通过枢纽规划用地面积与上层规划规定的用地面积计算得到，如下所示：

$$B_{2i} = 1 - \frac{S_{2i}}{S_{1i}} \tag{6-105}$$

其中，B_{2i} 为枢纽 i 的发展余地；S_{1i} 为上层规划规定的枢纽 i 的用地面积，m^2；S_{2i} 为枢纽 i 规划的用地面积，m^2。

(3) 周边土地增值率 B_3。

周边土地增值率主要考虑企业建设枢纽的投资需求，反映了枢纽周边土地的相对价值。周边土地增值率越高，对于企业来说投资效果越好。周边土地增值率通过备选节点

枢纽 i 未建成时周边土地的价值以及枢纽 i 建成后周边土地的价值来计算，如下所示：

$$B_{3i} = (\mathrm{ALP}_i - \mathrm{BLP}_i) / \mathrm{BLP}_i \tag{6-106}$$

其中，B_{3i} 为枢纽 i 周边土地的增值率；ALP_i 为枢纽 i 建成后周边土地的价值，万元；BLP_i 为枢纽 i 未建成时周边土地的价值，万元。

(4) 施工难易程度 B_4。

该指标用于衡量因枢纽站规划点位所在地的土地性质、地形地势、地理环境等方面的差异导致的各枢纽备选点之间的施工相对难易程度。施工难易程度指标 B_4 的数值可由相关专家分析评价后确定。

(5) 组织管理难度 B_5。

该指标用于衡量因枢纽规划点位所在地的人口密度、建筑密度、公共交通服务水平等方面差异导致的枢纽组织管理难度的不同，其数值可采用综合评价法由相关专家分析评价后定性给出。

3) 运营效果 C

(1) 枢纽辐射强度 C_1。

在复杂网络理论的相关统计指标中，介数能够反映基本要素本身在整个网络中呈现的重要性和影响力，应用到轨道交通网络中，节点的点介数能够形象地表述站点辐射能力的大小，也体现了站点吸引客流的能力。因此，枢纽 i 的辐射能力 C_{1i} 可通过 i 点的点介数来衡量，即所有节点对之间的最短路径中经过 i 的比例的总和，C_{1i} 的值越大，备选节点枢纽的辐射能力越强。计算公式如下所示：

$$C_{1i} = \sum_{j \neq k} \frac{n_{jk}(i)}{N(N-1)} \tag{6-107}$$

其中，$n_{jk}(i)$ 为网络中点 v_j 和 v_k (v_j、v_k 为网络中任意不重合的节点对)的最短路径经过节点 v_i 的次数；N 为网络中总的枢纽数量。

(2) 公交聚集度 C_2。

公交聚集度指标主要考虑旅客在备选枢纽节点换乘的方便程度，换乘是否方便是衡量枢纽服务水平的重要指标。备选枢纽节点附近(有效服务范围内)公交站点越密集，乘客换乘越方便。备选点的公交聚集度 C_2 可通过备选点附近的公交线路条数和不同公交线路站点与备选点间的距离来计算，C_2 的值越大，公交聚集度越好，计算公式如下所示：

$$C_{2i} = \sum_{k=1}^{m} \mathrm{Route}_k \times (\mathrm{Dis}_{ki})^{-p} \tag{6-108}$$

其中，C_{2i} 为备选枢纽节点 i 的公交聚集度；Route_k 为第 k 条公交线路；m 为备选枢纽节点 i 有效服务范围内途经的公交线路条数(或公交站点数)；Dis_{ki} 为公交线路 k 上的站点与备选点 i 的步行距离；p 为枢纽易达度随距离的衰减系数，需根据具体区域进行标定。

(3) 通达度 C_3。

通达度主要考虑备选枢纽节点到达城市主要起讫点(交通枢纽、广场、商场、体育馆等)的方便程度。备选枢纽节点的通达度可通过备选点与一些大型客流集散点间的最短公交出行时间来反映。旅客出行换乘次数越多，总旅行时间越长，备选节点的通达度越差，为方便后续计算，可将最短出行时间取倒数，即备选点的通达度 C_3 值越大，通达度越好。通达度的计算公式如下：

$$C_{3i} = \frac{\sum_{a=1}^{n} T_a^i}{n} \tag{6-109}$$

其中，C_{3i} 为备选点 i 的通达度；n 为区域主要集散点个数；T_a^i 为备选点 i 到主要集散点 a 的连通度，用所有出行组合方式中的最短出行时间来反映；a 为换乘次数，最小取为 1。

(4) 运能匹配度 C_4。

运能匹配度是指在换乘枢纽内各换乘交通方式运能之间相互匹配的程度，反映出各换乘交通方式之间运能的协调情况，表明运能稍低的换乘交通方式能为运能稍高的交通方式提供的客流集散能力，可通过高峰小时需要换乘的乘客数量与换乘枢纽能够疏散的乘客数量的比值来体现，如下所示：

$$C_{4i} = \frac{Q_{\mathrm{h}}}{\sum_{k=1}^{N} Q_k \cdot \delta_k} \tag{6-110}$$

其中，C_{4i} 为备选节点枢纽 i 的运能匹配度；N 为备选节点枢纽 i 内换乘交通方式的数量；Q_{h} 为高峰小时换乘需求量；Q_k 为单位小时内第 k 种交通方式能够疏散的乘客数量；δ_k 为乘客选择第 k 种交通方式的比例。

因为运能匹配度的取值本身具有一定的适中性，较难对该指标的水平等级进行划分，可采用形如 $Z = \mathrm{e}^{-|C_4 - 0.8|}$ 的单减函数进行分级。当运能匹配度 $C_4 < 1$ 时，换乘枢纽的运能匹配性较好；当 $C_4 > 1$ 时，表示换乘枢纽内相互衔接的交通方式间没有实现合理换乘。

(5) 换乘匹配度 C_5。

换乘匹配度指标用于描述枢纽疏导换乘客流能力的高低，可以通过换乘枢纽疏散能力与高峰小时换乘需求量来计算，如下所示：

$$C_{5i} = \frac{Q_{\mathrm{c}}}{Q_{\mathrm{h \cdot max}}} \tag{6-111}$$

其中，C_{5i} 为备选节点枢纽 i 的换乘匹配度；Q_{c} 为换乘枢纽 i 内各种交通方式所具有的换乘客流疏散运能总和；$Q_{\mathrm{h \cdot max}}$ 为最大运能的交通方式在高峰小时能够疏散的客流量。当 $C_{5i} < 1$ 时，说明换乘枢纽疏散换乘乘客的能力不能满足乘客的换乘需求；当 $C_{5i} > 1$ 时，说明换乘枢纽的疏散能力较好。根据已有研究，通常将 0.2 设为换乘匹配度的下限值。

(6) 换乘方向客流比 C_6。

换乘方向客流比反映了枢纽内不同制式或不同线路方向换乘客流分布的均衡性，换乘方向客流比过大或者过小，都反映了换乘客流在各换乘方向上分布的不均衡。换乘方向客流比可通过高峰小时各换乘方向的客流量计算得出，计算方法如下所示：

$$C_{6i}^{jk} = \frac{Q_{jk}}{Q_{kj}} \tag{6-112}$$

其中，C_{6i}^{jk} 为换乘枢纽 i 内由交通制式(线路) j 换乘至交通制式(线路) k 的换乘方向客流比；Q_{jk} 为高峰小时由交通制式(线路) j 换乘至交通制式(线路) k 的换乘客流量；Q_{kj} 为高峰小时由交通制式(线路) k 换乘至交通制式(线路) j 的换乘客流量。

4) 服务水平 D

(1) 易达度 D_1。

枢纽点的集聚作用主要体现了居民到达枢纽的难易程度。备选节点离人口密集的区域越近，则该枢纽节点可能服务的居民越多。因此，采用易达度指标来衡量各备选节点为居民提供公共交通服务的方便程度，该指标的计算涉及枢纽有效服务范围内(乘客可接受的步行范围)的居民数量和到达枢纽的距离，如下所示：

$$D_{1i} = \sum_{j=1}^{N} \mathrm{Pop}_j \times (\mathrm{Dis}_{ji})^{-p} \tag{6-113}$$

其中，N 为网络中总的枢纽数量；D_{1i} 为备选点 i 的易达度；Pop_j 为小区 j 的人口数；Dis_{ji} 为小区 j 到枢纽点 i 的实际步行距离；p 为枢纽易达度随距离的衰减系数，需根据具体区域进行标定。

(2) 高峰小时平均排队长度 D_2。

高峰小时平均排队长度是指备选节点枢纽各候车区域高峰小时的平均排队长度，体现了枢纽站的服务水平。在一定取值范围内，高峰小时平均排队长度 D_2 的值过大，说明枢纽站的服务水平有待提高。高峰小时平均排队长度的计算公式如下：

$$D_{2i} = \frac{\sum_{j=1}^{n} L_j}{n_i}$$

其中，D_{2i} 为备选枢纽 i 的高峰小时平均排队长度；L_j 为备选枢纽 i 内第 j 个候车区的高峰小时排队长度；n_i 为枢纽 i 内候车区的数量。

(3) 平均换乘时间 D_3。

平均换乘时间指标主要考虑备选枢纽节点服务范围内各种交通制式间的平均换乘时间，可用来衡量换乘枢纽在换乘衔接方面的顺畅性、连续性以及设备适应性等。平均换乘时间越短，则说明枢纽服务水平越高。平均换乘时间包括换乘走行时间、排队时间(走行过程中如楼梯、电梯、通道等换乘设施内的排队时间)及换乘候车时间等。

(4) 平均走行距离 D_4。

平均走行距离主要考虑旅客在换乘过程中的平均走行距离，它既反映了枢纽空间布局是否合理，各交通制式、各交通线路间的联系是否紧密及协调等，同时也直接影响着旅客换乘过程的舒适性、便捷性等，是衡量枢纽站旅客服务水平的重要因素。平均走行距离越短，说明枢纽的服务水平越高。

(5) 人均枢纽站用地面积。

人均枢纽站用地面积可用来反映乘客在枢纽站内走行的舒适度，通过枢纽站设施总面积与乘客人数来计算。

5) 城市规划 E

(1) 与其他交通制式协调性 E_1。

该指标用于反映综合客运枢纽与各种交通制式相互协调的程度，主要从乘客的换乘所需要的时间、换乘的方便程度来衡量。一般来说，各种交通制式之间的换乘时间越短、环节越少，各种交通制式之间的协调性越好。备选节点枢纽与其他交通制式的协调性的计算公式如下：

$$E_{1i}=\mathrm{e}^{-\overline{t}} \tag{6-114}$$

$$\overline{t}=\alpha_1 t_1+\alpha_2 t_2+\alpha_3 t_3+\alpha_4 t_4 \tag{6-115}$$

其中，E_{1i} 为枢纽站 i 与其他交通制式的协调性；$\overline{t}$ 为枢纽 i 与其他交通制式换乘时间的加权平均；t_1 为枢纽 i 到达最近公路客运站的时间；t_2 为枢纽 i 到达最近地铁站的时间；t_3 为枢纽 i 到达最近机场的时间；t_4 为枢纽 i 到达最近港口的时间；α_1、α_2、α_3、α_4 为调整系数，取值由各城市的实际情况确定。

(2) 与城市总体规划协调性 E_2。

与城市总体规划协调性主要考虑枢纽布局规划与城市总体规划中土地用地规划的协调程度，反映了枢纽布局规划与城市的土地利用规划、产业布局、城市道路网等的协调程度，计算公式如下：

$$E_{2i}=\alpha E_{2i}^1+(1-\alpha)E_{2i}^2 \tag{6-116}$$

$$E_{2i}^1=S_{3i}/S_{2i} \tag{6-117}$$

其中，E_{2i} 为备选节点枢纽 i 与城市总体规划的协调性；α 为两方面协调性的权重系数；E_{2i}^1 为备选节点枢纽 i 与城市总体规划中用地规划的协调性；E_{2i}^2 为备选节点枢纽 i 与城市道路网的协调性，可根据枢纽站与城市内道路的衔接情况设定。若枢纽站与城市次干道相连，则取 0.6；若与城市主干道相连，则取 0.8；若与城市快速路或城市轨道交通直接相连，则取 1.0。S_{2i} 为备选节点枢纽 i 的规划用地面积；S_{3i} 为备选节点枢纽 i 规划用地中与总规中相应性质用地的重合面积。

(3) 周边路网平均压力 E_3。

周边路网平均压力反映了备选枢纽节点周边路网的服务能力，良好的道路环境有利于换成交通工具的准点到达，同时良好的交通换乘组织也能对周边路网压力起到改善作用。周边路网平均压力的计算可通过道路实际通行交通流量与道路设计通行能力的比值计算。

(4) 对城市居民的影响程度 E_4。

对城市居民的影响程度主要用于评价枢纽布局规划方案对城市居民带来干扰的程度。综合客运枢纽的建设难免对城市居民的生活带来影响，因此在枢纽规划布局时，应考虑各种交通制式的汇集是否对周边的居民带来噪声污染、环境污染以及安全等方面的问题。对城市居民影响程度的数值可采用综合评价法，由相关专家分析评价后定性给出。

(5) 对城市建筑干扰程度 E_5。

对城市建筑干扰程度主要用于评价枢纽布局规划方案对城市建筑的干扰程度，包括城市已有建筑、在建建筑以及规划待建建筑等。由于多制式轨道交通枢纽的综合性与规模性，其占地面积通常较广，容易对规划点位附近的建筑设施造成一定程度的影响，因此，在枢纽规划布局时，应尽量避开发展程度较高的商业、住宅、景观等城市主要区域。对城市居民影响程度的数值可采用综合评价法，根据规划点位附近的建筑密集程度及建筑设施规划等定性给出。

(6) 环境污染指数 E_6。

环境污染指数用于描述在枢纽布局方案实施后，枢纽在减少能源消耗和降低废气排放等方面所发挥的作用。环境污染指数的数值可采用综合评价法，由相关专家专业分析评价后进行确定。

6.4.4 区域多制式轨道交通协同布局综合评价模型

在区域多制式轨道交通复合网络中，影响线网和枢纽布局的因素有很多，提供给决策者的信息具有不完全性、不精确性和主观性，要全面对网络布局方案优劣进行度量，可以采用模糊综合评价方法，即将众多因素按其性质分为若干类，先按一类中的各因素进行评价，然后在类之间进行综合评价，对于整个过程中参数计算可采用层次分析法与模糊综合评价理论来确定。由于在模糊综合评价过程中，线网布局评价与枢纽布局评价在模型表述上是一致的，其区别仅在于两者评价指标选取不同，因此采用统一的数学模型对区域多制式轨道交通线网协同布局与枢纽协同布局进行综合评价。

1. 确定评价对象集、因素集和评语集

(1) 对象集为

$$O_1=\{\text{区域多制式轨道交通枢纽协同布局综合评价}\}$$

$$O_2=\{\text{区域多制式轨道交通线网协同布局综合评价}\}$$

(2) 因素集为 $V=\{V_1,V_2,\cdots,V_n\}$，$V_1,V_2,\cdots,V_n$ 分别为枢纽布局和线网布局准则层五个指标子集。其中 $V_1=\{v_{11},v_{12},\cdots,v_{1n}\}$，$V_2=\{v_{21},v_{22},\cdots,v_{2n}\}$，$V_3=\{v_{31},\ v_{32},\cdots,v_{3n}\}$，$V_4=\{v_{41},v_{42},\cdots,v_{4n}\}$，$V_5=\{v_{51},v_{52},\cdots,v_{5n}\}$，其中 v_{ij} 表示第 i 个子集的第 j 个评价指标。

(3) 评语集 $\mathrm{Eva}=(\mathrm{Eva}_1,\mathrm{Eva}_2,\mathrm{Eva}_3,\mathrm{Eva}_4,\mathrm{Eva}_5)$，区域多制式轨道交通枢纽和线网协同布局评语集采用好、较好、一般、差、很差等五个评价级别。

2. 建立评价因素权分配矩阵

1) 因素的权重集

设第 i 类因素 V_i 的权重为 $w_i\,(i=1,2,3,4,5)$，则因素集的权重集为 $W=(w_1,w_2,w_3,$

w_4, w_5)。

2) 指标的权重集

设第 i 类中的第 j 个指标的权重为 $w_{ij}\left(i=1,2,3,4,5; j=1,2,\cdots,n\right)$，则指标的权重集为 $W_i=\left(w_{i1}, w_{i2}, \cdots, w_{in}\right)$。

3) 确定权重

评判因素集的权重可由德尔菲法直接调查得到，也可以通过层次分析法(AHP)计算得到。层次分析法的一般步骤为：①明确目标；②构造层次结构；③构造判断矩阵；④层次单排序及一致性检验；⑤层次总排序及一致性检验。这里采用层次分析法分别计算因素的权重集和指标的权重集。

3. 建立评价矩阵

任意指标的评价矩阵为 $R_{ij}=\left\{r_{ij1}, r_{ij2}, r_{ij3}, r_{ij4}, r_{ij5}\right\}$，$r_{ijn}$ 为第 i 个子集的第 j 个指标对于第 n 等级评语的隶属度，$r_{ijn}\in[0,1]$，各指标隶属度的计算公式如下：

$$R_i=\begin{bmatrix} r_{i11} & r_{i12} & \cdots & r_{i15} \\ \vdots & \vdots & & \vdots \\ r_{ij1} & r_{ij2} & \cdots & r_{ij5} \end{bmatrix} \tag{6-118}$$

1) 指标的规范化处理

(1) 定性指标的规范化处理。

充分考虑到实际运用的简便性，这里采用专家打分法和集值统计结合的方法对定性指标进行量化处理。集值统计是传统统计和模糊统计的延伸运用，统计得到的是样本空间的模糊子集，该子集可以认为是某一评价者对某一指标得出的一个范围统计。假设有 n 个评价指标，l 个评价者，其中第 k 个评价者 $l_k\left(k=1,2,\cdots,l\right)$ 对某一评价指标 $v_j\left(j=1,2,\cdots,n\right)$ 的评定结果稳定在一个范围内，记为 $\left[y_{k1}, y_{k2}\right]$，且 $\left[y_{k1}, y_{k2}\right]\in[0,1]$，据此可形成一个集值统计序列：

$$\left\{\left[y_{11}, y_{12}\right], \left[y_{21}, y_{22}\right], \cdots, \left[y_{k1}, y_{k2}\right], \cdots, \left[y_{l1}, y_{l2}\right]\right\}$$

则指标 v_j 的评定值 x_j 取为

$$x_j=\frac{\dfrac{1}{2}\sum_{k=1}^{l}\left(y_{k1}^2-y_{k2}^2\right)}{\sum_{k=1}^{l}\left(y_{k1}-y_{k2}\right)} \tag{6-119}$$

(2) 定量指标的规范化处理。

区域多制式轨道交通线网协同布局方案的定量评价指标体系可划分为以下四类：成本型(越小越好)、效益型(越大越好)、适中型(接近某一期望值为好)及区间型(在某一固定范围内为好)。针对不同类型的评价指标，可采取对应的规范化处理方法，统一将其归一化为隶属于[0,1]区间的极大型指标。

对于成本型指标：

$$x_{ij}=\frac{x_{0j}}{x_{ij}'}=\frac{\min\limits_{i}\left(x_{ij}'\right)}{x_{ij}'} \tag{6-120}$$

对于效益型指标：

$$x_{ij}=\frac{x_{ij}'}{x_{0j}}=\frac{x_{ij}'}{\max\limits_{i}\left(x_{ij}'\right)} \tag{6-121}$$

对于适中型指标：

$$x_{ij}\begin{cases}1, & x_{ij}'=x_j^*\\ 1-\dfrac{\left|x_{ij}'-x_j^*\right|}{\max\limits_{k}\left|x_{ij}'-x_j^*\right|}, & x_{ij}'\neq x_j^*\end{cases} \tag{6-122}$$

对于区间型指标：

$$x_{ij}\begin{cases}1-\dfrac{x_{j\min}'-x_{ij}'}{\max\left(x_{j\min}^*-\max\limits_{k}x_{kj}',\max\limits_{k}x_{kj}'-x_{j\max}^*\right)}, & x_{ij}'<x_{j\min}^*\\ 1, & x_{ij}'\in\left[x_{j\min}^*,x_{j\max}^*\right]\\ 1-\dfrac{x_{ij}'-x_{j\min}'}{\max\left(x_{j\min}^*-\max\limits_{k}x_{kj}',\max\limits_{k}x_{kj}'-x_{j\max}^*\right)}, & x_{ij}'>x_{j\max}^*\end{cases} \tag{6-123}$$

其中，x_{ij}为评价对象i的指标j规范化处理后的标准值；x_{ij}'为评价对象i的指标j的原始值；x_{0j}为m个规划方案中指标V_j的相对最优值；x_j^*为指标V_j的最佳值；$\left[x_{j\min}^*,x_{j\max}^*\right]$为指标$V_j$的最佳取值区间；$i,k=1,2,\cdots,m$；$j=1,2,\cdots,n$。

2) 隶属函数

将标准化后数据所在的区间[0,1]分为 5 个子区间，即[0,0.2]、(0.2,0.4]、(0.4,0.6]、(0.6,0.8]、(0.8,1.0]，在划分后的子区间上定义隶属函数如下：

当$x_{ij}\in[0,0.2]$时，$r_{j1}=1$，$r_{j2}=r_{j3}=r_{j4}=r_{j5}=0$；

当$x_{ij}\in(0.2,0.4]$时，$r_{j1}=(0.4-x_{ij})/0.2$，$r_{j2}=1-r_{j1}$，$r_{j3}=r_{j4}=r_{j5}=0$；

当$x_{ij}\in(0.4,0.6]$时，$r_{j1}=0$，$r_{j2}=(0.6-x_{ij})/0.2$，$r_{j3}=1-r_{j2}$，$r_{j4}=r_{j5}=0$；

当$x_{ij}\in(0.6,0.8]$时，$r_{j1}=r_{j2}=0$，$r_{j3}=(0.8-x_{ij})/0.2$，$r_{j4}=1-r_{j3}$，$r_{j5}=0$；

当$x_{ij}\in(0.8,1.0]$时，$r_{j1}=r_{j2}=r_{j3}=0$，$r_{j4}=(1.0-x_{ij})/0.2$，$r_{j5}=1-r_{j4}$。

4. 模糊综合评价的数学模型

1) 一级模糊综合评价的数学模型

一级模糊综合评价的数学模型为

$$B_i = W_i \circ R_i = \left(b_{i1}, b_{i2}, \cdots, b_{in}\right) \tag{6-124}$$

其中，$\circ$表示广义模糊算子。

2) 二级模糊综合评价的数学模型

将每个子集V_i作为一个元素，用B_i作为它的单因素评价矩阵，又可构成评判矩阵：

$$R = B_i = \begin{bmatrix} b_{11} & b_{12} & \cdots & b_{1n} \\ b_{21} & b_{22} & \cdots & b_{2n} \\ \vdots & \vdots & & \vdots \\ b_{i1} & b_{i2} & \cdots & b_{in} \end{bmatrix} \tag{6-125}$$

B是V_i的单因素评判矩阵，每个V_i作为V的一部分，反映V的某类属性，可以按它们的重要程度给出权分配矩阵$W = \left(w_1, w_2, w_3, w_4, w_5\right)$。于是二级模糊综合评价的数学模型为

$$B = W \circ R = W \circ \begin{bmatrix} B_1 \\ B_2 \\ \vdots \\ B_i \end{bmatrix} = W \circ \begin{bmatrix} W_1 \circ R_1 \\ W_2 \circ R_2 \\ \vdots \\ W_i \circ R_i \end{bmatrix} \tag{6-126}$$

B就是最后的综合评价结果。取$\mathrm{Eva}_k = \max\limits_j \left\{\mathrm{Eva}_j\right\}$，则方案$k$即所选的参与比选的方案中最为理想的方案。

第 7 章　区域轨道交通复合网络总体运能评估与提升理论

7.1　复合网络总体运能内涵及影响因素

7.1.1　复合网络总体运能内涵

区域轨道交通复合网络开展运输服务，靠一个点(车站)是无法单独进行的，靠一条线路也是不够、不完整的。复合网络运输只能由点、线构成的一个完整的复合网络系统才能完成。点系统能力、线系统能力的研究是复合网络系统能力研究的基础，但孤立地研究点或线系统的能力局限性较大，结果会有片面性，所以从宏观和系统的观点讲“网络总体运能”应该是区域轨道交通复合网络系统的运输能力，而不是指组成路网各子系统的运输能力，既不是指点子系统的通过能力、解编能力，也不是指线子系统的通过能力。

区域轨道交通复合网络总体运能的定义不仅应反映路网本身的能力特性，而且对某些能力指标也应给出理想的衡量标准。例如，在对路网系统运输能力的度量方面，传统的车站、线路的能力中，运输能力一般以单位时间内能够通过的列车对数或运输的乘客人数来表示，然而复合路网系统运输能力不仅与线路通过能力有关，还与复合路网规模有关。因此，区域轨道交通复合路网系统总体运能一般应以单位时间内能完成的客运量(万人)或客运周转量(万人公里)作为计算指标。

区域轨道交通复合网络总体运能概念包括了理论最大运能、有效运能、潜在运能、储备运能以及无效运能，如图 7-1 所示。

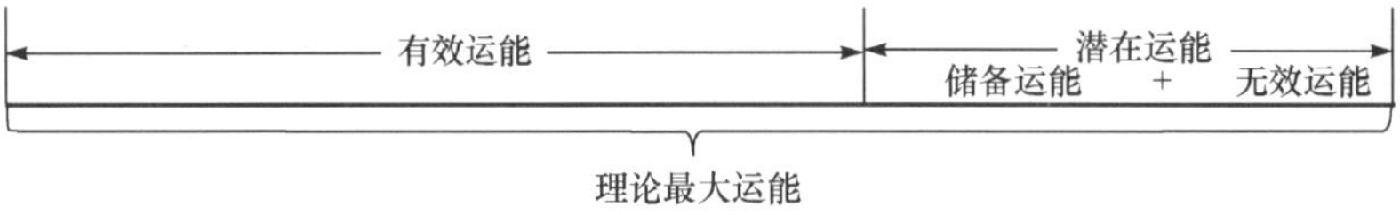

图 7-1　区域轨道交通复合网络运能构成

1. 理论最大运能

区域轨道交通复合网络理论最大运能是指在现有路网结构、设备设施布局、运输组织方法下，基于车站、区段通过能力计算得到的区域轨道交通复合网络的理论最大能力。

理论最大运能反映了复合网络拓扑结构规模，体现了复合网络在现有设施设备条件下，各区段均达到最大利用效能后的理论能力。这个理论能力未考虑客流需求结构，在实际运输中很难实现，仅作为网络能力研究的上限阈值。

2. 有效运能

区域轨道交通复合网络有效运能是指由多制式轨道交通组成的复合网络在一定的路网结构、设备设施布局、人员配比投入、运输组织方法下，满足一定的运输服务水平和客流需求结构，受线路能力制约的区域轨道交通复合网络系统内所有车站，在一定时间内(小时(h)、天(d))所能完成的旅客发送量(含始发进站量和中转量)。

有效运能不仅与复合网络拓扑结构、设施设备布局及运输组织方法相关，而且与运输需求结构、运输服务水平密切相关，反映了网络实际可完成的运输量。

3. 潜在运能

区域轨道交通复合网络潜在运能是指复合网络中已具备使用条件，但由于需求结构、运输组织方法限制等原因，尚未被利用的能力。复合网络潜在运能与网络的储备运能、无效运能相关，储备能力是指为应对客流波动、技术改造、运行图缓冲等目的预留的冗余能力。无效能力是由于维修天窗、系统内部各组成部分之间能力利用不协调而无法发挥作用的能力。

综上，有效运能是客流需求的载体，能够客观反映区域轨道交通复合网络实际运输过程中能力利用状态。因此，区域轨道交通复合网络总体运能评估重点针对复合网络有效运能进行研究。

7.1.2　复合网络总体运能影响因素

区域轨道交通复合网络总体运能的研究就是将所有节点出发的客流需求作为输入条件，以服务网络为基础，综合考虑能力限制、旅客的择路行为等因素，得出在不同网络服务水平条件下复合网络的总体运能以及在该运输能力下具体的客流分配结果和路网资源利用状况。

因此，区域轨道交通复合网络有效运能的影响因素包括复合网络拓扑结构、复合网络基础设施配置、运输组织协同能力、运能服务水平、复合网络系统协调关系、旅客运输需求、应急响应及运营维护效率、其他引起复合网络有效运能损失的原因，具体如图 7-2 所示。区域轨道交通复合网络总体运能的影响因素具体分析如下。

1. 复合网络拓扑结构

复合网络拓扑结构包括复合网络的规模、布局，路网覆盖范围、分布密度、运营里程等要素。覆盖范围越广、分布密度越大、运营里程越长，很大程度上说明该路网可提供的理论运能越大。

2. 复合网络基础设施配置

复合网络基础设施配置包括车站设施配置和线路基础设施配置两部分，其中，车站设施设备包括车站的站线、信号、维修设备、道岔数量及布局，中间站数量等均影响着车站通过能力的取值，进而对复合网络总体运能产生影响。线路基础设施配置，包括线

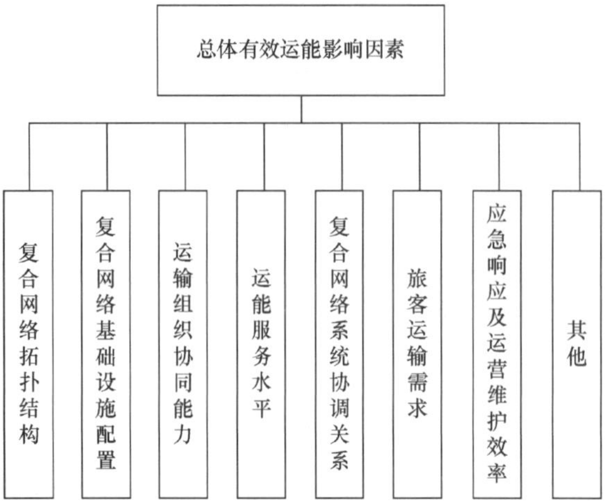

图 7-2　区域轨道交通复合网络有效运能的影响因素

路设备、信号设备、列车运行控制系统、列车种类、列车运行控制系统等对区段通过能力、线路通过能力均有影响，进而影响网络能力。基础设施设备配置是运能的限制条件，采取增加设施数量、车站扩能改造、新修线路等措施，能够扩大车站、线路的能力，虽然网络整体能力不一定会成倍增长，但局部能力的提升对系统能力的扩容有一定促进效果。

3. 运输组织协同能力

区域轨道交通复合网络运输组织是指各列车开行方案、列车运行图、组织指挥以及车站作业组织等。运输组织效率决定了线路、区段的能力利用水平，通过对运输组织方案的调整，可有效地避免能力浪费和能力不足。

4. 运能服务水平

运能服务水平是从旅客角度衡量总体运能是否有效可用的关键因素，包括旅客出行全过程的时间、安全性、便捷性、舒适程度等。一定的运能服务水平能够满足旅客出行体验及旅客出行效率。旅客出行时间延误、列车拥挤度过高、跨制式换乘不便捷等都会降低运能服务水平，运能在服务质量上不能满足运输需求，从而导致网络实际有效运能受到影响。

5. 复合网络系统协调关系

区域轨道交通复合网络具有系统整体性，需要各子系统间协调配合才能实现能力最大化，包括各制式间的协调耦合关系及各制式内各个环节的协调程度。复合网络的运输能力不等于各制式运输能力的叠加，而是取决于各制式运输能力和各制式之间的协调程度。具体体现在：①线路间通过能力协调，即不同线路在线路等级、设计速度、信联设备之间的匹配程度，我国铁路列车可在设备条件允许的情况下跨线运行，但如果关联线路之间速度等级不匹配，将导致线路能力的浪费；②固定设备与移动设备的协调，主要体现在车站办理列车数量与车站通过能力的匹配，车站业务量不足或者车站能力不足都将影响能力；③车站与线路能力的协调，主要体现在车站的列车到发能力与线路通过能力之间的匹配度，若匹配度不高，则容易由于某一方能力的瓶颈造成另一方能力的空费；④各制式子网络之间的协调，主要体现在衔接各子网络的枢纽换乘服务能力，某一制式到达的旅客能被与之衔接的其他制式在有效时间内疏散。

6. 旅客运输需求

不同于线路、车站等设施设备能力，整个复合网络的运输能力不但受线路、车站运输能力和服务水平的制约，还会受轨道交通客运需求结构的影响。需求结构的确定是复合运输能力度量与建模的前提。

客流需求要素包括数量和结构两个方面。旅客运输需求数量体现为旅客出行人数和出行距离，客流需求结构表现为旅客出行在空间分布、时段性特征。客流在路网上的时空分布不均衡性能够在规划阶段影响路网布局；在运营阶段影响运输方案的制订，对运输能力有较大影响。

7. 应急响应及运营维护效率

应急响应与运维效率是指在一定的安全保障资源约束下，区域轨道交通系统在发生安全事故或不可容忍的安全风险时，进行应急响应和与之相关的系统应急维护的作业时间效率。它是总体运能在异常状态下能力恢复的保障。

8. 其他

任意时间段中设备空闲和故障中断造成的设备有效利用时间减少及作业延误造成的单位作业量占用设备时间增大，是形成路网系统运输能力损失的重要原因，具体又可分为如下几种类型。

(1) 作业组织延误造成的路网运输能力损失。

由于这类延误受人为因素影响较多、随机性较大，而且经常发生，这样的延误都将造成设备空费或超负荷运转，导致路网运输能力的损失。

(2) 设备故障造成的路网运输能力损失。

故障和其他辅助设备故障等，其后果不仅造成设备的损坏，如线路、设备故障主要有固定设备故障，移动设备通信信号设施、接触网、机车车辆等故障，同时还造成运输能力损失。

(3) 外界因素影响造成的路网运输能力损失。

外界因素影响造成的路网运输能力损失主要指天气、环境等对轨道交通运输的影响。一般来说，作业组织中的能力损失时间较短，容易恢复，主要是设备的效率降低，生产任务尚能完成，而后两种能力损失往往是破坏性的，后果严重难以弥补。这些损失计算比较复杂，对路网运输能力不会有质的影响，实际计算中仍然采用经验系数修正的方法确定。

7.2　区域轨道交通复合网络总体运能与 RAMSI 关系分析

7.2.1　RAMSI 对区域轨道交通复合网络总体运能影响分析

本节分析 RAMSI 中可靠性、可用性、可维护性、安全性以及互操作性对区域轨道交通总体运能的影响关系。下述关系示意图中，“+”表示两者之间属于正相关关系，“−”表示两者之间属于负相关关系，“×”表示两者之间弱相关。

1. 可靠性与区域轨道交通复合网络总体运能关系分析

可靠性对区域轨道交通复合网络总体运能的影响主要体现为：复合网络系统故障、复合网络拓扑连通、复合网络系统条件、运输需求的随机变动，如图 7-3 所示。

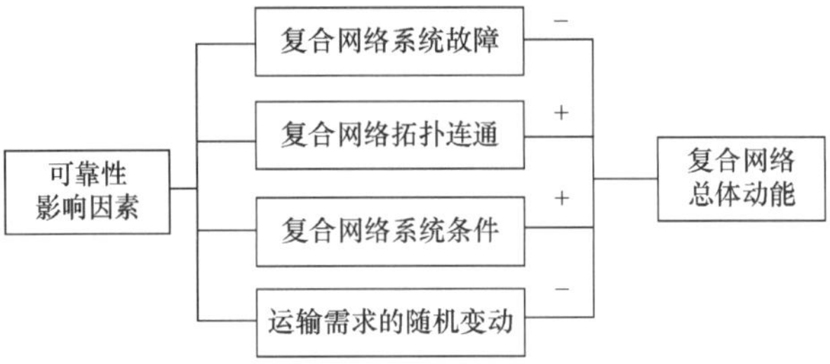

图 7-3　可靠性与区域轨道交通复合网络总体运能关系

1) 复合网络系统故障

复合网络系统包含了多种设施设备及运营环节，故障发生的数量、时间、地点及故障规模都会影响系统的可靠性。故障发生的数量越多、时间越长、地点越重要、规模越大，对系统的影响就越大。

系统中任意一个子系统出现故障，都有可能会导致系统无法正常运行。故障规模的大小不同，维修时间的长短不同，则系统恢复正常运行时间的长短不同，完成运输任务的概率不尽相同，可靠性水平的高低也不同。故障规模越大，所需要维修的时间越长，则满足旅客运输需求的概率越低，系统可靠性越差，系统总体运能越小。

2) 复合网络拓扑连通

系统可靠性取决于复合网络拓扑结构的连通性，即当某条路径中的任意一点发生故障时，是否能够采用其他连通的路径进行运输，可靠性水平的高低与复合网络拓扑结构有密切的联系。

连通可靠性体现了复合网络拓扑结构中各节点连通的概率，连通概率越高，系统正常完成运输任务的概率越大，可靠性水平越高，总体运能越大。

3) 复合网络系统条件

能力可靠性研究包括对点系统、线系统及其他系统能力可靠性的研究，受系统自身条件如固定设备、移动设备的固有能力，以及运输组织条件限制，复合网络系统在实际运输生产中表现出很强的随机性，使得实际的车站和线路的通过能力并不能保持为一个定值。除此之外，交通事故、自然灾害以及恶劣天气等不可控因素也会对车站和线路能力造成干扰。

复合网络系统条件决定其备用能力，当旅客运输需求突然增加、供电设备故障致使电力机车无法运行，抑或是其他子系统发生故障时，需要有一定的运输能力储备和设施设备储备进行补充替代，以及需要一定的人力资源储备进行故障处理、服务指挥协调等。因此，复合网络系统备用能力越充分，系统可靠性越强，总体运能越大。

4) 运输需求的随机变动

在复合网络中，当突发事件发生时，可能产生异常的运输需求，例如，在自然灾害发生后，救援物资、救援人员的运输会导致相关线路上列车流量的迅速增加，而与此同时人员因为灾害产生的盲目流动，也会使得相关线路的客流量急剧变化。另外，在全国性的群体活动或会议召开时，也会产生类似的情况。

不同起讫点客流由于在出行路径的选择中往往会通过同一个车站或同一条线路，因此一条起讫点客流的波动必然会影响其通过车站或线路上的其他起讫点的客流，使得其他起讫点客流在一定时间内的客流量随之发生变化。

运输需求的随机变动有可能导致复合网络能力瓶颈的产生，影响复合网络整体运能。

2. 可用性与区域轨道交通复合网络总体运能关系分析

可用性对区域轨道交通复合网络系统总体运能的影响可以从两个方面来描述：一是系统整体的可用度，主要是复合网络系统自身所包含的能够在一定程度上反映系统可用性的固有特征；二是系统的服务水平，从运输服务感知角度反映系统为旅客提供高效、快速、便捷、安全、舒适的运输服务的能力，站在旅客的角度衡量复合网络的可用性。可用性与区域轨道交通复合网络总体运能关系如图 7-4 所示。

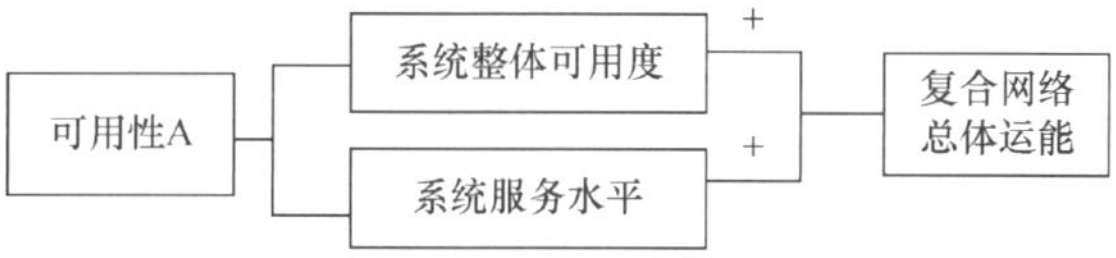

图 7-4　可用性与区域轨道交通复合网络总体运能的关系

1) 系统整体可用度

系统整体可用度是描述区域轨道交通复合网络系统在某一时刻可用程度的指标，是轨道交通复合网络的固有属性，仅与其系统内部结构与特点有关，不受来自系统结构之外的外界因素的影响。

系统可用度越高，系统处于正常工作状态的能力就越强，系统的可用性水平越高，则复合网络的总体运能就越大，二者为正相关的关系。

2) 系统服务水平

系统服务水平是从乘客出行体验的角度，对区域轨道交通复合网络系统可用性的反映。系统服务水平指标是区域轨道交通系统自身属性与乘客出行体验的有机结合，是乘客对系统可用性最直观的感受。

复合网络系统服务水平越高，出行体验越好，可用性水平越高，总体运能的服务水平相应越高。

3. 可维护性与区域轨道交通复合网络总体运能关系分析

可维护性对区域轨道交通复合网络总体运能的影响主要表现为平均能力修复时间、维修天窗时间、人为因素和应急响应时间，如图 7-5 所示。

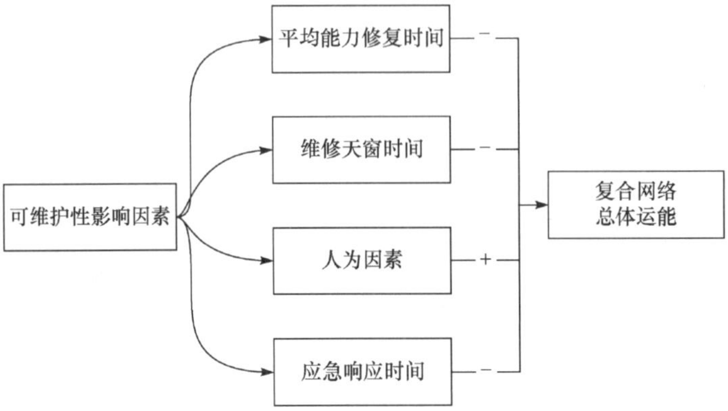

图 7-5　可维护性与区域轨道交通复合网络总体运能的关系

1) 平均能力修复时间

平均能力修复时间主要反映了区域轨道交通复合网络系统从故障状态恢复到正常运营状态的平均修复时间。复合网络系统平均修复时间越短，从故障状态恢复到正常运营状态的能力越强，系统可维护性水平越高，复合网络的总体运能越强，因此二者为负相关关系。

2) 维修天窗时间

维修天窗时间主要是包括了施工维修时间与机车车辆检修时间，在确保一定工作质量的基础上，维修天窗的时间越短，复合网络系统可维护性水平越强，系统能够恢复到正常运营工作状态的能力越强，正常运营完成运输任务的能力越强，则复合网络的总体运能越强，因此二者为负相关的关系。

3) 人为因素

人为因素主要包括了工作人员对设施设备及各个子系统的状态监控能力以及对故障事件的统计分析能力。工作人员的能力越强，复合网络系统避免发生故障的能力以及系统从不正常工作状态恢复到正常工作状态的能力越强，因此系统可维护性水平越高，则复合网络的总体运能越强，因此二者为正相关的关系。

4) 应急响应时间

应急响应时间主要包括在故障发生后运营主体管理层的决策时间与资源调动时间等。复合网络应急响应时间越短，工作效率越高，系统可维护性水平越高，复合网络的总体运能越大，因此二者为负相关关系。

4. 安全性与区域轨道交通复合网络总体运能关系分析

安全性对区域轨道交通复合网络总体运能的影响主要表现为运营安全事故率、系统条件和应急响应效率，如图 7-6 所示。

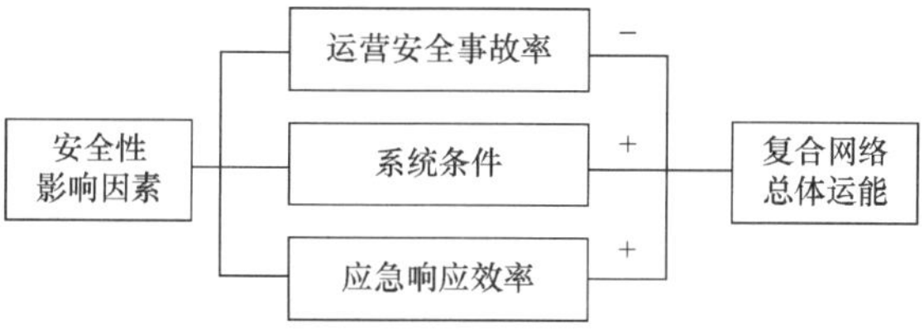

图 7-6　安全性与区域轨道交通复合网络总体运能关系

1) 运营安全事故率

运营安全事故率主要是指单位时间内发生运营安全事故的频率，抑或是一定运营里程内发生运营安全事故的频率。平均事故率是平均故障率的一些特殊情况，是指在具有严重后果、被称为事故的那些故障时的平均故障率。事故频率越高，复合网络系统的安全性越低，系统总体运能越小，因此二者为负相关关系。

2) 系统条件

系统条件包括：设施设备条件，如车站、线路等固定设备及机车、车辆等移动设备；运输组织条件，包括运输计划编制、列车运行图、调度指挥等。良好的系统设施设备和高效的运输组织方法能够很大程度上避免复合网络系统运营安全事故的发生，从而提升系统安全性水平，系统安全性水平越高，输送旅客的能力越强，系统总体运能越大，因此二者为正相关关系。

3) 应急响应效率

复合网络系统应急响应时间越短，运维效率越大，系统安全性越高，安全运输旅客的能力越强，使得旅客对复合网络系统的满意程度越高，选择复合网络系统出行的可能性就越大，进而复合网络系统运输需求越大，需要复合网络系统的运输供给越大，要求复合网络总体运能越大，因此二者为正相关关系。

5. 互操作性与区域轨道交通网络总体运能关系分析

互操作性对区域轨道交通复合网络总体运能的影响主要表现为基础信息技术、跨制式资源共享能力和人为因素(计划协同编制技术及管理机制)，如图 7-7 所示。

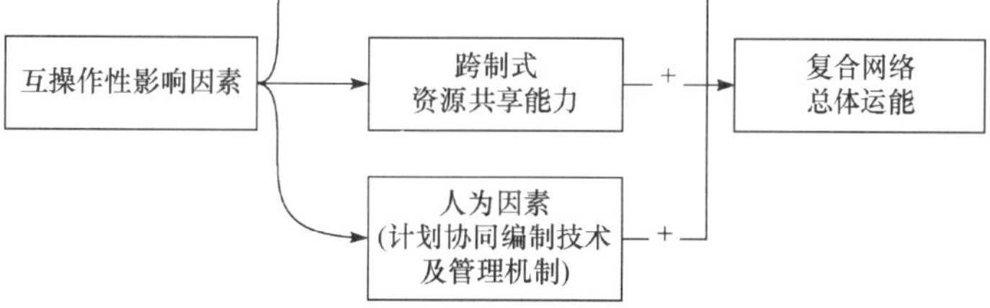

图 7-7　互操作性与区域轨道交通复合网络总体运能关系

1) 基础信息技术

互操作性的研究内容主要是通过技术层的基础信息技术将区域多制式轨道交通的信息流与客流互联互通。只有将信息流与客流互联互通，避免出现独立运营、各成系统的现象，才能使得基础信息技术水平越高，互联与互通的水平越高，互操作性的水平越高，进而复合网络运输需求与运输供给的协调程度越高，总体运能越大，因此二者为正相关关系。

2) 跨制式资源共享能力

互操作性的主要内容是在互联互通的基础上实现跨制式信息与客流等资源的共享。跨制式资源共享能力的水平越高，资源共享程度越高。只有不同运营主体的资源实现共享，协调统一，进而整合运输资源，才能将不同制式的优缺点进行互补，实现更大的复合网络总体运能，因此二者为正相关关系。

3) 人为因素(计划协同编制技术及管理机制)

人为因素是指技术层与功能层的工作人员将各类信息进行互联互通共享的能力，以及管理层将资源整合后的制定运输计划与规划的质量。工作人员的能力越强、计划协同编制技术越强以及管理机制越完善，互操作性的水平越强，各制式之间运输能力的协调水平越高，复合网络总体运能越大，因此二者为正相关关系。

7.2.2　区域轨道交通复合网络总体运能对 RAMSI 影响分析

本节分析区域轨道交通复合网络总体运能对 RAMSI 的影响。通过前面叙述的区域轨道交通复合网络总体运能的影响因素，建立区域轨道交通复合网络总体运能影响因素对可靠性、可用性、可维护性、安全性和互操作性的影响关系。下述关系示意图中，“+”表示两者之间属于正相关关系，“–”表示两者之间属于负相关的关系，“×”表示两者之间弱相关。

1. 区域轨道交通复合网络总体运能与可靠性关系分析

区域轨道交通复合网络总体运能与可靠性的关系如图 7-8 所示。具体地，区域轨道交通复合网络系统的网络拓扑结构中节点连通度越高，网络连通可靠度越高，理论总体运能越大。系统内车站、线路等固定设备以及机车、车辆等移动设备的能力越大，运输组织协同程度越高、备用能力系数越大，能力可靠度越高，满足运能需求的可能性越高。运输服务水平的提升，对于区域轨道交通系统客源吸引力和吸引范围的增加有直接影响，与系统的时间可靠性正相关。旅客运输需求的多样化，以及故障率的增加，会直接导致系统可靠性的降低。

2. 区域轨道交通复合网络总体运能与可用性关系分析

区域轨道交通复合网络总体运能与可用性的关系如图 7-9 所示。具体来讲，区域轨道交通复合网络的规模、布局、密度、里程以及系统内固定设备和移动设备等因素，是系统整体可用性的基础，与可用性正相关。系统的运输组织协同能力越高、运能服务水平越高，旅客出行体验越好，系统可用性水平越高，与可用性正相关。系统因故障而导致设施设备有效利用时间的减少以及作业延误是影响系统可用性的重要因素，二者负相关。

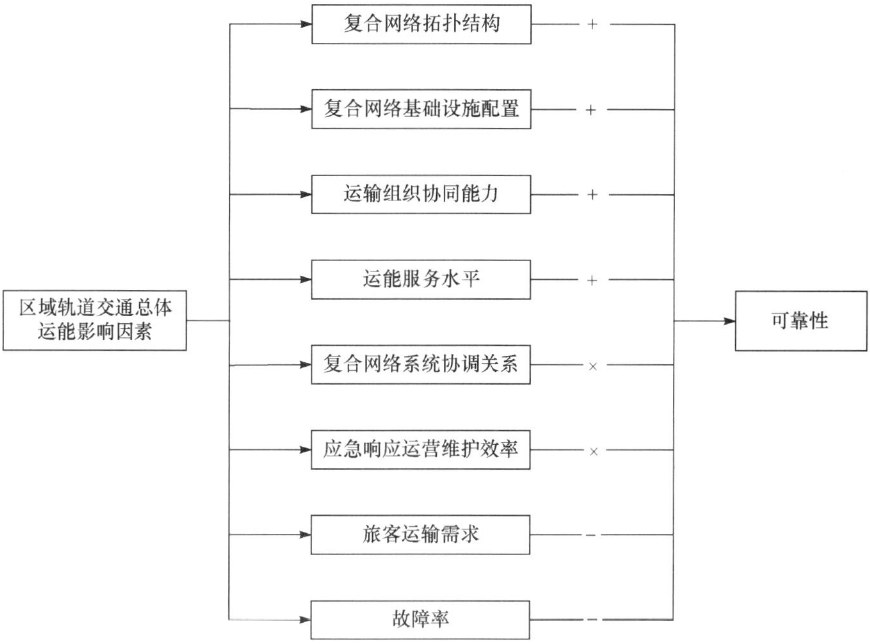

图 7-8　区域轨道交通复合网络总体运能与可靠性的关系

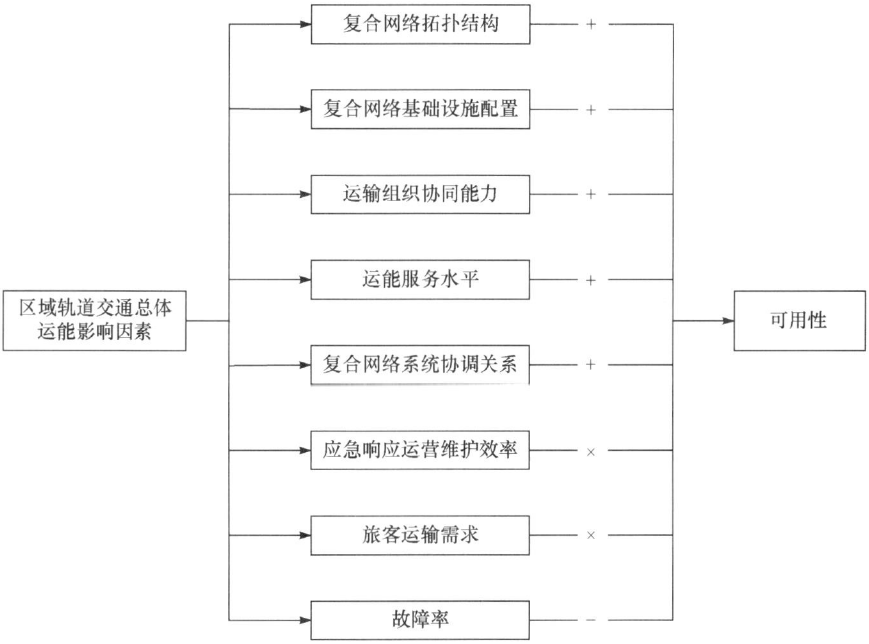

图 7-9　区域轨道交通复合网络总体运能与可用性的关系

3. 区域轨道交通复合网络总体运能与可维护性关系分析

区域轨道交通复合网络总体运能与可维护性的关系如图 7-10 所示。区域轨道交通复合网络的规模、布局、密度、里程以及系统内固定设备和移动设备等因素，是系统可维护性的基础，系统网络拓扑结构冗余度提高，提供了疏散突发客流的网络的备用能力。应急响应时间越短，能够及时发现故障及安全隐患，降低事件的传播扩散程度。同时高效的运营维护效率，有利于减少系统从不可用状态恢复到正常工作状态的时间，保障总体运能的实现。

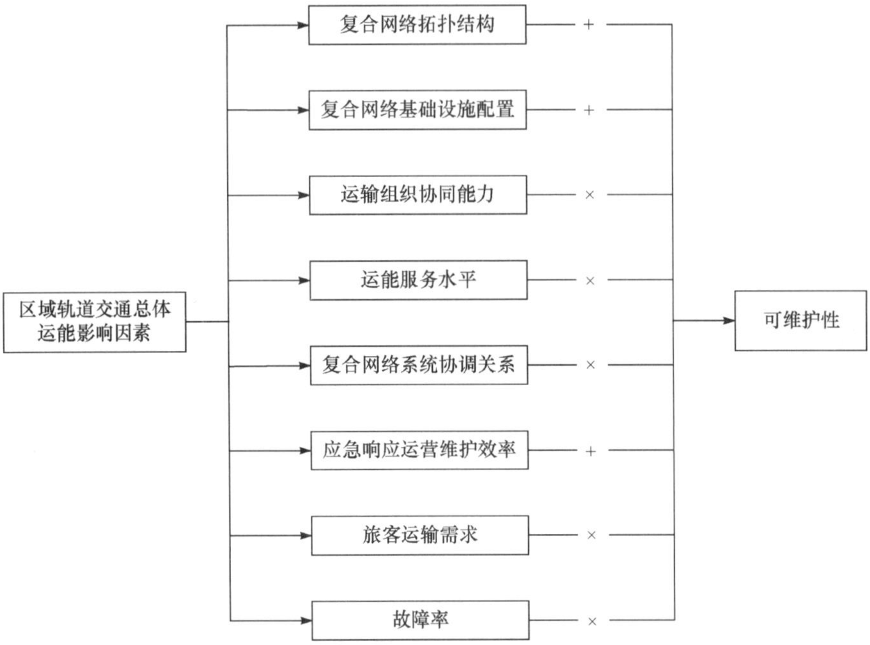

图 7-10　区域轨道交通复合网络总体运能与可维护性的关系

4. 区域轨道交通复合网络总体运能与安全性关系分析

区域轨道交通复合网络总体运能与安全性的关系如图 7-11 所示。区域轨道交通复合网络具有良好的系统设施设备，一级高效的运输组织方法，能够很大程度上避免运营安全事故的发生，从而提升系统安全性水平。应急响应时间越短，运维效率越大，系统的安全性越高，系统安全运输旅客的能力越强，旅客对运输服务水平的满意程度越高，因此运能服务水平与应急响应运营维护效率与安全性正相关。旅客运输需求的结构多样化、运输量的增加是影响系统安全的重要因素，复杂的运输需求、繁重的运输任务会直接导致系统安全性降低。运营安全事故频率(故障率)越高，系统安全性越低，二者为负相关关系。

5. 区域轨道交通复合网络总体运能与互操作性关系分析

区域轨道交通复合网络总体运能与互操作性的关系如图 7-12 所示。区域轨道交通复合网络中各制式的路网规模、布局、密度、里程以及各制式内固定设备及移动设备的匹配程度，是系统整体互操作性的基础，与系统互操作性正相关。区域轨道交通网络拓扑结构连通度越高，系统互操作性越强。各种制式间设施设备的共用程度越高，系统互操作性越强。运输组织水平以及系统协调性主要体现在各制式间的计划协同编制技术及管理机制，在互联互通的基础上，不同运营主体的资源实现共享，管理协调统一，是提升系统互操作性的有效手段，与互操作性正相关。

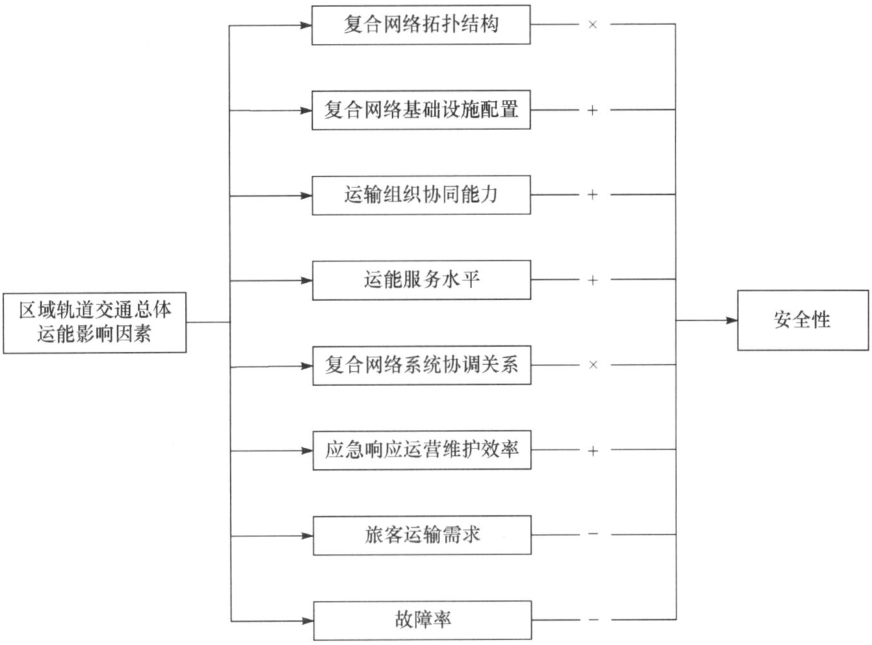

图 7-11　区域轨道交通复合网络总体运能与安全性的关系

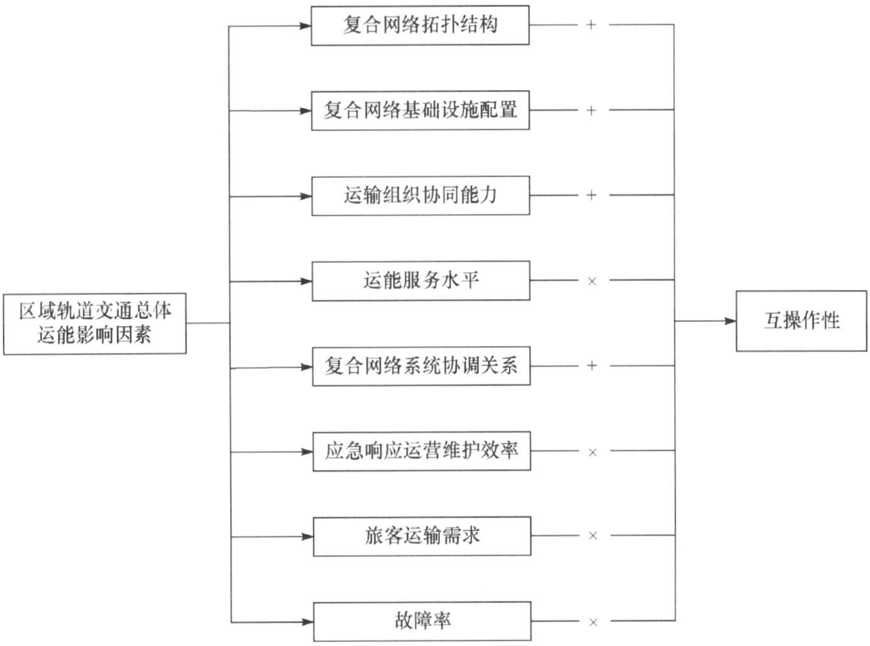

图 7-12　区域轨道交通复合网络总体运能与互操作性的关系

7.2.3　区域轨道交通复合网络总体运能与 RAMSI 关联性

根据以上分析，RASMI 各项指标与区域轨道交通复合网络总体运能密切相关，其关联关系如图 7-13 和表 7-1 所示，总结分析如下。

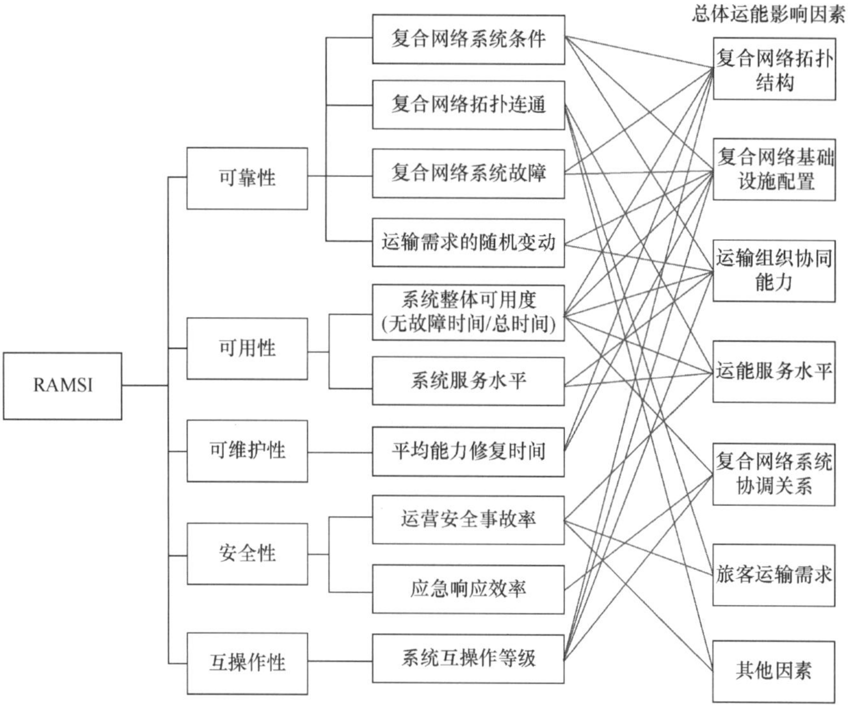

图 7-13　RASMI 与复合网络总体运能相关影响因素关联图

表 7-1　RASMI 与复合网络总体运能相关影响因素关联表

相关影响因素		可靠性	可用性	可维护性	安全性	互操作性
复合网络拓扑结构	连通度	+	+			+
	冗余度			+		
复合网络基础设施配置		+	+		+	+
运输组织协同能力		+	+		+	+
运能服务水平		+	+		+	
复合网络系统协调关系			+			+
异常状态恢复能力	应急响应效率			+	+	
	运维效率			+	+	
旅客运输需求		–			–	
其他因素(故障率)		–	–		–	

注：+代表正相关，–代表负相关，空白代表弱相关或不相关。

区域轨道交通复合网络全局可靠性体现了系统在有效连通路径、运输能力、旅行时间等方面为旅客提供运输服务的可靠程度，连通可靠性越高，系统总体理论运能越大，运输能力可靠性越高，这样就使系统总体有效运能得到提升，旅行时间可靠性增强，总体运能的服务水平得到有效保障。

区域轨道交通复合网络全局可用性体现了系统抵抗风险、故障以及从非正常工作状态中迅速恢复的能力。较高的可用性能够保障系统提供稳定的有效运能，同时在非正常状态有较强的恢复能力。

区域轨道交通复合网络全局可维护性体现了系统恢复正常工作状态的难易程度，其优劣直接影响着系统的可靠性和可用性，是异常状态下能力可用和能力可靠的关键因素。

区域轨道交通复合网络全局安全性体现了旅客对出行服务、运营主体对运输组织、政府对运输监管的最基本的需求与目标，安全性是系统有效运能的基础保障，脱离了安全性，无法保证设施设备的良好性能，运能基本无效。

区域轨道交通复合网络全局互操作性体现了系统在各制式间客流交换、信息交换的能力，良好的互操作性能够促进系统各组分的协调关系，促进子系统能力协同，有利于挖掘潜在运能。

7.3　基于 RAMSI 的区域轨道交通复合网络总体运能评估指标

7.3.1　评价指标体系功能与建立原则

区域多制式轨道交通复合系统总体运能指标体系是由多个评价指标构成的集合，同时也是进行系统总体运能评价的关键环节。指标体系应科学、客观、可操作，尽可能全面反映该系统的运能水平。所以在评价指标体系的建立过程中，应注意以下基本原则。

1. 系统性与层次性

区域多制式轨道交通复合网络系统是由多种制式的轨道交通系统复合而成的，这使得该系统在指标体系的建立中需重点关注其子系统与复合系统的关系，既要体现出子系统的相关特性，但也不能由此割裂了复合系统的整体性，从复合系统的角度选取具有针对性的总体运能指标。

2. 指标全面性

区域多制式轨道交通复合系统是一个庞大的轨道交通系统，总体运能的影响因素也非常多，则其指标体系应能全面反映系统的总体运能。通常某个指标只能从单一侧面反映系统的可用性水平，而不能反映多制式区域轨道交通复合系统运营的整体可用性水平。故评价指标体系应尽可能全面完整地反映待评价对象的可用性，否则会大大影响评价结果的准确性。

3. 定性与定量的结合性

指标的选取过程应尽量重视该指标是否能够准确地定量计算，这是提升评价体系准确性的最佳途径。无法定量分析的指标应酌情选取，对于重要度十分高但很难进行定量分析的指标，应通过科学合理的手段对其进行评分，并通过大量的数据采集来弱化其定性分析中存在的主观性，力求评价体系中的指标准确合理。

4. 指标的可操作性

区域多制式轨道交通复合网络系统包含多种轨道交通制式、设备类型、人员岗位，是一个极其复杂的复合系统，故在指标的选取过程中需注意指标的可操作性，尽量选取易于采集的指标，避免因指标数据收集难度过大而导致的数据偏差，影响评价的整体效果。

5. 指标独立性

为保证评价指标体系能够最大限度地对待评价对象多方面的属性进行评价，应尽量选取不同领域的多种指标，但应避免指标之间存在一定的耦合性，从而在一定程度上相互影响。对于该类型的情况，应选取其中最能反映系统特征的指标，以防止造成指标间的干涉，影响综合评价的结果。

6. 科学可靠性

复合网络总体运能评价体系的评价标准只有具备科学合理特性，才能反映系统的真实状态，从而作为其提升总体运能的依据。如果指标本身可靠性不足，那么最终评价得到的结果将没有任何意义。因此，评价体系的科学可靠性便显得尤为重要。故总体运能的评价指标体系应符合相关领域的基本理论，才能够达到评价结果指导实践生产的目的。

7.3.2　评价指标体系的构成

遵循指标选取的原则，结合旅客对区域轨道交通复合网络的运输服务需求，从复合网络系统的自身性能出发构建两级指标体系。指标设计过程中，尽可能剔除不易量化、难操作的指标，将彼此有重叠、交叉的指标进行拆分，同时保留部分从不同维度进行描述的综合性指标。

区域轨道交通复合网络总体运能评价指标体系如图 7-14 所示。

1. 总体运能适应性

总体运能适应性是从宏观的角度反映复合网络能力利用是否充分以及能力与需求的协调程度，共设计三项指标：路网平均能力利用率，反映了当前实际运能情境下网络整体是否充分利用运力资源；能力供需平衡度，反映了旅客运输需求和网络能力供给的平衡关系；区段能力利用率，反映路网内各区段能力实际使用情况。三项指标的选择能够分别体现运输需求的满足和路网运输能力利用两个方面的状态，也能够全面反映供需总量适应性的本质，而且指标量化计算所需数据源较为简单、易于获取。

总体运能适应性通过路网平均能力利用率、能力供需平衡度及区段能力利用率的集合体现了能力可靠性、系统整体可用性及系统的互操作性。

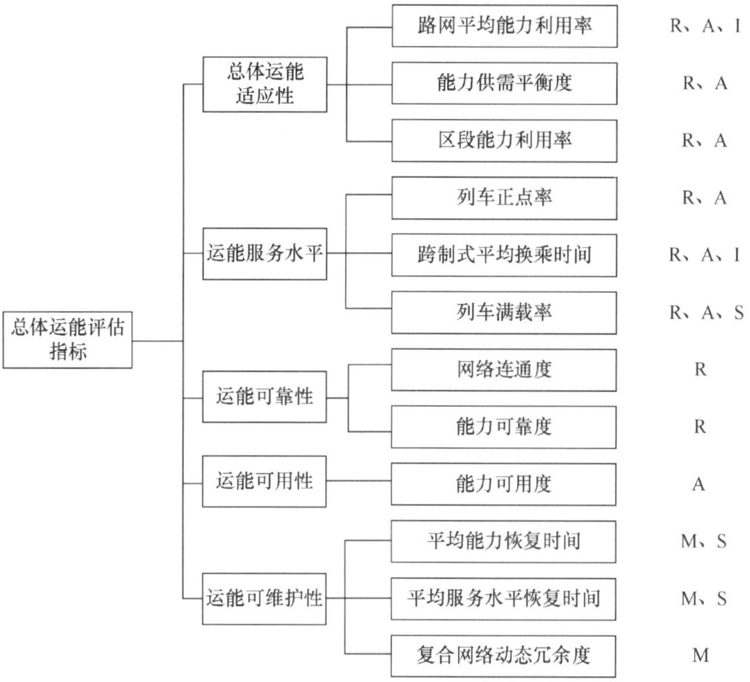

图 7-14　区域轨道交通复合网络总体运能评价指标体系

2. 运能服务水平

复合网络运能供给除了在数量上尽量满足旅客运输需求，从运输服务感知角度也应反映系统为旅客提供高效、便捷、舒适的运输服务的能力，满足旅客的出行体验及旅客出行效率。运能服务水平是评价复合网络运能供给质量的重要内容，从旅客角度来看，影响出行质量的主要因素包括时间因素、便捷因素、舒适因素。特设计三项指标：列车正点率，反映出行时间可靠性；跨制式平均换乘时间，反映换乘便捷性；列车满载率，反映舒适度。三项指标共同衡量复合网络能力在供需服务质量上的适应性。

运能服务水平能够从旅客出行体验与出行效率反映复合网络整体可靠性、可用性、安全性。列车正点率指标体现了列车运行的时间可靠性及时间可用性；跨制式平均换乘时间能够反映旅客跨制式换乘效率，体现了换乘时间的可靠性及可用性，同时跨制式平均换乘时间体现系统不同制式间客流交换能力，系统互操作性的提升也有利于提高跨制式客流交换能力；列车满载率体现了能力是否可用、可靠及安全。

3. 运能可靠性

运能可靠性描述的是复合网络在运营参数不断变化的随机环境下，利用一定的运营条件和规定时间内，提供的总体运能适应运输需求的可能性。设计两项指标：网络连通度，反映复合网络拓扑结构的连通可靠性；能力可靠度，反映不确定情境下能力供给对运输需求的满足率。

运能可靠性指标直观反映了系统的可靠性在拓扑结构、运输能力两个方面的水平。

4. 运能可用性

运能可用性描述的是复合网络在一定运营条件和规定时间内，实际提供有效运能的能力(能力服务水平处于规定标准上)，直接影响系统所提供运输服务的根本质量。提出能力可用度指标，表示运能可用性，体现运能实际效能。

运能可用性指标直观反映了复合网络系统的可用度在运能方面的水平。

5. 运能可维护性

运能可维护性表达了复合网络在非正常工作状态下，抵抗风险、故障情境下将运输能力恢复为正常有效运能的效率。运能可维护性体现了能力恢复的难易程度。选取三个指标：平均能力恢复时间，表示系统恢复至能实现全局功能目标的有效运能所需要的平均时间；平均服务水平恢复时间，表示系统恢复至能实现全局功能目标的服务水平所需要的平均时间；复合网络动态冗余度，表示在某轨道线路发生故障时，有其他走向相近的轨道线路可将复合网络潜在运输能力转化为有效使用运输能力，保证系统整体的正常运转。

运能可维护性反映了系统的可维护性在不确定性状况下维持有效运能的水平，同时反映了复合网络系统运营维护组织的效率。因此，较强的运能恢复能力能够体现系统的可靠性、可用性及安全性处于良好的水平。

7.3.3 总体运能适应性的指标及其量化方法

1. 路网平均能力利用率

复合网络实际完成的旅客运输周转量与网络最大旅客周转量的比值，从复合网络整体角度反映了实际使用的运力资源与最大资源之间的关系。路网平均能力利用率较高说明复合网络运输能力在当前运输需求状态下得到了充足的发挥，路网负荷较大，无能力虚糜现象；路网平均能力利用率较低，说明路网运输能力没有得到充分有效的利用，存在运输资源闲置状况，造成运输资源的浪费。

$$\bar{U}=\frac{\text{复合网络实际旅客周转量}}{\text{网络最大旅客周转量}}=\frac{\sum_{e\in E} f_e l_e}{\sum_{e\in E} m_e l_e} \tag{7-1}$$

式中，$\bar{U}$为区域轨道交通复合网络平均能力利用率，%；e为复合网络内线路区段，$e\in E$，E为复合网络线路区段的集合；l_e为区段e的长度；f_e为区段e的实际客流量；m_e为区段e的最大客流输送量。

2. 能力供需平衡度

在特定的复合网络结构和点线能力条件下，路网能够完成的运输需求量占运输需求总量的比例，反映运输需求总量与复合网络实际运输能力供给之间的关系。运输需求满足率较高，说明在特定的运能供给条件下能够完成的运输需求比例大；反之，则说明现有的运能供给水平不能够很好地满足当前运输需求，也就是说很大程度的运输需求得不到满足。

能力供需平衡度通过路网范围内得到有效运输服务的旅客运输量(复合网络实际有效运能)与旅客运输需求总量的比值来表示:

$$B = \frac{\text{复合网络实际有效运能}}{\text{旅客运输需求总量}} = \frac{\sum_{(m,n)\in G} X'_{ij}}{\sum_{(m,n)\in G} X_{ij}} \tag{7-2}$$

其中，B 为区域轨道交通复合网络能力供需平衡度，%；(m,n) 为复合网络 G 中起点为 m 、终点为 n 的客流起讫点对；X'_{ij} 为起点 i 到终点 j 的旅客实际运输量；X_{ij} 为起点 i 到终点 j 的旅客需求量

3. 区段能力利用率

区段能力利用率反映复合路网中各个区段实际客流量与该区段最大输送能力的比值。对于整个路网 G ，各区段 e 实际能力利用率组成路网能力利用率集合 UA。

区段 e 的实际能力利用率 UA_e 计算如下：

$$\mathrm{UA}_e = \frac{\text{区段}e\text{实际承担的旅客运输量}}{\text{区段}e\text{的最大旅客运输量}} = \frac{f_e}{m_e} \tag{7-3}$$

集合 UA 可以表现出路网各区段实际能力利用情况，路段能力利用率越高，表示该路段的能力剩余越小，适应旅客需求增长的能力越小，若该路段正处在经济发展高峰地区，则应考虑扩能，否则可能会成为路网的瓶颈路段。路段能力利用率越低，表示该路段的能力剩余越大，适应旅客需求增长的能力越大，存在路段资源闲置或浪费的现象。

7.3.4　运能服务水平的指标及其量化方法

1. 列车正点率

列车正点率是指一定时间内区域轨道交通复合网络中正点列车数占网络实际总开行列车数的比例，用以表示运营列车按规定时间正点运行的程度，其反映了列车运行和运输组织服务水平的可靠性。列车正点率一般用终到正点率表示，其取值为一定时间内区域轨道交通复合网络中终到正点列车数与网络实际开行列车数之比，如下所示：

$$R\_\text{punctuality}\_\text{arrv} = \frac{\sum_{l=1}^{L}\sum_{k=1}^{K_l}\delta\left(\left|\text{tt}\_\text{arrv}_{lk} - \text{tt}\_\text{arrv}\_s_{lk}\right|, \varepsilon\_\text{arrv}_l\right)}{\sum_{l=1}^{L}K_l} \times 100\% \tag{7-4}$$

$$\delta(x,\varepsilon) = \begin{cases} 1, & 0 \leqslant x \leqslant \varepsilon \\ 0, & x > \varepsilon \end{cases} \tag{7-5}$$

其中，$R\_\text{punctuality}\_\text{arrv}$ 为区域轨道交通系统中的列车平均终到正点率，%；L 为区域轨道交通路网运营线路条数；K_l 为研究时段内区域轨道交通系统第 l 条运营线路开行列车数，其中跨线列车计入其终到站点所在的运营线路。$\text{tt}\_\text{arrv}_{lk}$ 为第 l 条运营线路、第 k 列开行列车的实际终到时刻，精确至 s；$\text{tt}\_\text{arrv}\_s_{lk}$ 为第 l 条运营线路、第 k 列开行列车的计划终到时刻，精确至 s；$\varepsilon\_\text{arrv}_l$ 为区域轨道交通系统第 l 条运营线路列车终到正点的允许误差，s。

2. 跨制式平均换乘时间

跨制式平均换乘时间是指在包含多制式(城市轨道交通、市域/城际铁路、高速/普速铁路等)的区域轨道交通系统中，一定出行结构的旅客利用超过一种轨道交通方式出行时，产生换乘行为所耗费的平均时间。其衡量了旅客在复合网络中跨制式出行的快捷程度，在数值上等于一段时间内区域轨道交通系统中所有换乘站内部客流的走行时间平均值，如下所示：

$$T_{\text{transfer}} = \sum_{i=1}^{m} t_i \cdot \frac{p_i}{\sum_{i=1}^{m} p_i} \tag{7-6}$$

其中，T_{transfer} 为区域轨道交通系统中旅客的跨制式平均换乘时间，min；m 为区域轨道交通路网中的换乘站总数，个；t_i 为换乘站 i 所需的换乘时间，min；p_i 为换乘站 i 的日均换乘量，人。

3. 列车满载率

区域轨道交通复合网络系统的列车满载率反映了旅客乘车过程中的舒适性。满载率越低，旅客出行过程中的可用空间越大，可获得服务越好，对于乘客角度的可用性也就越强。

通过所有线路列车高峰小时满载率的平均值反映区域轨道交通复合网络系统内的列车满载率，采用式(7-7)计算：

$$\mu_{\text{urban}}^{\text{load}} = \frac{\sum_{l_i \in L_{\text{urban}}} \mu_{l_i}^{\text{crowd}}}{\text{Num}_{L_{\text{urban}}}} \tag{7-7}$$

其中，$\mu_{\text{urban}}^{\text{load}}$ 为区域轨道交通系统的列车满载率；L_{urban} 为区域轨道交通线路的集合；

l_i 为区域轨道交通线路中的第 i 条线路，$l_i \in L_{\text{urban}}$ ；$\mu_{l_i}^{\text{crowd}}$ 为区域轨道交通线路 l_i 的列车高峰小时满载率指标；$\text{Num}_{L_{\text{urban}}}$ 为区域轨道交通线路的条数。

7.3.5 运能可靠性的指标及其量化方法

1. 网络连通度

连通图的连通程度通常称为连通度，一个图的连通度越好，它所代表的网络越稳定。连通图 G 的点连通度定义为

$$K(G)=\min_{S\subset V}\{|S|,\omega(G-S)\geqslant 2\text{或}G-S\text{为平凡图}\} \tag{7-8}$$

其中，V 为图 G 的节点集合；S 为 V 的真子集；$\omega(G-S)$ 为从图 G 中删除点集 S 后得到的子图 $G-S$ 的连通分支数。G–S 为删除 S 中每一个节点以及图 G 中预支关联的所有边。

由此可见，点连通度就是使 G 不连通或称为平凡图（只有一个节点没有边的图）所必须删除的最少节点个数。对于不连通图或平凡图，定义 $K(G)=0$ ；若 G 为 N 个节点的完全图，则 $K(G)=N-1$ 。

区域轨道交通复合网络系统的网络拓扑模型也是一张连通图，对其连通度的计算可以得到该系统的稳定性，通过对比不同制式的单一网络连通度与复合成为同一网络后的连通度可以直观看出复合网络稳定性的提升程度。

2. 能力可靠度

能力可靠度是指在单位时间内，在给定路网结构、固定设备与移动设备以及一定人力与运输组织水平下，考虑到各子系统相互协调、日常随机因素以及不可抗力因素等的影响，区域轨道交通复合网络系统具有一定有效使用运输能力以适应预期某一运输需求的可能性，用不确定情境下系统提供的有效运能与正常状态有效运能的比值计算：

$$\text{R\_reliability}=\sum_{x=1}^{X}p_x\frac{Z_{\text{实际有效运能}}^{\lambda_x}}{Z_{\text{最大有效运能}}} \tag{7-9}$$

其中，R_reliability 为区域轨道交通系统能力可靠度，%；p_x 为不同置信度下出现不确定情景 x 的概率，$p_x\geqslant 0$ ，$\sum_{x=1}^{X}p_x=1$ ；λ_x 为不确定情景 x 下的相似随机因素集合；$Z_{\text{实际有效运能}}^{\lambda_x}$ 为在 λ_x 下系统实际有效运能；$Z_{\text{最大有效运能}}$ 为系统正常工作状态能够提供的最大有效运能。

7.3.6 运能可用性的指标及其量化方法

本节只涉及一个指标，即能力可用度。能力可用度是指在一定时间内，在给定网络拓扑结构、固定设备与移动设备以及一定人力与运输组织水平下，考虑到各子系统相互

协调、日常随机因素以及不可抗力因素等的影响，区域轨道交通复合网络系统能够提供正常有效运能的能力，用系统维持正常状态有效运能的时间与总运营时间比值计算。

$$\text{R\_availability} = \frac{\sum_{m=1}^{M} \xi(\text{t\_nstateend}_m - \text{t\_nstatestart}_m)}{\text{T\_operation}} \times 100\% \tag{7-10}$$

其中，R_availability 为区域轨道交通系统能力可用度，%；M 为研究时段内区域轨道交通系统处于正常工作状态的时段数，个；ξ 为该时段全局失效线路占线网总长度的比例；t_nstatestart_m 为区域轨道交通系统第 m 个正常工作时段的开始时刻，精确到 min；t_nstateend_m 为区域轨道交通系统第 m 个正常工作时段的结束时刻，精确到 min；T_operation 为研究时段内区域轨道交通系统的运营时间总和。

7.3.7 运能可维护性的指标及其量化方法

1. 平均能力恢复时间

平均能力恢复时间是指一定时间内区域轨道交通系统在发生全局失效后，通过实施特殊运输组织和应急维修处置，使系统运输能力恢复到预定水平所耗费的平均时间。平均能力恢复时间反映了系统自身的运维效率，是系统保持可用性能力的重要量度，如下所示：

$$\text{T\_acr} = \frac{\sum_{r=1}^{R} \xi_r \times \text{T\_acr}_r}{\sum_{r=1}^{R} \xi_r} \tag{7-11}$$

$$\text{T\_acr}_r = \frac{\sum_{a=1}^{A_r} \left(\text{ta\_normal}_a - \text{ta\_hppn}_a\right)}{60 A_r} \tag{7-12}$$

其中，T_acr 为区域轨道交通系统的平均能力恢复时间，min；R 为区域轨道交通系统所发生的安全事故或不可容忍安全风险类型数；T_acr_r 为区域轨道交通系统在发生第 r 类安全事故或不可容忍安全风险时的平均能力恢复时间，min；ξ_r 为第 r 类安全事故或不可容忍安全风险的权重值，取值在区间 $(0,1]$；A_r 为研究时段内系统所发生的第 r 类安全事故或不可容忍安全风险的次数；ta_hppn_a 为研究时段内系统第 r 类、第 a 次安全事故或不可容忍的安全风险的发生时刻，精确到 s；ta_normal_a 为研究时段内系统第 r 类、第 a 次安全事故或不可容忍的安全风险发生后，系统运输能力恢复到一定水平以上的时刻，精确到 s。

2. 平均服务水平恢复时间

平均服务水平恢复时间是指一定时间内区域轨道交通在发生全局失效后，通过实施特殊运输组织和应急维修处置后，使系统服务水平恢复到预定等级所耗费的平均时间。

平均服务水平恢复时间反映了系统服务的恢复水平，是保持系统可用性的重要指标，如下所示：

$$\mathrm{T\_asr} = \frac{\sum_{r=1}^{R} \xi_r \times \mathrm{T\_asr}_r}{\sum_{r=1}^{R} \xi_r} \tag{7-13}$$

$$\mathrm{T\_asr}_r = \frac{\sum_{a=1}^{A_r} \left(\mathrm{ta\_normal}_a - \mathrm{ta\_hppn}_a \right)}{60 A_r} \tag{7-14}$$

其中，T_asr 为区域轨道交通系统的平均服务水平恢复时间，min；R 为区域轨道交通系统所发生的安全事故或不可容忍安全风险类型数；$\mathrm{T\_asr}_r$ 为区域轨道交通系统在发生第 r 类安全事故或不可容忍安全风险时的平均服务水平恢复时间，min；ξ_r 为第 r 类安全事故或不可容忍安全风险的权重值，取值为区间 $(0,1]$；A_r 为研究时段内系统所发生的第 r 类安全事故或不可容忍安全风险的次数；$\mathrm{ta\_hppn}_a$ 为研究时段内系统第 r 类、第 a 次安全事故或不可容忍的安全风险发生的时刻，精确到 s；$\mathrm{ta\_normal}_a$ 为研究时段内系统第 r 类、第 a 次安全事故或不可容忍的安全风险发生后，系统服务水平恢复到一定水平以上的时刻，精确到 s。

3. 复合网络动态冗余度

复合网络动态冗余度主要是指在某条轨道线路发生故障时，有其他走向相近的轨道线路可暂时地承担故障部分的客流以保证系统整体的正常运转。以轨道交通路网 A 为例，如图 7-15 所示。

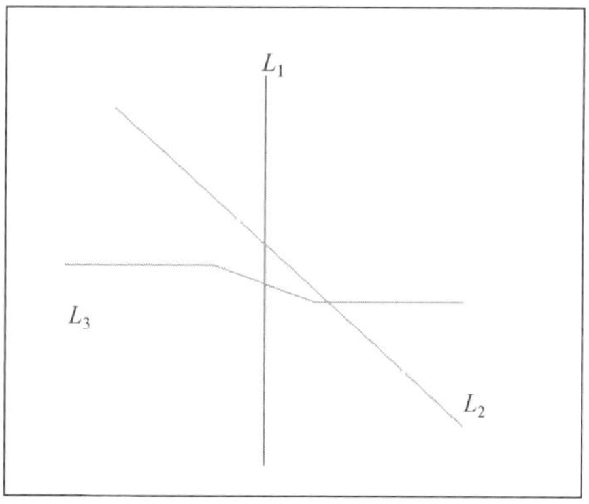

图 7-15　轨道交通网络线路示意图

以旅客普遍可以接受的步行距离 1km 为半径，以目标轨道线路 L_1 的每个连续点为圆心作正圆，这些正圆会在目标轨道线路 L_1 两侧形成一个可步行抵达的区域，如图 7-16 所示。

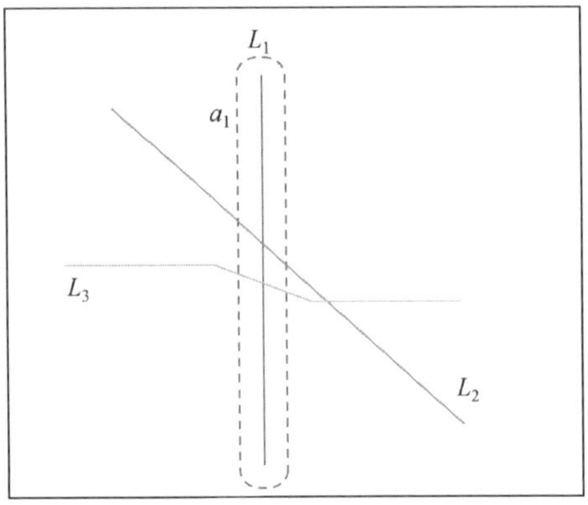

图 7-16　目标轨道线路可达区域示意图

将该区域内的其他轨道线路($L_2, L_3, \cdots, L_n$)向目标轨道线路 L_1 作投影，得到的投影长度 d 即轨道线路 L_2 之于目标轨道线路 L_1 的动态冗余长度，记为 $d_{L_2-L_1}$，如图 7-17 所示。

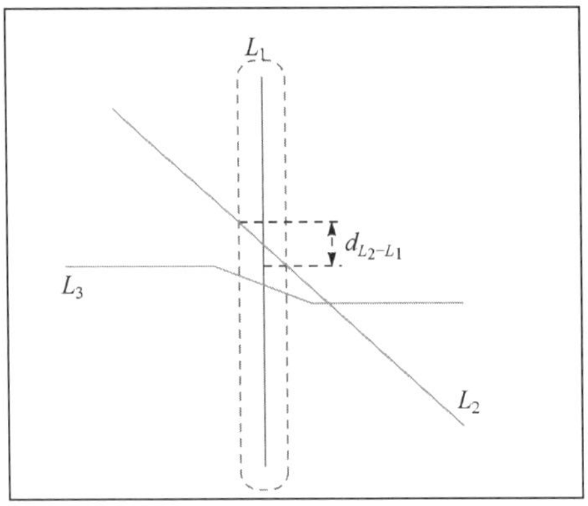

图 7-17　轨道交通网络冗余长度计算示意图

同理求得 $d_{L_3-L_1}, d_{L_4-L_1}, \cdots, d_{L_n-L_1}$ 后，可由式(7-15)和式(7-16)表示目标区域轨道交通网络的动态冗余度 R：

$$R=\sum_{i=1}^{n}\frac{R_{L_i}}{d_{L_i}}\times 100\%,\quad i\neq j \tag{7-15}$$

$$R_{L_i}=\frac{\sum_{j=1}^{n}d_{L_j-L_i}}{d_{L_i}}\times 100\%,\quad i\neq j \tag{7-16}$$

其中，R 为区域轨道交通复合系统线网动态冗余度；R_{L_i} 为区域轨道交通复合系统中线路 L_i 的动态冗余度；d_{L_i} 为区域轨道交通复合系统中线路 L_i 的长度，km；$d_{L_j-L_i}$ 为区域轨道交通复合系统中线路 L_j 之于线路 L_i 的动态冗余度。

7.4　基于可靠性的区域轨道交通复合网络总体运能评估

7.4.1　复合网络可靠性评估方法

区域轨道交通复合网络通常由不同制式的多条线路组成。在正常情况下，各线路上的列车均按运输计划运行。运输干扰发生时，列车的正常运行受到影响，导致部分计划内的列车晚点。因此，可以采用运输干扰发生的概率间接量化复合网络的可靠性指标。

根据历史运营数据，获得平均每次运输干扰对应的车公里数。因此，采用研究时段内列车行驶的车公里数与平均每次干扰对应的车公里数之比估计研究时段内运输干扰发生的概率。那么，研究时段内，线路 a 发生运输干扰的概率 $\bar{\rho}_a$ 可采用式(7-17)计算：

$$\bar{\rho}_a = \frac{S_a}{S} \tag{7-17}$$

其中，S_a 为研究时段内列车在线路 a 上的行驶里程；S 为平均一次运输干扰事件对应的列车行驶里程，根据历史运营数据查定。需要注意的是，当研究时段取得较长时，S_a 可能大于 S，此时 $\bar{\rho}_a$ 取 1，表示该研究时段内将发生运输干扰。

线路 a 的可靠性 ρ_a (即不发生运输干扰的概率)由式(7-18)计算：

$$\rho_a = 1 - \bar{\rho}_a \tag{7-18}$$

假设各线路发生运输干扰的事件相互独立，则区域轨道交通复合网络发生运输干扰的可能性包括两种情况：复合网络上的单条线路发生运输干扰；复合网络上的多条线路同时发生运输干扰。复合网络发生运输干扰的概率 $\bar{\rho}_{\text{net}}$ 为各种运输干扰情形发生的概率之和，采用以下公式计算：

$$\bar{\rho}_{\text{net}} = \sum_{\theta} \bar{\rho}_{\theta} \tag{7-19}$$

$$\bar{\rho}_{\theta} = \prod_{a \in \theta} \bar{\rho}_a \prod_{b \in N-\theta} \rho_b \tag{7-20}$$

其中，$\bar{\rho}_{\theta}$ 为单位时间内线路集合 θ (θ为复合网络线路集合 N 的非空子集)发生运输干扰的概率，采用式(7-20)计算，为 θ 中各线路发生运输干扰概率连乘与 $N-\theta$ 中各线路正常运行概率连乘的乘积。

复合网络可靠性 ρ_{net} 可由以下公式计算：

$$\rho_{\text{net}} = 1 - \bar{\rho}_{\text{net}} = \prod_{a \in N} \rho_a = \prod_{a \in N} (1 - \bar{\rho}_a) \tag{7-21}$$

7.4.2　区域轨道交通复合网络有效运能评估方法

考虑区域轨道交通复合网络实际客流需求结构对运输能力发挥的影响，将复合网络有效运能定义为：在一定的路网结构布局、客流空间分布特征、运输组织方案条件下，充分利用既有技术设备，某区域轨道交通复合网络在单位时间内所能服务的最大乘客人次，单位为人次。

复合网络实际客流由网络中经由各路径的客流构成，因此基于客流需求结构的复合网络有效运能评估可以转化为路网中所有客流路径运输能力的评估。根据这一思路，提出基于区间能力利用率的区域轨道交通复合网络有效运能计算方法：引入区间输送能力利用率的概念表示区间能力的使用情况；将路径有效运能描述为其瓶颈区间(即路径上输送能力利用率最大的区间)能力达到饱和时该路径能够输送的旅客人数；从而在给定的复合网络拓扑结构、客流需求结构、运输组织方案下，通过叠加路径运输能力计算复合网络有效运能。

令 V 为复合网络车站的集合，$E=\{(i,j)\mid i,j\in V\}$ 为区间的集合，$\Omega=\{(o,d)\mid o,d\in V\}$ 为客流起讫点的集合，则基于该框架的具体计算流程如下。

(1) 数据输入。

复合网络拓扑结构 $G=(V,E)$，列车定员标准为 D，各区间 (i,j) 的行车量为 $N_{i,j}$、断面客流量为 $f_{i,j}$、各路径 $P_{o,d}$ 的客流量为 $v_{o,d}$。其中，区间及路径客流量根据城市轨道交通自动售检票系统(AFC)刷卡数据进行客流分配得到，可采用经典全有全无分配法将所有客流量分配到相应的时间最短路径上。

(2) 区间输送能力利用率计算。

将区间 (i,j) 的断面客流量与其输送能力之比称为区间输送能力利用率 $K_{i,j}$，采用以下公式计算：

$$K_{i,j}=\frac{f_{i,j}}{N_{i,j}\times D} \tag{7-22}$$

其中，分母部分表示区间输送能力，为区间行车量与列车定员标准的乘积。

(3) 路径瓶颈区间识别。

根据前面定义，路径 $P_{o,d}$ 的瓶颈区间利用率 $K_{o,d}^{*}$ 应满足以下公式：

$$K_{o,d}^{*}=\max\left(K_{i,j}\middle|(i,j)\subset P_{o,d}\right) \tag{7-23}$$

(4) 路径有效运能计算。

路径 $P_{o,d}$ 的有效运能 $C_{o,d}$ 由其瓶颈区间利用率 $K_{o,d}^{*}$ 决定，为该区间输送能力利用率达到100%时的路径客流量，即

$$C_{o,d}=\frac{v_{o,d}}{K_{o,d}^{*}}\quad (\text{人次}) \tag{7-24}$$

(5) 复合网络有效运能计算。

复合网络中所有客流路径的有效运能之和即网络有效运能 C，由式(7-25)计算：

$$C=\sum_{(o,d)\in\Omega}C_{o,d}\quad (\text{人次}) \tag{7-25}$$

7.4.3 基于可靠性的区域轨道交通复合网络总体运能评估方法

1. 运输干扰对复合网络总体运能的影响

在运输干扰的影响下，部分列车无法按运输计划正常行车，使得区间实际输送能力

下降，从而造成复合网络总体运能的损失。根据前面复合网络有效运能的计算方法可知，要计算发生运输干扰时的复合网络运输能力，需要首先确定研究时段内线路由于运输干扰而减少的列车开行数及区间实际行车量。

线路发生运输干扰时，每次运输干扰导致的减少列车数存在差异。因此，以每次运输干扰平均减少的列车数 $\overline{n}_a$ 衡量线路 a 上运输干扰对列车运行计划的影响：

$$\overline{n}_a = \frac{n_{a,*}}{m_a}(\text{列}) \tag{7-26}$$

其中，$n_{a,*}$ 和 m_a 分别为历史运营时间段内，线路 a 上减少的列车数和运输干扰发生的次数。则研究时段内，发生运输干扰时，区间 (i,j) 实际通过的列车数 $\overline{n}_{i,j}$ 为

$$\overline{n}_{i,j} = n_{i,j} - \overline{n}_a \cdot x_{i,j}^a \ \ (\forall a \in \theta)(\text{列}) \tag{7-27}$$

其中，$n_{i,j}$ 为研究时段内区间 (i,j) 的计划行车量；　$x_{i,j}^a$ 为 0-1 变量，当区间 (i,j) 在线路 a 上时 $x_{i,j}^a=1$，否则 $x_{i,j}^a=0$。

2. 复合网络总体运能评估

任一研究时段内，复合网络的实际运营包含两种情况：网络中所有线路均正常行车；非空线路集合 θ 中的线路均发生运输干扰。由于运输干扰的随机性，日常运营过程中复合网络实际能够提供的有效运能本质上是不确定的随机变量。针对复合网络正常行车和发生运输干扰两种情况，分别考察其发生的概率，采用统计学中的数学期望描述复合网络总体运能，得到基于可靠性的复合网络总体运能 $\overline{C}$ 的评估公式如下：

$$\overline{C} = C_{\text{net}} \cdot \rho_{\text{net}} + \sum_{\theta} C_{\theta} \cdot \rho_{\theta}\,(\text{人次}) \tag{7-28}$$

其中，C_{net} 和 C_{θ} 分别表示路网正常行车、非空线路集合 θ 中各线路均发生运输干扰时的路网有效运能。

式(7-28)中两种情况下的复合网络总体运能计算思路如下：复合网络正常行车时，根据给定的网络拓扑结构、客流需求数据、各区间计划行车量 $n_{i,j}$，运用复合网络有效运能计算方法即可计算得到其运能 C_{net}；线路集合 θ 发生运输干扰时，则需首先按照式(7-27)确定运输干扰下各区间的实际行车量 $\overline{n}_{i,j}$，再使用该数据作为输入计算发生运输干扰时的复合网络总体运能 C_{θ}。

对于任一区域轨道交通复合网络，采用上述评估方法可以根据历史实际运营数据分析运输组织可靠性，并计算不同运输组织可靠性下复合网络的总体运能，从而更加全面地评估基于可靠性的复合网络总体运能；此外，还可运用线路运输组织的可靠性指标分析单一线路可靠性变化时复合网络总体运能的波动程度，从而识别复合网络中对总体运能影响最大的关键线路。

7.5　区域轨道交通复合网络有效运能评估模型与算法

7.5.1　问题分析

区域轨道交通复合网络本身是一个庞大的系统，其本质上是系统以列车、车站和线路的形式输出整个网络的运输能力，为旅客提供位移服务，旅客根据自身出行需求合理地利用这些运输能力，并对系统的运输服务水平有一定的要求。有效运能的诞生就是系统和旅客相互掣肘、协调统一下的产物。因此，在评估复合网络有效运能时需要以旅客对系统提供的运输服务的利用情况为核心，将有效运能的求解分为模型构建和算法求解两个部分。

1. 系统的供能层面

在区域轨道交通复合网络中，某个区域所有制式的轨道交通被看成一个无法割裂的整体系统以提供运输能力并承载客流输入。

1) 车站/枢纽集散能力

选择轨道交通作为出行方式的旅客必须在出发地车站进站集结后进入列车，区间运行结束后必须通过目的地车站流散，因此车站及枢纽的集散能力是系统功能的一个约束。

2) 运输设备、运输组织及区间输送能力

旅客位移本质上是通过列车在线路上的运行实现的，由线路通过能力和机车车辆编组构成的区间输送能力是提供运输能力的根本。

3) 复合网络结构及站点布设

旅客在区域内通过轨道交通方式在节点间的出行必须依赖该区域轨道交通复合网络结构的可达性。当旅客的出行需要通过换乘制式才能满足时，还需考虑复合网络的连通性及其换乘枢纽的布设。

2. 旅客出行层面

1) 运输需求结构

运输需求结构往往是相对固定的，是一个已知的客流输入量，取决于该区域内需要使用轨道交通系统出行的旅客的客运需求。

2) 客运量分配

区域轨道交通复合网络中，各个起讫点间产生的客流在复合网络上的分配过程可以看成一个具有明确运输需求结构和旅客出行路径决策输入的黑箱问题，可以参考公交客流分配的方式进行，但在将问题转化为数学模型进行客运量的分配时，必须充分尊重旅客的出行路径选择，以及会影响旅客路径选择的因素。

简单地将复合网络中的客运量直接分配到各起讫点对之间零流状态下的最短路径显然是不合理的，原因有以下两点：①在线路关系复杂、规模较大的多制式轨道交通复合网络中，所有旅客都掌握完整准确的路网结构信息是不可能的，因此无法使每位旅客都确切地知道物理网络中各起讫点对之间的最短路径，以此为前提显然不合实际；②当复合网络中客运量很小，运输服务的"供"远大于"求"时，物理网络中的最短路径才是实际意义上的最短路径。随着运输需求的增加，最短路径上的客运量增大，这意味着各最短路径上的拥挤度也会随之增大。当客运量上升到一定程度之后，旅客很可能为了追求更舒适的出行服务体验而选择次短路径，逐渐达到一种平衡。理论上随着运输需求的持续增大，各站点间的所有连通路径都有可能被选择，实际还会受制于整体的系统服务能力。

对复合网络结构完全熟悉，掌握复合网络完整的运营情况信息，旅客之间出行习惯完全相同，不存在主观感受和认知的差异，这些是使所有旅客做出正确且一致的出行决策的必要条件。然而，这些条件是无法达到的，因此需要对分配原则放松相应的假设，并允许一定的感知误差存在。

7.5.2 建模思路

区域轨道交通复合网络有效运能的度量是人数，为当前整个复合网络承载的客运量，即各车站/枢纽的出发客运总量或到达客运总量。复合网络的有效运能建立在运输需求结构上并受制于运输服务水平的要求，由于运输需求结构(即客流起讫点)是确定的，因此求解有效运能可以转化为在一定的运输服务水平限制下对复合网络备用系数 μ 求极大值。与此同时，复合网络中旅客的出行路径决策以及各出行路径的被使用情况会影响各节点间的运输服务水平。旅客对出行路径的选择遵循随机效用最小化原则。在具体的客运量分配中，可以转化为旅客倾向于选择广义出行费用最小的路径，并具有一定的随机性，需要使用随机用户均衡分配模型模拟客流在复合网络中的分配情况。

在评估复合网络有效运能时，系统和旅客的数量关系是通过运输服务相互制约的，因而选用双层规划模型来描述这种关系。将系统的部分作为上层模型，将旅客的部分作为下层模型，并通过运输服务水平的限制关联上下层模型。

区域轨道交通复合网络有效运能评估的建模思路如图 7-18 所示。

7.5.3 区域轨道交通复合网络有效运能评估模型

1. 模型假设

模型假设如下：

(1) 假设复合网络中各节点之间运输需求结构双向均等分布，即起讫点对称；

(2) 假设该区域轨道交通全制式的客运需求已知；

(3) 假设复合网络中所有车站/枢纽的集散能力以及区间输送能力已知；

(4) 假设所有运行列车在每站均有停站，每条线路都采用站站停方案；

(5) 假设各制式中的所有线路均为独立运营，不得跨线运行(共用路段除外，如上海轨道交通 3 号线和 4 号线存在共用路段)，将共用路段上的车站均视为换乘枢纽；

(6) 假设不考虑旅客候车时间。

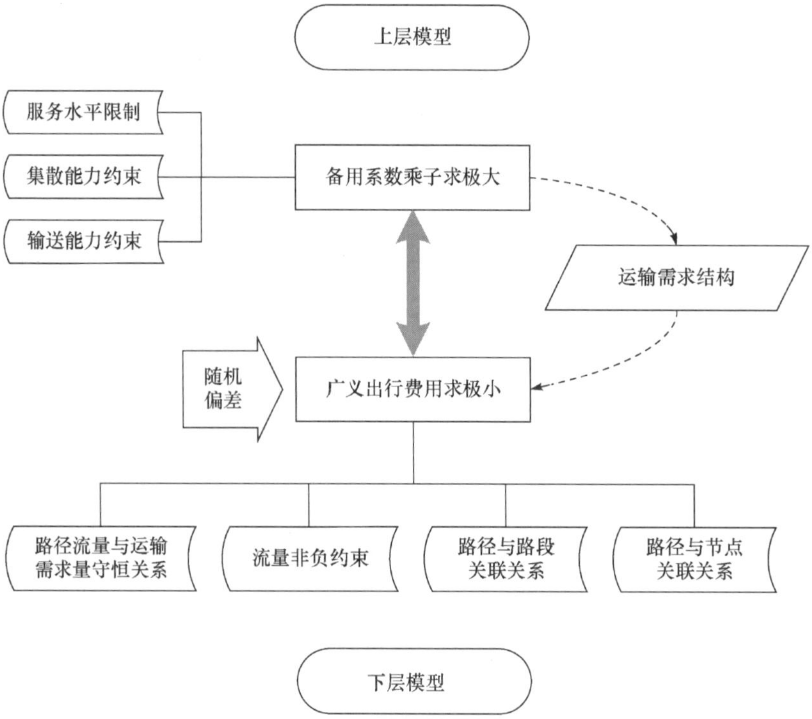

图 7-18　区域轨道交通复合网络有效运能评估的建模思路

2. 符号说明

1) 集合

$G(N, A)$ 表示区域轨道交通复合网络，其中 N 表示网络中所有节点即车站/换乘枢纽集合(包括子换乘枢纽)，$N = N_1 \cup N_2$，其中：

N_1——普通车站集合；

N_2——换乘枢纽集合。

A 表示所有的边即区间集合，$A = A_{\mathrm{GT}} \cup A_{\mathrm{CJ}} \cup A_{\mathrm{SY}} \cup A_{\mathrm{CG}} \cup A_{\mathrm{HC_1}} \cup A_{\mathrm{HC_2}}$，其中：

A_{GT}——国铁干线运行区间集合；

A_{CJ}——城际铁路运行区间集合；

A_{SY}——市域铁路运行区间集合；

A_{CG}——城轨运行区间集合；

$A_{\mathrm{HC_1}}$——同制式换乘边集合；

$A_{\mathrm{HC_2}}$——跨制式换乘边集合。

除此之外的集合表示如下：

O——复合网络中起点集合；

D——复合网络中终点集合；

i——起点集合内的任意一个节点，$i \in O$；

j——终点集合内的任意一个节点，$j \in D$；

K_{ij}——复合网络中起点节点为 i、终点节点为 j 的所有有效路径的集合；

u_{ij}——节点 i 和节点 j 之间广义出行费用最小的路径(即最短路径)集合。

2) 参数

l_a——区间 a 的长度；

c_a——运行区间 a 的输送能力，$a \in A$；

c_b——节点 b 的集散能力，$b \in N$；

q_{ij}——起讫点对 (i, j) 之间的客运量；

$\overline{q}_{ij}$——该区域多制式轨道交通复合网络中当前的运输需求结构；

$\overline{\lambda}$——复合网络运输服务水平的限定值，即 $\lambda \leqslant \overline{\lambda}$；

θ——路径选择离散系数；

ϑ——绕行约束系数。

3) 变量

a——复合网络中任意一个运行区间，$a \in A$；

x_a——区间 a 上的客运量，$a \in A$；

b——复合网络中任意一个节点，$b \in N$；

w_b——节点 b 中的客流量，$b \in N$；

$r(x_a)$——运行区间 a 在客运量为 x_a 时的出行阻抗函数；

$R_k^{ij}(x_a)$——节点 i 和节点 j 之间路径 k 上的运行区间 a 在客运量为 x_a 时的出行阻抗函数；

$\tilde{C}_k^{ij}$——零流状态下该复合网络中节点 i 和节点 j 之间路径 k 的广义出行费用；

f_k^{ij}——起讫点对 (i, j) 之间路径 k 上的客流量；

μ——备用系数；

$\delta_{a,k}^{ij}$——路径关联矩阵，若运行区间 a 在连接起讫点对 (i, j) 之间的路径 k 上，$\delta_{a,k}^{ij} = 1$，否则为 0；

$\phi_{b,k}^{ij}$——车站/换乘枢纽的关联矩阵，若节点 b 在连接起讫点对 (i, j) 之间的路径 k 上，则 $\phi_{b,k}^{ij} = 1$，否则 $\phi_{b,k}^{ij} = 0$；

k——任意一条路径；

k_{ij}——节点 i 和节点 j 之间任意一条路径。

3. 上层模型

在上层模型中，根据确定的运输需求结构，在要求的运输服务水平 λ 的限制下，需要尽可能最大化备用系数乘子 μ，同时满足车站/枢纽集散能力和区间输送能力的约束。

综上，上层模型在运输服务水平的限制下对备用系数 μ 求极大值，并约束系统服务能力供给。

上层模型：

$$\max \mu \tag{7-29}$$

s.t.

$$x_a \leqslant c_a, \quad \forall a \in A \tag{7-30}$$

$$\omega_b \leqslant c_b, \quad b \in N \tag{7-31}$$

$$\lambda = \frac{R_k^{ij} + W_{a\in A_{\mathrm{HC}_1}}^{ij,k} + W_{a\in A_{\mathrm{HC}_2}}^{ij,k}}{\min\limits_{k\in K_{ij}}\left\{\tilde{C}_k^{ij}\right\}} \leqslant \bar{\lambda}, \quad \forall i \in O, j \in D, \bar{\lambda} > 1 \tag{7-32}$$

$$\sum_{a\in A} l_a \delta_{a,k}^{ij} \Big/ \min_{k\in K_{ij}}\left(\sum_{a\in A} l_a \delta_{a,k}^{ij}\right) \leqslant \vartheta, \quad \forall i \in O, j \in D \tag{7-33}$$

式(7-29)为上层模型的目标函数，对备用系数乘子求极大值；式(7-30)为区间输送能力的约束条件；式(7-31)为节点集散能力的约束条件；式(7-32)为运输服务水平限制，即将递增后的运输需求结构代入下层模型进行客运量分配并更新区间流量后，各节点间所有有效路径的服务水平值必须小于等于预先的设定值 $\bar{\lambda}$，也可表示为 $C_k^{ij} \leqslant \bar{\lambda} C_k^{ij}$，$\forall i \in O$，$j \in D$，$\bar{\lambda} \geqslant 1$；式(7-33)为绕行约束。

4. 下层模型

下层模型基于随机用户均衡(SUE)理论，模拟旅客的出行路径决策，建立基于随机用户均衡模型的复合网络客流分配模型，对复合网络中的广义出行费用求极小值。

在下层模型中，将上层模型中的最大化备用系数乘子 μ 和原始运输需求结构作为输入量，根据广义出行费用最小化原则，以模拟旅客出行路径选择的方式进行客运量分配。此外，还要考虑旅客的主观感受以及对复合网络认知的偏差。

下层模型：

$$\begin{aligned}\min Z = &\sum_{i\in O}\sum_{j\in D}\sum_{k\in K_{ij}} (T_k^{ij} + P_k^{ij}) \cdot f_k^{ij} + \sum_{a\in A_{\mathrm{GT}}\cup A_{\mathrm{CJ}}\cup A_{\mathrm{SY}}} \int_0^{x_a} Y_{\mathrm{TL}}(x)\mathrm{d}x + \sum_{a\in A_{\mathrm{CG}}} \int_0^{x_a} Y_{\mathrm{CG}}(x)\mathrm{d}x \\ &+ \sum_{a\in A_{\mathrm{HC}_1}} \int_0^{x_a} W_{\mathrm{HC}_1}(x)\mathrm{d}x + \sum_{a\in A_{\mathrm{HC}_2}} \int_0^{x_a} W_{\mathrm{HC}_2}(x)\mathrm{d}x + \frac{1}{\theta}\sum_{i\in O}\sum_{j\in D}\sum_{k\in K_{ij}} f_k^{ij} \ln f_k^{ij}\end{aligned} \tag{7-34}$$

s.t.

$$\sum_{k\in K_{ij}} f_k^{ij} = q_{ij}, \quad \forall i \in O, j \in D \tag{7-35}$$

$$q_{ij} = \mu \bar{q}_{ij} \tag{7-36}$$

$$f_k^{ij} \geqslant 0, \quad \forall i \in O, j \in D, k \in K_{ij} \tag{7-37}$$

$$x_a = \sum_{i\in O}\sum_{j\in D}\sum_{k\in K_{ij}} f_k^{ij} \delta_{a,k}^{ij}, \quad \forall a \in A \tag{7-38}$$

$$w_b=\sum_{i\in O}\sum_{j\in D}\sum_{k\in K_{ij}} f_k^{ij}\phi_{b,k}^{ij},\quad \forall b\in N \tag{7-39}$$

式(7-34)为下层模型的目标函数，在允许客运量分配结果因旅客个体差异而具有一定随机误差的情况下，求广义出行费用的极小值。其中第一项表示出行路径阻抗中的票价和旅行时间成本，第二项表示国铁干线、城际铁路和市域铁路在出行路径阻抗中的拥挤费用，第三项表示城市轨道交通在出行路径阻抗中的拥挤费用，第四项表示在相同制式间换乘线路的换乘感受费用，第五项表示在不同制式间切换线路的换乘感受费用，第六项为随机误差调整项。式(7-35)为路径上客运量与节点间客流量必须满足的流量守恒条件；式(7-36)为当前迭代次数下上层模型中递增后更新的客运需求结构；式(7-37)为路径流量非负约束；式(7-38)为路径流量与其关联区间客运量的关系，即区间客运量应该是由各个起讫点对间途经该区间的路径的客流量累加；式(7-39)为路径流量与关联车站客流量的关系，即节点输入客流量应该是由各个起讫点对间经过该节点的路径的客流量累加。

当区域轨道交通复合网络达到平衡时，若存在 $f_k^{ij}>0$，则必有

$$\left(\begin{aligned}&\sum_a (T_{a,k}^{ij}+P_{a,k}^{ij})+\sum_{a\in A_{\mathrm{GT}}\cup A_{\mathrm{CJ}}\cup A_{\mathrm{SY}}}\int_0^{x_a} Y_{\mathrm{TL}}(x)\mathrm{d}x+\sum_{a\in A_{\mathrm{CG}}}\int_0^{x_a} Y_{\mathrm{CG}}(x)\mathrm{d}x\\&+\sum_{a\in A_{\mathrm{HC}_1}}\int_0^{x_a} W_{\mathrm{HC}_1}(x)\mathrm{d}x+\sum_{a\in A_{\mathrm{HC}_2}}\int_0^{x_a} W_{\mathrm{HC}_2}(x)\mathrm{d}x\end{aligned}\right)\delta_{a,k}^{ij}=u_{ij}$$

说明若从节点 i 到节点 j 有两条及以上的路径被分配到客流，则意味着它们的广义出行费用之和相等；若存在 $f_k^{ij}=0$，则必有

$$\left(\begin{aligned}&\sum_a (T_{a,k}^{ij}+P_{a,k}^{ij})+\sum_{a\in A_{\mathrm{GT}}\cup A_{\mathrm{CJ}}\cup A_{\mathrm{SY}}}\int_0^{x_a} Y_{\mathrm{TL}}(x)\mathrm{d}x+\sum_{a\in A_{\mathrm{CG}}}\int_0^{x_a} Y_{\mathrm{CG}}(x)\mathrm{d}x\\&+\sum_{a\in A_{\mathrm{HC}_1}}\int_0^{x_a} W_{\mathrm{HC}_1}(x)\mathrm{d}x+\sum_{a\in A_{\mathrm{HC}_2}}\int_0^{x_a} W_{\mathrm{HC}_2}(x)\mathrm{d}x\end{aligned}\right)\delta_{a,k}^{ij}>u_{ij}$$

说明如果某条从节点 i 到节点 j 的路径被分配到的客运量等于零，则意味着该路径的广义出行费用之和一定大于被选中的路径。

7.5.4　区域轨道交通复合网络有效运能评估模型求解

1. 模型求解思路

1) 确定有效路径集

在区域轨道交通复合网络中，节点和边的数量众多，网络连通度高，路网中旅客的出行需求结构复杂，各节点之间均存在客运需求。旅客根据自身出行需求进行路径选择时，可选择的路径往往大于等于一条。随着复合网络客运量的增加，按照广义出行费用的最短路处于实时变化中，仅依据零流状态下广义出行费用最小的最短路径来进行客流分配是完全站不住脚的。如果将复合路网中各个节点之间所有的可连通路径全部枚举出来，再进行基于路径选择概率的客流分配，对于大规模路网，路径数量极其庞大，几乎

没有任何可操作性，且绝大部分可连通路径只有理论上的可行性，并不具备实际意义，旅客根本不会将其作为可选路径之一。因此，需要首先根据复合网络结构确定旅客出行会选择的有效路径集。

2) 运输需求结构

设定备用系数 μ 的递增步长，每次客运量分配前用递增后的备用系数 μ 乘以初始运输需求结构，得到更新后的运输需求结构，将其代入下层模型。在迭代过程中，备用系数 μ 每一次递增后都实时更新区间客运量，并计算各有效路径的运输服务水平，以服务水平限制和能力约束作为判断备用系数终止递增的条件。

3) 客运量分配

对更新后的复合网络运输需求按照随机用户均衡原则进行客运量分配，并设置相应的判断收敛方法。

综上，区域轨道交通复合网络有效运能评估的双层规划模型的求解思路如图 7-19 所示。

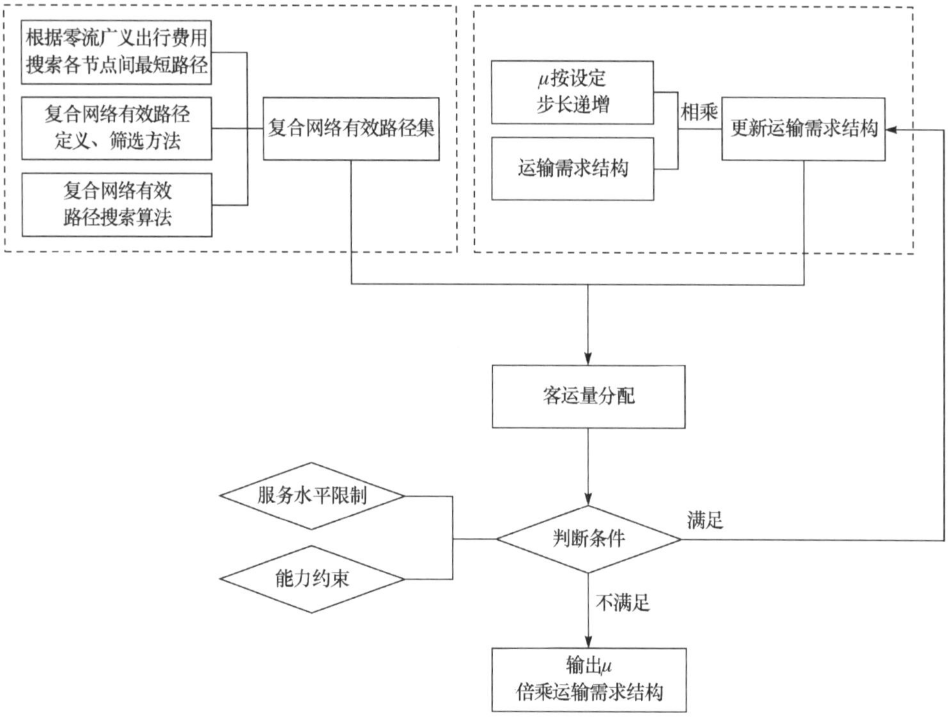

图 7-19　区域轨道交通复合网络有效运能评估的模型求解思路

2. 基于改进 MSA 的求解算法

双层规划模型的求解本质上是 NP-hard 问题。由于上述所构建的双层规划模型的特殊性，上层模型的目标函数是对单变量 μ 求极大值，且 μ 在下层模型中的作用相当于一个参数。因此，可以逐步增大决策变量 μ，将其转化为求解含参数 μ 的随机用户均衡配流问题，直到不再满足上层模型的约束条件。

在求解随机用户均衡模型时，一般可以采用凸组合迭代算法，如多步骤搜索(MSA)算法及改进 MSA 算法。MSA 算法采用的迭代步长在每次迭代时对搜索方向的赋权都是相同的，然而实际配流过程中，后一次迭代的搜索方向总是比前一次迭代更接近目标值，导致 MSA 算法在开始迭代时容易有步长过大的问题，而在迭代后期又会面临收敛速度过慢、效率较低的困境。改进 MSA 算法改进了 MSA 算法中步长设置的不足，重设迭代步长，使每次迭代的搜索方向权重随迭代次数的增加而增大，在开始迭代时的步长更合理，同时加快迭代后期的收敛速度，提高算法实现效率。

结合基于分阶相对阈值回溯的复合网络有效路径搜索算法和随机用户均衡客流分配模型的改进 MSA 算法，设计基于改进 MSA 的复合网络有效运能评估的双层规划模型的启发式求解算法，算法的具体步骤如下。

(1) 初始化。给定初始值 $\mu^{(0)}=1$，设 μ 的迭代步长为 $\iota>0$，节点 i 和节点 j 之间的起讫点客流需求结构为 $q_{ij}^{(0)}$；设下层模型迭代步长 $\tau_n=\dfrac{n^d}{1^d+2^d+3^d+\cdots+n^d}$；令 $m=0$，$n=1$，实数 $d\geqslant 0$；设置路径 k 的流量函数为 $f_k^{ij(n)}(x_a)$，辅助流量函数为 $F_k^{ij(n)}(x_a)$；$x_a^{(0)}=0$，$f_k^{ij(1)}=0$，$i\in O,\ j\in D,\ a\in A$。

(2) 根据广义出行费用函数 $C_k^{ij}(x_a^{(0)})$，得到零流状态下的路径广义出行费用。使用 Floyd 算法计算各节点 i 和节点 j 零流时的最短路径及其广义出行费用 $C_{\min}^{ij,k}$。基于分阶相对阈值回溯算法，并根据相应的路径筛选方法，确定有效路径集合 $\{\bar{K}\}$。

(3) 计算节点 i 和节点 j 之间在新的起讫点客流 $\mu^{(m)}q_{ij}$ 下所有有效路径的广义出行费用。

(4) 根据改进的 Logit 概率分配公式 $P_k^{ij}=\dfrac{\exp(-\theta C_k^{ij}/C_{\text{avg}}^{ij,k})}{\sum\limits_{k\in\bar{K}_{ij}}\exp(-\theta C_k^{ij}/C_{\text{avg}}^{ij,k})}$ ($\sum\limits_{k\in\bar{K}_{ij}}P_k^{ij}=1$，$\bar{K}_{ij}$ 为节点 i 和节点 j 之间的有效路径集合)，计算得到节点 i 和节点 j 之间路径的辅助流量函数(即搜索方向) $F_k^{ij(n)}=q_k^{ij(n)}P_k^{ij(n)}$，其中节点 i 和节点 j 之间的起讫点流量为 $q_{ij}^{(n)}=\mu^{(m)}q_{ij}^{(0)}$。

(5) 根据预设的 τ_n 计算有效路径新的流量函数，即 $f_k^{ij(n+1)}=f_k^{ij(n)}+\tau_n(F_k^{ij(n)}-f_k^{ij(n)})$，其中新的区间流量 $x_a^{(m+1)}=\sum\limits_{i,j,k}f_k^{ij(n)}\delta_{a,k}^{ij}$，节点流量 $w_b^{(m+1)}=\sum\limits_{a\in\bar{A}_b}x_a^{(n)}$ ($\bar{A}_b$ 为所有与节点 b 有关联的路段 a 的集合)。

(6) 收敛性检查。若满足 $\left|f_k^{ij(n+1)}-f_k^{ij(n)}\right|<\varepsilon$ (其中 $\varepsilon\to 0$ 且 $\varepsilon>0$)，则停止迭代，进入(7)；否则令 $n=n+1$，并转到(3)继续迭代。

(7) 判断下层模型的配流结果是否满足上层模型中的容量约束条件和服务水平限制条件。若满足该条件，则令 $m=m+1$，$\mu^{(m)}=(1+\iota)\mu^{(m-1)}$，转到(2)；否则停止迭代，此时 $\mu^{(m)}$ 就是该复合网络当前运输需求结构下满足服务水平要求的有效运能备用系数。

复合网络有效运能评估的双层规划模型的算法流程如图 7-20 所示。

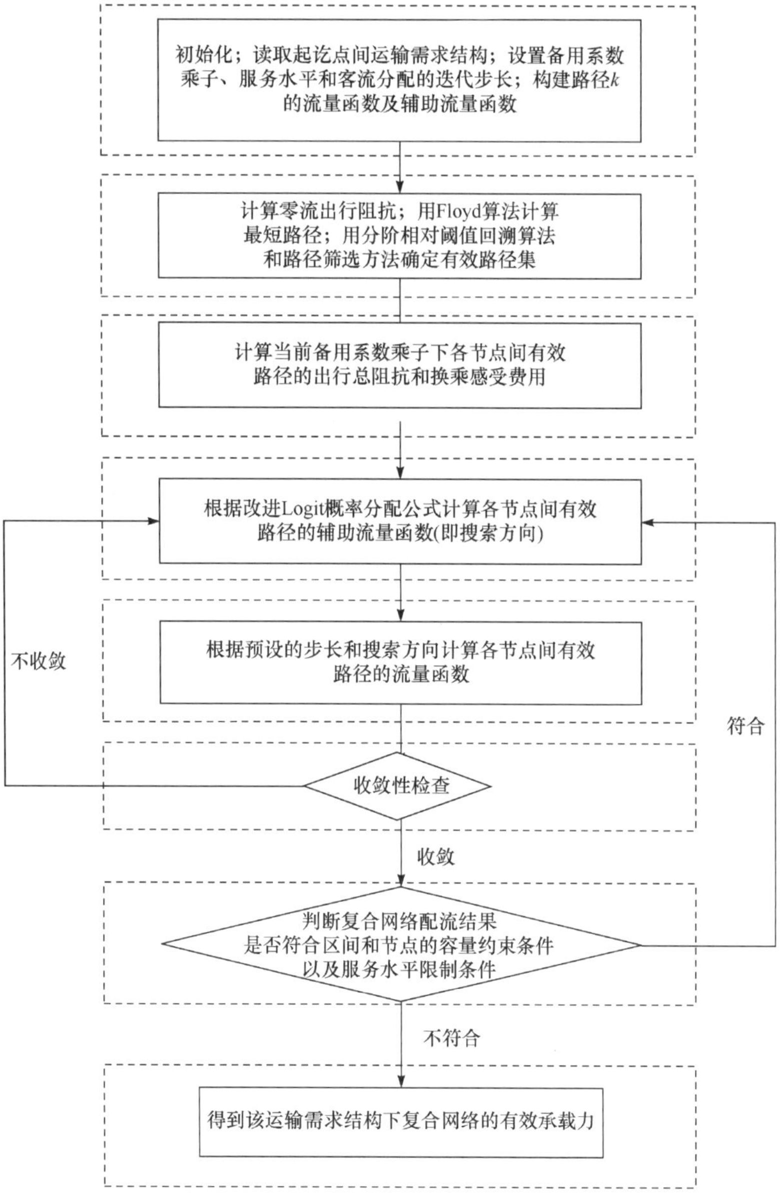

图 7-20　复合网络有效运能评估的双层规划模型的算法流程图

7.6　基于 RAMSI 的区域轨道交通复合网络总体运能提升

7.6.1　区域轨道交通复合网络总体运能提升阶段

区域轨道交通复合网络总体运能提升策略的提出建立于 RAMSI 与总体运行协同关

系研究的基础上。根据前面提出的 RAMSI 整体内涵，RAMSI 主要通过系统可靠性、可用性、可维护性、安全性和互操作性指标，衡量、评估区域轨道交通复合网络系统的状态、效能、服务质量及协同关系，以及为旅客提供高效智能、优质便捷、互联互通的区域轨道交通出行服务。

根据 RAMSI 与总体运能提升的协同关系，从旅客进出站阶段、旅客运输阶段和旅客换乘阶段三方面入手，研究提出复合网络总体运能提升策略。旅客在不同的运输阶段对区域轨道交通系统有着不一样的需求，通过制定完善的运输服务计划可有效提升旅客运输服务质量和总体运能。

1. 旅客进出站阶段

旅客进出站阶段总体运能提升主要包括进出站便捷性能力提升和便捷购/取票能力提升。

1) 进出站便捷性能力提升

对于经常采用区域轨道交通出行的旅客，便捷的购/取票通常可表示为推行区域轨道交通一票制、采用更为便捷的电子票或者直接无票出行。区域轨道交通一票制保证跨制式旅客在整个出行过程中仅需购买一次车票；电子票或者无票出行的推广，将有效减少独立制式以及跨制式出行旅客在车站的购票等待时间和购票时间，简化旅客出行作业环节。

2) 便捷购/取票能力提升

旅客出行过程中通常需要便捷快速的进出站服务。在进出站设施方面，旅客希望自动设施(自动扶梯、自动升降梯)快速便捷地辅助自己进出站，部分特殊旅客还对特殊设施(如轮椅通道)具有需求，以方便其进出站。在进站客流组织引导方面，旅客希望通过合理的进出站引导标识、进出站流线设计减少旅客进出站拥堵以及提升旅客进出站效率。车站大客流等特殊情况下，旅客则希望通过合理的应急预案，保证旅客能在一定时间内进出站。

2. 旅客运输阶段

旅客运输阶段能力提升主要包括旅客候车服务提升和旅客乘车服务提升。

1) 旅客候车服务提升

(1) 候车信息获取需求。

旅客候车过程中需要获取的信息包括推荐候车点信息服务、待乘列车实时信息服务、待乘列车发车前信息服务以及重大事件及紧急信息服务。

推荐候车点信息服务：依据走行距离、候车位置拥挤程度、列车车厢实时拥挤程度实时向旅客推送推荐候车点信息，提高乘客在候车过程和后续乘车过程的舒适性。

待乘列车实时信息服务：向旅客推送待乘列车的准点率、到站时间、发车时间、检票状态、停靠站台等信息。

待乘列车发车前信息服务：依据待乘列车的发车时刻向旅客推送待乘列车发车提醒

信息，提醒旅客上车；根据旅客购票信息为旅客推送乘坐列车的车次、车厢、座位号、站台及各车厢拥挤程度信息。

重大事件及紧急信息服务：候车过程中旅客所要乘坐的列车或所要经过的区间或车站发生意外事故或者紧急事件时，及时向旅客推送应急处置信息、疏散信息、列车因事故晚点或取消等信息。

(2) 候车舒适性需求。

候车过程中旅客通常要求轨道交通运营单位为其提供安静、干净整洁的候车环境。区域轨道交通运营单位需通过准确预测客流确定车站单位时间的聚集人数，合理设计和配置车站服务设施，并通过适当限制高峰时段进站候车人数，避免大量旅客同一时段在站候车，为旅客提供良好的候车服务。此外，还需要提供良好的候车引导服务，避免出现旅客局部聚集、降低服务质量的情况。

(3) 个性化候车服务需求。

不同的旅客希望运营单位提供不同的候车服务，因此旅客存在个性化的服务需求，如候车娱乐休闲服务、餐饮服务、特殊旅客的候车服务需求。旅客还存在个性化的信息服务需求，如社会新闻及娱乐信息等个性化的信息服务。

2) 旅客乘车服务提升

(1) 乘车中信息获取需求。

乘车中信息获取需求主要包括列车实时运行信息服务、旅客下车提醒服务、换乘相关信息服务、重大事件及紧急信息服务。

列车实时运行信息服务：乘车过程中轨道交通运营主体需向旅客推送所乘列车的实时状况信息，包括列车预计到达时间、列车运行速度、车内外温度、主要旅客服务设施位置、各车厢拥挤状态、各席别车票余票等信息。

旅客下车提醒服务：当旅客即将到达目的站时，为旅客提供下车提醒服务，同时为旅客提供列车停靠站台、下车走行推荐线路、车站布局情况、车站拥挤情况等。

换乘相关信息服务：当旅客存在换乘时，在列车到站前即时向旅客推送换乘列车的相关信息，如准点率、列车运行状况、车门开启信息、列车停靠站台、列车发车间隔及车内拥挤程度信息，同时向旅客推送推荐换乘走行路径信息，以及换乘设计的相关信息。

重大事件及紧急信息服务：在乘车过程中，当前区域轨道交通路网中出现事故及紧急事件时及时向相关旅客发布相应应急处置及疏散信息等，正确引导旅客紧急疏散或者在原地等待事故处理完毕。

(2) 乘车舒适性需求。

为旅客提供安静、干净整洁的乘车环境。通过视频、广播等引导良好的乘车习惯。轨道交通运营单位可通过保证各项设备设施的功能正常、提高列车运行平稳性、提高列车旅行速度以减少旅行时间、适当限制客流及合理疏导以有效降低车内拥挤程度等方式提高乘车舒适性。

(3) 个性化乘车服务需求。

此外，不同的旅客存在个性化的乘车服务需求，如部分旅客需要个性化的娱乐休闲服务、个性化的阅读服务、个性化的饮食服务、个性化的信息服务，以及特殊人群对特殊乘车设施的需求(如轮椅固定器等)。

3. 旅客换乘阶段

旅客换乘阶段能力提升主要包括换乘便捷性能力提升和跨制式安检互信能力提升。

1) 换乘便捷性能力提升

(1) 换乘车站换乘能力瓶颈辨识。

区域轨道交通旅客跨制式换乘时通常要求换乘过程畅通有序开展，以有效保证换乘作业的快捷性和舒适性。跨制式换乘作业通常包括下车、换乘引导走行、检票出闸、购票、二次安检、乘车等详细环节，各环节对换乘车站的换乘能力具有不同程度的影响。因此，为有效提高换乘车站换乘能力和换乘流畅性，有必要结合换乘环节辨识换乘车站能力瓶颈，然后采取有针对性的措施消除瓶颈，提高换乘车站换乘作业效率。

(2) 换乘车站换乘作业环节优化。

区域轨道交通跨制式出行旅客在相互独立运营的制式间换乘时，其完整的换乘过程包括下车、换乘引导走行、检票出闸、购票、二次安检、乘车等一系列环节。因此，在区域轨道协同运输的前提下，各轨道运营单位可通过票制协同、安检互信等手段，减少旅客跨制式换乘过程中重复的检票出闸、购票、二次安检等环节，提高换乘便捷性。通过采用轨道交通出行“一票制”及制定相应的安检互信标准，有效减少跨制式出行旅客在换乘车站的换乘作业环节，节省旅客出行时间和换乘服务质量。

(3) 换乘车站换乘客流流线设计优化。

换乘车站换乘客流流线设计旨在为换乘旅客设计合理的站内换乘走行路径及提供科学引导，以减少其换乘时间。轨道交通运营单位通过协调规划不同轨道交通制式、相同轨道交通制式不同线路间的换乘车站内换乘设施设备布局，合理选择跨制式换乘模式，避免造成乘客拥挤堵塞、客流混乱等影响换乘站旅客出行；优化区域轨道交通换乘车站换乘设施配置，改善换乘客流换乘流线组织，避免换乘车站内不同流线间的相互干扰及乘客滞留，提高乘客换乘效率，降低换乘旅客换乘走行距离及时间；结合换乘车站换乘客流时段性和动态波动特征，调整换乘车站换乘设施布局，分时段优化换乘车站对不同换乘流向客流换乘能力。

2) 跨制式安检互信能力提升

(1) 差异化安检等级管理。

实施差异化的安检等级管理，对城际铁路/城市快轨、国铁干线实施相同的高等级安检，对地铁等城市轨道交通实施相同的相对低等级的安检，同时缩小各种交通制式安检的差异性，以实现区域轨道交通协同运输安检互信。

(2) 跨制式出行安检互信原则制定。

区域轨道交通跨制式出行时，推行同等级安检互信、低等级安检信任高等级安检。换乘过程中，同级安检跨制式出行时安检互信，消除二次安检；从高等级安检制式的轨道交通换乘至低等级安检制式的轨道交通时实施免检；从低等级安检制式的轨道交通换乘至高等级制式的轨道交通时需要再次安检。

(3) 跨制式换乘重复安检作业环节优化。

低等级安检制式向高等级安检制式站内换乘时，优化站台换乘和站内换乘客流的客流组织流线、安检人员及安检设备配置，疏散换乘客流，减少安检等待时间；在需要快速安检时，迅速组织安检业务，提高安检作业效率。同等级安检制式间需站外换乘时，构造通道换乘代替出站换乘，消除同等级安检制式间的重复安检。

7.6.2 区域轨道交通复合网络总体运能提升策略

为实现区域轨道交通复合网络对旅客在不同运输阶段的服务能力提升，可通过提升和优化网络拓扑结构、设施设备配置、运输组织协同、运能服务水平、系统协调性、运输需求结构和其他外部因素来保障。为提升区域轨道交通复合网络总体运能，接下来从提升运输效率、系统可靠性和系统运维效率三个方面提出总体策略。

1. 提升运输效率

区域轨道交通复合网络系统的运输效率可通过提升单位能力利用率和缩短旅客平均旅行时长来表示。

1) 提升单位能力利用率

单位能力利用率是区域轨道交通复合网络衡量系统效能的关键要素之一。它衡量了复合网络提供旅客输送的运输效率，反映了整体路网的运输组织协同程度与旅客运输服务水平。运输效率是对路网实际运能有效利用程度的检验，通过对复合路网运能的影响因素进行分析，寻找出制约运输效率提升的关键瓶颈，这些影响运输效率提升的瓶颈不仅与基础设施设备布局和性能相关，还与各轨道交通方式运营主体所采用的运输组织方法及管理模式密不可分。在运输组织过程中，不同的运行图编制计划、列车开行方案、调度指挥模式、旅客输送模式、列车运行的实时调整等，都对系统的运输效率带来较大的影响。因此，研究多制式运输计划协同编制、多制式协同调度指挥、多制式衔接节点选取、多制式跨线列车开行方案、多制式跨线旅客输送模式等运输组织优化方法，对运输效率的提升显得尤为重要。另外，为区域轨道交通系统提供安全稳定、完备精细的协同运输组织，即针对各组分轨道交通系统，通过多制式运输计划协同编制、多制式协同调度指挥、区域路网总体运能评估、列车旅行速度提高、多制式运输设施设备协同、运输组织信息共享等手段组织各运营主体间的协同运输，可显著提升区域轨道交通系统的协同运输水平和运输效率。

2) 缩短旅客平均旅行时长

目前旅客全出行过程中，存在信息发布平台过多导致的信息获取渠道分散、实时信息发布覆盖不全面导致的实时信息获取困难、安检不协同导致的换乘不便捷、票制不统一导致的购票环节冗余等问题。例如，随着跨城市出行旅客的增加，与高铁站衔接的轨道交通车站往往出现购票排长队的现象，跨城市出行的旅客需要排队购买非常住地城市的地铁单程票，通常浪费很多时间在排队购票上。但是几乎每个地方都有自己的城市交通卡，如果能够实现轨道交通票制协同或全国交通一卡通，将有效减少跨城市出行旅客的购票时间，从而缩短跨制式旅行出行时长。针对旅客全出行链，通过出行径路优化、换乘设计优化、多制式票制协同、跨制式出行安检互信、旅客出行信息服务协同等手段为旅客出行提供优质便捷的服务。

2. 提升系统可靠性

区域轨道交通复合网络的系统可靠性可通过提升有效路径连通可靠度、运输能力可靠度和旅行时间可靠度来表示。

区域轨道交通旅客出行需求具有多样性及复杂性，所构成的完整出行链涉及多种轨道交通制式的衔接、多层轨道交通网络的融合，因此容易受到较多因素干扰使得区域轨道交通系统的正常工作状态产生波动，降低了系统的可靠性。随着旅客对多制式轨道交通旅行时间尤其是列车正点率要求的提高，区域轨道交通系统的可靠性愈发成为保障旅客出行链顺畅衔接、提高整体运输服务水平的关键。因此，如何通过协同运输组织来提高承载出行服务的复合路网以及车辆状态的稳定性，缩小区域轨道交通总体运能的波动范围，提高列车正点率，对提升区域轨道交通系统可靠性至关重要。

此外，对于提升区域轨道交通系统可靠性，一方面要对现有条件下的运力资源优化运用，另一方面要考虑复合路网特性实现运力资源的协同再分配，以此实现区域路网的均衡运输，提高区域轨道交通系统的服务水平。因此，需要通过协同运输组织来合理编制列车开行方案、车底运用计划和人员排班方案，优化列车运行图结构，充分考虑复合路网客流与列车流、设施设备能力的匹配关系，提高运力资源的使用及工作效率。

3. 提升系统运维效率

区域轨道交通复合网络系统的应急响应与运维效率影响因素众多，可从成本效率和时间效率两方面加以定义，其提升主要通过以下三方面的途径实现：一是基于大数据分析和信息共享，通过复合网络系统的互操作和协同联动实现运维资源的协同配置和优化调度以及跨制式的应急响应联动，从而降低运维成本并提升应急响应和运维效率；二是通过基于故障监测和预警的“状态修”机制有效避免“过维护”和“欠维护”问题，保证设备设施及系统处于良好状态，使运维工作具有更精准的空间和时间针对性，同时能够更及时地发现故障和安全隐患，进而提升系统应急响应的效率；三是基于复合网络的冗余多路径结构，通过对突发客流的优化分配与调度，以及运输、安全保障及信息服务子系统之间的协同联动提升应急响应情况下客流的紧急疏散能力。

综上，基于 RAMSI 的区域轨道交通复合网络总体运能提升策略实施框架如图 7-21 所示。

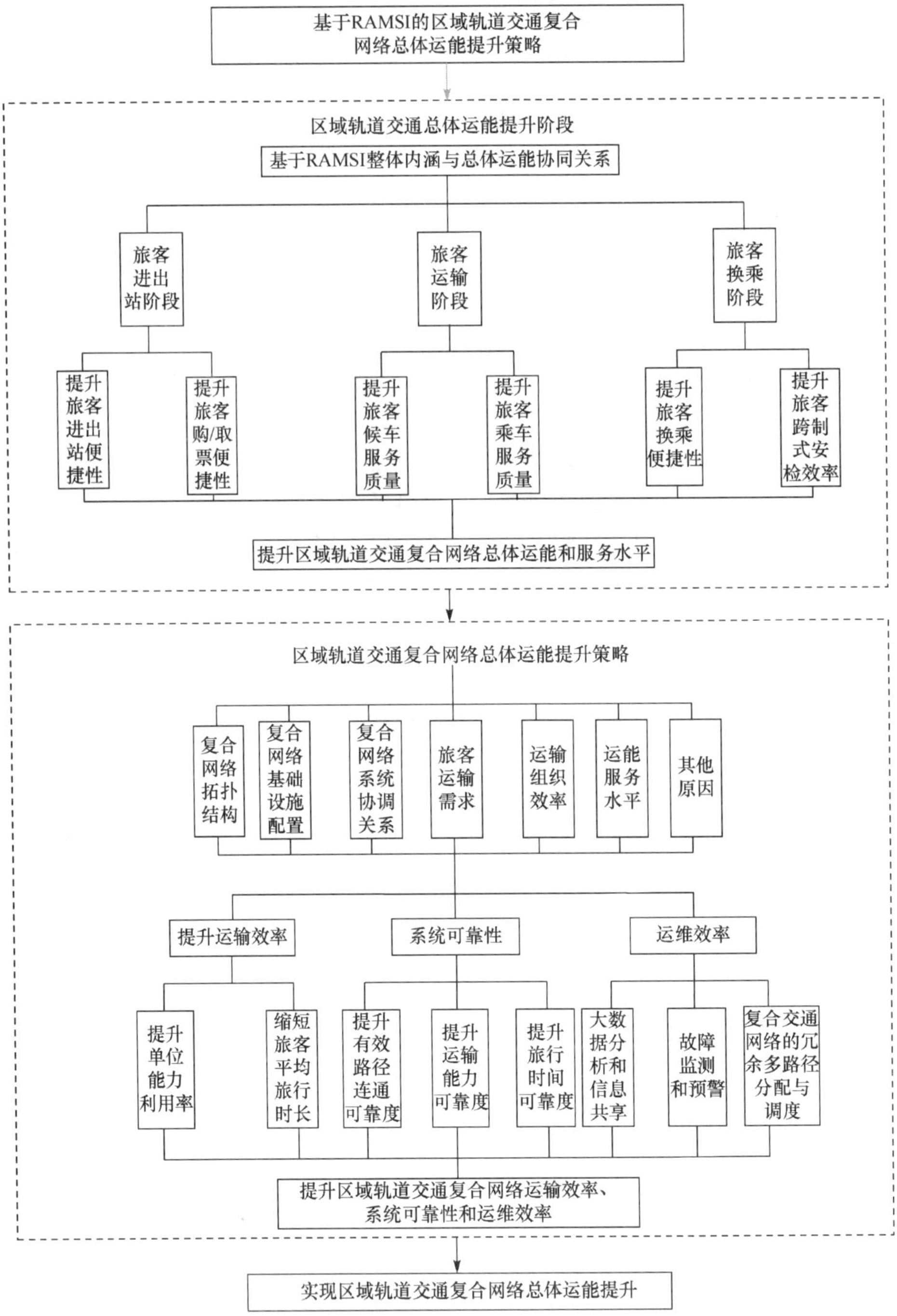

图 7-21　基于 RAMSI 的区域轨道交通复合网络总体运能提升策略实施框架

第 8 章　区域轨道交通跨制式协同管理理论

我国区域轨道交通总体运营规模的不断扩大、客运量的不断攀升，对整个轨道交通行业乃至全社会的生产管理都提出了更高的要求。区域轨道交通的协同运输与综合服务，要坚持“规划建设为运营、运营服务为乘客”的基本理念，遵循“以人民为中心、安全可靠、便捷高效、经济舒适”的基本原则，充分发挥政府及其各职能部门、各轨道交通运输企业的主观能动性，通过政府与政府之间、政府与运输企业之间的积极协调与对接形成合力，完善和创新综合管理理论体系，推进运输体制机制的构建，加强复合路网多主体的跨制式运营管理和客运枢纽综合管理，从而保障区域轨道交通系统的整体效能和运营安全，满足乘客越来越高的服务需求和期望。

区域轨道交通跨制式协同管理理论的研究，包括协同运输与综合服务，遵循政府-运营主体-关键节点的次序由上而下层层展开，对政府的协调体制机制、多主体的跨制式运营管理以及客运枢纽的综合管理进行深入研究，分析各层次管理理论的主要构成、核心功能、具体实现途径以及可提供管理支撑的方法和相关建议，确定了“以政府及其各职能部门的协调机制为抓手，以多主体跨制式运营的综合管控、统一指挥、协同执行以及联合发布为途径，以枢纽级的一系列综合运营管理平台为载体，以客运枢纽的统筹和精细化管理为落点”的核心管理思路。

本章研究跨制式协同管理理论的各项核心内容和主要实现途径，梳理各理论间的相互作用关系，构建跨制式协同运输与综合服务管理理论体系，如图 8-1 所示。

8.1　协同运输与综合服务的政府协调管理理论

8.1.1　政府在区域轨道交通协同运输与综合服务中的作用

政府在轨道交通领域具备宏观层面体制机制构建、规划布局、资源配置、建设投资、运营监管与协调、安全防范与应急处置等职能，期望通过实现区域轨道交通协同来提高运输能力、管理效率、应急处置能力、投资效益，支撑现代综合交通运输体系可持续发展。同时，区域轨道交通协同运输与服务系统的搭建更需要政府部门制定一套科学完善的协同体制机制做支撑。一方面，由于区域轨道交通协同运输与服务体系中涉及多种轨道交通系统，各制式轨道交通有各自的建设、管理和运营主体，不利于发挥运输系统的整体效用，需要一个协调机构进行统筹协调和监管。另一方面，轨道交通的规划建设与运营管理的全过程涉及多个政府部门参与、指导、监管、调控，在区域轨道交通协同发展理念下也需要充分协调各个职能部门之间的工作。因此，政府在区域轨道交通协同运输与服务系统搭建过程中扮演着不可或缺的重要角色。

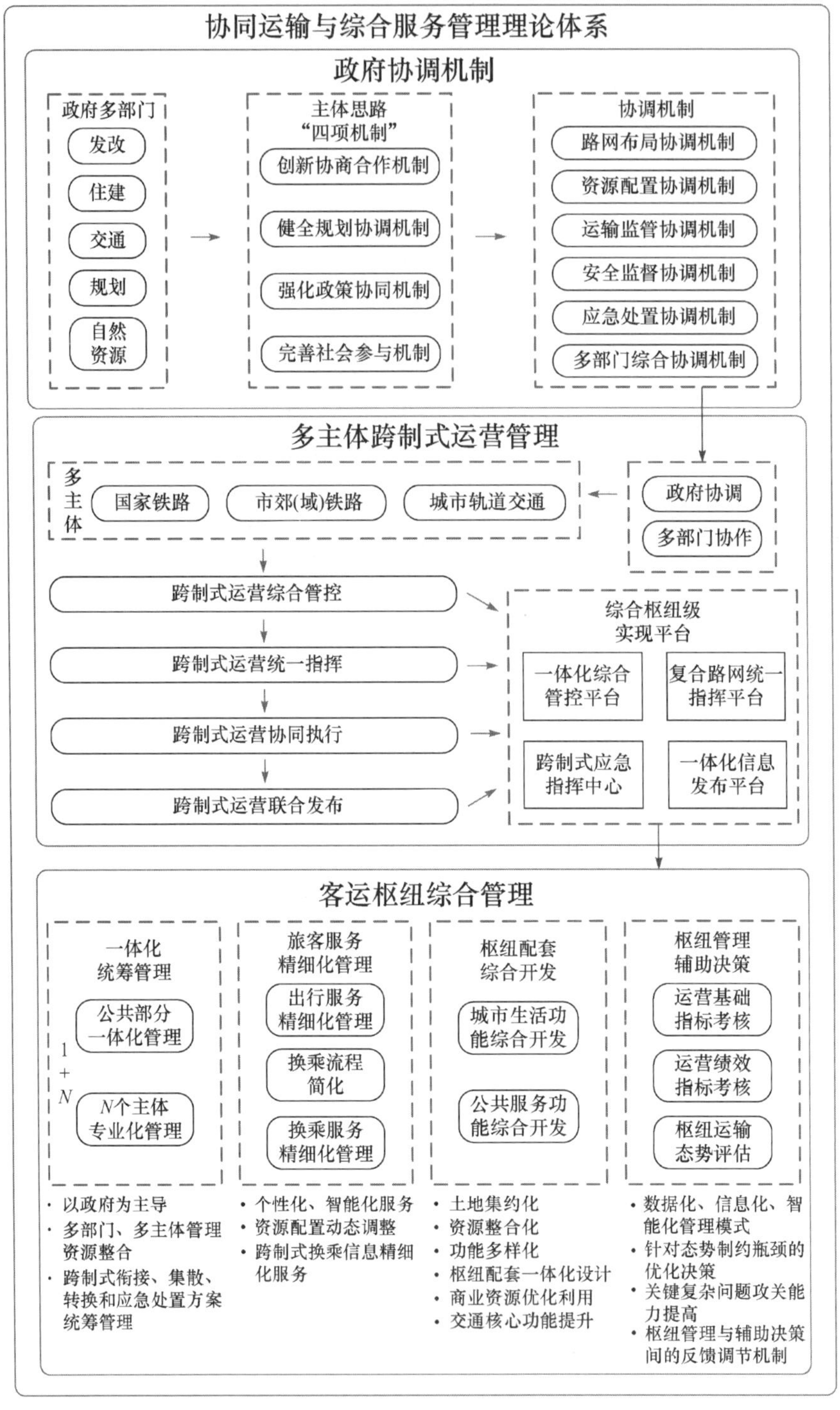

图 8-1　跨制式协同运输与综合服务管理理论体系

1. 提高轨道交通资源利用率，降低投资压力和风险

在轨道交通系统总体规划方面，政府期望通过实现区域轨道交通协同，充分利用线

路和车站富余能力，促进国铁、城际、市域和城市轨道交通融合发展，集约利用土地和通道资源。在规划时可以考虑将某种制式的富余能力与其他制式共享，整合闲置资源，优化轨道交通线路的建设时序，从而避免重复规划浪费资源，同时降低政府投资压力和债务风险，如重庆市利用既有铁路开行公交化市域列车。同时，可以通过协同各制式轨道交通的规划，打造多功能的综合交通枢纽，实现一体化运营服务，提高整体资源利用率。

2. 充分发挥轨道交通有效运能，提升服务质量和效益

政府投资兴建轨道交通项目的初衷是加大公共运输服务供给，提升公共运输效率和服务质量，为公众出行和日常生活提速加力，为地方经济社会发展扩能增值。部分城市轨道交通列车及换乘车站高峰期出现严重拥挤现象，亟待通过新建线路或增购列车、优化列车开行方案或旅客输送模式等技术手段提升运输能力。例如，为提升轨道交通运输效率、减少旅客换乘次数，东京的城市轨道交通与市域铁路实现了互联互通，在高峰期开行直通列车，并且建有融合城市功能的大型交通枢纽，以提升公共交通换乘环境和综合交通承载力，为旅客创造便捷的轨道交通生活圈，同时实现了以公共交通为导向的城市发展和土地资源利用，发达的轨道交通网络有效支撑了东京都市圈的繁荣。因此，为有效提升轨道交通运输总体运能和服务质量，带动区域经济社会发展，需要区域轨道交通协同作为重要手段和先行条件。

3. 提升安全保障和突发事件应急处置能力，确保公共安全

政府部门需要构建能全面覆盖各类突发事件和事故故障的应急机制，能够贯穿“预防—预警—响应—处置—恢复”全过程，合理利用建设和运营线网安全监控信息、线网运行实时信息、旅客出行大数据等信息高效有序地处理突发状况。

轨道交通协同运输有利于突发事件应急处置和国防需要时各制式轨道交通网络的运能协同配合，从而提升政府应急响应效率。为应对突发事件，需要制定一套区域轨道交通应急处置机制，集中多制式、多层次轨道交通的调度指挥权，根据突发事件等级，各级政府协同发力，对轨道交通复合网络运转进行统一指挥，同时协调公安、消防、医院、媒体等机构，最大限度地提升全网应急处置能力和效率，确保公共安全。

4. 优化公共交通运输结构，促进节能减排

交通运输作为资源消耗型行业，必须推进绿色循环低碳发展，提高能源利用效率，降低温室气体排放。而随着机动车保有量的增加，城市道路交通日益拥挤，也加剧了城市空气污染、噪声污染等问题，树立轨道交通在公共交通运输体系中的骨干地位，有利于促进绿色出行，缓解城市交通拥堵问题。

政府可通过实现区域轨道交通高效能一体化运输，特别是遇重大活动和节假日，有效协调各层次轨道交通，从供给角度提升轨道交通总体运能和服务质量，缩短旅客出行时间，保证轨道交通正点率，从而吸引乘客选择轨道交通出行，提升轨道交通在全方式出行中的分担率，促进交通运输结构调整，降低全社会出行能耗，实现交通运输节能减排。

5. 提高轨道交通监管能力和效率

对不同制式轨道交通的监管分属于不同部门，可能出现重复监管和监管标准不一的现象，使得监管能力和效率不高、统计分析口径不一，这构成了轨道交通一体化发展的一大阻力。为提高政府部门管理效率，应当优化管理机构和环节，创新轨道交通运营管理模式，明确政府各部门在多制式轨道交通协同管理工作中的职能。同时，有效的监管也将督促运营单位不断提升旅客服务水平，有利于确保运输供给能力与品质。

8.1.2　协同运输与综合服务的政府协调机制

区域轨道交通复合路网的覆盖范围往往包含多个城市甚至多个省级行政区域，在旅客跨制式轨道交通出行体系中，各级政府、不同职能部门不仅会涉及各自承担管辖范围内轨道交通网络的规划建设、运输监管等，还将更多地考虑协同运输需求下跨行政管辖边界的规划建设和协调管理方案。同样，跨制式、跨区域的轨道交通日常运营中必然会发生单个行政区域或部门无法独立处置的应急事件。

为保证政府及其各职能部门充分发挥其在多方关系中的主导和统筹协调作用，需要建立健全统一的协同运输组织管理机构和工作机制，其主体思路可以总结为“四项机制”，即创新协商合作机制、健全规划协调机制、强化政策协同机制以及完善社会参与机制。覆盖范围涉及区域轨道交通路网布局、资源配置、运输监管、安全监督、应急处置等整个生命周期，从政府的顶层设计着手全面推进和支撑区域轨道交通的协同运输与综合服务。

1. 政府路网布局与资源配置协调机制

在路网布局与资源配置方面，政府应充分把握区域轨道交通复合路网特性，明确发改、住建、规划、交通、自然资源等政府机构在参与项目审批与建设中的职责，加强部门间的沟通联系，充分发挥各自的专业优势，整合相关企事业单位如轨道交通设计院、交通研究院、交通类高等院校的设计研发能力，最终建立统一高效的协调管理机制。对该机制的内容做进一步的阐明，主要包括：

(1) 各级政府及职能部门应联合开展对区域轨道交通基础设施未来需求和发展方向的评估和预测，并在此基础上进行总体布局规划，联合制定基础设施建设的中长期规划，构建适应新时代发展要求的协同运输与综合服务高质量发展调控体系。

(2) 各级政府及职能部门应协调和平衡各项交通规划的编制并监督实施，共同拟定综合交通规划、综合交通建设规划及其子规划，深入开展线网布局方案研讨和规划、轨道交通功能定位和调整、轨道交通建设时序调整等工作，联合制定轨道交通行业中长期规划、年度计划和投资计划，共同开发利用轨道交通闲置存量资产。

我国跨制式轨道交通在路网规划及布局上已取得了一定进展，但政府对路网及资源配置的协同水平仍有待进一步提升。以成渝区域的轨道交通发展为例，成都市已通过《成都市城市轨道交通建设“十三五”规划》和《成都市“三铁融合”总体方案》，提出按照“轨道引领、全域覆盖、区域辐射、多制式推进”思路科学编制由“市域国铁公交化、市域铁路、城市轨道交通、多制式轨道交通”组成的城市轨道交通线网规划，共同构建全域覆盖、“三铁融合”的市域轨道交通网络。成都市轨道交通线网规划通过在城区与周边线网之间布设一慢一快(地铁加市域快线)的布局，发挥地铁连接城市主城区和周围核心区域，快线以线路较长、服务半径大、高速快捷的特点实现成都周边与中心城区以及周边之间的快速连接，并通过利用成都市域国铁线路富余能力开行公交化列车，有效起到了不同轨道交通制式功能定位差异化、服务分工合理化的作用。重庆市积极开展市域铁路与城市快轨规划，预留市域铁路/城市快轨与城市轨道交通等其他制式的节点衔接换乘条件，并规划及建设跨制式贯通运营线路。成渝地区在轨道交通线网协同规划与布局方面已取得初步成果。

但是，成渝地区轨道交通路网与资源配置的协同机制仍处于初步阶段：“三铁融合”规划侧重于功能融合，在网络融合及互联互通方面有待进一步提高；未能充分利用轨道交通资源，以形成针对各种轨道交通制式网络协同、层次合理、互联互通、换乘顺畅的多制式的轨道交通复合网络；成都与重庆两个地区的轨道交通线网布局规划侧重于本城市与周边地区，成都与重庆之间的轨道交通路网布局及闲置资源的协同水平有待进一步提高。

2. 政府运输监管与综合协调机制

在运输监管与综合协调方面，政府应充分把握区域轨道交通“多网-四域-多功能”特征，主导构建融合轨道交通运营主体、各级交通运输主管部门和相关社会主体等涉及区域轨道交通出行的各组成单元间的综合协调机制，切实有效地履行自身运输监管职责，促进各运营主体之间高效衔接配合、组织协同运输，加强各级交通运输主管部门、各运营主体与广大旅客之间的联系，从而保证区域轨道交通协同运输与综合服务工作的有序开展。对该机制的内容进一步的阐明，主要包括：

(1) 各级政府及职能部门应具体负责管辖范围内多层次、多制式轨道交通之间的配合协调工作，对其规划、建设、运营等各阶段工作实施有效监管，负责轨道交通新线开通试运营的综合管控，参与拟定日常运营以及重大活动、节假日的轨道交通运输服务保障方案并监督实施，定期组织开展针对协同运输与综合服务总体质量和发展态势的综合评估。

(2) 各级政府及职能部门应具体负责管辖范围内区域轨道交通运营的行业管理和运输市场监督，建立畅通有效的轨道交通运营服务投诉受理制度，根据国家相关规定调整和制定轨道交通票价、票制、票程，承担轨道交通行业统计、评估、预测、信息服务等工作，协调解决区域轨道交通一体化进程中如推动安检互信等具体问题。

3. 政府安全监督与应急处置机制

在安全监督与应急处置方面，政府应充分把握区域轨道交通各类突发事件情景和事故故障特点，主导构建贯穿“预防—预警—响应—处置—恢复”全过程的协调体制机制，合理收集、利用区域轨道交通复合网络安全监控信息、列车运行实时信息、出行大客流预测信息等高效、有序地组织日常运营监督并协调处理突发事件，提升自身应急响应效率，必要时刻可以集中各制式轨道交通调度指挥权协同发力，最大限度地提升整体应急处置能力和效率，保障旅客出行安全。对该机制的内容进一步的阐明，主要包括：

(1) 各级政府及职能部门应落实轨道交通运营安全的监督管理职责，积极参与制定相关的安全管理条例，拟定管辖范围内的轨道交通国防保障计划、保障方案和紧急应对措施，按规定实施国防交通物资储备计划，合理调配国防交通物资，全面指导、监督和协调管辖范围内的国防交通。

(2) 各级政府及职能部门应自上而下逐步建立和完善相应的应急管理机构，实现统一管理、分级响应、标准运行，做好应急响应机制设计、应急事件等级划分以及应急处置预案管理，领导和组织管辖范围内轨道交通企业、公安、消防、民政、卫生、媒体等各方应急联动，定期对重大故障和事故的原因进行分析，综合评估区域轨道交通系统运营安全态势，不断完善运营安全管理制度以及安全防范和应急处置措施。此外，政府还应参与并配合应急管理部门领导的重大突发事件应急处置工作，负责突发事件中跨行政边界各应急管理与救援单位之间的协调。

下面以上海市为例，对其政府参与管理的轨道交通应急处置机制进行阐述。

1) 预警等级

根据上海城市轨道交通运营生产实际情况，依照已发生突发事件线路行车的受影响程度、人员伤亡数量、预判运营中断时间及事件类型，上海城市轨道交通应急预警等级划分为一至五级和提示级预警共 6 个级别。

2) 预警发布

一级和二级预警信息由上海申通地铁股份有限公司(申通集团)上报上海市交通委员会(市交委)后，经市交委报请市政府同意后，通过市交委交通指挥中心向各应急联动单位发布，并由市交委、轨道交通运营主体组织协调相关单位向社会公众发布。三级和四级预警信息，由申通集团报市交委同意运营后，通过市交委交通指挥中心向各应急联动单位发布。五级和提示级预警信息由申通集团报备市交委，并主要由轨道交通运营主体的网络运营协调中心向社会公众及时发布。预警信息内容包括事件概况受影响区域、预计恢复时间等内容。

3) 应急响应

应急响应机制是为响应预警信息启动应急预案而采取的一系列措施安排和制度，按照“分级响应、动态适应”的要求进行运作，其运作流程如下。

(1) 三级及以上级别预警。

一级、二级预警：在市政府统一领导下，成立市应急处置指挥部，各应急联动单位按照应急预案迅速到位，开设响应协调组，统一指挥各专业应急队伍的现场抢险救援工作。

三级预警：根据突发事件性质，相应的应急联动单位共同成立事故处置现场指挥部，由现场指挥部组织实施预案，各相关部门和单位迅速到位。

(2) 四级预警。

由市交委、市应急联动中心会同相关部门组织实施，各相关工作单位迅速到位。

(3) 五级预警。

由网络运营协调中心向运营主体的相关组织与人员及外部相关单位发布五级预警的工作指令，响应主体以网络层的应急指挥中心和线路层的线路控制中心为主。

(4) 提示级预警。

由网络运营协调中心向运营主体的相关组织与人员及外部相关单位发布提示级预警的工作指令，响应主体以车站层的车站班组、区域站长以及司机为主在接到分级预警信息后根据不同等级的预警信息，应急响应的主体以及所承担的职责也存在差异。

4) 应急联动

上海市轨道交通应急联动包括内部联动与外部联动。内部联动主要是指系统内部组织人员之间的联动，重点通过纵向层间协同与横向部门协同，确保内部应急资源与力量形成合力，共同应对突发事件。外部联动主要是指轨道交通系统与外部市级有关部门，以及公安、消防、医疗等外部专业单位之间的双向联动，通过建立接口、明确联动方式、制定联系人员等，确保应对不同突发事件时能够快速实现联动，最大化统筹相关资源，借助专业化力量，实现对突发事件的有效控制。其中，上海市轨道交通的“四长联动”(值班站长、公安警长、派出所所长、街镇长)机制形成了站点内外工作协同，市、区部门上下协同的联动工作格局，搭建信息共享与问题共治的紧密联动平台。

5) 应急处置

应急处置机制主要包括应急决策机制、应急指挥机制和现场处置机制三部分。其中，现场处置由先期处置和后期综合处置组成，按照“先期处置—应急决策—应急指挥—后期综合处置”的流程进行运作。

先期处置由最先发现突发事件和最接近突发事件发生场所的人员或组织进行，一般是车站班组、司机等车站层人员以及线路层和网络层值班人员，预警信息发布的同时，组织、指挥、协调现有力量根据应急预案以及应急操作手册对不同的突发事件进行先期控制。

应急决策主要围绕突发事件的类型、性质和级别以及发生场所启动相应的应急预案，同时根据资源配置事态发展等实际条件，由应急指挥小组根据现场应急指挥处置小组的意见，会同相关专家，制定统一的应急决策。

应急指挥由应急指挥机构负责人根据应急决策统一发布应急指令，明确不同组织与人员的职责以及作业要求，保障多专业、多部门之间高效地协同联动。

后期综合处置由现场应急指挥处置小组和对外公关小组根据应急指挥小组的指令，组织轨道交通系统内部与外部各专业人员共同进行现场处置作业，尽快排除事故故障和危险，保障人员与财产安全，并及时对外发布相关信息，为恢复运营创造环境。

8.2　区域轨道交通多主体跨制式运营管理理论

在政府及各职能部门的有效监管和统筹协调体制机制下，各运输企业、运营主体应充分发挥自身主观能动性，结合多制式运营管理中资源分配、信息传递、协同作业、精准控制等主要需求，通过“集中式”和“分布式”相结合的运营管理模式，实现区域轨道交通复合网络的多主体跨制式协同运输。

在区域轨道交通多主体跨制式运营管理中，不同的技术作业内容和岗位职责细分在整个复合网络空间中，不同的技术作业环节也存在着同一时间的同步处置和不同时间的接续处置。因此，在分析多主体协同运输管理的空间分布特性、时间同步及异步特性的基础上，构建区域轨道交通复合路网跨制式运营管理理论体系，覆盖运营管理的管控、指挥、执行以及发布全过程，提出各环节内相应的管理理论与方法，从而促进区域轨道交通跨制式运营管理的协同交互与多点联动，提高区域轨道交通协同运输效率与综合服务质量。

8.2.1 复合网络跨制式运营综合管控

在跨制式运营管控层面，各运营主体要加强自身的专业化管理能力、提高运营管控质量，同时在政府的协调机制下实现针对整个复合网络级别的运营综合管控，通过对跨制式运营设备、环境、运转状态的信息获取与集中，建立一体化的综合管控平台，实时监测跨制式运营各环节的潜在风险和运营成本，以区域轨道交通复合网络运输效益最大化、旅客跨制式出行成本最小化为目标对综合管控中发现的问题进行优化处置，提高管理决策水平。

同时在应对突发事件时，各制式轨道交通存在运营联动、综合管控的需求。通过满足复合网络跨制式运营综合管控需求，有效提升各制式轨道交通的综合管理能力和应对突发事件的应急处置能力。为应对突发事件，在一体化的综合管控平台基础上还应形成多制式运营主体应急管控机制，必要时成立应急处置领导小组，针对较难决策的重大问题给出决定性处置方案。同时，要充分利用大数据和云服务等信息技术手段对突发状况与处置过程进行直接监控，从而减少运营指挥、执行和发布的信息反馈工作量，提升应急处置效率。

8.2.2 复合网络跨制式运营统一指挥

在跨制式运营指挥层面，由于我国不同轨道交通类型的调度指挥方式存在一定差异，各运营主体还存在复合网络跨制式运营统一指挥的需求。

以我国多制式轨道交通的调度指挥模式为例，城际铁路/国铁干线的调度指挥模式是区域集中的二级调度指挥模式，设置铁路总公司调度指挥中心和铁路局调度指挥中心，而市域铁路和城市轨道交通调度指挥模式通常采用一级调度指挥模式，设置一个调度指挥中心。市域铁路、城市轨道交通、城际铁路/国铁干线的调度指挥体系从构架和处理的信息上存在差异，并且存在共线、共站和并站的现象，为保证跨线列车运行安全，提高列车运输组织效率，需要通过调度指挥中心相互协调才能实现。

由于各运营主体之间是相对独立的企业法人，不同调度系统之间的协调，意味着需要在衔接点做好调度权限的划分，达成协调机制便能顺利实现运输任务。

调度指挥权限是调度指挥管理的重要组成部分，清晰的调度指挥权限对保障跨制式轨道交通运输安全、提升区域轨道交通整体效率起着关键性作用。不同的调度指挥权限的划分是指对调度指挥职能和功能在行使权限上的划分，它限定了各调度指挥机构的权限和职能范围。线路连接部分调度指挥的衔接是否良好，不仅取决于双方调度指挥的配合，更要依靠双方对调度指挥权限的划分是否合理，这是妥善解决多运营主体下调度指挥协调作业的关键。

除了对跨制式调度指挥系统的协调，各运营主体还要加强自身对客流数据、能效数据以及运营指标统计的分析和管理，在政府的协调机制下充分发挥各制式既有线网指挥中心的功能，并在此基础上建立更高级别的针对整个复合路网的统一指挥平台，主要履行对各制式指挥中心的集中监管和统一协调职能，通过对跨制式运营客流、行车、设备的运行以及服务情况的统一分析和处理，利用数据挖掘和指标评价等技术手段辅助跨制式运营决策，从而优化复合网络运力资源调配、提升跨制式运营管理能力。

在跨制式运营应急指挥中，也存在运营统一指挥的需求，应协调不同制式的应急指挥系统，形成贯穿整个应急处置作业过程的统一指挥工作制度。

例如，在共线、共站区段及其相邻区段发生应急事件时，相应的应急指挥必定牵涉到不同制式调度指挥中心两个系统。如果不同系统共同参与同一事件应急处置，两中心相互之间易产生协调不畅的情况，甚至会出现相互拖沓、相互抵赖的情况，延误应急处置。而如果让任一系统单独防控应急事件，则存在以下不足之处：一是其对另一系统基本情况不够熟悉，影响应急处理效率；二是两系统不存在隶属关系，任何一个调度指挥中心对另一调度指挥中心的指挥协调都缺乏权威性；三是容易出现片面维护本部门利益的情况，使得资源、人员、设备无法得到有效利用。因此，应急处置需要两个调度指挥中心之间的相互协调与配合，对应急处置的各环节实时监控并根据实际需求调整调度决策，必要时应设立现场应急指挥中心来统一调配应急资源，协调各部门的救援作业，从而实现跨制式运营多部门的应急联动，提高应急处置水平。

8.2.3　复合网络跨制式运营协同执行

在跨制式运营执行层面，各运营主体应从线路级、车站级、车辆级等层次优化自身的运营业务流程和调度命令执行能力，并在跨制式运营统一指挥的管理下强化各执行环节的联动机制，提高调度命令的接收、处理和反馈效率，积极协调和对接各自主分布式作业的执行进度、完成质量等信息，实现复合网络跨制式运营的协同执行，从而保证综合管控和统一指挥的管理决策效果，维持良好的跨制式运营服务质量和运输秩序。

为提高跨制式运营协同执行能力，还应健全和完善有关调度命令的管理实施制度，通过提高调度命令传递技术保证命令获取与执行的及时性和准确性，严格规范操作流程中每一项作业并提高作业交接与核对质量，保障每一个调度命令的有效执行，对命令的重点内容应着重标记和考核，加大对重点内容和重要环节的监督、检查力度，命令执行后应进行分类保管，以便于后续对管理决策的检查、总结、调整与改进。

在应急处置过程中，还应加强对设施设备的抢修能力，积极调整和优化多制式间抢修作业环节的衔接和配合，实时反馈各自的工作进度和现场情况供管控层和指挥层进行监控，从而掌握运营协同执行效果来辅助后续的应急管理决策。

8.2.4 复合网络跨制式运营联合发布

在跨制式运营信息发布层面，其运营管理离不开智能化信息服务的支持。它是区域轨道交通旅客出行服务中的重要一环，通过及时、准确地发布运营信息，为旅客提供便捷的信息服务，可以保证旅客出行的服务质量。我国区域轨道交通各制式的运营主体已充分认识到了智能信息发布的重要性，并在智能化信息服务的建设上取得了一定的成就。我国区域轨道交通为旅客提供智能化信息发布服务，主要体现在以下两个方面。

首先，针对城市轨道交通出行的旅客，旅客可以通过地铁官网、官方应用程序、微博等多个渠道实时获取列车运行时刻、晚点情况、突发事件等信息。在购票方面，大部分城市轨道交通都支持应用程序购买车票、多卡支付、多平台支付等多种购买方式。在候车及乘车过程中，车站、列车上的显示屏等智能信息服务终端为乘客提供列车到达、运行状态、前方到站、换乘通道等信息。在换乘过程中，为乘客提供了清晰的换乘引导标识。

其次，针对市郊和国铁线路出行的旅客，旅客可通过铁路官网 12306 获取相关列车时刻表、票价等信息。在购票过程中，旅客可通过 12306 或其他网上平台购/取车票。在候车过程中，乘客可通过车站显示屏实时获取列车到站信息。在乘车过程中，普速铁路旅客只能通过列车广播获取列车运行信息，乘坐高铁、动车组的旅客可以通过列车上的车载显示屏获取列车运行状态信息。

虽然我国区域轨道交通各制式系统内部的智能化信息发布服务已经得到了较大提升，但跨制式间的信息联合发布服务还亟待开展，尚未建立多制式区域轨道交通信息发布平台，从而导致区域轨道交通旅客获取跨制式出行信息分散、不及时、难以辅助出行决策等问题。具体来说主要在以下几个方面还亟待完善：在信息获取方面，不同轨道交通制式所对应的运营主体均有各自独立的信息发布平台，使得多类信息发布分散、难以综合，旅客需要从不同平台获取信息，再辅助规划自己的行程，过程烦琐而复杂。在信息共享方面，各制式轨道交通运营主体相互独立，与运营相关的信息基本不能实现共享和协同，使得旅客无法集中获取针对全出行链的智能化出行信息服务，运营单位也难以实现多制式间的协同运输和应急联动。在出行路径规划方面，区域轨道交通尚未能实现为旅客完整规划出行路径的功能，旅客在规划出行路径时，需通过查询不同交通方式的列车信息和换乘站的信息自行完成出行路径选择。跨制式出行路径规划还处于初级发展阶段，智能化程度较低，缺少专业的路径规划信息发布平台。

跨制式运营信息的联合发布，要求各运营主体应加强自身运营数据的采集、统计、分析和传递能力，针对综合管控、统一指挥、协同执行的处置结果，实现面向旅客的运营信息联合发布，在政府的监管和协调下建立一体化的信息发布平台，通过高效的信息服务网络和智能终端设备快速、准确、实时地完成旅客跨制式出行信息的推送，辅助旅客规划和调整跨制式出行路径，引导旅客出行行为选择，便于旅客对出行需求的信息查询与综合分析，从而提高复合网络整体运营效率和运营服务水平。

在运营信息的联合发布中，应注重信息的实时性和内容质量，针对不同场景、不同旅客群体提供可定制的个性化信息服务，对数据繁杂、处理工作量大的各制式轨道交通出行服务信息进行有效整合和智能化分析，同时加大智能信息服务终端和即时信息服务对跨制式旅客出行过程的覆盖程度，从而提高运营信息联合发布的可获得性和信息发布质量。

8.3　区域轨道交通复合网络客运枢纽综合管理

客运枢纽作为复合网络内的关键节点，为旅客直接提供了中转停留、跨制式换乘、与其他交通方式接驳等出行服务及服务场所，其运营管理的质量极大地影响着区域轨道交通协同运输与综合服务的整体效能和水平。因此，要充分掌握在客运枢纽内衔接的各轨道交通方式特点以及换乘客流的特性，提出复合网络客运枢纽综合管理理论与方法，在政府及相关职能部门的协调机制下，联合多个轨道交通运营主体，实现客运枢纽的一体化统筹管理、枢纽内旅客服务的精细化管理以及枢纽配套的综合开发。同时，为辅助客运枢纽综合管理，提出面向复合网络客运枢纽综合管理的辅助决策理论，通过运营指标分析、态势评估与推演等技术手段辨别枢纽协同衔接的瓶颈环节，提出基于态势保障的管理辅助决策方法，从而优化枢纽资源配置、简化出行环节，更好地为旅客提供快速、便捷、安全、舒适的出行服务。

8.3.1　客运枢纽的一体化统筹管理

在区域轨道交通复合网络客运枢纽的管理模式上，应充分考虑各制式轨道交通运营特点以及枢纽所在区域政府机构和相关管理部门的职责分工，建立“1+*N*”的客运枢纽一体化综合管理体制机制，即在客运枢纽区域内的“*N*”个部门、机构和轨道交通运营主体实现自身专业化管理的基础上，将所涉及协同运输与服务的公共部分提取出来构成“1”个整体实施一体化统筹管理。

由于区域轨道交通复合网络客运枢纽是一种典型的复杂开放系统，其一体化统筹管理模式应以政府的综合管理及协调为主导，整合多方管理资源统一编制枢纽区域内各交通制式，各轨道交通制式间的衔接、集散、转换和应急处置方案，组织落实复合网络的协调机制，保障区域轨道交通客运枢纽的安全运营，明确各组成单位的职责分工并统一考核，合理分配与运用客运枢纽公共资源，形成统筹调度、联勤联动的办公机制。

8.3.2　客运枢纽旅客服务的精细化管理

区域轨道交通复合网络客运枢纽涉及的旅客服务内容较为复杂，尤其是高效、有序、便捷地完成跨制式出行换乘，对提高区域轨道交通旅客出行效率和服务水平都至关重要。因此，需要针对枢纽内的旅客出行服务，特别是换乘服务的各个环节进行精细化管理，对其中的票制一体化、安检互信、同台换乘等关键技术进行研究。

1. 票制一体化

传统的国铁与其他轨道交通系统各自为政，分段购票，信息不共享的服务，已经难以满足人民群众的需求。“一票到底”“无缝衔接”“全程服务”的出行需求正不断增长，这为开展旅客一体化联运提供了坚实的基础。随着新一代互联网、移动通信、云平台、云计算等技术的发展，交通运输行业为旅客提供服务的手段将越来越丰富，科技手段的信息处理、信息服务、信息分析服务越来越强大，为大范围的互联互通票务服务系统、旅客出行信息服务系统提供了有力的技术保障。

票制一体化，即采用相同的车票制式及技术标准，设置旅客一体化协同运输电子客票，实现“一站购票”“一票出行”，对客票的退改签时限、费用等给予一定优惠和便利。可参照高铁，实行刷“身份证”进站上车；共同设置清分中心对票务系统进行统一管理，实现轨道交通快线及不受干线列车影响的铁路线的财务收益清分、统计；受干线列车影响较大的铁路宜沿用原铁路票务系统。

2. 安检互信

由于轨道交通高密度、大运量的特点，旅客运输安全就至关重要。轨道交通的安全防范、市民教育、应急预案、平时演练、处置应对等都需要未雨绸缪、做好各类地铁突发事件的应急管理和安全防范工作。不同于国外普遍未实施安检，我国铁路以及城市地铁普遍实施了常态安检。国务院于 2013 年颁布《铁路安全管理条例》，明确指出铁路运输企业应当依照法律、行政法规和国务院铁路行业监督管理部门的规定，对旅客及其随身携带、托运的行李物品进行安全检查。同时，为了使地铁实施安检合法化，在 2008 年奥运会之前北京市在全国率先出台了《北京市城市轨道交通安全运营管理办法》。目前国内主要城市中都已实施常态化地铁安检。

为了实现多种交通方式快捷、便利地换乘，2018 年 1 月交通运输部颁布《关于加快推进旅客联程运输发展的指导意见》，提出在封闭、连续的联运旅客换乘通道，可通过跨制式安检标准互认，在保证运输安全的前提下，减少旅客换乘过程中的重复安检。实现跨制式的安检标准互认，可以提高旅客运输效率，减少旅客排队等待时间，继而减少旅客在途旅行时间。同时避免了客流在安检区域的积压，保证了车站运输安全。

当不同轨道交通采用互联互通的运输组织方案时，可以采取与国铁相同或相近的安全检查标准，实现旅客在两种运输方式之间无须二次安检，保证运输效率及运营组织安全。

3. 同台换乘

同台换乘也称为“零距离换乘”，将两个轨道系统的四条线路分别两两合用一个岛式站台，使得两条轨道系统的部分乘客实现在同一站台上的换乘，或者是通过连接站的天台或地道就可以换乘另一条线路的车辆，从而减少旅客的走行距离，提供便捷的换乘服务。下面以成都犀浦站为例(该站是我国第一个实现同站台换乘的市域铁路/地铁换乘车站)，对其跨制式出行旅客同台换乘的组织流程进行详细介绍。

1) 市域铁路换乘地铁

2017 年 7 月 15 目前，由于存在安检等级差别，犀浦站仅实现了市域铁路向地铁的单方向同台换乘。由于市域铁路的安检等级高于地铁，由市域铁路换乘地铁的乘客下车后可直接在站台经过国铁闸机，再购买地铁车票，最后通过地铁闸机检票，进入地铁站台候车，换乘设备如图 8-2 所示。

(1) 犀浦站国铁出站闸机　　(2) 犀浦站站台地铁售票机

图 8-2　犀浦站市域铁路换乘地铁换乘设备

2) 地铁换乘国铁

2017 年 7 月 25 日前，由于站台上没有市域铁路安检设备、进站检票闸机等设施，由地铁 2 号线换乘成灌线的乘客需经历地铁出站、铁路购/取票、铁路进站、铁路安检等一系列复杂流程才能换乘成灌线，即使旅客已经提前购买车票，整个换乘流程也将用时 10min 左右，若遇到客流高峰期，用时超过 20min。从 2017 年 7 月 25 日开始，经过成都市政府相关部门、单位与成都铁路局协商，相关单位签署安检互信互认协议，在犀浦站实行安检互信，已购买、换取了动车票或者持有中铁银通卡的旅客乘坐地铁 2 号线到达犀浦站后，就可在待乘市域铁路列车发车前一段时间依次通过铁路身份证检验闸机、国铁检票闸机和地铁车票回收闸机，进入动车站台，换乘开往都江堰、青城山、彭州等方向的动车，从而实现铁路、地铁的无缝同台换乘，地铁换乘国铁设施示意图如图 8-3 所示。对于没有来得及购票或换取车票的旅客可通过换乘站台的自助售取票设备购买换乘车票。此外，地铁站台还专门为提前到达的由地铁换乘市域铁路的旅客设置候车区，以方便相应旅客候车，以及维护地铁站台正常运营秩序。

(a) 犀浦站站台换乘指示引导图　　(b) 犀浦站站台铁路入口

图 8-3　犀浦站安检互信后地铁换乘国铁设施示意图

客运枢纽旅客服务的精细化管理，应建立在区域轨道交通旅客枢纽内出行行为分析的基础上，梳理旅客对乘降、换乘等环节的服务需求，针对不同旅客群体制定个性化、智能化的服务模式，并根据服务需求的时空分布特征编制枢纽资源运用计划，动态调整资源配置方案，必要时启动应急管理预案，保证各环节旅客服务功能的有效性和高效性。

此外，还应对客运枢纽内旅客服务效果进行分析和总结，尽可能简化区域轨道交通旅客跨制式出行的环节。积极引导旅客在枢纽内的走行路径搜索和规划，基于此构建客运枢纽旅客服务信息数据库，设计并开发枢纽内的旅客出行综合服务信息系统，对于有特殊需求的旅客可以进一步提供服务问询和预约，从而实现枢纽内全流程旅客服务的精细化管理。

8.3.3　客运枢纽配套的综合开发

区域轨道交通客运枢纽除交通功能，还兼具城市生活功能和公共服务功能，能够同时带来经济效益和社会效益，因此枢纽配套的一体化设计与综合开发也是客运枢纽资源管理和功能实现的重要组成内容。区域轨道交通运营单位还存在客运枢纽配套综合开发的需求。

区域轨道交通客运枢纽配套的综合开发，要形成土地集约化、资源整合化、功能多样化的理念，在枢纽统筹管理体制下综合性地考虑枢纽的功能定位、开发模式、土地价值利用等问题，协调各运营和建设主体实现客流引导与转换的优化设计、交通和商业资源的优化利用，是客运枢纽改善公共交通服务、带动区域经济发展的集中体现。

在复合网络客运枢纽配套的综合开发中，应整合轨道交通、枢纽及综合开发业态三大功能，需要明确配套综合开发建设的管理主体，保证和突出客运枢纽的核心交通功能，在枢纽周边或上盖开发的物业中考虑交通设施空间的预留和结合，创新综合开发理念，建立土地和物业开发收益反哺轨道交通运营的发展机制。

8.3.4　客运枢纽管理的辅助决策

区域轨道交通复合网络客运枢纽融合了多种轨道交通制式的进出站和换乘客流，导致枢纽内的客流结构较为复杂，具体体现在时空分布的不均衡性、不同制式间断面的不均衡性以及枢纽内各服务环节负荷的不均衡性，对枢纽的运营和管理都造成了较大的影响。因此，为实现科学管理，需要建立一套面向复合网络客运枢纽综合管理的辅助决策理论与方法，通过大数据挖掘与分析、多源信息融合等技术手段对客运枢纽运营管理和客流运转进行现状评估与动态预测，从而辅助形成数据化、信息化、智能化的综合管理模式，提高客运枢纽管理水平和技术水平。

在辅助决策理论中，需要综合考虑客运枢纽内的各项客流特征及其变化，通过一系列的基础指标和绩效指标来综合反映当前客运枢纽的运输组织情况，在此基础上构建基于时间序列的态势评估指标体系对运输态势进行评估，利用大数据挖掘、综合评价等方法寻找制约客运枢纽运输态势提升的瓶颈环节，从而有针对性地提高对关键复杂问题的攻关能力，并进一步提出基于态势保障的管理辅助决策方法，通过态势的短时推演形成枢纽管理和辅助决策间的反馈调节机制，更好地为区域轨道交通旅客出行提供服务。

第 9 章　重庆市市域多制式轨道交通协同发展实践

9.1　重庆市市域多制式轨道交通发展现状

9.1.1　重庆市国铁干线发展现状

“十二五”以来，重庆铁路交通快速发展。2015 年底，重庆市铁路运营里程达到 1929km，复线率达到 51%，电气化率达到 100%，路网密度达到 234km/万 km^2，覆盖 27 个区县，形成 10 个对外通道。铁路在全市综合交通体系中的骨干作用进一步强化，为支撑区域经济社会发展做出了突出贡献。重庆市部分运营铁路概况如表 9-1 所示。

表 9-1　重庆市部分运营铁路概况

铁路	等级	正线数	线路全长/km	境内长度/km	速度目标值/(km/h)
成渝高铁	Ⅰ级	双线	308	128	350
成渝铁路	Ⅱ级	单线	505	226	80
川黔铁路	Ⅰ级	单线	424	177	80
襄渝铁路	Ⅰ级	双线	837	81	160
遂渝铁路	Ⅰ级	双线	132	97	200
渝利铁路	Ⅰ级	双线	261	237	200
渝怀铁路	Ⅰ级	渝涪双线	525	90	120
		涪怀单线		360	
兰渝铁路	Ⅰ级	双线	820	98	200
达万利铁路	Ⅰ级	单线	256	136	80(120)
南涪铁路	Ⅱ级	单线	78	78	120
枢纽联络线			221	221	

根据《重庆市中长期铁路网规划(2016—2030 年)》，如表 9-2 所示，计划到 2020 年，形成 10 条连接重庆主城枢纽的铁路干线大通道，全面加快“米”字形高铁大通道建设，为重庆建设国家综合性铁路枢纽奠定坚实的基础。同时，重庆将形成 1 条环线 10 条连接重庆主城枢纽的铁路干线大通道，铁路运营里程达到 2600km 以上，在建里程 1300km 以上，其中复线率达到 60%以上，电气化率 100%。

计划到 2030 年，全市路网建成和在建的总规模达到 5805km，其中高铁里程 2032km，实现对外大通道复线率 100%，电气化率 100%，形成以重庆枢纽为中心，“米”字形高速铁路通道为骨架，“两环 + 干线多联线”普速铁路为支撑，连通欧亚、通达全国、畅通周边的现代化铁路网络体系；全面形成以“三主两辅”铁路客运枢纽、“2 + 4 + 9”铁路物流中心为主导的铁路枢纽体系；全面建成国家综合性铁路枢纽。

表 9-2 重庆市中长期铁路网线路概况表(2016～2030 年)

类别	线路名		线路全长/km	境内里程/km	投资规模/亿元
合计				5805	5703
一、高速铁路				2032	2744
既有线路	成渝高铁		308	128	—
在建线路	渝郑高铁	渝万高铁(已建成投用)	247	247	253
在建线路	渝郑高铁	郑万高铁	740	182	277
规划新增线路	渝昆高铁		720	118	177
规划新增线路	成渝中线高铁		280	95	143
规划新增线路	兰渝高铁		800	120	180
规划新增线路	渝西高铁		660	410	615
规划新增线路	渝达城际		230	23	35
规划新增线路	渝武高铁		780	214	321
规划新增线路	渝湘高铁		500	380	570
规划新增线路	渝贵高铁		345	115	173
二、普速铁路				3773	2959
既有线路	成渝铁路		505	226	—
既有线路	遂渝铁路		274	97	—
既有线路	兰渝铁路		820	98	—
既有线路	襄渝铁路		507	81	—
既有线路	渝利铁路		261	237	—
既有线路	渝怀铁路		525	450	—
既有线路	川黔铁路		424	177	—
既有线路	达万利铁路		256	136	—

续表

类别	线路名	线路全长/km	境内里程/km	投资规模/亿元
既有线路	南涪铁路	78	78	—
	枢纽联络线	221	221	
在建线路	渝黔铁路	345	115	277
	黔张常铁路	336	23	35
	枢纽东环线	155	155	414
	渝怀铁路扩能改造(涪怀段)	(435)	(346)	277
	三万南铁路扩能改造	69	69	55
规划新增线路	安张铁路	522	215	215
	黔遵昭铁路	200	110	110
	恩黔铁路	150	20	20
	沿江铁路	780	570	570
	渝柳铁路	700	110	110
	铁路二环线	200	200	200
	黔忠广铁路	300	230	230
	广涪铁路	120	60	60
	枢纽西环线	95	95	95
规划扩能改造线	成渝铁路	505	226	181
	达万利铁路	256	136	110

9.1.2　重庆城市轨道交通发展现状

重庆城市轨道交通服务于中国重庆大都市区，截至 2020 年，重庆轨道交通运营线路共有 10 条，包括 1、2、3、4、5、6、10 号线，环线，国博线，空港线，线网覆盖重庆主城区全域，共设车站 178 座、换乘站 20 个；运营里程 313.6km，里程总长度位居中国第六位、西部第一位。其中，1、4、5、6、10 号线，环线，国博线为地铁系统，共 215.17km；2、3 号线和空港线为单轨系统(跨座式单轨)，共 98.45km。重庆轨道交通在建线路共有 9 条(段)，包括 4 号线二期、5 号线一期南段及北延伸段、5A 线、6 号线支线二期、9 号线一期、10 号线二期、环线西南环、延伸线(1 号线璧山段、5 号线江津段)等。重庆市运营轨道交通线网如图 9-1 所示，线路概况如表 9-3 所示。

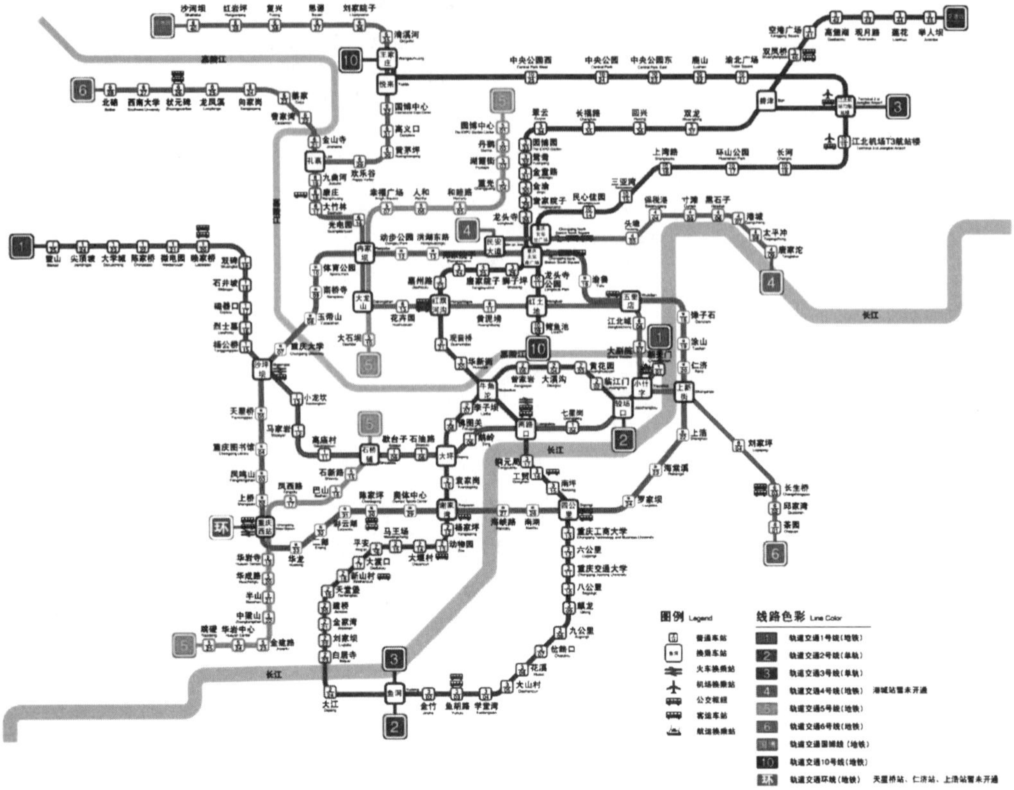

图 9-1　重庆城市轨道交通运营线网图

图片来源：http://www.cqmetro.cn(需输入站名查询)

表 9-3　重庆市运营城市轨道交通线路概况表(2020 年)

线路	起止站		长度/km	车站/座	备注
重庆轨道交通 1 号线	小什字站	尖顶坡站	38.94	23	B 型地铁
重庆轨道交通 2 号线	较场口站	鱼洞站	31.36	25	跨座式单轨
重庆轨道交通 3 号线	鱼洞站	江北机场 T2 航站楼站	56.1	39	跨座式单轨
	碧津站	举人坝站	10.99	6	
重庆轨道交通 4 号线(一期)	民安大道站	唐家沱站	15.6	7	A 型地铁
重庆轨道交通 5 号线(一期北段)	园博中心站	大石坝站	17	10	A 型地铁
重庆轨道交通 6 号线	茶园站	北碚站	63.33	28	B 型地铁
国博线(6 号线支线)	礼嘉站	悦来站	12.6	5	B 型地铁
重庆轨道交通 10 号线(一期)	王家庄站	鲤鱼池站	34	18	A 型地铁
重庆轨道交通环线(东北半环)	重庆图书馆站	海峡路站	33.7	17	A 型地铁
合计	—	—	313.6	178	—

9.2　重庆市市域多制式轨道交通协同发展关系分析

9.2.1　重庆市域多制式轨道交通技术条件分析

1. 重庆市国铁干线技术条件分析

1) 轨道类型

根据《高速铁路设计规范》(TB 10621—2014)、《城际铁路设计规范》(TB 10623—2014)等规范的要求，国家干线铁路的轨道标准如表 9-4 所示。

表 9-4　国铁干线铁路轨道标准

标准	高速铁路	普速铁路	城际铁路
速度标准	250～350km/h	≤160km/h	≤200km/h
钢轨类型	100m 定尺长的 60kg/m	60kg/m 或 50kg/m	60kg/m 或 50kg/m
轨距	1435mm		
道岔	18 号高速道岔，12 号道岔	一般采用 12 号和 9 号道岔	一般采用 12 号和 9 号道岔
线间距	不小于 5m		4.2m
轨道结构	正线及到发线轨道应按一次铺设跨区间无缝线路设计	根据车辆运行条件确定	正线轨道宜按一次铺设跨区间无缝线路设计

2) 限界标准

根据国家标准《标准轨距铁路限界 第 1 部分：机车车辆限界》(GB/T 146.1—2020)，国铁干线机车车辆上部和下部限界要求分别如图 9-2 和图 9-3 所示。

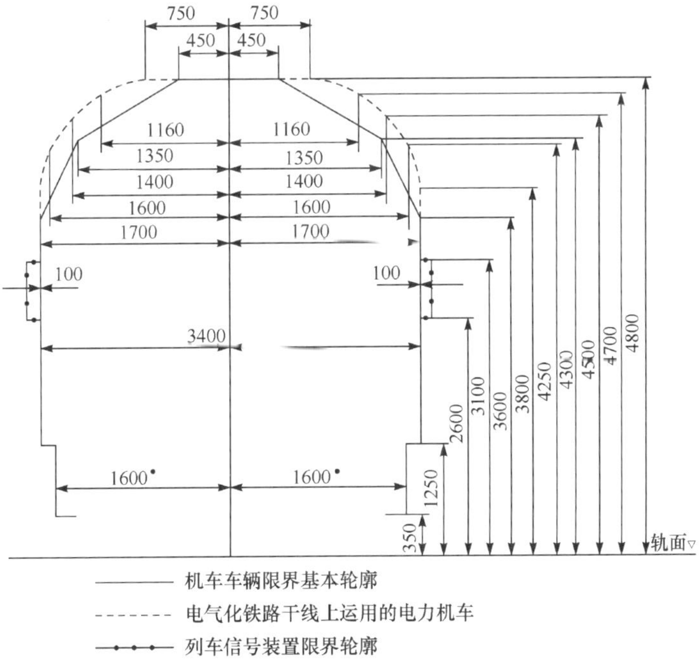

图 9-2　机车车辆上部限界示意图(单位：mm)

根据国家标准《标准轨距铁路限界 第 2 部分：建筑限界》(GB/T 146.2—2020)，国铁干线建筑限界要求如图 9-4 所示。

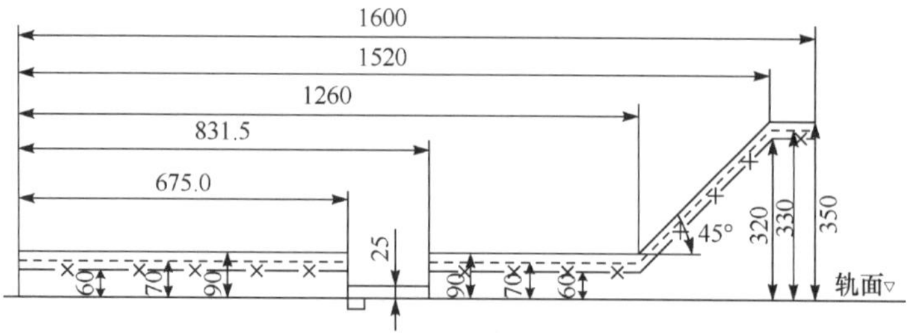

———— 车体的弹簧承载部分
-------- 转向架上的弹簧承载部分
—×—×— 非弹簧承载部分
--•--•-- 机车闸瓦、撒砂管、喷油嘴最低轮廓

图 9-3　机车车辆下部限界示意图(单位：mm)

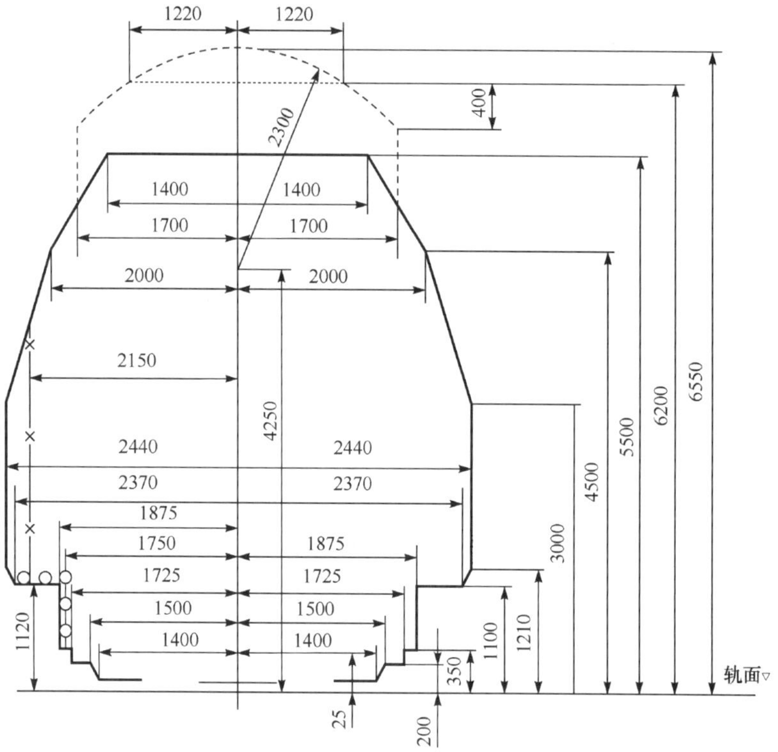

—×—×— 信号机，水鹤之建筑限界(正线不适用)
—○—○— 站台建筑限界(正线不适用)
———— 各种建筑物的基本限界
------ 适用于电力机车牵引的线路的跨线桥、天桥及雨棚等建筑物
·············· 电力机车牵引的线路的跨线桥在困难条件下的最小高度

注：旅客站台上的柱类建筑离站台边缘至少1.5m，建筑物离站台边缘至少2.0m。专为行驶旅客列车的线路上可建1100mm的高站台

图 9-4　国铁干线建筑限界示意图(单位：mm)

3) 车辆

国铁干线由于有普速和高速之分，其采用的车辆种类繁多，技术标准差异较大。高速动车组列车的车型主要是 CRH 和谐号和 CR 复兴号系列车型，基本信息如表 9-5 所示。

表 9-5　CRH、CR 系列车型

车型	基本信息
CRH1	CRH1B 为 16 节大编组动车组列车。CRH1E 为 16 节车厢的大编组卧铺动车组列车。200km 级别(营运速度 200km/h，最高速度 250km/h)
CRH2	CRH2A200km 级别(营运速度 200km/h，最高速度 250km/h)。CRH2B 为 16 节长大编组动车组列车，在 CRH2A 基础上扩编至 16 节。CRH2E 为 16 节长大编组的卧铺电力动车组列车。CRH2C(300km 级别)作为京津城际铁路的用车并在 2008 年 8 月投入使用，标称速度 300km/h，最高营运速度为 350km/h
CRH3	中国北车唐山轨道客车有限责任公司联合德国西门子并引进技术，负责国内生产 CRH3。以西门子 ICE3(Velaro)为基础。300km 级别(营运速度 350km/h，最高速度 394km/h)
CRH5	以法国阿尔斯通的 Pendolino 宽体摆式列车为基础，但取消了装设的摆式功能，而车体以法国阿尔斯通为芬兰国铁提供的 SM3 动车组列车为原型。200km 级别(营运速度 200km/h，最高速度 250km/h)
CRH380A	CRH380A 型电力动车组，是由中车青岛四方机车车辆股份有限公司研制的速度 380km/h 级别高速动车组。持续运营速度为 380km/h，最高运营速度为 468km/h，最高试验速度 486km/h 以上
CRH380B	CRH380B 型电力动车组(或称 CRH3-380)，是原铁道部为营运新建的高速铁路，由中国北车唐山轨道客车有限责任公司、中车长春轨道客车股份有限公司在 CRH3C 型电力动车组列车基础上自主研发的 CRH 系列高速动车组列车
CRH380C	CRH380C 型电力动车组，是原铁道部为营运新建的高速铁路，由中车长春轨道客车股份有限公司在 CRH3C、CRH380BL 型电力动车组列车基础上自主研发的 CRH 系列高速动车组列车
CRH380D	CRH380D 型电力动车组，是原铁道部为营运新建的高速铁路，由庞巴迪研发的 CRH 系列高速动车组
CR400AF	CR400AF 型电力动车组，是由中车青岛四方机车车辆股份有限公司自主研制、最高营运速度 350km/h、动力分散式、交流传动的列车
CR400BF	CR400BF 型电力动车组，是由中车长春轨道客车股份有限公司、中国北车唐山轨道客车有限责任公司自主联合研制、最高营运速度 350km/h、动力分散式的列车

4) 车站站台

以《高速铁路设计规范》(TB 10621—2014)为例，高铁站在设计旅客站台时应符合以下规定：

(1) 站台长度应按 450m 设置。只停留 8 辆编组动车组的车站站台长度按 230m 设置，困难条件下不应小于 220m。

(2) 站台高度应高出轨面 1.25m。

(3) 站台宽度应根据车站性质、站台类型、客流密度、安全退避距离、站台出入口宽度等因素确定，可按表 9-6 采用。

表 9-6　旅客站台宽度　(单位：m)

名称	特大及大型站	中型站	小型站
站房(行车室)突出部分边缘至站台边缘距离	15～20	12～15	通道正对站房处 8～10
岛式中间站台	11.5～12	10.5～12	10～11
侧式中间站台	8～9	7.5～8	7～8

注：当通道出入口设于基本站台站房范围以外地段时，基本站台宽度不应小于侧式中间站台标准。

5) 客车车辆段/动车段所

《铁路车站及枢纽设计规范》(TB 10099—2017)中要求，客车车辆段应设在始发、终到旅客列车和配属客车较多的客运站上，并宜与客车整备所合设一处。国铁干线客车车辆段包括客车段、客车技术整备所、旅客列车检修所等。铁路客车车辆段设计应根据车辆的车型、配属辆数、检修及运用维修的工作量、运输组织以及相关客车车辆设备等因素，并结合客车修程修制、车辆技术发展以及路网规划进行设计。

《铁路动车组设备设计规范》(TB 10028—2016)中要求，动车组设备设置应符合铁路网规划，贯彻集中检修、分散存放的原则，按照动车组快速检修、安全可靠、高效运营的要求合理布局。动车组设备应根据服务范围及铁路运输组织方案、配置的动车组车型及配属组数进行设计。动车段(所、场)按工作范围可划分为动车段、动车运用所、动车存车场。

6) 牵引供电

牵引负荷为一级负荷，牵引变电所应采用两回独立进线电源，并互为热备用。 供电电源应采用 110kV 及以上电压等级。

接触网的标称电压为 25kV，长期最高电压为 27.5kV，短时(5min)最高电压为 29kV，最低电压为 20kV。

牵引网供电方式宜采用带回流线的直接供电方式。

接触网应采用同相单边供电，供电臂末端应设分区所，实现上、下行接触网并联供电及相邻牵引变电所间的越区供电。

车辆基地的供电应综合考虑各线引入供电要求，合理设置电分相。车辆基地宜由同一相电源供电，不宜在车辆基地内设置电分相。车辆基地的接触网应设置独立供电线，且在当地实行分束供电，分束原则应根据行车组织及检修需要，尽量减小停电检修时的影响范围。

7) 通信系统

国铁干线制式通信系统由通信和信息两部分组成。其中通信构成包括以下子系统：传输及接入系统、数据通信系统、电话交换系统、调度通信系统、GSM-R 铁路专用移动通信系统、会议电视系统、应急通信系统、同步及时间分配系统、通信电源、电源及环境监控系统等通信子系统；信息系统包括票务系统、旅客服务信息系统(包括信息系统集成平台、综合显示系统、客运广播系统、视频监控系统、时钟系统、安全检查系统等)、办公自动化系统、动车管理信息系统。

GSM-R 系统在铁路调度通信中实现功能涉及列调功能、货调功能、机车调度信号监控系统功能等多种功能。铁路调度命令是调度员向列车驾驶人员下达的书面命令，它是列车行车安全的重要保障因素。GSM-R 的频段为上行 885～889MHz，下行 930～934MHz。GSM-R 系统在铁路调度通信方面的应用，可以有效缩短调度命令的传输时间，并有效提升调度指挥行车的工作效率，在调度中心与车站值班员、司机之间的通话过程中，GSM-R 模式可以构建一种点对点的通信方式。调度中心计算机与无线机车信号之间也可以构建一种透明化的数据传输通道。

8) 信号系统

一般来说，铁路信号系统由铁路车站联锁系统、区间闭塞系统、驼峰信号系统、列车运行控制系统(CTCS)、行车调度指挥系统(TDC、CTC)、微机监测系统和其他安全技术系统等组成。

(1) 车站联锁系统。

为保证行车安全，将车站的所有信号机、轨道电路及道岔等相对独立的信号设备构成一种相互制约、互为控制的连带环扣关系，称为“联锁”，即联锁关系。当前我国车站联锁设备主要有：一为电气集中联锁，即以电气传输方式集中操控信号机、道岔转辙机等设备的车站联锁设备；二为计算机联锁，是指利用微型电子计算机对车站值班员的操作命令及现场设备表示信息进行逻辑计算，以实现对信号机、轨道电路及道岔转辙机等设备进行集中控制的车站联锁设备。计算机联锁具有信息量大、便于联网和升级的特点。

(2) 区间闭塞系统。

“闭塞”是指为保证行车安全，而将列车正在运行的线路区段予以(电气)封闭，以防止对向列车、后续列车的正面冲突或追尾事故的发生。

(3) 驼峰信号系统。

根据铁路运输物流的不同去向，通过分布于全路各枢纽地区的铁路编组站对各方向到达的列车进行解体、编组作业，重新组合列车以完成延续运输，而驼峰信号控制系统即承担了此项任务。

(4) 列车运行控制系统(CTCS)。

列车运行控制系统包括列车自动停车、自动机车信号、列车速度自动监督和控制、机车信号与超速防护系统。在列车运行速度超过 160km/h 的区段，必须实行列车运行控制系统中的列车超速防护功能，其设计按照 5 个等级进行：0 级——既有线的现状；1 级——由主体化机车信号、点式设备和安全型监控装置构成；2 级——基于轨道电路(模拟或数字)，由点式设备和车载 ATP 设备构成；3 级——基于轨道电路 GSM-R，由点式设备和车载 ATP 设备构成；4 级——完全基于 GSM-R 的 ATP 系统。

(5) 行车调度指挥系统(TDC、CTC)。

目前国铁调度指挥系统有两种：列车调度指挥系统(TDC)和分散自律调度集中系统(CTC)。一般 TDC 主要应用于普速客货运线路，CTC 主要用于纯客运的高速铁路，铁总及各铁路局调度中心均建有 TDC 总机系统和 CTC 总机系统，以调度指挥全国(局)范围内的国铁线路。通常 TDC 管辖线路和 CTC 管辖线路均可实现互联互通。

2. 重庆市市域铁路技术特征分析

1) 轨道类型

根据《市域铁路设计规范》(T/CRSC 0101—2017)的要求，市域铁路在轨道方面的设计标准如表 9-7 所示。

表 9-7　市域铁路轨道标准

速度标准	160～200km/h
钢轨类型	60kg/m
轨距	1435mm
道岔	一般采用 12 号，困难条件下可采用 9 号
线间距	宽体车 4.0m，窄体车 3.8m
轨道结构	正线轨道宜按一次铺设跨区间无缝线路设计

2) 限界标准

采用国家标准《标准轨距铁路限界 第 1 部分：机车车辆限界》(GB/T 146.1—2020)中的标准轨距铁路限界模式，结合市域铁路运营车辆的特点，市域铁路宽体、窄体车辆的上部、下部限界与建筑限界要求如图 9-5～图 9-10 所示。

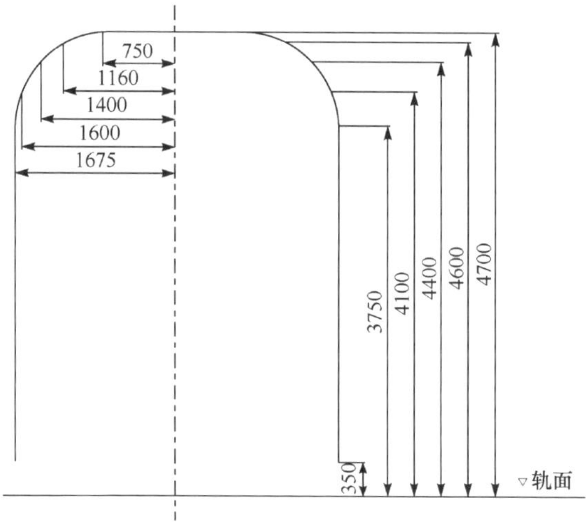

图 9-5　市域铁路宽体车车辆上部限界轮廓和基本尺寸(单位：mm)

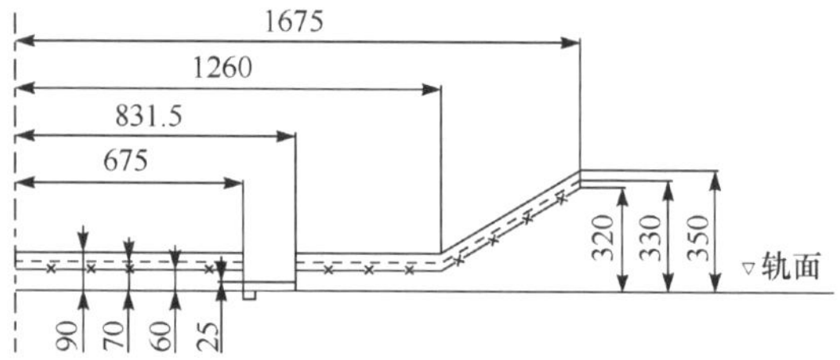

图 9-6　市域铁路宽体车车辆下部限界轮廓和基本尺寸(单位：mm)

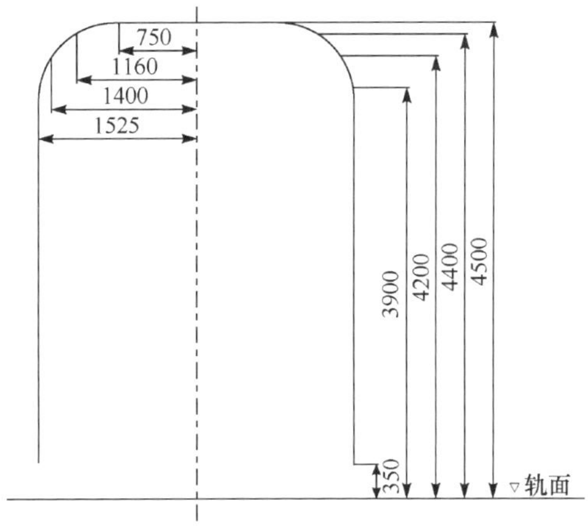

图 9-7　市域铁路窄体车车辆上部限界轮廓和基本尺寸(单位：mm)

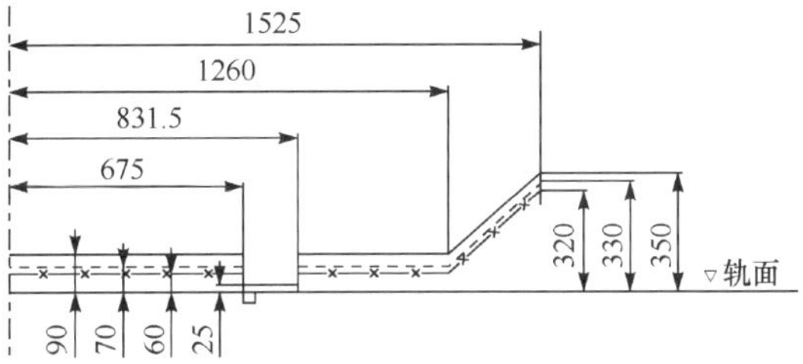

图 9-8　市域铁路窄体车车辆下部限界轮廓和基本尺寸(单位：mm)

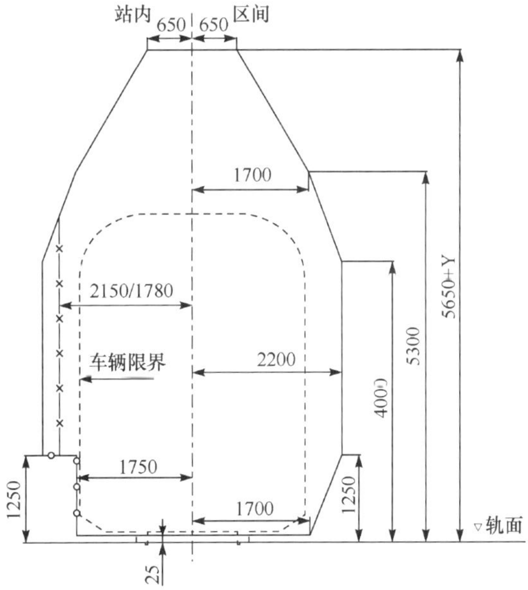

图 9-9　市域铁路宽体车建筑限界轮廓和基本尺寸(单位：mm)

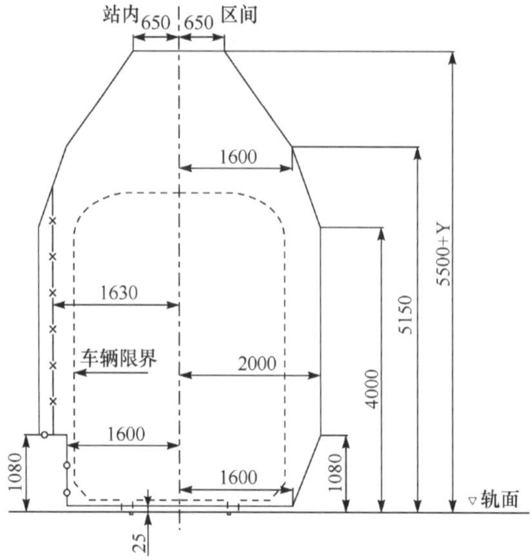

图 9-10　市域铁路窄体车建筑限界轮廓和基本尺寸(单位：mm)

3) 车辆

根据《市域铁路设计规范》(T/CRSC 0101—2017)的相关规定，适用于市域快线的车辆包括市域 A 型车、市域 D 型车和 CRH 市域型车辆三种类型，其中，市域 A 型车是在地铁 A 型车的基础上发展而来的，与地铁 A 型车的相关参数基本一致；CRH 市域型车辆主要是指 CRH6 系列动车组，其中 CRH6F 动车组目标速度可以达到 160km/h，可以实现 8 辆、6 辆、4 辆等编组形式，CRH6A 动车组目标速度可以达到 200km/h，编组与 CRH6F 类似；市域 D 型车是一种介于市域 A 型车和 CRH 市域型车辆之间的车辆类型，单节车辆的长度与市域 A 型车基本一致，车辆宽度与 CRH 市域车一致。

4) 车站站台

根据《市域铁路设计规范》(T/CRSC 0101—2017)要求，车站在设计旅客站台时应符合以下规定：

(1) 站台计算长度应采用客流控制期列车编组数的有效长度加停车误差。

(2) 站台宽度应能满足车站客流量的要求，站台等候区有效净宽不小于 2.5m，同时站台各部位宽度不得小于表 9-8 规定数值。

表 9-8　站台最小宽度　　(单位：m)

类别	地下站	高架站	地面站
岛式站台屏蔽门(安全门)内净宽	10.5	10	10
岛式站台的侧站台	2.5	2.5	2.5
侧式站(长向范围内设梯)的侧站台等候区	2.5	2.5	2.5
侧式站(垂直于侧站台开通道口设梯)的侧站台等候区	3.5	3.5	3.5

注：当岛式与侧式站台混合布置时，根据运营使用要求，站台最小宽度可适当减小。

5) 车辆段

《市域铁路设计规范》(T/CRSC 0101—2017)中规定，车辆基地可根据其功能与作业范围分为车辆检修基地、车辆段与停车场。市域铁路的车辆段承担配属车辆的定修(市域窄体车辆)、日常维修、临修以及运用整备和停放作业；根据线网规划、检修工作量以及运营管理模式，采用市域宽体车辆且规模较大的车辆段可考虑设置三级修功能。车辆基地规模应根据列车对数、列车编组、配属车辆数量、检修周期和检修时间计算确定。其布局宜采用与车站顺列式的布局，有利于行车及生产管理，车辆出入对车站作业干扰最少，并适应站型和运输发展的需要，出入段线与正线应采用立体交叉。

6) 牵引供电

牵引负荷为一级负荷，牵引变电所应采用两回独立进线电源，并互为热备用。供电电源应采用 110kV 及以上电压等级。

接触网的标称电压为25kV，长期最高电压为27.5kV，短时(5min)最高电压为29kV，最低电压为20kV。

牵引网供电方式宜采用带回流线的直接供电方式。

7) 通信系统

市域铁路通信网应适应运输效率、保证行车安全、提高现代化管理水平，为运输生产和经营管理提供稳定、可靠、畅通的语音、数据和图像通信业务，做到系统可靠、功能合理、设备成熟、技术先进、经济实用。新建通信系统根据需要，还可与已建线路通信系统实现必要的互联互通，并为今后其他线路的接入预留条件。

市域铁路通信系统宜由专用通信系统、公安通信系统组成。专用通信系统根据需要设置通信线路、传输系统、数据通信网、移动通信系统、公务电话系统、专用电话系统、视频监控系统、旅客服务信息系统、办公自动化系统、集中告警系统、安全技术防范系统。公安通信系统应满足公安部门在市域铁路范围内的通信需求，并应在突发事件发生时，为公安部门在市域铁路内的应急调度指挥提供保证。

8) 信号系统

市郊铁路的信号系统应满足市域铁路公交化、高密度、高安全的要求，采用中国列车运行控制系统 CTCS 制式，并具备行车调度控制系统(CTC)和自动驾驶(ATO)功能，可考虑无人驾驶(FAO)功能。市域铁路正线线路正、反向运行都应具有 ATP 防护功能。轨道旁设置必要的信号机，列车运行以车载信号为主体信号。列车运行调度系统包括控制中心设备、车站级设备和通信网络，应具备系统控制和传统人工控制两种模式。

3. 重庆城市轨道交通快线技术特征分析

1) 轨道类型

根据重庆市发布的《重庆市都市快轨设计规范》，城市轨道交通快线轨道标准如表 9-9 所示。

表 9-9　城市轨道交通快线轨道标准

速度标准	120～160km/h
钢轨类型	60kg/m
轨距	1435mm
道岔	一般采用 12 号，困难条件下可采用 9 号
线间距	不小于 5m
轨道结构	正线轨道宜按一次铺设跨区间无缝线路设计

2) 限界标准

城市轨道交通快线的限界设计分为车辆限界、建筑限界、设备限界。车辆限界(表 9-10)可分为隧道外车辆限界和隧道内车辆限界；也可按列车运行区域，分为区间车辆限界、站台计算长度内车辆限界。建筑限界分为高架线、地面线建筑限界和地下线建筑限界，不应包含测量误差、施工误差、结构沉降、位移变形等因素。

表 9-10　车辆限界基本参数　　(单位：mm)

序号	名称	轨道交通快线车
1	计算车体长度	22000
2	计算车体宽度	3300
3	计算车辆高度	3900
4	计算车辆定距	15700
5	计算转向架固定轴距	2500
6	地板面距走行轨面高度	1260～1280

3) 车辆

城市轨道交通快线车辆采用左侧行车，车辆编组不宜超过 8 辆。城市轨道交通快线的车辆使用条件应同时满足环境条件和供电条件 。根据城市轨道交通快线车辆使用条件的要求，比较现有的国铁 CRH 车型，城市轨道交通快线拟从 CRH6F 或 CRH3A 改进型城际动车组中选择。

其中 CRH6F 车辆采用动车组型式，8 辆编组(四动四拖、约 210m)，单侧 3 开门，最高运行速度 160km/h，设计构造速度 176km/h。CRH6F 定员载客量达 1502 人(包括坐席及站席，站席按 4 人/m^2 计算)。与 CRH6F 车型同属于 CRH6 市域型动车组的还有温州市域 S1 线，它采用了市域铁路动车组 CRH6S 车型，目标速度 140km/h。CRH6S 车型定员载客量达 765 人(包括坐席及站席，按每平方米站立 4 人计算)，超员载客量达 1322 人，采用地铁式座椅，列车在 5 号车厢设残疾人乘坐空间，列车不设洗手间。

CRH3A 改是长春轨道客车股份有限公司专门针对 160km/h、200km/h 城市轨道交通快线线路，在 CRH3A 型车的基础上改造而成的动车组，其加减速度大，能在较短时间和距离内起停，适时根据客流变化灵活编组。CRH3A 改进型动车组可根据不同运营线路的需求，分别以速度 160km/h、200km/h、250km/h 三个等级运行，是目前国内唯一既适合速度 200～250km/h 客运专线，又适合速度 160～250km/h 城际铁路、城市轨道交通快线运行的动车组，具有很大的成本优势和售后维护优势。

4) 车站站台

轨道交通快线车站的形式和功能布局与地铁站类似，车站应由站厅、站台、跨线设施、旅客服务用房、设备和管理用房、出入口、风亭(地下站)组成；其客流组织及进出站流线也与地铁相似，建筑防火按照《地铁设计规范》(GB 50157—2013)中的有关防火分区、防火分隔、疏散距离及宽度、安全出口设置等规定进行设计，同时还应满足《铁路工程设计防火规范》(TB 10063—2016)的相关规定。停车误差的确定与人工驾驶或采用自动停车有关。一般采用停车不准确距离为 1～2m，当采用站台门(含缓装)时停车误差必须控制在±0.3m 之内。车站各部位最小宽度和高度分别如表 9-11 和表 9-12 所示。

表 9-11　车站各部位的最小宽度　(单位：m)

名称	最小宽度
岛式站台	12.0
岛式站台的侧站台	3.0
侧式站台(长向范围内设梯)的侧站台	3.0
侧式站台(垂直于侧站台开通道口设梯)的侧站台	4.0
通道或天桥	6.0
单向楼梯	1.8
双向楼梯	2.4
与上、下均设自动扶梯并列设置的楼梯(困难情况下)	1.6
设备管理区楼梯及消防专用楼梯	1.2
站台至轨道区的工作梯(兼疏散梯)	1.1

注：各侧站台宽度均包含站台门厚度在内，站台门厚度按照 0.4～0.5m 计。

表 9-12　车站各部位的最小高度　(单位：m)

名称	最小高度
地下车站站厅公共区(地面装饰层面至吊顶面)	3.0
地下车站站台公共区(地面装饰层面至吊顶面)	3.0
地面、高架车站站厅公共区(地面装饰层面至吊顶面)	3.0
地面、高架车站站台公共区(地面装饰层面至风雨棚)	3.0
站台、站厅管理用房(地面装饰层面至吊顶面)	2.4
通道或天桥(地面装饰层面至吊顶面)	2.6
公共区楼梯和自动扶梯(踏步面沿口至吊顶面)	2.3

5) 车辆段

城市轨道交通快线的车辆段配属管理部分线网车辆；承担一条或几条线路车辆一、二级修作业；承担一条或几条线路车辆临修及存车作业。车辆段宜设在两条或多条线路的交汇车站附近，以满足多方向发车需求且取送车的方便。车辆段应根据生产需要配备检查库、停车场、临修库、不落轮镟库、洗车机棚、轮对踏面检测棚及相应线路和必要的办公、生活房屋设施。

城市轨道交通快线车辆段的设计应该满足下列条件：

(1) 车辆编组、管理及存车。轨道交通快线车辆编组形式灵活，为满足不同客流需求，可采用 4 辆或 6 辆编组及在此基础上扩编或重联形式，车辆编组可以在车辆段内完成；车辆管理是对车辆维修状态进行管理；存车是运用车辆及备用车辆的存放。

(2) 车辆一、二级检修。一、二级检修包括转向架、制动系统、受电弓、电气系统、空调系统、列控装置、列车网络控制系统的检查与维修，车载运行信息的采集、转储处理，润滑油脂补充，车厢内部清洁等。

(3) 车辆临修。

(4) 车辆镟轮。

(5) 车辆清洗。

6) 牵引供电

牵引供电系统采用单相工频交流供电制式。牵引网供电方式宜采用带回流线的直接供电方式。牵引系统应采用交-直-交的交流传动系统，具有牵引和电制动的基本功能。电传动系统应具备充分利用轮轨黏着条件，可根据车辆载荷重量自动调整牵引力或电制动力的能力，具有空转、滑行保护和防冲动控制功能。

牵引负荷为一级负荷；牵引变电所采用两回独立进线，并互为热备用。供电电源宜为 110kV 及以上电压等级，电力系统供电质量应符合国家相关规定。

接触网标称电压应为 25kV，长期最高电压应为 27.5kV，短时(5min)最高电压应为 29kV，设计最低电压应为 20kV。

牵引供电系统按满足该线最高设计速度的车辆类型、行车组织确定的列车编组以及最小追踪间隔时分进行设计。

7) 通信系统

城市轨道交通快线通信系统根据需要设置传输、数据通信网、电话交换网、接入网、TD-LTE 宽带移动通信、有线调度通信、综合视频监控、视频会议、通信电源、电源及环境监控、公安通信、综合布线、通信线路等系统，分别属于通信业务系统、通信承载系统、通信支持系统三个子系统。通信系统的主要功能是为生产、运营管理提供可靠稳定的语音、数据、图像业务的传送服务。

8) 信号系统

城市轨道交通快线的信号系统包括调度集中(CTC)、轨道交通快线列车运行控制(UETC)、车站联锁(CBI)、维护支持(MSS)、网络及电源、培训系统等。

城市轨道交通快线 UETC 列控系统具备 CTCS2 级列控系统的所有功能，并具备列车站间自动运行、车站定点停车及车站通过、自动折返作业、运行自动调整、车门/站台门防护及联动控制、运行节能控制等自动运行的相关功能。城市轨道交通快线列车运行控制(UETC)系统是基于 CTCS2+ATO 的城际列车控制系统，以行车调度指挥为中心，利用 LTE 综合承载车地通信，以车载控制为核心，集调度指挥、行车控制、综合维护支持等功能于一体的城市轨道交通快线列车控制系统，具备 ATO 自动折返及主动节能功能。

9.2.2 国铁干线与市域铁路协同发展关系分析

1. 技术条件对比分析

重庆国铁干线与市域铁路主要技术条件对比如表 9-13 所示。

表 9-13 重庆国铁干线与市域铁路技术条件对比表

<table>
<tr><td colspan="5">国铁干线(高速铁路、普速铁路、城际铁路)</td><td>市域铁路</td></tr>
<tr><td rowspan="6">轨道标准</td><td>速度标准</td><td>250～350km/h</td><td>≤160km/h</td><td>≤200km/h</td><td>160～200km/h</td></tr>
<tr><td>轨距</td><td>60kg/m</td><td>60kg/m 或 50kg/m</td><td>60kg/m 或 50kg/m</td><td>60kg/m</td></tr>
<tr><td>钢轨类型</td><td>1435mm</td><td>1435mm</td><td>1435mm</td><td>1435mm</td></tr>
<tr><td>道岔</td><td>18 号高速道岔，12 号道岔</td><td>一般采用 12 号和 9 号道岔</td><td>一般采用 12 号和 9 号道岔</td><td>一般采用 12 号道岔，困难条件下可采用 9 号道岔</td></tr>
<tr><td>线间距</td><td>不小于 5m</td><td>不小于 5m</td><td>4.2m</td><td>宽体车 4.0m
窄体车 3.8m</td></tr>
<tr><td>轨道结构</td><td>正线及到发线轨道应按一次铺设跨区间无缝线路设计</td><td>根据车辆运行条件确定</td><td>正线轨道宜按一次铺设跨区间无缝线路设计</td><td>正线轨道宜按一次铺设跨区间无缝线路设计</td></tr>
<tr><td rowspan="2">限界标准</td><td>机车车辆限界</td><td colspan="3">国家标准《标准轨距铁路限界 第 1 部分：机车车辆限界》(GB/T 146.1—2020)</td><td>市域铁路车辆限界分为宽体车的上部、下部限界和窄体车的上部、下部限界</td></tr>
<tr><td>建筑限界</td><td colspan="3">国家标准《标准轨距铁路限界 第 2 部分：建筑限界》(GB/T 146.2—2020)</td><td>市域铁路建筑限界分为宽体车建筑限界和窄休车的建筑限界</td></tr>
<tr><td colspan="2">车辆</td><td colspan="3">铁路车辆/CRH 系列</td><td>市域快轨车</td></tr>
<tr><td colspan="2">坡度</td><td colspan="3">客专 20‰、困难 30‰，
客货共线 6‰、困难 13‰</td><td>一般 20‰，困难 30‰</td></tr>
<tr><td colspan="2">牵引供电</td><td colspan="3">单相工频交流制，带回流线的直接供电方式。110kV 及以上电压等级供电电源，牵引负荷为一级负荷</td><td>单相工频交流制，带回流线的直接供电方式。110kV 及以上电压等级供电电源，牵引负荷为一级负荷</td></tr>
<tr><td>通信信号系统</td><td>调度指挥系统</td><td colspan="3">TDCS/CTC</td><td>TDCS/CTC</td></tr>
</table>

续表

国铁干线(高速铁路、普速铁路、城际铁路)			市域铁路
通信信号系统	车地无线通信	GSM-R 制式	GSM-R 制式
列控系统		CTCS	CTCS

根据表 9-13，可总结关系如下：

(1) 轨道标准方面，国铁干线与市域铁路在轨道技术要求方面是高度相似的；

(2) 限界标准方面，国铁干线与市域铁路均采用 GB/T 146.2—2020 的标准轨距铁路限界模式，具体限界标准与运用车辆技术参数有关；

(3) 车辆方面，国铁干线采用铁路车辆，市域铁路采用市域快轨车；

(4) 坡度方面，国铁干线客专与市域铁路相同，一般为 20‰，困难情况下为 30‰；

(5) 牵引供电方面，国铁干线与市域铁路相同，为交流 25kV；

(6) 通信系统方面，国铁干线与市域铁路可以实现兼容；

(7) 信号系统方面，国铁干线与市域铁路采用同一制式。

2. 衔接模式分析

市域铁路包括开行公交化列车的既有普速铁路和新建市域铁路。利用铁路开行公交化列车是主城区与城市发展新区之间、城市发展新区功能组团之间快速联系的重要支撑；是主城区内部组团间、门户枢纽间互联互通的重要保障；是主城区城市综合交通体系的重要组成部分，对扩大交通有效供给、缓解主城交通拥堵、改善大都市区居住环境、优化大都市区城镇空间布局、促进新型城镇化建设发展具有重要作用。新建市域铁路主要服务于干线铁路服务不足和客流需求较大的功能组团，与轨道快线贯通运营，实现环主城地区与主城区之间的高效联系，促进环主城地区之间发展。

国铁干线与市郊铁路的衔接模式主要分为换乘模式和贯通运营模式。换乘模式的优点在于两条线路根据各自实际客流特点组织运营，满足不同层级乘客的出行需求。当相邻的两条线路客流量相差较大时，采用换乘模式能更好地体现此优势。贯通运营模式可以引导城市发展，增强贯通线路两端的联系，提高车底利用率，减少乘客换乘，优化资源配置，实现资源共享，运营组织更加灵活，提供差异化的轨道交通服务。国铁干线与市郊铁路同属国家铁路，在技术条件上可以满足贯通运营模式的要求。

9.2.3 国铁干线与城市轨道交通快线协同发展关系分析

1. 技术条件对比分析

重庆国铁干线与城市轨道交通快线技术条件对比如表 9-14 所示。

表 9-14　重庆国铁干线与城市轨道交通快线技术条件对比

国铁干线(高速铁路、普速铁路、城际铁路)					城市轨道交通快线
轨道标准	速度标准	250～350km/h	≤160km/h	≤200km/h	120～160km/h
	轨距	60kg/m	60kg/m 或 50kg/m	60kg/m 或 50kg/m	60kg/m
	钢轨类型	1435mm	1435mm	1435mm	1435mm
	道岔	18 号高速道岔，12 号道岔	一般采用 12 号和 9 号道岔	一般采用 12 号和 9 号道岔	一般采用 12 号道岔，困难条件下可采用 9 号道岔
	线间距	不小于 5m	不小于 5m	4.2m	不小于 5m
	轨道结构	正线及到发线轨道应按一次铺设跨区间无缝线路设计	根据车辆运行条件确定	正线轨道宜按一次铺设跨区间无缝线路设计	正线轨道宜按一次铺设跨区间无缝线路设计
限界标准	机车车辆限界	国家标准《标准轨距铁路限界 第 1 部分：机车车辆限界》(GB/T 146.1—2020)			车辆限界可分为隧道外车辆限界和隧道内车辆限界
	建筑限界	国家标准《标准轨距铁路限界 第 2 部分：建筑限界》(GB/T 146.2—2020)			建筑限界分为高架线、地面线建筑限界和地下线建筑限界
车辆		铁路车辆/CRH 系列			轨道交通快线车辆
坡度		客专 20‰、困难 30‰，客货共线 6‰、困难 13‰			一般 45‰，困难 50‰
牵引供电		单相工频交流制，带回流线的直接供电方式；110kV 及以上电压等级供电电源，牵引负荷为一级负荷			单相工频交流制，带回流线的直接供电方式；110kV 及以上电压等级供电电源，牵引负荷为一级负荷
通信信号系统	调度指挥系统	TDCS/CTC			CTC
	车地无线通信	GSM-R 制式			LTE 制式
列控系统		CTCS			基于 CTCS2+ATO 城际列车控制系统的 UETC 系统

根据表 9-14，可总结关系如下：

(1) 轨道标准方面，国铁干线与城市轨道交通快线在轨道技术要求方面是高度相似的；

(2) 限界标准方面，国铁干线与城市轨道交通快线的限界标准与运用车辆技术参数有关；

(3) 车辆方面，国铁干线采用铁路车辆，城市轨道交通快线采用轨道快线车；

(4) 坡度方面，国铁干线坡度要求高于城市轨道交通快线；

(5) 牵引供电方面，国铁干线与市域铁路相同，为交流 25kV；

(6) 通信系统方面，国铁干线与城市轨道交通快线相似度较高，存在一定的差异；

(7) 信号系统方面，国铁干线信号系统与城市轨道交通快线信号系统的功能类似，城市轨道交通快线列控系统在国铁干线列控系统基础上进行了改进，因此国铁干线与城市轨道交通快线在信号系统方面可以兼容协同发展。

2. 衔接模式分析

城市轨道交通快线主要为市域范围(一般为近郊地区)提供服务，因而构成进出城区的长放射、支线形的轨道交通线网。长放射形线路形成进出城区的主要客流通道，支线形则提高了市域轨道交通的服务范围。城市轨道交通快线线网一般是中等密度的轨道交通线网，平均站间距介于国铁干线与城市轨道交通普线之间，既要照顾沿线城镇的可达性，又要提高速度，满足长距离出行的需求。将快轨线系统和国铁客运站合理衔接起来，既可以很好地解决国铁客运站向周围地区有效辐射的问题，也可以改善市郊客流出行的条件，让旅客享受一体化运输的便捷。

因此，应将国铁干线和城市轨道交通快线当成两个体系，并通过合理的衔接使之形成紧密联系的轨道交通系统才能发挥整个系统的最大效用，否则会造成快轨线系统制式的选择困难及功能定位不清等问题。由于城市轨道交通快线的技术标准和城际铁路、市域铁路相似，在技术条件上允许轨道交通快线与国铁干线的衔接采用贯通运营模式。而针对客流需求较小的衔接站，采取换乘模式将节约运营成本，实现资源的合理配置。综上，国铁干线与城市轨道交通快线的衔接模式主要为换乘模式以及贯通运营模式。

换乘模式是指国铁干线与轨道交通快线的线路不接轨贯通，乘客通过轨道交通换乘站、枢纽站等进行不同线路单点或多点的换乘，借助有效、合理的换乘组织方式引导乘客乘降，从而实现不同层次系统的衔接。这种模式下，各层次轨道交通系统保持独立，可使用不同的车辆、信号、供电等系统制式。

贯通运营是指利用接轨站、联络线等将国铁干线与城市轨道交通快线的线路连接起来，实现国铁列车和城市轨道交通快线列车在快线某些区段共线运营，既可以满足乘客直达目的地、减少换乘的需求，又克服了新线引入困难的问题；同时，由于减少了原换乘站的规模及换乘设备，而且不用在中心区建设新线，节省了大量的投资，对运输效益的提高大有裨益。

9.2.4 市域铁路与城市轨道交通快线协同发展关系分析

1. 技术条件对比分析

重庆市市域铁路与城市轨道交通快线技术条件对比如表 9-15 所示。

根据表 9-15，可总结关系如下：

(1) 轨道标准方面，市域铁路与城市轨道交通快线在轨道技术要求方面是高度相似的；

(2) 限界标准方面，市域铁路与城市轨道交通快线的限界标准与运用车辆技术参数有关；

(3) 车辆方面，市域铁路采用重庆市市域快轨车，城市轨道交通快线采用轨道快线车；

(4) 坡度方面，市域铁路坡度要求高于城市轨道交通快线；

(5) 牵引供电方面，市域铁路与市域铁路相同，为交流 25kV；

(6) 通信系统方面，市域铁路与城市轨道交通快线相似度较高，存在一定的差异；

(7) 信号系统方面，市域铁路信号系统采用国铁干线制式，城市轨道交通快线列控系统是在国铁干线列控系统基础上进行了改进，因此城市轨道交通快线与市域铁路在信号系统方面可以兼容协同发展。

表 9-15　重庆市市域铁路与城市轨道交通快线技术条件对比

		市域铁路	城市轨道交通快线
轨道标准	速度标准	160～200km/h	120～160km/h
	轨距	60kg/m	60kg/m
	钢轨类型	1435mm	1435mm
	道岔	一般采用 12 号，困难条件下可采用 9 号	一般采用 12 号，困难条件下可采用 9 号
	线间距	宽体车 4.0m 窄体车 3.8m	不小于 5m
	轨道结构	正线轨道宜按一次铺设跨区间无缝线路设计	正线轨道宜按一次铺设跨区间无缝线路设计
限界标准	机车车辆限界	市域铁路车辆限界分为宽体车的上部、下部限界和窄体车的上部、下部限界	车辆限界可分为隧道外车辆限界和隧道内车辆限界
	建筑限界	市域铁路建筑限界分为宽体车建筑限界和窄体车的建筑限界	建筑限界分为高架线、地面线建筑限界和地下线建筑限界
车辆		市域快轨车	轨道交通快线车辆
坡度		一般 20‰，困难 30‰	一般 45‰，困难 50‰
牵引供电		单相工频交流制，带回流线的直接供电方式；110kV 及以上电压等级供电电源，牵引负荷为一级负荷	单相工频交流制，带回流线的直接供电方式，110kV 及以上电压等级供电电源，牵引负荷为一级负荷
通信信号系统	TDCS/CTC	CTC	CTC
	GSM-R 制式	LTE 制式	LTE 制式
列控系统		CTCS	基于 CTCS2+ATO 城际列车控制系统的 UETC 系统

2. 衔接模式分析

根据国内外发展经验，如图 9-11 所示，市域铁路和城市轨道交通快线主要有以下三种衔接模式：

(1) 市域铁路衔接外围铁路站点；

(2) 市域铁路衔接城市中心铁路客站，换乘城市轨道；

(3) 市域铁路与轨道交通快线贯通运营，直达城市中心、副中心。

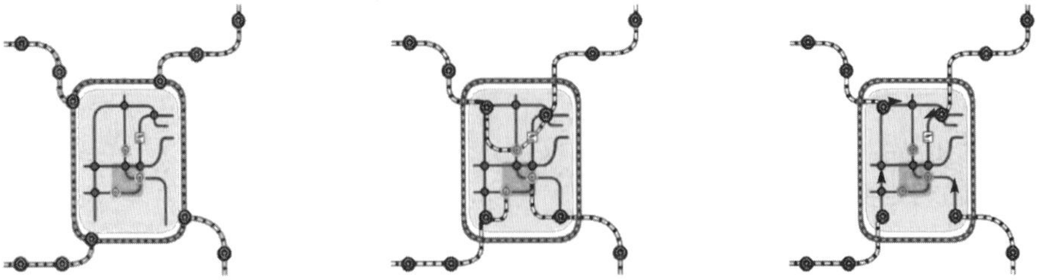

模式1：市域铁路衔接外围铁路站点　　模式2：市域铁路衔接城市中心铁路客站，换乘城市轨道　　模式3：市域铁路与轨道交通快线贯通运营，直达城市中心、副中心

图 9-11　市域铁路和城市轨道交通快线三种衔接模式

根据《重庆市中长期铁路网规划》，到远期铁路建成之后，可以分担环主城地区与主城区 6.2 万人次/天的出行交换量(数据来源于中铁二院工程集团有限责任公司重庆分公司)，需求缺口为 105.6 万人次/天，难以支撑都市区同城化、一体化的发展。由于铁路重点服务特大城市之间的客运联系，受全国铁路网影响，环主城地区沿线中小城市的铁路班次、时间需求得不到保障，加上站间距大、站点少，对沿线重点城镇发展带动不足。与此同时，环主城地区铁路客流进入主城区无法直接到达各功能中心，只能通过若干铁路站点换乘，并依靠城市轨道进行集散，内外衔接效率不高。

采用市域铁路衔接规划城市轨道交通快线并贯通运营，实现“三铁融合”，可满足环主城地区客流快速抵达主城区对外交通枢纽、城市中心、副中心等重要节点，并实现主城区及一体化发展地区各组团之间的快速连通。

9.3　重庆市市域多制式轨道交通物理网协同发展规划方案

9.3.1　规划思想

交通是重庆城市发展的生命线，城市发展一体化，交通先行；交通一体化，轨道交通优先。要突出轨道交通在大都市区交通体系中的骨干作用，提升轨道交通对城市发展、市民生活和产业发展的服务支撑能力，加强市域铁路与城市轨道、干线铁路和其他交通方式的衔接，形成快慢组合、层次分明、功能完善的一体化网络。

为支撑“两点”定位，落实“两地”、“两高”目标，重庆市必须把轨道交通作为重点来抓，加强重庆对周边地区的辐射能力，强化以轨道交通引领城市发展格局，增强对城市发展和市民生活的支撑能力；为支撑多中心网络城市群(尤其是大都市区网络城市群)空间格局的发展，需要增加市域空间层次，从区域统筹的角度，系统梳理高速铁路、市域铁路和城市轨道交通的关系；为支撑主城区“四山两江三片九团”空间格局的发展，需要结合调整后的城市空间格局，进一步优化三大槽谷的轨道线网。

因此，深入贯彻“中心加密、两槽加速、两翼联通、外围辐射”的城市轨道交通规划建设总体思想，结合新总体规划发展要求与渝西机场、科学城、智慧城、广阳岛等重点发展区域，优化形成轨道交通线网规划方案，提高主城区主要客流走廊出行效率和通行能力，增加重要区域轨道交通覆盖，加强主城区城市中心、副中心、对外交通枢纽、重要功能设施之间的高效衔接，主要通过优化、加密城市轨道交通线网，以及增加轨道快线满足线网出行效率的提升。针对大都市区轨道交通规划工作，一是要加快建设干线铁路，充分发挥国家干线铁路(高速铁路、普速铁路)客运能力和铁路二环线的衔接功能；二是要在干线铁路服务不足和客流需求较大的功能组团，规划建设市域铁路线路，并与轨道快线贯通运营，实现环主城地区与主城区之间的高效联系，促进环主城地区之间发展。

9.3.2　规划目标

1) 以轨道交通为引领，推动居民出行方式结构实现“877”目标

主城区绿色出行占全方式出行的比例为 80%；公共交通机动化方式分担率不低于 70%；轨道出行分担率约占公共交通出行的 70%。

2) 新增轨道快线网，满足时效目标

实现主城区内相邻重要功能点之间 30min 左右到达；实现环主城地区域 30min 进入内环地区。

3) 加密轨道线网，提升人口岗位覆盖

实现主城区所有中心、副中心、组团中心和大型聚居区、对外交通枢纽、重要功能设施的轨道交通全覆盖。

实现中心板块步行 10min、20min 人口岗位覆盖分别达到 60%、90%；主城区其他重要区域步行 10min、20min 人口岗位覆盖分别达到 50%、80%。

4) 强化落实“三铁融合”

推动高铁、市域铁路和城市轨道交通无缝衔接、便捷换乘、一体化服务，构建重庆全域“一张网、多模式、全覆盖”的轨道交通体系，轨道交通线网优化形成了高速铁路、市域铁路和城市轨道交通的“三铁融合”。

9.3.3　规划原则

以原有规划线网为基础，结合新一轮总体规划主城区城市空间结构优化、用地功能布局调整，以及新时期外部发展环境的变化，对轨道交通线网进行优化完善，主要规划原则如下。

1) 以既有线网规划为基础，保障既有线网布局总体稳定

原有轨道线网以《重庆市城市总体规划(2007—2020 年)》，确定了主城区轨道交通基本构架，特别是 2020 年前实施的轨道线路在城市规划管理中已进行了严格的用地控制，原则上不做重大调整。

2016 年由市规划局牵头开展面向 2030 年的“二十五线一环”远期轨道线网规划研究，对部分关键性通道资源进行较深的可行性论证，本线网规划在编制过程中也将充分吸收该研究的成果。

2) 与新一轮总体规划修编互动，适应新的城市空间布局

轨道线网规划与城市总体规划同步修编，规划线网要与城市空间发展方向相适应，强调其对城市布局调整和土地开发的引导作用，特别是围绕城市各级中心体系的构建形成多线换乘枢纽，提高人口与就业岗位密集地区的轨道线网密度，通过轨道交通串联城市各大客流集散点，促进城市整体运行效率的提升。

3) 以新的城市交通出行需求为目标，构建分层次的轨道交通网络体系

随着城市空间不断拓展，重庆主城逐步向成熟都市区演变，中心城不断完善的同时，城市功能逐渐向外围疏解，必然产生新的出行需求。新一轮总体规划确立了主城区分槽谷、板块化空间组织方式，针对不同范围需要构建不同层次的线网，特别是联系外围地区的轨道交通需要更加快速，以适应其长距离出行，满足出行时耗需求。

4) 与区域铁路、轨道网络相衔接，构建一体化轨道交通线网

面向中长期铁路网发展需求，重庆将加快建设联动全国、辐射区域的高速、快速铁路网，在主城区布局不同功能层级的综合性客运枢纽。强化城市轨道交通与区域铁路、综合客运枢纽的衔接，通过构建一体化的交通网络，实现“三铁融合”发展。

9.3.4　重庆市市域多制式轨道交通物理网规划方案

1. 重庆市市域多制式轨道交通功能定位

按照市域、大都市区和主城区三个功能层次规划轨道交通网络，实现“三铁融合”：一是城际线重点支撑外围辐射，以高铁与城际铁路为主，服务半径 70km 以上，设计速度 200km/h 以上，服务主城区以外城市群、周边城市、大都市区重要节点；二是区域线重点支撑两翼抱团，包括市域与城际铁路，服务半径 30～70km，设计速度 120～200km/h，承担大都市区内区域环主城地区与主城区通勤、商务、探亲访友等出行；三是主城区线路着力中心加密、两槽加速，采用城市轨道交通制式，服务半径 30km 以内，旅行速度 30km/h 以上，覆盖主城区及与主城一体化发展地区。重庆市市域多制式轨道交通功能定位如表 9-16 所示。

表 9-16　重庆市市域多制式轨道交通功能定位

“三铁”：三个层次的通道		服务水平		功能定位
		设计速度/(km/h)	站距/km	
国铁干线	高铁	350	30～50	国家客运通道，承担重庆对外与其他省会城市、地级市之间的点对点高速联系，在市域范围内服务高铁沿线主城区及各区县城间的客流联系
	城际	200	15～30	区域客运通道，承担重庆与环渝地区县级及以上城市间的快速联系，在市域范围内服务城际铁路沿线主城区及各区县城间的客流联系
	普铁	200 及以下	5～15	货运通道，承担重庆与周边地区及市域范围内的货运联系，兼顾部分客运联系

续表

“三铁”：三个层次的通道		服务水平		功能定位
		设计速度/(km/h)	站距/km	
市域铁路	公交化列车	120～200	3～15	大都市区客运通道，承担大都市区密集网络化城市群内，主城区、区县城、重点乡镇、旅游景区、产业园区等之间的客运联系，兼顾部分货运联系
	新建市域铁路			
城市轨道	快线	140～200	3～5	承担主城区长距离快速联系的客流需求
	干线	100～120	2～3	承担主城区跨片区、高频率出行联系的客流需求
	辅助线	80～100	1～2	承担主城区片区内或相邻片区高频率、高强度的日常出行需求

2. 重庆市市域多制式轨道交通物理网网络规划方案

重庆市市域多制式轨道交通物理网网络包括高铁城际网、市域铁路网以及城市轨道网，为实现不同制式轨道交通的协同发展，提出物理网网络规划方案，如图 9-12 所示。

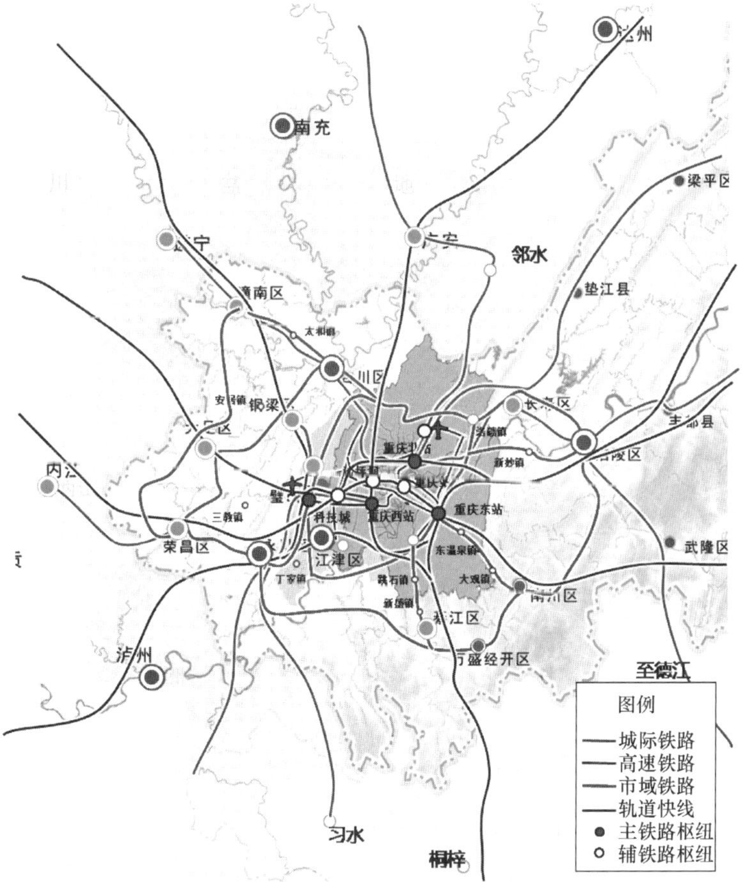

图 9-12　重庆市市域多制式轨道交通物理网网络规划示意图

推动高铁、市域铁路和城市轨道交通无缝衔接、便捷换乘、一体化服务，构建重庆全域“一张网、多模式、全覆盖”的轨道交通体系，形成高速铁路、市域铁路和城市轨道交通的“三铁融合”。

1) 高铁城际网

在既有规划的成渝高铁、成渝中线高铁、渝湘高铁、渝贵高铁、渝昆高铁、郑渝高铁、渝西高铁、兰渝高铁等“米”字形 8 条线路基础上，新增沿江(渝汉)高铁、渝桂高铁和黔张常高铁，共 11 条线路。通过沿江(渝汉)高铁支撑长江经济带发展，通过渝桂高铁打通南向通道。市域总规模达 1800km 以上，其中大都市区总规模约 1000km。通过高铁网实现主城区外围 12 区全覆盖，形成重庆连通出海口、通达全国、畅通周边的铁路战略通道体系。

对接周边省份铁路网规划，对于近期高速铁路或城际铁路未覆盖的方向，通过规划新增城际铁路加强，近域腹地联系。规划新增至巴中、自贡、毕节、铜仁方向的 4 条城际铁路，速度 160～250km/h，远景规划预留至南充、宜宾、遵义方向的城际铁路。

高速铁路、城际铁路通过重庆北站、重庆东站、重庆西站等铁路客运枢纽与城市轨道交通换乘衔接。

2) 市域铁路网

在利用既有铁路开行公交化列车基础上，规划新增潼南—大足—荣昌、主城—潼南、主城—铜梁、主城—永川、主城—綦江、主城—南川、主城—涪陵等 7 条市域铁路，优化铁路枢纽环线和铁路二环线，形成“两环七线”市域铁路网络，如图 9-13 所示。

图 9-13　重庆市市域铁路规划示意图

市域铁路衔接规划轨道交通快线并贯通运营，如表 9-17 所示，实现“三铁融合”，可满足环主城地区客流快速抵达主城区对外交通枢纽、城市中心、副中心等重要节点，并实现主城区及一体化发展地区各板块间快速互通。

表 9-17　市域铁路衔接规划城市轨道交通快线规划表

连通地区	利用铁路线	衔接轨道交通快线	直达地区
合川地区	渝合铁路	28 号线	解放碑、观音桥、南坪、江北城、智慧城、龙洲湾等区域
铜梁、潼南地区	璧铜线	27 号线	重庆东站、重庆站、沙坪坝高铁站、南坪、茶园、科学城等区域
永川、大足、荣昌地区	永川线、成渝铁路、铁路二环线	15 号线	江北机场、渝西机场(第二机场)、复盛高铁站、科学城、智慧城等区域
綦江、万盛地区	綦江线	28 号线	解放碑、观音桥、南坪、江北城、智慧城、龙洲湾等区域
南川地区	南川线	27 号线	重庆东站、重庆站、沙坪坝高铁站、南坪、茶园、科学城等区域
长寿、涪陵地区	渝利铁路	26 号线 15 号线	江北机场、渝西机场(第二机场)、重庆西站、重庆北站、重庆站、复盛高铁站、观音桥、科学城、智慧城等区域

市域铁路将优化铁路枢纽环线和铁路二环线：枢纽西环线沿线经过城市发展新区多个工业园区和重点城镇，东环线走向为北碚—渝北—两江新区—南岸茶园—巴南—江津，最后在綦江与渝黔铁路接轨，形成一条由北向南的城市客货铁路通道；铁路二环线主要支撑城市发展新区新型工业化和新型城镇化的发展，合川至铜梁至永川铁路、永川至綦江铁路、三(江)万(盛)南(川)铁路、南川至涪陵铁路、涪陵至长寿至合川钦路等构成的重庆市市域环线铁路，可加强市域沿线地区的交通联系，也会起到连接区域城市的作用。

3) 城市轨道网

主城区城市轨道交通按功能划分为轨道交通快线、轨道干线和轨道辅助线三类，远景规划总规模达到 1600km，如图 9-14 所示。以轨道交通支撑重要节点和中心区域的功能，统筹考虑“三铁融合”，由轨道交通快线承担承上启下功能，对内承担城市轨道交通快线服务功能，对外与环主城地区市域铁路贯通，强化对环主城地区与主城区的联系。

(1) 重庆轨道交通快线规划方案。

轨道交通快线重点加强对主城区中央活力区、各组团中心和大型聚居区、对外交通枢纽、重要功能设施的服务，远期形成“两纵两横”的线网方案(远景形成“两纵四横”的线网方案)，串联江北机场、渝西机场、重庆北站、重庆西站、重庆东站、菜园坝站和科学城站等重要对外交通枢纽，服务解放碑、江北城、观音桥、杨家坪、南坪、沙坪坝、两江、西永、茶园、龙洲湾等城市中心、组团中心，衔接科学城、礼嘉智慧城、九龙半岛、西部物流园、钓鱼嘴等重要城市节点，线网总长度 344km，如图 9-15 所示。

图 9-14　重庆城市轨道交通线网规划图

① 一纵线(26 号线)。

一纵线：西接江津双福、陶家、白市驿、重庆西站、杨家坪、大坪、重庆站、观音桥、重庆北站、江北机场，至两江新区龙盛，全长 95km。其中，江北机场—龙盛段与二横线(15 号线)共走廊。

一纵线串联复盛站、江北机场、重庆北站、重庆站、重庆西站等对外交通枢纽和江观音桥、大坪、杨家坪等城市重要节点。

② 二纵线(28 号线)。

二纵线：北接渝合铁路，自北碚东阳，经北碚、蔡家、礼嘉智慧城、照母山、冉家坝、红旗河沟(观音桥)、江北城、解放碑、南坪、二塘、龙洲湾、南彭站后至巴南华南城，南接綦江方向市域铁路，全长 82km。

二纵线串联北碚、蔡家、礼嘉、观音桥、江北城、解放碑、南坪、龙洲湾等城市重要节点和礼嘉智慧城、华南城等重大功能设施。

③ 一横线(27 号线)。

一横线：西接市域铁路璧铜线，自璧山，经大学城、西永综保区、沙坪坝、石桥铺、大坪、重庆站、南坪、茶园至重庆东站，东接南川方向市域铁路，全长 57km。

图 9-15　重庆轨道交通快线规划示意图

一横线串联沙坪坝站、重庆站、重庆东站等对外交通枢纽和璧山、科学城、西永、沙坪坝、石桥铺、大坪、南坪、茶园等城市重要节点。

④ 二横线(15 号线)。

二横线：西接永川方向市域铁路，自渝西机场，经璧山、大学城、科学城站、西部物流园、井口、礼嘉智慧城、欢乐谷、江北机场至复盛站，全长 60km(不含江北机场至复盛、璧山至渝西机场与 26 号线共线路段 33km)。

二横线串联渝西机场、科学城站、江北机场、复盛站等对外交通枢纽和璧山、科学城、西部物流园、龙盛等城市重要节点和礼嘉智慧城等重大功能设施。

⑤ 三横线(30 号线)。

三横线：远景规划线路，西接二纵线(28 号线)，自蔡家，经中央公园至江北机场，全长 19km。在蔡家和江北机场分别与二纵线、一纵线(二横线)实现过轨运营，远景形成横跨三大槽谷的东西向轨道交通快线，可衔接合川、长寿、涪陵等环主城地区。

三横线串联复盛站、江北机场、北碚站等对外交通枢纽和龙盛、中央公园、蔡家、北碚等城市重要节点。

⑥ 四横线(31 号线)。

四横线：远景规划线路，自九龙坡区走马镇，经陶家北、建桥工业园、钓鱼嘴至龙洲湾，全长 29km。在龙洲湾与二纵线实现过轨运营，可衔接綦江、万盛等环主城地区，为南部城区重要的东西向联系通道。

四横线串联陶家、钓鱼嘴、龙洲湾等城市重要节点，以及华南城等重大功能设施。

(2) 重庆轨道交通普线规划方案。

2035 年规划轨道普线网由 20 条线路组成(表 9-18)，总长约 1064km，包括 16 条干线(888km)和 4 条辅助线(176km)。加上 294km 轨道交通快线，主城区及一体化发展地区轨道线网总长度约 1358km(其中一体化发展地区 81km)。

远景规划轨道交通普线网由 26 条线路组成，总长约 1256km，包括 16 条干线(888km)和 10 条辅助线(368km)。加上 344km 轨道交通快线，主城区及一体化发展地区轨道交通线网总长度约 1600km(其中一体化发展地区 156km)。

表 9-18 重庆轨道交通普线规划方案

序号	编号	类型	起止站	长度/km
1	1 号线	干线	朝天门—璧山	44.1
2	2 号线	辅助线	较场口—鱼洞	30.7
3	3 号线	辅助线	鱼洞—举人坝	64.1
4	4 号线	干线	石船西—石马河	60.9
5	5 号线(包括江跳线)	干线	江津几江—悦港大道	79.6
6	6 号线	干线	重庆东站—北碚	67.0
7	7 号线	干线	团山堡—金凤	45.4
8	8 号线	干线	石船东—南彭	65.1
9	9 号线	干线	高滩岩—花石沟	40.6
10	10 号线	干线	兰花路—王家庄	44.4
11	12 号线	干线	渝北空港—重庆西站	55.8
12	16 号线	辅助线	五里坪—礼嘉	31.0
13	17 号线	干线	西永物流园—江津德感	63.9
14	18 号线	干线	跳蹬南—石坪	59.3
15	19 号线	干线	江津几江—北碚	74.9
16	20 号线	辅助线	鹿角—东环铁路龙盛站	49.4
17	21 号线	干线	沙河坝—金鳌山	60.8
18	24 号线	干线	梨树湾南—广阳湾	40.4
19	25 号线	干线	职教城南—杨家山(白公馆)	32.6
20	环线	干线	奥体—西站—北站—奥体	51.0

此外，规划远景新增控制走廊 6 条：11 号线由璧山北经双福至陶家；13 号线由水土经蔡家至双碑南；14 号线由空港经中央公园至蔡家；22 号线由空港经悦来至蔡家；23 号线由环山公园经观音桥至国奥村；29 号线(江鱼线)由职教城经珞璜至江津几江。

9.4　重庆市市域多制式轨道交通服务网协同发展规划方案

9.4.1　规划思想

服务网络是在物理网的基础上依据客流需求特征而构建的供旅客出行选择的连通网络，由于不同制式轨道交通构建的物理网不同，它们的服务网也存在一定差异。为推动高铁、市域铁路和城市轨道交通无缝衔接、便捷换乘、一体化服务，构建重庆全域“一张网、多模式、全覆盖”的轨道交通体系，需要在分析、构建线网物理网的基础之上，从运营管理、列车开行模式、调度指挥模式以及一体化运输等方面对服务网进行研究分析，进而建立重庆市市域多制式轨道交通服务网协同发展规划方案。

9.4.2　规划原则

以重庆市市域多制式轨道交通物理网线网为基础，从运营管理、列车开行模式、调度指挥模式以及一体化运输方面构建服务网，实现协同发展，充分发挥综合交通运输能力，并且在竞争与协作中共同发展，主要规划原则如下。

1) 运输能力协调

不同制式轨道交通系统组成动态大系统，该系统的能力具有整体性，以及能力利用的时效性和在不同子系统间的相互转化等特性。因此，系统的整体能力不仅取决于每个子系统的能力，而且取决于各子系统间的相互协调与配合。

2) 协调运营管理差异

充分考虑不同制式轨道交通系统在运营、管理方面存在差异，各轨道交通系统都有各自的运营管理方式，应结合相应的政策，选择相应交通管理体制可以相互协调的方案。

3) 保证运营组织安全

轨道交通具有运量大的特性，安全运输是保证其良好运转的前提和保障。因此，在实现协同运输组织的问题上，必须确保各种运输方式在线路上的运行安全，以及在换乘车站的客流安全。

9.4.3　重庆市市域多制式轨道交通服务网规划方案

由重庆市市域多制式轨道交通物理网规划方案可知，为实现“三铁融合”，满足环主城地区客流快速抵达主城区对外交通枢纽、城市中心、副中心等重要节点，并实现主城区及一体化发展地区各板块间快速互通，高速铁路、城际铁路通过重庆北站、重庆东站、重庆西站等铁路客运枢纽与城市轨道交通换乘衔接；市域铁路衔接规划轨道交通快线并贯通运营。因此，重庆市市域多制式轨道交通服务网的规划从运营管理、列车开行模式、调度指挥模式以及一体化运输等方面针对城市轨道交通快线进行研究分析。

1. 运营管理模式

对于重庆市城市轨道交通快线，采用自主运营的管理模式，对于构建高效、环保、便捷、舒适的区域轨道交通网络，促进重庆市经济一体化及城市化进程、满足客流出行需求、完善区域综合交通体系等方面具有积极的意义和作用。采用自主运营的管理模式可充分保障调度指挥自主权，掌握成本控制主动权，利于城市轨道交通快线市场化，吸引更多社会资本，利于实现城市轨道交通快线的功能定位，利于城市轨道交通快线的远期发展，并且利于周边地区的土地开发和经济发展。

运营组织机构方面，针对城市轨道交通快线的特点，其管理组织架构采用 M+U 型，如图 9-16 所示。本线建成后，成立重庆轨道交通快线公司负责全线运营管理，运营公司下设网络管控中心、网络客运公司、维修中心、车辆中心、通号中心等单位。各单位分工协作，全面承担城市轨道交通快线系统的运营管理工作。

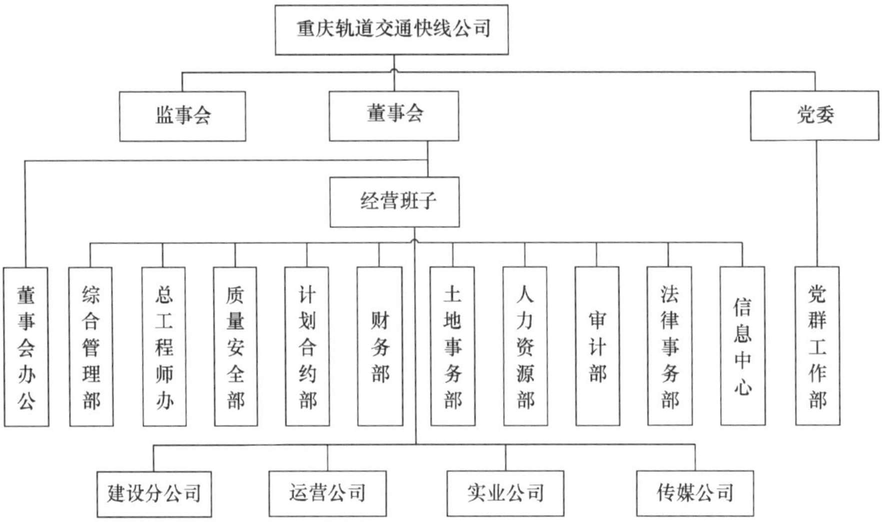

图 9-16　重庆城市轨道交通快线组织架构示意图

站务管理方面，考虑到城市轨道交通快线运营特点，城市轨道交通快线线路距离较长、站间距较大，不适合采用以车站为基本单位的管理模式，参照国内外城市轨道交通快线运营经验，为节约运营成本，车站可采用中心站站长负责制。城市轨道交通快线站务保洁采用委外管理的方式，有利于精简机构、提供专业化服务及节约成本。

乘务管理方面，结合重庆城市轨道交通快线实际，城市轨道交通快线乘务员由车辆段客运队管理，实行责任共担，有利于提高车辆保养质量。城市轨道交通快线司机采用轮乘制，每列车在运行时，在车头司机室设一名司机，可减少司机定员人数，降低司机劳动强度。

票务管理方面，城市轨道交通快线票价制定应该以公益为先，兼顾效益为原则，正确处理乘客、企业和政府三者之间的关系，充分考虑乘客的承受能力、企业的经济效益、政府的调控能力，尽可能做到公民、投资方、政府三方都满意。其基本计价方式采用计程票价制，与国铁、地铁线路保持一致，且各种车票均采用非接触式智能 IC 卡。

2. 列车开行模式

相对单一制式的线路结构，在多制式网络结构下，更加注重不同制式轨道交通网络的互联互通、通道资源复合利用和网络设施资源共享。采取灵活多样、适合重庆城市特点的列车开行模式，是发挥多制式网络结构优势、提升整体运行效率、集约通道资源和设施资源的重要保障。

根据协同运输组织原则，可以将重庆轨道交通快线与国铁列车协同开行模式分为分线运行模式、跨线运行模式以及接线运行模式三类。各开行模式的特点及其适用情况如表 9-19 所示。

表 9-19　重庆轨道交通快线与国铁列车开行模式的特点及其适用性

列车开行模式	优点	缺点	适用情况
分线运行模式	① 相互影响小，轨道交通快线与国铁分别独立成体系，运营组织相互影响小； ② 具有很大的灵活性； ③ 运能不受限制	① 便利性低，轨道交通快线与国铁之间的换乘便利性相对于共线共轨运营模式低； ② 换乘站客运组织复杂； ③ 路网通达性低	适用于客流量较大、运能较为紧张的轨道交通快线和国铁线路。此外，考虑到线路建设难度，适用于在轨道交通网络规划中事先考虑好快慢线的布局，在建设时留有预留的情况
跨线运行模式	① 有利于发挥不同制式的技术优势； ② 通过灵活组织列车开行交路，可进一步提高运营组织的灵活性； ③ 方便跨线客流出行，提高路网通达性	① 技术限制，线路、车站、车辆、供电、通信、信号等方面统一技术标准； ② 车站配线复杂，工程规模大； ③ 影响本线能力 ； ④ 在运营管理方面，轨道交通快线与国铁需进行有效协调	适用于轨道交通快线与国铁的线路及车站能力允许的情况，并且需要轨道交通快线与国铁在车辆限界、系统供电、通信信号等技术以及运营管理上能够实现统一
接线运行模式	① 经济性，仅需在两条线路之间做好换乘衔接； ② 相互影响小，轨道交通快线与国铁之间运营互不影响	① 便利性低，在两线连接处增加了换乘，给乘客出行带来了不便； ② 运营隐患，随着客流的增加，接线换乘枢纽的客流压力将增大，车站的运营安全具有一定隐患	适用于轨道交通快线与国铁线路由于系统制式不兼容，不能实现线路间的跨线运行，只能通过换乘形成客流对接的情况。并且需要车站以及线路通过能力充足，能够满足增加换乘客流后的需求

轨道交通快线与国铁列车的开行模式的选择主要需要考虑重庆轨道交通线网结构、客流因素、技术因素、经济性等多种影响因素。由重庆市市域多制式轨道交通物理网规划方案可知，规划新建市域铁路与城市轨道交通快线采取跨线运营的开行模式，可发挥不同制式的技术优势，进一步提高运营组织的灵活性。此外，综合列车开行模式选择的影响因素，提出以下城市轨道交通快线与国铁组合方案。

1) 28 号线与遂渝线

28 号线与遂渝线在车辆限界、牵引供电系统、通信信号等技术方面能够实现统一技术标准。但遂渝线的运营管理主体为中国铁路成都局集团有限公司，由于目前国家铁路与地方铁路在管理机制、运输组织模式等方面存在差异，难以实现运营管理方面的统一。因此，28 号线与遂渝线上暂时不具备城市轨道交通快线与国铁列车互相开行列车的条件，初期建议采取接线运营的开行模式，通过换乘形成客流对接。但随着铁路市场化运营的改革以及铁路建设运营管理体制的推进，待后期条件成熟能够实现运营管理统一后，建议采取跨线运营的列车开行模式以提高路网通达性。

2) 26 号线与渝利线

渝利线情况与遂渝线相同， 26 号线与渝利铁路在车辆限界、牵引供电系统、通信信号等技术方面能够实现统一技术标准。但渝利线的运营管理主体为中国铁路成都局集团有限公司，由于目前国家铁路与地方铁路在管理机制、运输组织模式等方面存在差异，难以实现运营管理方面的统一。因此，26 号线与渝利线上暂时不具备城市轨道交通快线与国铁列车互相开行列车的条件，初期建议采取接线运营的开行模式，通过换乘形成客流对接。但随着铁路市场化运营的改革以及铁路建设运营管理体制的推进，待条件成熟能够实现统一运营管理后，建议采取跨线运营的列车开行模式以提高路网通达性。

3) 26 号线永川—大足段

26 号线永川—大足段在车辆技术条件、牵引供电系统、通信信号系统、列控系统方面能够实现统一。但考虑到近期该线路之间客运需求较少，并且永川—大足段线路还尚未建设。因此，26 号线永川—大足段暂不需要开行城市轨道交通快线列车。但远期随着 26 号线永川—大足段间客流需求增加，建议在这条线路上城市轨道交通快线与国铁列车采取跨线运营的开行模式。

4) 28 号线与渝合线

28 号线与渝合线在线路、车站、车辆、供电、信号等技术方面能够实现统一标准，满足跨线运营的技术条件。而渝合线连通主城区与合川区，城市轨道交通快线利用渝合线开行列车，能够扩大线网覆盖范围、增加服务人群。此外，规划的渝合线具有一定的富余能力，城市轨道交通快线可利用富余能力开行列车，提高渝合线的利用率，实现城市轨道交通快线与国铁资源共享。因此，建议在这条线路上城市轨道交通快线与国铁列车采取跨线运营的开行模式。

5) 28 号线与三万南铁路

28 号线与三万南铁路在车辆技术条件、牵引供电系统、通信信号系统以及列控系统方面，满足跨线运营的技术条件。但由于目前三万南铁路由中铁建设集团有限公司成都分公司负责运营，在股权上国家铁路局占 60%，高于重庆市政府，考虑到列车运营的安全性以及与国铁协调的困难性，建议初期在这条线路上城市轨道交通快线与国铁列车采取接线运营的开行模式。后期重庆市政府将三万南铁路股份收回，线路具有自主运营权后，建议采取跨线运营的开行模式。

3. 调度指挥模式

1) 调度指挥模式选择

调度指挥在协调铁路各部门工作、确保行车安全、保证铁路各环节有条不紊地运行等方面起着不可忽视的作用，铁路调度指挥模式的选择与铁路当前所处的实际市场环境相关。因此，在结合我国铁路调度指挥模式的基础上，针对重庆城市轨道交通快线线路，调度指挥方案的选取主要考虑运营管理模式、路网范围与规模、移动设备和固定设备控制模式、运输企业经营理念和发展目标等方面，针对独立调度指挥模式与委托调度指挥模式进行利弊分析。

城市轨道交通快线采取独立调度指挥模式存在一定的不足和风险，需要满足更多的条件。在运营初期，安全管理经验不足，运营安全压力大，与委托调度指挥模式相比前期投资有所增加，开行跨线列车少，损失部分跨线客流。但是从长远考虑，城市轨道交通快线采取独立调度指挥有其必要性和优势，掌握调度指挥权后可根据客流需求及时调整列车开行方案，提高运输资源的利用效率。并且城市轨道交通快线采用路网指挥中心-线路控制中心-车站三层的调度模式，是基于城市轨道交通快线一般没有网内的跨线列车开行的情况，各运营主体在日常运营时可能产生交叉协调的地方相对较少，一旦出现紧急情况，路网指挥中心可接管进行应急救援，在保证安全的前提下相互竞争又可以为自己争取到最大的利益。因此，推荐重庆城市轨道交通快线采取独立调度指挥模式。

在一些特殊情况下，需要具体情况具体讨论。共线情况下，与国铁共线的城市轨道交通快线线路完全交由成都局调度中心统一调度，实现一条线路单一管理，统一制定各个运营主体的运行计划，保障列车顺利运行，满足旅客出行需求，避免造成运力浪费或者不足等现象，此外还可以提高应对突发事件、重大灾害或故障时的应急反应速度及指挥能力。但是，在集中调度模式下，一定要协商好这条线路的运能分配、列车等级等，同时确保双方的利益；共站运营情况下，城市轨道交通快线与国铁线路接入车站的同一个车场，列车在同一个车场内办理到发作业，为了避免双调度中心的调度命令交叉，确保调度指挥的一致性，车站的调度指挥只能采用集中调度模式，由成都局调度中心统一调度；并站运营情况下，城市轨道交通快线线路与国铁线路分别使用同一个车站的不同车场，列车的调度指挥基本可以分离开来，因此建议采用分散调度指挥模式，即国铁线路衔接的车场由成都局调度中心负责调度，城市轨道交通快线的车场由重庆城市轨道交通快线调度指挥中心负责调度，保持调度指挥的独立性，有利于列车运行控制和行车指挥。

2) 调度指挥机构设置

城市轨道交通快线采用一级调度指挥模式，即全网集中调度模式，建立一个全路调度指挥中心，调度指挥中心组织机构如图 9-17 所示。采用调度指挥中心-基层站段二级

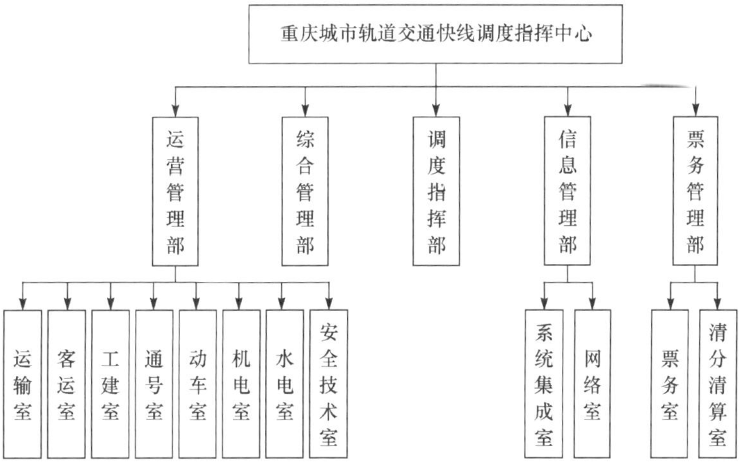

图 9-17　重庆城市轨道交通快线调度指挥中心组织机构

架构，各线中心系统集中设置在调度指挥中心的模式，各调度区直接监控管辖区段的日常运输生产，并远程控制基层设备，各专业调度台向基层站段发布调度命令，基层站段受令后按调度中心的命令组织实施。

重庆城市轨道交通快线调度指挥涉及计划、行车、工务、电务、供电、动车、客运以及维修等部门，如图 9-18 所示。

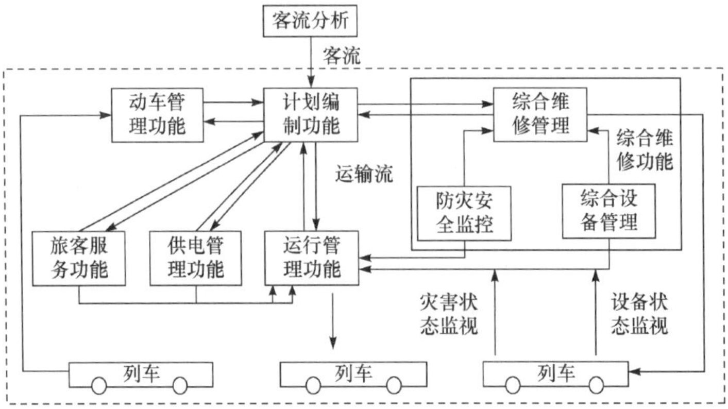

图 9-18　重庆城市轨道交通快线调度指挥功能构成

为满足城市轨道交通快线调度指挥业务的需要，需要在城市轨道交通快线调度指挥中心设置相应的业务调度台，由各业务调度台来直接指挥现场的工作，如图 9-19 所示。城市轨道交通快线基层车站一般不设行车人员，只设置一名应急值守员，以便站控状态下指挥车站行车工作。

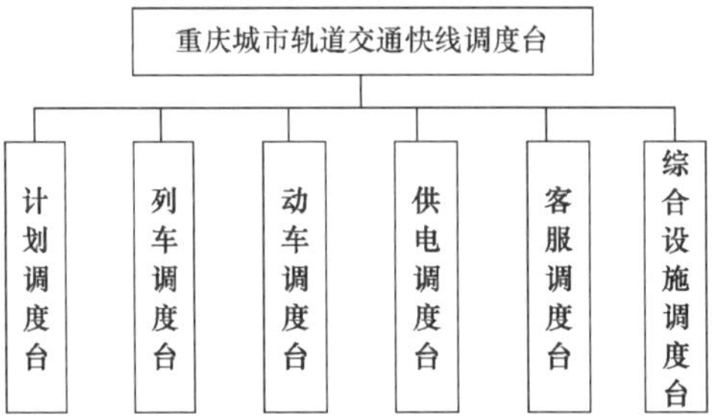

图 9-19　重庆城市轨道交通快线调度台构成

3) 调度指挥协同分析

在协同需求方面，共线共轨模式下的调度指挥协同需求在于需要明确划分国家铁路和城市轨道交通快线的调度指挥管辖范围，实现线路调度指挥的唯一性和信息的共享；跨线运营模式下的调度指挥协同需求在于从构架、功能及信息方面进行兼容，根据互通节点的衔接情况，形成合理的职能划分与协调机制，并根据不同运营情况产生相应的协作流程；接线运营模式下，城市轨道交通快线与国铁线之间通过换乘衔接，调度指挥协同需求分为两种情况：共站情况下，采用集中调度模式，需要协调车站的共用资源，包括到发线的运用计划、站台的使用、旅客的换乘等；并站情况下，采用分散调度指挥模式，车站的所有线路和信号设备要明确划分双方分界线，任何设备的控制权只属于一方的调度人员，即同一作业和同一设备只能由一方控制。

在权限划分方面，重庆城市轨道交通快线和国家铁路(中国铁路成都局集团有限公司)是两个相对独立的运营主体同时在重庆运营，在行车调度指挥上存在交叉现象，故需对这些调度岗位进行调度指挥权限的划分，明确其职责范围：没有共线、共站和并站情况的，国家铁路和城市轨道交通快线各自独立运营，故行车调度权没有冲突，各自拥有线路的行调权限；新建的城市轨道交通快线线路，若需借用部分国家铁路，产生共线的情况，为避免共线区段存在多个调度指挥中心，应将共线区段的行车调度权划分给成都局调度所；新建的城市轨道交通快线线路，若国家铁路需要借用城市轨道交通快线路线，产生共线的情况，为避免共线区段存在多个调度指挥中心，应将共线区段的行车调度权划分给重庆城市轨道交通快线调度中心；城市轨道交通快线与国家铁路存在共站情况，需要根据车站、线路的具体情况进行划分，但一般而言，若该共用车站为城市轨道交通快线车站，其行车调度权应划分给重庆城市轨道交通快线调度中心，若该车站为国家铁路车站，其行车调度权应划分给成都局调度所；城市轨道交通快线与国家铁路存在并站情况，双方共同使用一个车站，但分别使用两个不同的车场，可以分别设置两套独立的调度指挥系统。

在协同内容方面，重庆城市轨道交通快线总体业务流程分为基本计划编制、实施计划编制以及调度指挥，国家铁路调度指挥业务流程也有类似流程。基本计划编制与实施计划编制基本确定城市轨道交通快线与国家铁路所有列车，包括跨线列车在内的开行方案与日班计划层次的各项运行计划与作业计划。在调度指挥阶段，列车运行等作业的日班计划划分为 3～4h 的阶段计划，分别由相应调度员执行与调整。在调度指挥阶段，城市轨道交通快线与国家铁路调度体系间的协同关系可通过架构上职责的分工、运行调整的配合以及信息的传递与共享建立协同关系。此外，城市轨道交通快线与国家铁路的协同内容也体现在调度员个体的工作流程，重庆城市轨道交通快线与成都局行车调度员在与本管辖区段内的各工种调度员进行协调配合后，还需与相邻的城市轨道交通快线或国家铁路区段行车调度员进行沟通协调。

在双调度指挥中心应急调度指挥协同方面，在共线、共站区段及其相邻区段发生应急事件时，相应的应急调度指挥必定涉及重庆城市轨道交通快线调度指挥中心和成都局调度指挥中心两个系统，需要两个调度指挥中心之间的相互协调与配合。在运营组织方面，重庆城市轨道交通快线线路与国家铁路的共线区段采用本线与跨线列车共线、不同种类列车共线运营的运输组织模式；组织机构设置方面，重庆城市轨道交通快线独立于铁路局，成立重庆城市轨道交通快线运营公司，并成立相应的调度指挥中心，其性质相当于铁路线网中的一个铁路局。因此，重庆城市轨道交通快线与国家铁路共线区段应急调度指挥可借鉴既有国家铁路线路应急管理经验，做好突发事件的应急预案。

4. 一体化运输

旅客一体化协同运输是通过对旅客不同运输方式的行程进行统筹规划和一体化运输组织，实现旅客便捷高效出行的运输组织模式。旅客一体化协同运输可充分发挥各种运输方式的比较优势，提高综合运输组织效率，改善旅客出行体验。

在票务一体化方面，体现以人为本的运输组织核心，采用相同的车票制式及技术标准，对城市轨道交通快线、不受干线列车影响的国铁路线的票务系统进行整合；设置旅客一体化协同运输电子客票，实现“一站购票”“一票出行”，对客票的退改签时限、费用等给予一定优惠和便利。可参照高铁，实行刷“身份证”进站上车；共同设置清分中心对票务系统进行统一管理，实现城市轨道交通快线及不受干线列车影响的铁路线的财务收益清分、统计；受干线列车影响较大的铁路宜沿用原铁路票务系统。

在联运一体化方面，推进联运服务多元化、联运服务专业化、行李服务便利化和联运接续便捷化，城市轨道交通快线与国铁共建共享售票、取票、乘降、驻车换乘(P+R)等联运设施设备；设置封闭、连续的一体化运输旅客换乘通道；在保证运输安全的前提下，减少旅客换乘过程中的重复安检，实现城市轨道交通快线与国铁安检互信；枢纽型衔接站开展摆渡服务，实现城市轨道交通快线与国铁的有效衔接；建立统一的导向标识系统。

在信息一体化方面，为强化一体化协同运输公共信息服务，提高公共信息服务能力，城市轨道交通快线与国铁运输班次运行信息、换乘时间预估、延误预警、延误后调整出行方案等实现信息共享；开发城市轨道交通快线与国铁交通出行服务产品的创新应用，为旅客提供一站式信息服务；城市轨道交通快线与国铁间运行班次、运行时刻、各班次客流规模及运行动态、售票状态、延伸服务、旅客中转换乘等信息开放共享、数据交换与整合利用；建设统一的综合信息服务平台，提升一体化运输服务精准性。

在政策法规方面，建议政府等有关部门完善一体化协同运输法规规则。加快推进综合运输服务相关法律法规的研究制定工作，明确一体化协同运输发展中城市轨道交通快线与其他交通方式的权利义务。积极开展一体化协同运输法规规则研究，推动一体化协同运输信息开放共享、联运设施衔接、联运安全与服务责任划分、客票退改签、行李托运、安检互认等相关工作。同时，城市轨道交通快线与国铁应加强沟通，加快研究制定一体化协同运输信息代码、标志标识、服务质量要求等标准规范。健全一体化协同运输标准体系。政府等有关部门也应鼓励企业联盟或行业协会制定一体化协同运输相关团体标准。

参考文献

巴黎大众运输公司 RATP 官网. [2021-2-5]. https://www.ratp.fr.

巴黎地铁地图. [2021-2-5]. https://www.paris-metro-map.info/paris-rer-a-map.

包维民, 闫海峰, 张强锋, 等. 2016. 中国高速铁路运输组织模式研究. 交通运输工程与信息学报, 14: 13-18.

陈恒材. 2018. 新建城市轨道交通枢纽站站区土地利用与设施配置优化研究: 以厦门北站为例. 厦门: 厦门大学.

陈小鸿, 周翔, 乔瑛瑶. 2017. 多层次轨道交通网络与多尺度空间协同优化: 以上海都市圈为例. 城市交通, 15(1): 20-30, 37.

成都轨道交通集团有限公司官网. [2021-2-5]. https://www.chengdurail.com/index.html.

重庆轨道交通(集团)有限公司官网. [2021-2-5]. https://www.cqmetro.cn.

丁丹丹, 李志强. 2018. 市域快轨引入城市轨道交通线网衔接研究. 都市快轨交通, 31(4): 11-15.

丁洪亚. 2017. 亚洲大城市中心区轨道交通站域整合演进现象与策略: 以中日新韩典型城市为例. 重庆: 重庆大学.

东京都交通局官网. [2021-2-5]. https://www.kotsu.metro.tokyo.jp.

法国国家铁路公司官网.[2021-2-5]. https://www.sncf.com/fr/gares/paris-gare-du-nord/OCE87271007/departs-arrivees.

法兰西岛运输联合会官网.[2021-2-5]. https://www.iledefrance-mobilites.fr.

国家发展改革委官网. [2021-2-5]. 国家发展改革委住房城乡建设部 关于印发长江三角洲城市群发展规划的通知. https://www.ndrc.gov.cn/xxgk/zcfb/ghwb/201606/t20160603_962187.html.

黄豪, 汪意涵, 刘澜, 等. 2019. 基于协同理论的区域轨道交通系统序参量研究. 综合运输, 41(5): 76-81.

江志娟. 2017. 基于可持续发展的联运枢纽选址——分配模型研究: 中欧班列西通道为例. 西安: 长安大学.

蒋沾滢. 2019. 区域轨道交通综合运能匹配评价方法研究. 中国铁路, (9): 90-94.

李登辉, 彭其渊, 文超. 2020. 区域多制式轨道交通复合系统调度指挥模式研究. 铁道运输与经济, 42(11): 97-103.

李松峰. 2016. 城市群多层次轨道交通衔接模式研究. 北京: 北京交通大学.

李婷婷, 宋瑞, 何世伟, 等. 2014. 区域综合客运交通枢纽分层布局优化模型. 北京工业大学学报, 40(11): 1700-1706.

李文新, 彭其渊, 庄河, 等. 2017. 高速铁路与既有线调度指挥系统差异性分析. 铁道运输与经济, 39(10): 36-41.

凌敏. 2019. 区域轨道交通多制式运能匹配研究. 成都: 西南交通大学.

刘鹏. 2017. 城市群区域城际轨道交通网络运营系统递阶协调优化研究. 交通运输工程与信息学报, 15: 109-115.

刘小玲, 薛亮, 任群. 2018. 沈阳地铁网络化运营调度指挥模式研究. 价值工程, 37(25): 82-83.

刘宇轩. 2020. 区域多制式轨道交通复合网络可靠性分析与评价. 成都: 西南交通大学.

栾文波. 2014. 南京地铁线网指挥模式研究. 现代交通技术, 11(5): 80-83.

罗玥, 黄豪, 刘澜. 2019. 区域轨道交通协同运输组织标准探讨. 铁道运输与经济, 41(10): 82-87.

马长青. 2019. 铁路局集团公司级调度指挥一体化模式研究. 铁道运输与经济, 41(9): 12-17.

纽约地铁官网. [2021-2-5]. https://new.mta.info.

彭其渊, 闫海峰, 魏德勇. 2004. 武广客运专线运输组织模式研究. 西南交通大学学报, 39: 703-707, 711.
彭其渊, 文超, 罗建. 2006. 我国高速客运专线的调度指挥模式. 西南交通大学学报, 41(5): 541-548.
彭其渊, 陈昕梅, 殷勇, 等. 2016. 考虑交通影响的综合交通枢纽上盖商业体量预测: 以重庆沙坪坝综合交通枢纽为例. 交通运输系统工程与信息, 16(4): 67-72, 100.
彭其渊, 罗洁, 文雯, 等. 2020. 区域多制式轨道交通运输组织协同模式研究. 交通运输工程与信息学报, 18(4): 1-10, 22.
漆国强. 2013. 大型铁路交通枢纽商业开发研究: 以哈尔滨西站枢纽为例. 北京: 清华大学.
钱寒燕. 2020. 区域多制式轨道交通复合网络有效承载力评估. 成都: 西南交通大学.
邵春福. 2004. 交通规划原理. 北京: 中国铁道出版社.
史倬屾. 2019. 天津地铁调度指挥管理模式研究. 天津科技, 46(5): 10-13.
孙艺恬, 王治, 张亮, 等. 2017. 北京新机场轨道交通与市区线网衔接规划方案分析. 城市轨道交通研究, 20(6): 31-36.
汪意涵, 郝京京, 黄豪, 等. 2019. 区域轨道交通系统协同发展模型. 综合运输, 41(2): 26-31.
王昊, 吕红霞, 赖文静, 等. 2019. 基于系统有序度的多制式区域轨道交通协同主次研究. 综合运输, 41(12): 67-73.
王睿. 2019. 区域轨道交通枢纽运能匹配方法研究. 成都: 西南交通大学.
王睿, 马驷. 2020. 区域轨道交通网络运能匹配方法研究. 交通运输工程与信息学报, 18(2): 103-110.
王艺儒. 2018. 成都市市域铁路与城市轨道交通换乘衔接研究. 成都: 西南交通大学.
新华网. [2021-2-5].《京津冀协同发展交通一体化规划》发布. http://www.xinhuanet.com/politics/2015-12/09/c_128512137.htm.
新宿站线路别车站位置示意图.[2021-2-5]. https://www.shinjukustation.com/shinjuku-station-map-finding-your-way.
新泽西公共交通官网. [2021-2-5]. https://www.njtransit.com/newyork.
许振东. 2019. 区域轨道交通运能匹配机理及评价方法研究. 成都: 西南交通大学.
颜旭. 2019. 区域多制式轨道交通复合系统可用性研究与评价. 成都: 西南交通大学.
杨红. 2008. 铁路与城市轨道交通一体化发展研究. 北京: 北京交通大学.
杨永平. 2013. 以轨道交通为核心的综合交通枢纽协同规划理念与实践. 现代城市轨道交通, (6): 4-9.
于晓萍. 2016. 城市轨道交通系统与多中心大都市区协同发展研究. 北京: 北京交通大学.
张贤森. 2019. 多制式区域轨道交通突发事件协同应急决策方法研究. 成都: 西南交通大学.
张越. 2017. 铁路综合枢纽商业开发研究: 以重庆沙坪坝综合交通枢纽为例. 成都: 西南交通大学.
赵军, 李愈, 彭其渊. 2010. 铁路枢纽内客运站选址与分工的综合优化. 铁道学报, 32(6): 9-16.
郑海涛, 李田生, 李航, 等. 2018. 综合客运枢纽城市功能开发模式借鉴. 综合运输, 40(10): 111-117.
中国城市轨道交通协会. 2021. 快报: 2020 年中国内地城轨交通线路概况. 北京: 中国城市轨道交通协会.
中国国家铁路集团有限公司. 2021. 中国国家铁路集团有限公司 2020 年统计公报. 北京: 中国国家铁路集团有限公司.
朱绪斐. 2019. 基于出行链的多制式区域轨道交通旅客出行路径规划方法研究. 成都: 西南交通大学.
庄河, 李文新, 殷勇, 等. 2018. 高速铁路与既有线调度指挥协同性分析. 西南交通大学学报, 53(3): 467-473.
JR 东日本旅客营业规则.[2021-2-5]. https://yamanote-sen.com/
JR 东日本主要铁道路线图：首都地区.[2021-2-5]. https://yamanote-sen.com.